U0565601

为了人与书的相遇

韦伯作品集

Wirtschaft und Geschichte
Typen der Herrschaft

Max Weber

经济与历史　支配的类型

〔德〕马克斯·韦伯 著　　康乐等 编译

上海三联书店

本书由远流出版公司授权，限在中国大陆地区发行

图书在版编目（CIP）数据

经济与历史 支配的类型 / (德) 马克斯·韦伯著；
康乐等译 . -- 上海：上海三联书店，2021.2

ISBN 978-7-5426-7048-9

Ⅰ . ①经… Ⅱ . ①马… ②康… Ⅲ . ①经济思想—德
国—现代 Ⅳ . ① F095.165

中国版本图书馆 CIP 数据核字 (2020) 第 079247 号

经济与历史 支配的类型

(德) 马克斯·韦伯 著

责任编辑 / 徐建新
特约编辑 / 吴晓斌
装帧设计 / 任 潇
内文制作 / 李丹华
监 制 / 姚 军
责任校对 / 张大伟

出版发行 / 上海三联书店
　　　　　（ 200030 ）上海市漕溪北路331号A座6楼
邮购电话 / 021-22895540
印 刷 / 山东韵杰义化科技有限公司

版 次 / 2021 年 2 月第 1 版
印 次 / 2021 年 2 月第 1 次印刷
开 本 / 880mm × 1230mm 1/32
字 数 / 372千字
印 张 / 15.5
书 号 / ISBN 978-7-5426-7048-9/F · 806
定 价 / 75.00元

如发现印装质量问题，影响阅读，请与印刷厂联系：0533-8510898

总序一

余英时

这一套"韦伯作品集"是由北京理想国公司从台湾远流出版公司出版的"新桥译丛"中精选出来的十余种韦伯论著组成,即包括了韦伯"世界诸宗教的经济伦理观"以及"制度论与社会学"两大系列的全部著述,囊括了这位学术大师一生的思想与研究精髓。我细审本丛书的书目和编译计划,发现其中有三点特色,值得介绍给读者:

第一,选目的周详。韦伯的"世界诸宗教的经济伦理观"系列,即《宗教社会学论集》,包括了《新教伦理与资本主义精神》、《中国的宗教》、《印度的宗教》和《宗教社会学 宗教与世界》等。其"制度论与社会学"系列不仅包括《社会学的基本概念 经济行动与社会团体》,"经济与社会"的《经济与历史 支配的类型》、《支配社会学》、《法律社会学 非正当性的支配》,也包括《学术与政治》等。

第二,编译的慎重。各书的编译都有一篇详尽的导言,说明这部书的价值和它在本行中的历史脉络,在必要的地方,译者并加上注释,使读者可以不必依靠任何参考工具即能完整地了解全书的意义。

第三，译者的出色当行。每一部专门著作都是由本行中受有严格训练的学人翻译的。所以译者对原著的基本理解没有偏差的危险，对专业名词的翻译也能够斟酌尽善。尤其值得称道的是，译者全是中青年的学人。这一事实充分显示了中国在吸收西方学术方面的新希望。

中国需要有系统地、全面地、深入地了解西方的人文科学和社会科学，这个道理已无须再有所申说了。了解之道必自信、达、雅的翻译着手，这也早已是不证自明的真理了。民国以来，先后曾有不少次的大规模的译书计划，如商务印书馆的编译研究所、国立编译馆和中华教育文化基金会等都曾作过重要的贡献。但是由于战乱之故，往往不能照预定计划进行。今天中国涌现了一批新的出版者，他们有眼光、有魄力，并且持之以恒地译介社会科学领域中的世界经典作品。此一可喜的景象是近数十年来所少见的。近年海峡两岸互相借鉴，沟通学术资源，共同致力于文化事业的建设和开拓，其功绩必将传之久远。是为序。

2007 年 4 月 16 日于美国华盛顿

总序二

苏国勋

作为社会学古典理论三大奠基人之一的韦伯,其名声为中文读者所知晓远比马克思和涂尔干要晚。马克思的名字随着俄国十月革命(1917年)的炮声即已传到中国,二十世纪五十年代以后由于意识形态的原因,马克思与恩格斯的著作并列以全集的形式由官方的中央编译局翻译出版,作为国家的信仰体系,其影响可谓家喻户晓。涂尔干的著作最早是由当年留学法国的许德珩先生(《社会学方法论》,1929年)和王了一(王力)先生(《社会分工论》,1935年)译介,首先在商务印书馆出版,这两部著作的引入不仅使涂尔干在社会学界闻名遐迩,而且也使他所大力倡导的功能主义在学术界深深植根,并成为当时社会学研究中占主导地位的理论和方法论。与此相比,德国人韦伯思想的传入则要晚了许多。由于中国社会学直接舶来于英美的实证主义传统,在早期,孔德、斯宾塞的化约论—社会有机体论和涂尔干的整体论—功能论几乎脍炙人口,相比之下,韦伯侧重从主观意图、个人行动去探讨对社会的理解、诠释的进路则少为人知。加之,韦伯的思想是辗转从英文传播开来的,尽管他与涂尔干同属一代人,但在国际上成名要比涂尔干晚了许多。恐怕这就是中文早期社会学著述中鲜有提及韦伯名字的原因。

出于意识形态方面的原因，大陆学界从二十世纪五十年代初开始取消社会学这门学科的研究和教学，又长期与国际主流学术界隔绝，直到改革开放后，1987 年由于晓、陈维纲等人合译的《新教伦理与资本主义精神》由北京三联书店出版问世，内地学者才真正从学术上接触韦伯的中文著作。尽管此前台湾早在二十世纪六十年代就已出版了该书的张汉裕先生节译本以及由钱永祥先生编译的《学术与政治：韦伯选集（Ⅰ）》（1985 年，远流出版公司），但囿于当时两岸信息闭塞的情况，这样的图书很难直接到达学者手中。此外还应指出，大陆在此之前也曾零星出版过韦伯的一些著作译本，譬如，姚曾廙译的《世界经济通史》（1981 年）、黄晓京等人节译的《新教伦理与资本主义精神》（1986 年），但前者由于是以经济类图书刊发的，显然其社会学意义在一定程度上会受到遮蔽，后者是一个删除了重要内容的节译本，难以从中窥视韦伯思想全貌，无疑也会减损其学术价值。

大陆学术界在二十世纪八十年代中后期引介韦伯思想固然和当时社会学刚刚复出这一契机有关，除此之外还有其重要的现实社会背景和深刻的学术原因。众所周知，二十世纪八十年代中后期是大陆社会改革开放方兴未艾的年代，经济改革由农村向城市逐步深入，社会生产力得到了较快的发展。但是社会转型必然会伴随有阵痛和风险，改革旧有体制涉及众多方面的既得利益，需要人们按照市场经济模式转变思维方式和行为方式，重新安排和调整人际关系。加之，由于中国南北方和东西部自然条件和开发程度存在很大差异，在改革过程中也可能出现新的不平等，还有随着分配差距的拉大社会分层化开始显露，以及公务人员贪污腐化不正之风蔓延开来为虐日烈，这些都会导致社会问题丛生，致使社会矛盾渐趋激烈。如果处理不当，最终会引起严重的社会失范。苏联和东欧一些民族国家在经济转轨中的失败和最终政权解体就是前车之鉴。这些都表明中国的改革开放政策带来的社会经济发展遇到了新的瓶颈，面对这些新问题学术界必须做出自己的回答。

撇开其他因素不论，单从民族国家长远发展上考量，当时中国思想界可以从韦伯论述十九世纪末德意志民族国家的著作中受到许多启迪。当时德国容克地主专制，主张走农业资本主义道路，成为德国工业发展的严重障碍；而德国中产阶级是经济上升的力量，但是领导和治理国家又缺乏政治上的成熟。韦伯基于审慎的观察和思考做出了自己的选择：出于对德意志民族国家的使命感和对历史的责任感，他自称在国家利益上是"经济的民族主义者"，而在国家政治生活中自我期许"以政治为志业"。联想到韦伯有时将自己认同于古代希伯来先知耶利米，并把他视为政治上的民众领袖，亦即政治鼓动家，他在街市上面对民众或批判内外政策，或揭露特权阶层的荒淫腐化，只是出于将神意传达给民众的使命感，而非由于对政治本身的倾心。然而韦伯又清醒地认识到，现时代是一个理智化、理性化和"脱魅"的时代，已没有任何宗教先知立足的余地，作为一个以政治为志业的人，只能依照责任伦理去行动。这意味着一个人要忠实于自己，按照自己既定的价值立场去决定自己的行动取向，本着对后果负责的态度果敢地行动，以履行"天职"的责任心去应承日常生活的当下要求。或许，韦伯这一特立独行的见解以及他对作为一种理性的劳动组织之现代资本主义的论述，与大陆当时的经济改革形势有某种契合，对国人的思考有某些启发，因而使人们将目光转向这位早已作古的德国社会思想家。

　　此外，二战结束以来，国际学术界以及周边国家兴起的"韦伯热"也对国内学术界关注韦伯起到触发作用。韦伯的出名首先在美国，这与后来创立了结构功能学派的帕森斯有关。帕氏早年留学德国攻读社会学，1927年他以韦伯和桑巴特论述中的资本主义精神为研究课题获得博士学位，返美后旋即将《新教伦理与资本主义精神》译成英文于1930年出版，并在其成名作《社会行动的结构》中系统地论述了韦伯在广泛领域中对社会学做出的理论贡献，从此以后韦伯在英文世界声名鹊起并在国际学界闻名。五十年代以后韦伯著作大量被译成英文出版，研究、诠释韦伯的二手著述也如雨后春笋般涌现。六十年代联邦德国兴起的"韦伯复兴"运动，其起因是二战后以美国为楷模发展起来的德国经验主义社会学，与战后陆续从美国返回的法兰克福学派代表人物所倡导的批判理论发生了严重抵牾，从而导致了一场长达十年之久关于实证主义方法论的争论。由于参加论战的两派领军人物都是当今学界泰斗，加之其中的几个主要论题——社会科学的逻辑问题（卡尔·波普尔与阿多诺对垒）、社会学的"价值中立"问题（帕森斯对马尔库塞）、晚期资本主义问题（达伦道夫和硕依西对阿多诺）——直接或间接都源于对韦伯思想的理解，对这些重大问题展开深入的研讨和辩论，其意义和影响远远超出了社会学一门学科的范围，对当代整个社会科学界都有重要的参考借鉴价值。作为这场论战的结果，一方面加快了韦伯思想的传播，促使韦伯思想研究热潮的升温，另一方面也对美国社会学界长期以来以帕森斯为代表的对韦伯思想的经验主义解读——"帕森斯化的韦伯"——做了正本清源、去伪存真式的梳理。譬如，在帕森斯式的解读中，韦伯丰富而深刻的社会多元发展模式之比较的历史社会学思想，被歪曲地比附成线性发展观之现代化理论的例证或图示。因此在论战中从方法论上揭示韦伯思想的丰富内涵，还韦伯思想的本来面目，亦即"去帕森斯化"，这正是"韦伯复兴"的题中应有之意。

随着东亚"四小龙"的经济腾飞，研究韦伯的热潮开始东渐。二战后特别是六十年代以后，传统上受儒家文化影响的韩国、台湾、香港、新加坡成为当时世界上经济发展最快的四个地区，如何解释这一现象成为国际学术界共同关注的课题。美国的汉学家曾就"儒家传统与现代化"的关系于六十年代先后在日本和韩国召开了两次国际学术研讨会。八十年代初在香港也举行了"中国文化与现代化"的国际学术会议，其中的中心议题就是探讨儒家伦理与东亚经济起飞的关系。许多学者都试图用韦伯的宗教观念影响经济行为思想去解释东亚经济崛起和现代化问题：有将"宗教伦理"视为"文化价值"者；也有人将"儒家文化"作为"新教伦理"的替代物，在解释东亚现代化时把儒家传统对"四小龙"的关系比附为基督教对欧美、佛教对东南亚的关系；还有人将韦伯论述的肇源于西欧启蒙运动的理性资本主义精神推展至西方以外，譬如日本，等等。所有这一切，无论赞成者抑或反对者，都使亚洲地区围绕东亚经济腾飞形势而展开的文化讨论，与对韦伯思想的研讨发生了密切关系，客观上推动了韦伯著作的翻译出版和思想传播，促使东亚地区韦伯研究热潮的出现。

作为欧洲文明之子，韦伯是一名百科全书式的学者，其思想可谓博大精深，同时其中也充满了许多歧义和矛盾，许多相互抵悟着的观点都可在他那里找到根源，因而时常引起不同诠释者的争论。历来对韦伯思想的理解大致可分为两派，即文化论和制度论。前者主张思想、观念、精神因素对人的行动具有决定作用，故而韦伯冠名为"世界诸宗教的经济伦理"这一卷帙浩繁的系列宗教研究（包括基督新教、儒教、印度教、犹太教等）是其著作主线；后者则强调制约人的行动背后的制度原因才是决定的因素，为此它视《经济与社会》这部鸿篇巨制为其主要著作。这种把一个完整的韦伯解析为两个相互对立部分的看法，从韦伯思想脉络的局部上说似乎都言之成理、持之有据，但整体看来都有以偏概全的偏颇。须知，韦伯既不是通常意义上的观念论者或文化决定论者，更不是独断意义上的唯物论者，因为这里的宗教观念是通过经济的伦理对人的行动起作用，并非纯粹观念在作用于人；而制度因素既包含经济制度、也包含法律制度、政治制度，还包含宗教制度、文化制度，并非只是经济、物质、利益方面的制度。换言之，一般理解的观念—利益之间那种非此即彼、对决、排他性关系，在韦伯的方法论看来纯属社会科学的"理念型"，只有在理论思维的抽象中它们才会以纯粹的形式存在，在现实生活中它们从来就是一种"你中有我，我中有你"的彼此包容的、即所谓的"镶嵌"关系。应该运用韦伯研究社会的方法来研究韦伯本人的思想，放大开来，应该用这种方法看待社会生活中的一切事物，惟有如此，才能持相互关系的立场，以"有容乃大"的胸怀解决现实中许多看似无解的死结问题。

欣闻台湾远流出版事业有限公司与大陆出版机构合作，在内地携手出版"新桥译丛"中有关韦伯著作选译的简体字版，这对于两岸出版业界和学术界的交流与沟通，无疑将会起到重要推动作用。祝愿这一合作不断发展壮大并结出丰硕的果实！

在中文学术界，台湾远流公司出版的"新桥译丛"有着很好的口碑，其译作的品质精良是远近驰名的，其中韦伯著作选译更是为许多大陆学人所称道。究其原委，一则是书品优秀，这包括书目及其版本的选择颇具专业学术眼力，另外新桥的译文具有上乘水准，是由经过专业训练的学者基于研究之上的迻译，而非外行人逐字逐句地生吞活剥。仅以两岸都有中文译本的《中国的宗教：儒教与道教》一书而论，远流本初版于1989年，六年后再出修订版，书中不仅更正了初版本的一些讹误，而且将译文的底本由初版的英译本改以德文原著为准，并将英、日文译本添加的译注和中文译本的译注连同德文本作者的原注一并收入，分别一一标示清楚。此外，远流版译本还在正文前收录了对韦伯素有研究的康乐先生专为该书撰写的"导言"，另将美国匹兹堡大学著名华裔教授杨庆堃先生1964年为该书的英译本出版时所写的长篇"导论"译附于后，这就为一般读者和研究者提供了极大方便，使这个译本的学术价值为现有的其他几个中译本所望尘莫及。再则，"新桥译丛"的编辑出版已逾二十余载，可谓运作持之以恒，成果美不胜收，仅韦伯著作选译出版累计已达十几种之多，形成规模效应，蔚为大观。不消说，这确乎需要有一个比较稳定的编译者团队专心致志、锲而不舍地坚持长期劳作才能做到，作为一套民间出版的译著丛书，在今日台湾这种日益发达的工商社会，实属难能可贵。现在，两岸出版业界的有识之士又携手合作，将这套译著引介到大陆出版，这对于提高这套丛书的使用价值、扩大其学术影响、推动中文世界社会科学和人文科学的发展、提升学术研究水平，功莫大焉。

近年来，随着两岸经贸往来规模的不断扩大，两地学术界和

x   经济与历史 支配的类型

出版界的交流也在逐步深入,相应地,两地学者的著述分别在两
岸出版的现象已屡见不鲜,这对于合理地使用有限的学术资源,
互通有无,取长补短,共同提升中文学界的研究素质,可谓事半
功倍。进而,倘若超越狭隘功利角度去看问题,将文本视为沟通
思想、商谈意义的中介,从而取得某种学术共识,成为共同打造
一个文化中国的契机,则善莫大焉。

诗云:"瞻彼淇澳,绿竹猗猗。有斐君子,如切如磋,如琢如
磨。"惟愿两岸学人随着对世界文化了解的日益加深,中文学界的
创造性大发展当为期不远矣。是为序。

2003 年 12 月 3 日 于北京

目　录

经济与历史

支配的类型

经济与历史

康乐等　编译

导言：韦伯的史学

康 乐

　　韦伯在近代社会学发展史上的奠基者地位，掩盖了他作为一个历史学者的名声，尽管如此，在他著作里——即使是最为理论性的建构——历史仍是最主要的源泉之一，这一点似乎也可说是韦伯之外的另两位社会学大师，马克思与涂尔干的共同特征。

　　韦伯在大学及研究所期间专攻法律，然而正如他母亲海伦所了解的：“法律学之类完全不适合那孩子的个性。……其实，很早以前，法律的历史发展已比法律的运用更能引起他的兴趣。”[1]他在1889年提交的博士论文《中世贸易公司史》（*Zur Geschichte der Handelsgesellschaften im Mittelalter*），1891年的大学讲师资格审查论文《罗马帝政时代农业史》（*Die römische Agrargeschichte in ihrer Bedeutung für das Staats–und Privatrecht*），基本上都属于法律史与经济史的专业领域，他也凭着这些论文顺利取得教授罗马法、德意志法与商法的资格。这一点当然是与德国法学训练中特别注重历史的传统有关；反过来说，从法规律令来探讨早期社会、

1　玛丽安娜·韦伯（Marianne Weber）著，李永炽译，《韦伯传》，p.118。

经济与政治，也是当时史学研究的重要凭借。这也是为何韦伯的
论文主考官之一蒙森（Theodor Mommsen）——当时最著名的罗
马史学者——虽然不完全同意他的论点，却仍给予最高评价的缘
故[1]。换言之，学科的分际在那时并没有如此的泾渭分明，而历史的
观察更被视为一切"人的科学"（The Science of Men）的基础工作。

　　韦伯的历史著作，相对于他庞大的作品集而言，不算太多。
除了上述两部作品外，就是他在 1908 年为《国家学简明辞典》
（*Handwörterbuch der Staatswissenschaften*）所写的《古代农业状
况》（"Agrarverhältnisse im Altertum"），以及在他过世后（1920）
才由学生上课笔记编辑而成的《经济通史》（*Wirtschaftsgeschichte*）。
而且这些作品在专业历史学界没有引起太大的回响[2]。这一点似乎
也并不值得诧异，因为就如韦伯所理解的：历史学着重的是"对
特殊的文化意义、行动、结构和人格，作因果分析与解释"；而他
自己所关心的还是社会学的方向，也就是一般性原则的建立，以
及有关人的社会行动之一般类型概念的建立[3]。换言之，彼此的研究
根本就是在不同的"典范"下进行的，虽然韦伯也期望他所建构
出来的一般类型概念能成为"特殊历史现象研究的准备工作[4]"。

　　从这个角度来看，韦伯为他的经济史——不管是研究，还是
课程安排——所设定的目标，基本上就与专业的经济史家有所不
同。要了解韦伯的史学，自然也只能由此入手。经济史研究的**任
务**是什么？照韦伯看来至少有下列三项：

1　《韦伯传》，pp.126—127。
2　参见京特·鲁特（Guenther Roth）为《经济与社会》英译本 *Economy and Society* 所写的序。
3　《经济与社会》，pp.19—20。
4　安东尼·吉登斯（Anthony Giddens）著，简惠美译，《资本主义与现代社会理论》，p.246。

第一，研究某一时期的**经济功效**是如何分配、如何**专门化**与如何**结合**的？而且须就技术上、经济上来看，并顾及**所有秩序**，且与**所有秩序**相联结。这个问题，其实就是个"阶级"问题，并及于一般的社会构成问题。其次，在此情况下，被占有的功效与机会，是作**家计的利用**，还是作**营利的利用**？于是又有第三个问题，亦即：经济生活里，**合理性与非理性**关系的问题。

在这里，他下了个简短的结论："整部经济史无非就是……**经济理性主义**的历史。"[1] 韦伯对经济史的观照点，以及他的基本纲领，可说都已涵括在上述这段文字中。

问题是，韦伯到底是以哪些现象为起点来观察他所提出的这些问题的？这就牵涉他用来分析社会的一些基本概念。就此而言，整个《经济与社会》的第一部可说是最能完整而有体系地呈现出他分析的基本架构，其中又以第一、二两章类似名词解释的部分最为关键。要了解韦伯学术的全貌，严格说来，自然是该由此入手。只是格于篇幅所限，此处我们仅能就韦伯观察社会现象的两个基本点——社会行动与团体——来理解。

所谓"社会行动"（Soziales Handeln），就是会对他人（不管是单数还是复数）产生影响的行动，换言之，就是必须有"能动性的"（dynamic）行动。一旦两个或更多的个人之间发生了交互作用，那么，"社会关系"（Soziale Beziehung）即告成立，而社会

1　见本书第一章《经济史的概念》。

关系的产生则意味着"团体"（Verband）的出现[1]。举例而言，一个先知闭室或隐居山林冥思，不能算是社会行动，然而他要是外出传道，即构成社会行动；有信徒归依即产生社会关系，而教团亦可能就此形成。

韦伯对社会行动、社会关系与团体的定义当然要比上面所陈述的复杂得多，这些名词也还有许多类型上的区分，例如行动可分为目的理性取向、价值理性取向、感情性与传统制约的；关系也有共同体及结合体关系的区别；团体则有自律、他律、自主与他治（或其混合）等类型[2]。这里就不一一详述。

将社会行动与团体视为韦伯分析社会的基本点固然稍有简化之嫌，却也不失为一直接而有效的办法。准此，在研究宗教时，教团自然成为韦伯关注的焦点，同样的，在研究经济史时，经济行为（为解决经济欲求的社会行动）及与其有关的团体（经济团体），自然是他入手的把柄。

最后，我们得探讨一下理性化或理性主义，也就是韦伯在经济史研究的任务里提出来的第三个问题。研究韦伯的学者一般都承认，以理性主义或理性化的问题作为整体观察韦伯立场的重心，乃是最为恰当的[3]。就此观之，这当然不是一个三言两语即可交待过去的问题。不过，有关此一问题的研究实已汗牛充栋，此处亦只

1　Verband 一词，英译者有时译为 Organization，有时则译为 Organized group（有组织的团体），换言之，英译者强调的是此一团体之为"有组织的"。其实韦伯在用 Verband 一词时，本即含有"有组织的"之意（否则不能称为"团体"），只是英文 group 一词的定义却没有如此明确，故必须加上 Organized。此处"团体"一词，采韦伯法，即将"无组织的"排除于外，换言之，凡无组织，即不构成一个"团体"。

2　见 *Economy and Society*, pp.22—56。

3　施路赫特（Wolfgang Schluchter）著，顾忠华译，《理性化与官僚化》，p.3。

能就其与韦伯之经济史研究有关者摘要述之。

出现在近代西方的资本主义（韦伯有时称之为"市民的、经营的资本主义"），其所赖以为基础的、理性的资本计算的经营，实乃引发韦伯之研究兴趣的直接诱因：

> 基于严密的计算进行合理化，为了追求经济成果而事先小心计划，这点实与那只顾目前不管将来的农夫、专门依赖特权的中古行会工匠、倾向于政治机会与不合理投机的"冒险资本家"等完全相反[1]。

如众所知，韦伯从近代资本主义企业之"担纲者"——商业领袖、资本家、技术人员乃至熟练劳工——的身上发现了一种独特的性格，他称之为近代资本主义的"精神"：

> 欲求日益增多的财富，并严格避免所有天性的享乐……赚钱成为人生的目的，而不再是满足人之物质生活此一目的的手段[2]。

换言之，近代资本主义所特有的"精神"乃是：通过正当的经济活动而完全投入财富的追求，并且避免以这样的经济活动所得来供个人之享乐。韦伯提出的这个现象与马克思所观察到的——他称之为"异化"（Entfremdung）——几无二致：

1　韦伯著，张汉裕译，《新教伦理与资本主义精神》，p.29。
2　同前书，p.13。

　　（资本家）必须是**埋头苦干的、清醒的、节俭的，而且平凡的**。享受对他来说只是次要的事，是一种服从于生产的休息；同时，享受是**精打细算的**，从而它本身是一种**经济**的享受，因为资本家把自己的享受也算入资本的费用。因此，他为自己的享受所花的钱，只限于这笔花费能通过资本的再生产而得到补偿（这还包括了所滋生的利润）。所以，享受服从于资本，进行享受的个人服从于积累资本的个人，而以前的情况恰好相反[1]。

　　不过，相对于马克思以私有财产及金钱的统治等因素来解释此种"异化"的形成，韦伯认为这种"精神"乃根植于一个信仰：认为在一个选定的职业上有效率地工作的价值，乃是一种义务和一种美德[2]。这样的"精神"表现在生活上则为一种"合理的生活态度"，韦伯有时也直接地称之为"理性的生活方法"（rationalen　Lebensmethodik）。而这种合理的生活态度与"禁欲的基督教伦理"，特别是由"天职观"及"上帝预选说"所导出的理性的现世禁欲的精神之间，则有一种特殊的"选择性的亲和力"（Wahlverwandtschaft）[3]：

　　　　总之，理性的禁欲精神，入世而不**属**世所特具之系统化的——是冷酷无情，也是宗教性的——功利主义，有助于产

1　Giddens，前引书，p.42。

2　同前书，p.215。

3　韦伯这个结论当然是与他所统计的、近代欧洲资本主义企业之"担纲者"几乎皆为新教教徒此一资料有关。见《新教伦理与资本主义精神》，pp.1—4。

生优越的理性资质，以及随之而来的"职业人"（Berufsmensch）精神[1]。

这个结论自然是韦伯著作中最为人所熟知的。然而，对韦伯来说，这只不过是他研究近代西方资本主义的一个起点。而"理性化"的发展——特别是近代西方特有的那种理性主义——则成为他研究的指引。在《经济通史》一书中，他除了探讨西方历史上各种生产活动（农业、工业与商业等）之经济功效配合的问题，以及各种生产制度与团体（庄园制、领主制、行会制、工厂、市场、城市与国家等）的互动与演变外，特别注意其间"理性化"的成分。同样的，在研究世界诸大宗教时，他也非常着意于此一宗教所寄存的社会、经济、政治情境，从各文化的"固有法则性"（Eigengesetzlichkeit）来印证近代西方理性主义的特殊意涵。这就使得韦伯的研究经常带有一种"主题性"、"整体史"与"比较研究"的特色，而迥异于许多专业史家所写的通史性著作。

就此而言，要了解韦伯的史学，除了上述几本经济史的专著外，其他的作品——特别是《经济与社会》以及《宗教社会学论文集》——显然也是不该忽视的。然而，基于篇幅所限，本书还是只能以韦伯经济史的著作，特别是《经济通史》为主。为了帮助读者了解韦伯在分析经济现象时的一些基本概念，我们在《概念》的部分里，除了《经济通史》的原序外，另外选译了《经济与社会》中讨论共同体之经济关系的一篇文章。此外，城市的研究是韦伯

1　韦伯著，康乐、简惠美译，《中国的宗教》，pp.324—325。

著作中体系较完整的一个部分，而且与其经济史的研究有着相当密切的关系。因此本书另辟《城市》篇，除了选译《经济与社会》里有关城市之概念一文外，还从《古代农业状况》里选译了古代城市，以及《经济通史》里的《市民》一章，希望能给读者一个较清晰的介绍。

以"理性化"为经，以社会行动与团体为纬，韦伯编织出他心目中的历史图像。韦伯对概念分析的严谨，以及他在理论架构上的建树，早为世人所熟知，这点似乎也多少掩盖了他在历史研究上所展现的才华。《经济与历史》的编译希望能有助于弥补此一缺憾，使我们了解韦伯是如何驾驭其理论概念驰骋于辽阔的历史原野上的。

第一篇　概念

第一章
经济史的概念

本章译自韦伯《经济通史》(*Wirtschaftsgeschichte*) 之序("Begriffliche Vorbemerkung",英译本删节不译)。中译本除根据上述 1958 年版原文外,另参照《社会经济史》(郑太朴译),pp.1—22;《一般社会经济史要论》(上)(黑正岩,青山秀夫译),pp.3—57,日译者以己意增补不少,与原文有极大差距。

一、基本概念 [1]

〔经济行为、经济、经济统一体、经济团体〕凡是一种行为,其目标在于营求所欲的效用 (Nutzleistung),或者获得处分此种

---

[1] 本节的内容相当于韦伯所著《经济与社会》第一部第二章《经济行为之社会学的基本范畴》开头部分 (1—14 节) 的浓缩。——中注

效用的机会，我们即称之为"经济的"[1]。各式各样的行为都可以是
经济取向的，例如艺术家的行为固可如此，即以战事而论，倘其
准备上及进行上虑及经济的目的与手段，一则亦是如此。不过就
"经济"一词原本的意义而言，则仅只于处分力——原本就是以经
济为其取向者——之**和平**的施用。处分力的一个特征是对自己的
劳动力的处分，不过并非理所当然如此，被驱策于鞭笞之下的奴
隶，只是主人的工具——为其经济手段，而非自己进行经济行为。
工厂中的劳动者亦是如此，当其为自己的家计劳动时，虽是"经
济的"，但在工厂中，他纯粹只是技术性的劳动工具而已。和平性
的特征，亦是不可或缺的。因为各种事实上的暴力（如掠夺、战
争、革命之类）虽然也可以是经济取向的，但须受其他法则之支
配，与依靠（形式上）和平的手段之营求不同[2]。不过，征诸历史
经验，任何经济背后，必得应用强制才行——其在今日，为国家
的强制，昔日则往往是身份阶层的强制；将来的社会主义或共产
主义的经济制度之实现，恐怕也非得使用强制以遂行其计划不可。
然而此种暴力，我们不能称之为经济行为，它只是经济经营的手
段。此外，重要的是，经济行为经常是由**手段的稀少性**所引起的。
因而依此作成其标的：为了满足追求效用的欲望，必须将为数有

---

1 "物财"（Sachgut）不在所论之列，通常仅就其使用的可能性而言，例如其引力、推力、载力、
等等。效用恒为个别的，例如以"马"而论，在此关联与意义上，并非经济的对象，仅
其个别的效用是对象。为简单计，可将物的效用叫做"财"（Güter），人的效用叫做"用"
（Leistungen）。——原注

2 cf. M. Weber, Ges. *Aufsätze zur Religionssoziologie*, 1. Bd., S.4.——德注
　　参照《宗教与世界》，p.452。——中注

限的手段加以"经营"（bewirtschaften）[1]。以此遂产生经济行为合
理化的倾向（虽然此一倾向未必恒能彻底实现）——如此，说到
最后，可知所谓**经济**者，就是出自于自己的处分力而趋于一贯的
行为，此一行为被营求效用与效用机会所决定。于是，"经济统一
体"（Wirtschaftseinheit，或称"经济团体"Wirtschaftsverband），
当其行为出于对外或多或少是一封闭性的团体时，就恒常是一种
自律的团体，也就是说，它能够自行决定其领导者且以经济目的
为其首要取向，其活动并非偶发性而是持续性的一个团体。其中
最重要的当是，以经济为首要取向的这个属性，这也就是使**经济
团体**特色独具之处。其他的团体，即与此不同，它们虽然也"侵入"
经济生活，但本身并非**经济团体**：它们有的原有别种首要的目标，
而经济目标不过是附带的而已（"有经济作用的团体"wirtschaftende
Verbände）[2]；有的是本身全无经济行为，但其所从事者，在于使
他人的经济行为遵从一般的规范，亦即"形式地规范"（"秩序团
体"Ordnungsverbände）[3]，或通过具体的侵入经济行为而"实质地
统制"（"经济统制团体"wirtschaftsregulierende Verbände）[4]。同一
个团体可因情况而分属于上述各种类型内。

〔经济行为的手段与目的：交换〕经济行为可以力求：1. 将
可处分的效用，a. 就现在与未来之间，b. 就当前各种可能的使用

1　因此，"经济行为"的意义经常是指：比较各种使用目的而从中做一选择，至于技术上
　　的考虑则在于为某种（通常是既定的）目的选择手段。（A.Voigt, Technische Ökonomik,
　　in "Wirtschaft u. Recht der Gegenwart" I, Tübingen 1912.）
2　例如作为财政主体的国家，收取学费的学校。——日注
3　所谓警察国家。——日注
4　例如凭票券发派配给的国家、中世纪的行会。——日注

方法之间，**有计划地加以分配**[1]；2．将不能直接享用但可处分的财货**有计划地创造出来**（此即"生产"）——首先是将此种财货通过技术性的措施而使之可享用；3．在别的经济处分力之下的效用——不论其财货是否已可享用——**设法加以取得其处分力或共同处分力**。在最后这种〔与他人共持处分力〕的情形下，倘若要符合所谓经济行为的意义，亦即出之以和平的方式，则手段有二：a．组织一个经济统制团体（以具有处分资格的人组织之），或者b．交换。

经济统制**团体**可以是：1．**管理团体**（Verwaltungsverband，所谓"计划经济"）。此语之意义系指：统一的经济指导机关，亦即由经济统一体所构成的一个集团，处于一群干部有计划的指导之下，所谓有计划，是指对效用的获得、使用或分配而言（如世界大战时"战时经济"的组织即其实例）。各个个别的经济体在参加了此一集团后，其行为即以此一干部的计划为取向。2．**统制团体**（Regulierungsverband）。此种团体对于所有的个别行为并无统一的指导，且更可说是自我约束不去管制各个独立的经济体，虽然如此，它仍统筹各从属经济团体之经营，使其免于互相竞争。最根本的办法是：**消费的合理化**与**获得的合理化**。诸如渔业、畜牧与农林的合作会社与同业公会等，都是合理化的实例，其中某些是关于原料的合理化，某些是销售机会的合理化，而间接则为消费的合理化，例子不胜枚举。近代的"卡特尔"（Kartelle）通常也属此类。

交换可分两种。1．**偶然交换**。这种交换是很古老的：将剩余

1　a．例如储蓄，b．例如基于边际效用均等的法则。——日注

物资偶尔拿出去交换，但生活重心仍在于自己生产的东西。2.**市场交换**。其趋向见于此一事实：即为了交换而大量且持续地全面供给，同样的，也是为了交换而如此全面性地需求，换言之，目标在于销售机会的存在。举凡市场交换支配经济之处，我们即称之为**流通经济**（Verkehrswirtschaft）。

一切的交换均奠基于人与人之间（形式上）和平的斗争，也就是根据**价格斗争**、"讨价还价"（与交换对手）以及最终为**竞争**（针对处于同一交换企图下的人），而试图达成一种妥协，此种妥协使参与者当中的一方或数方有利，而斗争乃终结。

交换可以是 a. 受形式法理统制的（像是资本主义经济里的自由交换），或是 b. 受实质统制的（真正受统制的交换），统制者可为工会、同业组合、独占的企业家、封君或行政当局，而统制可在相当不同的观点下达成（例如持高价位或低价位、民生的供给，等等）。

交换可分为**自然交换**或**货币交换**。直到货币交换时，完全以流通经济意义上的"市场机会"作为行为的取向，在技术上始为可能。

〔交换手段、支付手段、货币：自然经济与货币经济〕交换**手段**是一种物体，它以一种特殊的形态（即循环不已且大量地）在交换进行时为众人所接受，因为大家都预见到，此一物体在交换一事上可以再使用。交换手段与**支付**手段并不是绝对等同的。因为支付手段原先不过是一种"偿付"义务，即履行债务的一定手段罢了；而各种债务并不一定都是因买卖交换而产生的，例如租税、纳贡、嫁妆等债务。这些另有一定的支付手段。在经济史上所曾有过的支付手段也并不一定就是交换手段；例如在非洲，牛是支付手段而不是交换手段。即使在以交换手段当作支付手段通行的地方，也不是一切的交换手段都可无限制地当作支付手段。蒙古的可汗命令其臣民使用纸钞，然而在租税上，纸钞是不收受的，不能当作支付租税的手段。对于各式各样的效应，也不是每种支付手段，都可作支付手段用。奥地利曾有过一种金币，在当时只能作支付关税用。在历史上，并不是任何交换手段都可用来当作各式各样交换的交换手段；例如在非洲，用贝壳货币买不到女人，只有用牛才买得到。

货币是一种支付手段，在某一特定的人群中同时也是交换手段，并且特别因其可按"面额"而分割开来，所以形成可以计算的支付手段。但这种技术上的作用与货币所具有的特定外形，是不相干的。例如汉堡银行发行的银币，实脱胎于中国的某种设施，只要有银准备金即可，而不必过问银的形式如何；而据此发行的汇票，则为货币。

没有使用货币的经济，我们称之为自然经济；使用货币的经济，则为货币经济。

自然经济可以是一种无需种种交换即可满足需求的经济，例如地主的需求可以通过分摊到各个农民经济上的方法来满足，或者如"庄宅"那种自足式的家计[1]；不过纯粹的自然经济已是罕见的例外了。自然经济或者也可以是**自然的交换经济**，其中虽有经济的交换，但无货币。此种经济形式从未完全形成过，通常不过是近似而已。古埃及曾一时施行过**与自然交换并行的货币计量经济**，也就是说在物对物的量的交换之前，先把两物用货币来计量过，

1　国家社会主义与共产主义的纯粹类型亦是如此。

然后再交换。

货币经济使得**交换中的授受之间、区隔人际与时间一事**成为可能，从而**解决物的交换手段彼此之间的调和问题**，以此，市场扩张——亦即市场机会的扩张——方有可能。由现在以预料将来的市场状况，**使经济行为不致受一时的情况之束缚**——市场也因之而扩张，此事亦须把交换授受的机会**用货币来估计**（即通过货币计量），才能办到。货币的此种机能，亦即使计算成为可能，让我们有一共同的标准来衡量所有的财货，这是其最大意义所在；因为通过货币，方使经济行为之**计算的合理性**具备前提条件，"计算"方有可能。计算，一方面能使"营利经济"完全以市场机会为取向，同时在"家计"方面，亦能使其"经济计划"——关于可处分的一定货币额的使用——按照此项货币额之"边际效用"的尺度来施行。

〔家计与营利、财产与所得、企业活动与收益性〕一切经济的两个基本类型，为**家计**（Haushalt）与**营利**（Erwerb）。这两者虽常因过渡阶段而彼此结合，但就其纯粹形态而言，则在概念上是对立的。所谓**家计**，是指以满足自己需求为取向的一种经营，不论是为满足国家的需求、个人的需求或是消费团体的需求。反之，所谓**营利**，则是以利得机会为取向，特别是交换的利得机会。家计的范畴，于货币经济存在的情况下，为**财产**与**所得**。当然，我们也可以提出自然所得与自然所有。但是所得与财产只有当其能用货币估算时，才会有一公分母，并且，也唯有在以货币经济为取向的流通经济的基础上，财产才说得上是种单元体。在此意义上，则所谓**所得**，是指能以货币估算的、特定的财货数量，于一定的期间内得以将之处分的机会；反之，**财产**则是指具有货币价值的财货所有，它可供家计上的长久使用，或者可用之以获取所得。最后，所谓**企业**（Unternehmen）者，系指一种为了获取交换利益而以市场机会为其取向的营利经济。在这层意义上，企业可以是偶然性的企业，例如，个别的一次航海——资本主义企业化的中世纪早期形式"康曼达"（commenda）即由此而来——或者也可以是一种持续的经营。任何企业无不以**获利率**（Rentabilität）为其取向，换言之，皆在于营求一种超乎货币价值——经营企业所使用的手段——之上的剩余；并且企业的进行也要作**资本计算**（Kapitalrechnung）[1]，换言之，通过资产负债表来决算，以此，所有个别的处分皆成为计算的对象，亦即成为交换利得机会之估算的对象。所谓**资本计算**，是指把财货按其货币估算值带入企业之中，等到企业终结后或一个决算期的尾日（比较最初的资本和最后的资本），用货币来确定利得或亏损[2]。资本计算一旦变得普遍，财货的交换与生产即以之为取向，并因而即以市场机会为取向[3]。

家计和营利经济现今在经济上已经分离，并且成为各别的持续性行为。还在十四、十五世纪时，例如在美第奇家族里，这种分离尚未实现。但在今日，这已成为律则，并且家计和商业经营不只是在表面上分开而已（例如阿拉伯国家的 Veziren 已是如此），具决定性的是二者在簿记上，亦即在计算上的分离。当资产负债明细表上有利得产生的时候，才可能流入各别的家计当中，这无论是在个人的企业或股份公司都是如此。营利经济所营求的，在

1　Kapital 原指中古时期意大利的航运业里合伙业者的投资。

2　《宗教社会学选集》，第一册，p.5f。——德注

3　Kapital 在据此而产生的资本主义经济里即为决算数额，财货在一经济企业里即被换算入此数额中，资本计算因而创立了营利经济的合理形式。

根本上与家计所营求的不同，不像家计那样以边际效用为追求目标，而是以获利率为其取向（获利率最后也还是取决于最后的消费者在边际效用上的相互关系）。所以，家计经济里的货币计算，和营利经济里的一样，终归是取决于市场机会，亦即取决于人与人之间（形式上）和平的斗争。以此，货币并不是像其他任何测量工具那样的一种毫无危险性的测度指针，反之，货币价格乃是从市场上的**斗争机会中产生出来的一种妥协**，而成为资本计算得以成立的不可或缺的估算标准，不断地从市场上人与人的斗争中得之。是故，货币经济具有"形式的"合理性，恰与一切"自然的"经济（不论其为自足经济或交换经济）形成对比。所谓货币经济之形式的合理性，是指最大可能限度的"计算性"：对于已实现的或在将来可预期的利得与亏损机会，完完全全具有可计算性。资本计算之形式的合理性，其效用是无法用其他任何计算方法来取代的，即使是用一种计划性的自然经济、用"普遍的统计"——由社会主义所提出来的、非常发达的自然计算——也是无法取代的。如欲将资本计算废止，则其合理之处，必须发明一种技术的手段来取代，此种手段也要能像货币及货币价格那样，是一种有用的公分母才行。

二、经济的功用编制诸类型

当今的经济生活(就像任何"已开发的"经济生活)之根本事实，在于**职业编制**（Berufsgliederung），亦即人类之按照职业的分化。

就经济学上的意义而言，**职业**是指基于生计或营利的考虑，由一个人将功效持续地施展出来。职业可在一个团体（如庄园、村庄、城市）的内部进行，也可以是为了营利——在市场上（如劳动市场、财货市场）的交换——而进行。职业编制未必总是存在，纵然有之，也未必有今日这样大的规模[1]。

从经济学的观点来看，人类的功效可分为**经理的**功效与**实行的**功效。后者我们称之为"劳动"（Arbeit），前者则称之为对于财货或劳动的"经理"（Disposition）。对于劳动的经理可有种种不同的方式；其分类，就技术角度而言，可根据各个功效（在一经济之内）是以何种方式分配于各个劳动者及其相互关系上来决定；若就经济角度而言，则可按功效是以何种方式分配于种种经济及其相互关联上而定[2]。

〔劳动功效的技术性编制〕劳动功效的技术上的分配与结合（"分工"与"协力"），其可能性可按**个人人格**内所具备的功效之种类而加以区别；亦可按多数人的协力关系之种类来区别；或亦可按**物的获得手段**（生产手段、运输手段、需求手段）与劳动者的协力关系之种类而区别之[3]。

1.**各别的**劳动者之功效，就技术的专门化而言，可为兼业与专业。所谓**兼业**，是指同一个劳动者能具有不同性质的功效（例如农业劳动兼工业的副业，农业劳动兼巡回性的劳动）。所谓**专业**，是指性质不同的效用由不同的人来供给，这种分化可再区分为：按其**最终结果**的性质而区别的"功效的分业化"（如中世纪的手工

1　最古老的"职业"是巫师这一行。

2　前者于诸侯的家内及工厂内亦是如此，在这里，各个功效在各劳动者中已专门化，但不分配于各种经济。后者之例则为转手商行（Verlag），其在纺织业方面的组织，即在于将功效——在其最后总结时统合起来的功效——分配于各种经济。

3　K. Bücher, *Die Entstehung der Volkswirtschaft*, I. Bd., 16. Aufl., Tübingen, 1922; E. Durkheim, *De la division du travail social*, Paris, 1893, 4.Aufl., 1922.

业)，或者是如近世的工场之趋向**互补性功效的专技化**，此即，将统一的功效分割成互相补充的部分（"劳动分工"）。

2.结合不同的功效以得一整体，虽然所得到的结果殊无二致，但可因其为同种类的功效之结合，或者为不同性质的功效之结合，而称为"功效的积累"或"功效的结合"。无论是哪一种情况，终归是关于技术程序的，不问其为"并行的"（即彼此独立各自进行的功效），或已在技术上统一的整体功效[1]。

3.从**物的获得手段**（生产手段）之结合的种类来区分，则有纯粹的功效，也有财物之出产、采办或输送的功效。财货的加工制造，总有其前提条件，即"固定设备"（自然天成的或机械化的动力设备，至少亦须有如工场那样的劳动设备)，以及**劳动手段**（工作用具、器具、机械)。**工作用具**是一种劳动辅助手段，可以适应人类有机的功效。反之，一种被人类所"使用"的劳动手段，是人类必须将自己的功效与之相适应者，我们即称之为**器具**。最后，所谓**机械**，则是指机械化的（即自动的）劳动器具（已完善者即为"自动机")。此种劳动器具的意义不仅在于其能脱离有机的劳动条件而独立的特有效能，而尤在于**其功效之可计算性**，这对于理性地以资本计算为取向的经济而言，是格外重要的。机械化的劳动器具之使用，必须以经济上有效的利用为前提，换言之，须以有购买力的**大量需求**为前提；也唯有在此情况下，使用机械化的劳动

1　关于功效之集合化，可举实例以明之：如数人合力负担或牵引重物，此即劳动之积累，若如管弦乐团，则为劳动之结合。

器具才有利可图[1]。

〔劳动功效的经济性编制〕劳动过程在经理上的**经济可能性**有多种，可按其如何将功效分配于各种经济来加以区分，也可按各个经济机会是如何被占有,换言之,即所有秩序(Eigentumsordnung)是如何形成的来分别[2]。

功效结合与功效分配在经济方法上的情形，与其在技术方法上的情形类似，可以是：1.**功效结合在一有技术分化与技术统合的统一经济内**进行。这个统一经济，可以是一个**家计**，不过是个大家计（例如南部斯拉夫人的家族共产体，即 Zádruga，偶尔也和外面作交换，但大多在其内部已有技术上的分化），也可以是一个**营利经济**（例如，本身为一统一经济的工场，在其内部实行功效分化与功效结合；或如较此更进一步者——"混合事业"，譬如将煤炭业与冶铁业结合而成；又或如企业同盟〔Trust〕，则为以营利为主、或多或少受金融独占者统一指挥的几种经济之结合）。也可能是：2.**在几个多多少少是自律性的经济之间进行的、专技化的功效分配**。于此，或可有各个经济之**完全**的经济**自律性**（亦即在完全自律的经济之间的功效专技化——十九世纪的流通经济为其标准形态），或可有**部分的他律性**，亦即各个经济对于许多问题虽是自律的，但其经济行为却是以位于其上的**团体**之秩序为取向。至于这个上级团体，亦有种种可能的区别，须视其具有**家计**

1　在流通经济的领域里,必须存在**有购买力**的大量需求,为的是能提供充足的市场机会（并且同时也为了达到物财供应的最佳效果）。不过，这须取决于财产分配与所得分配为何种类型。

2　例如要问：劳动地位是否属于劳动者或在其权限内，是可随时辞退的或是终身的，物的获得手段是否已被占有及被谁占有，等等。

的特质，或具有**营利经济**的特质而定。在第一种情形下，这种团体是以满足其成员的需要而经营的。这样的体制即可是**合作式的**（genossenschaftlich），例如印度的乡村便是如此，其手工业者不具自律性，只不过是领有乡村组合之土地的雇工而已，其劳动工作，有全然无报酬的，或者给予定额的补助，此即"圣役"（demiurgische）经济；要不然则为**支配式的**，例如中古的庄园制度：在庄园制度下，领主除了农民的独立经济之外，处分着一定的功效，领主的家成为庞大的家计（此即"庄宅"）。反之，若上级团体为营利经济取向，则其功效结合的特性，仍可有合作式的与支配式的两种。例如在一个企业联盟（Kartell，就此语之广义而言）的内部，即是合作式的；若是**一个领主的营利经济**（例如商行），位于独立农民或手工业者家庭工业式的经济之上，即为支配式的。

〔占有（Appropriation），即所有秩序与所有形态〕所有（Eigentum），在经济学上的意义与法律上的概念并不相同。就经济学而言，譬如可以承继、买卖、分割的主顾关系，也是所有；事实上，这种主顾关系，在印度的法律上的确视为所有的对象。

劳动机会，亦即劳动地位及与其结合的营利机会，可以被占有；物的获得手段、指导地位（例如企业家的地位）也都可以占有。换言之，这些皆可为**所有秩序**的对象。

1．就**劳动地位之占有**而言，有以下的各种极端例子。a. **劳动地位无任何形式的占有**：个人可以自由地出卖其劳动力，这也就是有**自由的劳动市场**的存在；b. **对于劳动者之人身的占有**：劳动者**被系属于劳动地位**，换言之，被一个所有者当作是物件般地占有，因而变成不自由的劳动者或奴隶。第二种情况下，尚有以下种种可能：将不自由的劳动者作**家计的**利用（家内奴隶，如十六世纪以前的西欧）；将不自由的劳动者当作**利源**来利用（例如古代，领主给予奴隶劳动自由与营利自由，借此从奴隶那儿征收诸如 obrok、Leibzins 之类的租金）；将不自由的劳动者当作营利手段，即**劳动力**来利用（例如迦太基与罗马的大型农场，美国南部的黑人劳作农场）。在这些极端例子之间，尚有许多中间阶段。最后，c. **劳动地位为劳动者所占有**，这可以是被个别的劳动者所占有，也可以是被一个**团体**（统制的劳动团体）所占有。这种处分劳动地位的团体，可具有相当不同程度的"排他性"，并可按照其所希望的功效与机会的统制方式如何，以各种程度使各个劳动者占有劳动地位。此事之最大限度，是**世袭的**（或终生的）**占有**（例如，印度种姓制度里的手工业者、宫廷里的执事者、庄园里的农民的地位，等等），最低限度起码可以**防止随时的解雇**（现代的企业职工咨询委员会制度，可说是工场劳动者对于劳动地位有一种"权利"的开端）。若就团体所采取的统制方式而言，其所能统制的，几乎无所不包；除了劳动地位之外，此种团体还可统制**劳动过程**（例如中世纪的行会禁止拷打学徒）、**劳动品质**（例如直到十九世纪时，在西发里亚地方的麻织业）、**报酬**（价格评定，大抵为免除竞争起见，规定最低价格）、**利用范围**(烟囱打扫人的巡回区域)，等等。同样的，在这些极端例子之间，排列有无数中间阶段，以至于完全放弃对功效义务与机会的统制为止。

2．**物的获得手段的占有**，分列如次：

a. **属于劳动者**的占有，包括属于各个劳动者的，以及属于劳动者之团体的。前者即个别占有（Einzelappropriation），其作用有种种，可按其为，为了自己的需求而将此获得手段利用于**家计**，或是（特别是在典型的小资本主义方面）为了市场而用于**营利**，来加以区别。**团体占有**（Verbandsappropriation），可按其利用的效果是否分配于个人，或者是共享，而分为股份的（anteilsmäsig,合作式的）与**共产**的两种。其中也有许多中间阶段，大体上两种制度是混合的。然而，其利用仍可分为家计的或营利的（俄国的"密尔"[1]是以共产的形态而为家计式的,古日耳曼的农业制度下则是股份式的占有；而俄国的有意让劳动者占有生产手段的Artjel，则是营利的）[2]。

　　b. 占有亦可落入**所有者**（Besitzer）的手中，此所有者并非即为劳动者；如此，则发生**劳动者与获得手段的分离**。在这样的情况下，也可因被占有的获得手段如何被所有者所利用，而出现种种的区别。所有者可以：（a）在自己的家计内，作**家产式的**（patrimonial）利用（例如新王国时期的埃及法老之大经济体，他是寺庙财产以外的一切土地的所有者）；或者（b）将占有的获得手段，在自己的企业内当作资本财而利用于营利方面（例如以获得手段之占有为基础的资本主义企业）；最后（c）亦可利用之于**借贷**,此种借贷,有用之于家计的（例如古代庄园领主之于其隶农），亦有用之于追求营利目的之人的。如此，可以想见的是，获得手段可以当作是指定给**借贷者个人**的劳动手段而委让给这个人（例如生计用具之于小佃农，特别资产之于奴隶），或者可以委让给**企业家**作资本主义式的利用；如此一来，则所有者与企业者也分离了。

　　3．除了劳动地位、物的劳动手段之占有外，尚有**指导地位的占有**。倘若没有某种形式上的指导地位的占有，那么，资本的占有，

1　密尔（mir）是俄国的农村制度。详见韦伯著，郑太朴译，《社会经济史》，pp.38—42。——中注

2　由于营利原则并未被去掉，因此是一种社会主义，以新的所有者阶级来代替原有的。

亦即获得手段的占有，甚或获得资金所必要的"借贷资本"（信用贷款）的占有，实际上始终就**等同于**所有者对于指导地位之处分力的占有。指导地位的占有，常跟劳动者之与获得手段的分离相伴而行；其所有，尽管只是贷与式的，但能使企业者的机能成立，同时也可将劳动者变成为私有——奴隶。

基于所有者与企业指导者的关系而可能出现的情况是：人格性（Persönlichkeit）的（a）分离，或（b）合一。在第一种情况下，所有者可以是寻求将其所有运用于家计之**财产的利害关系者**（Vermögensinteressent）——其中最为典型的，是近代的所谓"坐食者"（Rentner）——或者可以是像银行或投机者那样，将其处分下的手段之一部分投资于实业的企业，而成为**营利的利害关系者**。

在第二种情况下（即所有者占有指导地位），结果是**家计与营利经营的分离**。这是近世经济体制的特质，而且甚至是法律所强制推行的。在此情形下，营利经营的准则必定是（尽可能理性地）以收益原则为取向。但是除了拥有企业指导地位之外，营利经营也同时还占有获得手段，此一事实，正如企业者之与家计联结，或者也与其他企业联结，结果造成：对经营外行的、个人的财产，尤其是利金收益的利害——亦即（从物之营利利害的观点来看）**非合理性的利益关心**——影响到经营的进行方式。这种危险，在企业者与所有者分离的情况下，更加显著，因为如此一来，被占有的获得手段可以变成私人投机的对象，或者变成投机的银行政策与企业同盟政策的对象，故而此处再度发生非合理性的影响，只是其性质为营利投机的。

三、经济史的特质

根据以上说明，则**经济史的任务**为何，已可得若干结论。经济史首先要去考究各时代之**功效分配**与**功效结合**的性质。第一个问题是：某一时期的**经济功效**是如何**分配**、如何**专门化**与如何**统合**的，而且须就技术上、经济上来看，并顾及**所有秩序**，且与**所有秩序**相联结。这个问题，其实就是个"阶级"问题，并及于一般的社会构成问题。其次，在此情况下，被占有的功效与机会，是作**家计的利用**，还是作**营利的利用**？于是又有第三个问题，亦即：经济生活里，**合理性与非理性之关系**的问题。现今的经济体制，因簿记的通行，已达到高度的合理化。所以就某种意义和某种限度而言，整部经济史无非就是站在计算的基础上，而在今日已达成目标的、经济**理性主义**的历史。

经济理性主义的程度，在早先的时代里各不相同。最初是**传统主义**，即保存旧来的习惯，凡先前所传下者，虽早已丧失我原意，仍传之于后代。此种状态之成为过去，乃此前不久之事，因此经济史对于**并非经济性质的诸要素**，亦不能不计及。这些要素诸如：追求获得**神圣**资财的巫术要素与宗教要素，追求**权力**的政治要素，以及追求**荣誉**身份阶层之利益等要素。

今日的经济，就营利经济而言，原则上已有经济的自律性，且一以经济的观点为归依，具有高度的计算上的合理性。但是实质的非合理性仍常常渗入此种形式的合理性之中，此乃由于所得的分配，在某种情形下引起（就实质上"财货之最善的缔造"来看）实质上非合理的财货分配；或者由于家计的利益与投机的利益，这在营利经营的观点看来，亦属非合理的性质。然而，上演着形式理性与实质理性这场斗争的文化领域，并不仅限于经济。在法律生活方面，亦有形式的法适用与实质的公道观念之斗争[1]。（在艺术上也一样，例如"古典的"艺术和非古典的艺术之对立，其所抗争者，实际上是由于实质的表现需要与形式的表现手段之间的冲突。）

最后，还有一点必须提出：经济史（特别是"阶级斗争"的历史），并不像**唯物史**观所想要让人相信的那样，简直就是一般文化的历史。一般文化的历史并非经济史的产物，也不仅仅是其函数；其实经济史只是一种下层结构，倘若不懂经济史，即不可能在任何广大的文化领域的研究上有成果。

---

1 腓特烈大帝和他的法学者之争论，即因法学者之形式论反驳了大帝在便宜行事（就行政及一般的运用上而言）观点下的裁断而引起的。

第二章
共同体的经济关系

本章译自韦伯《经济与社会》第二部第二章。中译本所根据版本及页数如下：*Wirtschaft und Gesellschaft,* pp.199—211; *Economy and Society*（ed. G. Roth & C. Wittich）, pp.339—355;《共同体の経済的関系じついこの一般的考察》。本章正文初稿为黄国钟根据英译本所译，经康乐校改定稿。

一、经济的本质与各种经济团体

大多数社会团体皆介入经济活动。与通常惯用（而不恰当）的说法相反的是，我们并不认为所有目的性（zweckrationale）的行为皆为经济性的，以此，祈求精神幸福并非一经济行为，尽管它可能有一个依据某些宗教教义的明确目标。我们也不当将所有经济化的活动皆列入，不管是概念形成时的知识经济化，还是美学上的"手段之经济"，艺术的创造，就针对简化的不断更新的企图而言，经常是大为无利可图的结果。同样的，仅只固守"最适条件"之技术格言——以最少之花费取得相对而言最丰硕之成果——也很少被视为经济行为；毋宁视其为目的理性的技术。只有在下述情况时，我们才会道及经济行为，此即，需求的满足（依行动者之判断）乃仰赖相对而言**稀少**的资源及**有限的**、可能采取的行动，且仅在此一情境激起具体的反应时。当然，这个理性行动的决定要素，乃基于稀少系由**主观**认定，而该行动则针对其而发此一事实上。

此处我们不拟涉及任何枝节的"诡辩"及专门术语。不过，我们还得区分两种类型的经济行为。（一）满足个人任何可理解之需求，从食物一直到宗教启迪，如果是在财货及服务相对于需要量显得匮乏的情况下。使用"经济"一词时，我们通常习惯于只考虑日常所需——所谓物质需要。然而，祈祷与弥撒亦**可能**成为经济之对象，如果有资格主持这些仪式的人不够，且只有在付钱时才能得到的情况下，就像日常面包一样。常被认为具有高度艺术价值的（南非洲）布须曼人（Bushmen）的素描，并非经济对象，就经济意义而言，甚至连劳务产品都算不上，然而有些评价远为不如的艺术产品，仅因其相对地稀少，却可视为经济对象。（二）第二种经济行为则关系到控制及处分稀有财货，以求取利润。

社会行动（Soziales Handeln）有可能以多种形式而与经济发生联系[1]。

理性控制之行动（Gesellschaftshandeln）有可能导向（依行动者观点）纯粹经济的结果——满足需求或追求利润。在此情况下，就会产生**"经济团体"**。然而理性控制的行动，也有可能借经

---

1 此句显然是后来再加上的。Soziales Handeln 一词未在本章再出现，韦伯用的是较早期的同义语 Gemeinschaftshandeln。——英注

济之运作以达成其他的目的。此一情况，我们即称之为"**有经济作用的团体**"（wirtschaftende Gemeinschaft）。社会行动是有可能包含经济及非经济的目标，否则上述情况即不致出现，具有主要经济利益之团体与以经济为次要利益之团体间的分界线并不清楚。严格说来，第一种情况仅出现在利用匮乏此一条件以图利的团体，亦即营利之企业，因为只有在供求关系紧张而有需要时，所有团体才会采取经济行动以解决满足需求的问题。准此，家庭、慈善基金、军事行政、开发森林或狩猎的合作团体，其经济活动并无区别。当然，在社会行动间似乎是有区别的，有些行动之所以存在，本质上是为了满足经济的需求，例如开发森林，而有些具有目的的行动（例如军事训练）之所以有采取经济行为的必要，则仅仅是由于匮乏的因素。不过，实质上此一区别微不足道，且仅在无任何匮乏而社会行动仍然不变的情况下，始能清楚厘定。

　　由社会行动所构成的一个不具有主要或次要经济利益的团体，也有可能在许多方面受到匮乏因素的影响，而在此一程度内，受经济所制约。反过来说，此等行动亦可能决定经济行为的本质及过程。多数情况下，这两种影响皆交互发生作用。无关乎上述两种团体的社会行动亦非罕见。一起散步即为一例。经济上无甚重要性的团体亦甚平常。不管怎么说，下述这种与经济有关而又为特殊例子的团体，我们称之为"经济统制团体"（wirtschaftsregulierende Gemeinshaften）：团体的规范节制着所有参与者的经济行为，然其组织并未经由直接介入、具体指示（或禁止）而持续性地指导经济活动。这类团体包括了所有的政治团体、许多宗教团体以及其他许多的团体，例如为了经济规范而特别组成的渔民或农民合作社。

　　如前所述，完全不受经济性制约的团体极为罕见。虽然如此，经济影响的程度却也大有差异，毕竟，社会行动所受到的经济决定是暧昧不明的——适与所谓历史唯物论之假设相反。经济分析中应视为常数的现象，尽管（从社会学观点言之）有显著的结构性差异，在包含有这些现象（或与之共存）的团体间，通常还是可相容的，不管这些团体是以经济为主或为次。认为社会结构与经济有"功能性"相关联的意见，也还有所偏颇，就算假定有一明确相互依存的关系，此一观点亦不宜视为历史通则。盖社会行动之形式乃遵循"自身之法则"，这点我们不断会看到，就算不管此一事实，这些形式也还是有可能（在一特定情况下）永远受经济以外之其他因素所共同制约。虽然如此，对于几乎所有的社会团体，至少是那些具有重要文化意义的团体，经济制约有时在因果关系上似乎的确有其重要性，甚至是决定性的，反过来说，经济通常也会受到其所置身之社会行动的自律性结构的影响。此种情况何时及如何发生，无法归纳出有意义的通则来。不过，社会行动的具体结构与经济组织的具体形式间，其选择性亲和力的程度则可归纳之，换言之，我们可以用一般性的词汇来叙述其彼此之间，究竟是互益、互阻或互斥——究竟其彼此"相配"与否。我们此后得经常检讨此种配合的关系。再者，至少我们可以归纳出经济利益促成某种社会行动的方式。

二、开放与封闭的经济关系

常见的一个经济决定因素乃是为生计的竞争——官职、顾客及其他的赚钱机会。当相对于利润幅度的竞争者数目增加时，参与者会有意缩小竞争。通常一群竞争者会以其他（实际或潜在的）

竞争者外在可见之特征——种族、语言、宗教、地方或社会性出身、血统、住区等——作为排斥的借口。在个案中究竟选择何种特征并不重要，最容易达成的即可，此种集体行动可能会激发受制团体的相对反应。

尽管内部竞争持续，但是共同行动的竞争者如今形成对外的"利益团体"，设立某种具有合理规则的组合的趋势，亦有增长的现象；假如独占利益继续存在，竞争者或他们所能影响的团体（例如政治团体）即会借由正式的垄断建立起限制竞争的法律秩序；从此，某些人士即充任保护独占的"机构"，必要时并得使用强制方式。在此情况下，该利益团体即发展为**"法制性特权团体"**（Rechtsgemeinschaft），而参与者则成为"特权成员"（Rechtsgenossen）。此种封闭——如我们通常称呼者——是周而复始的，它是土地财产以及所有行会与其他集体垄断的起源。

朝向垄断特定的、且通常为经济性的机会的趋势，一直是下列情况的驱动力，"合作组织"总是意味着封闭的独占团体，例如在某渔区注册的渔夫、工程师校友会的成立，以确保法律上——或至少实际上——对某些职位的独占[1]；排斥外人，不让他们分享村落的田地及公有土地；商店职员之"爱国"组织[2]；某一地区的"家士"（ministeriales）、骑士、大学毕业生及工匠，可转任文职之退伍军人——所有这些团体首先只采取某些共同行动

---

[1]　韦伯在用一个组织的名称时，通常都是就其原意而言，不过也会带点隐含的讽刺。在此个案中，他所说的 Verband der Diplomingenieure，也就是技术学院（Hochschulen）毕业工程师校友会。这个学院的声望比不上古老的大学，不过它的毕业生一直努力想与其他技术学院（没有大学地位，其文凭也没有保证）的毕业生区分开来。——英注

[2]　"商店职员爱国总会"乃白领雇员之工会，他们借鲜明之国家主义以强调自己与劳动阶级的社会距离。该总会于魏玛共和时期仍为著名的右翼组织。——英注

(Gemeinschaftshandeln)，稍后则干脆组织社团。此种垄断乃直接针对那些具有某种正面或负面特征的竞争者而来，其目的则不外乎封锁外人的社会与经济机会。其程度可有极大变化，尤以团体成员分享独占利益的配额时为然。这些独占利益对所有持有独占权者可能仍然维持开放，他们因此得以自由竞争，拥有职业专利权者可为明证（够格担任某些职位的毕业生，有特权挑选顾客及雇用学徒的职工师父）。然而，这种机会也有可能对**圈内人**封闭，方法甚多：(a) 职位轮替：官职俸禄持有者任期短暂即有此一目的；(b) 授予得撤销，如在一严密组织的农村共同体中（例如俄国的密尔），个人对土地的支配；(c) 终身授予，例如成为规则的所有俸禄、官职，职工师父的独占权，使用公地的权利，以及早期大多数村落共同体皆有的分配田地的权利；(d)〔利益团体的〕成员及其继承人有可能得到固定的赠与，条件是这些赠与不得给予他人，要不然也只能给予团体成员：西洋上古之武士俸禄，"家士"之服务采邑，以及世袭职位或行业之垄断，皆为明证；(e) 最后，股份之数额得加以限制，不过持有者得自由处分其股份而无须通知其他成员或得到他们允许，例如持股公司。这些不同的内部封闭的阶段，得称之为该团体对其所独占之社会与经济机会所**占有**的阶段。

假使所占有的独占机会开放给团体之外交易，则成为完全"自由"的财产，原有的垄断团体即告瓦解，其残余为处分之拨付权力，出现在市场上则为个人的"获得的权利"。因为一切自然资源的财产，历史上之发展皆来自团体成员独占性股份之逐步占有。与目前不同的是，〔在过去〕不但具体的财物，各种各样的社会与经济机会也是占有的对象。当然，占有的方式、程度及难易，依对象与机会的技术性质而有极大差异，可能适合于占有的程度亦大为不同。譬如说，赖耕种一块田地为生（或由此取得其收入）的人，是被束缚于一具体且清楚可见的物质对象，而顾客则不然。对象仅借改良即可产生收获此一事实，并不能导致占有，因为在某个程度内，这实在是使用者劳力的产物，对于受束缚的"佣客"更是如此，虽然其方式不同，然而顾客就不像不动产那么容易"登记"。占有的程度系基于对象间的此种不同显然是理所当然的。虽然如此，此处我们要强调的是，纵然占有的途径有别，两者之过程基本上是相同的：垄断的社会与经济的机会有时甚至对圈内人都是"封闭的"。因此，各团体在有关对外或对内的"开放"或"封闭"上，程度有所不同。

三、团体结构与经济利益

当团体是由具备共同特质的人所组成，而此特质又是经由抚育、传授与训练才能**获得**时，这种垄断的倾向会呈现特殊的形式。这些特征可能是够资格从事某些经济活动，担任同样或相似的职位，骑士或苦行的生活方式，等等，假若在这样的情况下，由于社会行动而导致组织出现，则此一组织极可能成为"行会"。具备完整资格的成员，借独占精神、知识、社会与经济之财物、职责与职位而取得"职业"（Beruf）。只有符合下列条件的人，才得以不受限制地从事该项职业：（一）接受完整的修行而得到适当训练者；（二）证明其资格者；（三）有时得经历待用期且符合其他要求者。从少年同学会、骑士组织、职工行会，一直到近代官员及雇员所需资格，各团体之发展常循一典型之模式。诚然，在各处希望有效执行能得到保证的倾向，或许皆有其重要性，尽管彼此间的竞争仍可能持续，参与者可能为了精神或物质的因素而需要此种保证：地方工匠为其商誉，属于某一组织的"家士"及骑士为了其专业声望及本身的军事保障，禁欲团体则恐惧鬼神可能会因其错误的操作而迁怒于所有的成员（例如，几乎在所有的原始部落中，凡是在祭典舞蹈时唱错歌者，早期皆被处死以赎罪）[1]。不过，对于有效执行的这种关切，较之于设法限制某一具有荣誉与俸禄之职位的候选人的兴趣而言，通常还是得屈居其下。见习期、待用期、杰作及其他要求——特别是团体成员昂贵的娱乐活动——比起专业资格考试，经常是更经济的〔阻挡〕方式。

这种垄断的倾向及类似的经济考虑，在**妨碍**团体的扩张上，经常扮演重要角色。例如，雅典的民主制逐渐设法限制能够享受公民权者的人数，因此也限制了其自身的政治扩张。教友派之传道，也因经济利益最根本上相类似的安排，而陷于停顿。伊斯兰教传教之热诚，最初原本是宗教义务，最后也因身为征服者的伊斯兰教武士希望能有一些非伊斯兰教徒——因此也就没有特权——的人口，以便能供养享有特权的信徒而受到限制。这是许多类似现象的一个典型。

另一方面，个人以代表团体利益维生，或以其他方式在意识形态或经济上依赖团体的存在以维生的情况，也是司空见惯的。因此社会行动可以经由宣传、保存而转化为一个组织，虽然这在

1　韦伯于《经济与社会》第六章第八节提及此事，认为是美洲印第安人习俗。菲朔夫（Fischoff）在译韦伯的《宗教社会学》时，将之译为"印度"。但是拉尔夫·林顿（Ralph Linton）认为此一习俗乃来自波利尼西亚，参见 *The Tree of Culture*，New York, 1955, p.192。——英注

正常情况下是不该发生的。此种兴趣可能有最歧义的知识根源：十九世纪之浪漫主义观念论者及其追随者唤醒无数属于"有利害关系"之民族的、衰微的语言团体，使其致力于发扬自己的语言。德国的高中及大学的教师曾帮忙拯救微小的斯拉夫语系团体，并感到知识上有必要写书来讨论这些团体。

　　然而，如此纯粹观念性团体的存在，其杠杆作用显然不若经济利益来得有效。如果团体聘请某人担任其共同利益的长期性且计划性的"机构"，或者此一利益代表可从其他地方获酬，则组织成立，且能强力保证在所有情况下协同行动之持续。准此，某些人职业上对保留旧会员、招募新会员感到有兴趣。他们是否接受报酬以代表（隐藏性或赤裸裸的）性别的利益[1]、其他"非物质性"或最后是经济性的利益（工会、管理协会及类似组织），他们是否计件论酬或支薪秘书式的公开代言人，在此皆不重要。间歇及不合理的行动样式，为制度化之理性"经营"（Betrieb）所取代，而且在参与者为其理想所鼓舞起来的当初的热情都早已消失之后，仍能运作。

　　"资本家"的利益本身可能会以多种方式，在鼓动某些特定

---

[1]　韦伯此处提到的可能是当时的事件：亦即鼓吹自由恋爱与私生了权利的女性宣传者，还有主张"性共产主义"的弗洛伊德派精神病学者，都出现在海德堡并激怒了韦伯。不过，韦伯绝非反女性主义者。当他的妻子1910年在海德堡组织"德国妇联会"（Bund deutscher Frauenvereine）会议时，一个教授在报纸为文抨击此会议为老处女、寡妇、犹太女人及不孕妇女之大杂烩，最后一类显然是把韦伯之妻都骂进去了。韦伯替他的妻子写公开答辩，不过这又导致人家批评他只会躲在妻子背后，却不敢挺身为其战斗。结果是另一场官司。此外，韦伯亦曾帮助他的第一位博士班女学生艾尔泽·冯·里希特霍芬（Else von Richthofen）成为巴登邦的第一位女性工厂监督，该学生之妹即为D. H. 劳伦斯（《查泰莱夫人的情人》一书作者）的妻子。见 Marianne Weber, *Max Weber*, pp.429—430。——英注

的社会行动上发生利害关系。例如，德意志帝国时，德文"哥德"式铅字版的所有人，就想要保留这种代表"爱国"的字母，〔而不肯用拉丁的字体〕；同样的，旅馆主人允许社会民主党的聚会，虽然他们的前提——不让军事机关人员进入——还得看党员规模大小而定。类似这种类型的社会行动，大家都可想到很多例子。

　　不管我们处理的是雇工或资本家雇主，所有此类经济利益之个案，有一共同特征：实质共同理想之利益，必然屈居于维持团体持续或扩张的利益之下，不管其行动的内容为何。最引人注意的例子厥为美国政党意识形态内涵的消失，但最重要的例子乃是长久以来资本家的利益与政治共同体扩张之间的联系。一方面，这些共同体可对经济发挥巨大影响力，另一方面，它们又能攫取巨额收益，因此资本家可从它们取得最多利润，直接方面如给付有偿劳务，或在预期收益的条件下先为垫款，间接方面如经由剥削政治共同体领域内的对象。西洋古代及近代时期开端，资本家利得的焦点，集中于此种政治性制约的"帝国主义式"利润，今日资本家的营利亦日渐往此方向迈进。一个国家权力领域的各方拓展，增加了资本家相关利益的潜在机会。

　　有利于团体扩张的这些经济利益，（可能）不但会受上述垄断倾向的阻挠，同时也会受到由于团体的封闭及排他性而得到的其他经济利益的阻挠。我们已概略陈述过，通常自愿性团体容易超越其理性的首要目标，而在各异其志的参与者间建立起关系：结果是，一个包含性的共同体关系（übergreifende Vergemeinschaftung）会附着于结合体关系（Vergesellschaftung）之上[1]。此一说法当然亦

1　有关"共同体关系"与"结合体关系"，参见《支配的类型》，p.351。——中注

非永远为真，它仅发生在假定社会行动具有某些个人——而非仅业务——的接触上。例如，个人可获得股份而与其本人资格无关，仅须靠经济性的交易，而且通常无须通知其他股东或得到他们同意。类似之方针，通行于那些靠纯粹形成条件或成就来决定其成员资格——而非考验个人本身——的社团。此一现象常出现于某些纯粹经济性团体，以及某些自愿性的政治团体，一般而言，不论在哪儿，此一方针愈为可行，则团体的目标愈为理性及特定。然而，有许多团体则明示或暗喻加入系基于资格，包含性的共同体关系即告出现。此种情况尤其发生于成员入会许可系之于对候选人个人之才能的调查与许可时。至少一般而言，候选人不但得就其是否对组织有用一点接受考察，而且也必须就其他成员所珍视的个人资质之"存在"与否接受考察。

此处我们无法依照排他性的程度来划分各种不同的社团。可确定的是，此种选择存在于各式各样的社团中。不仅是宗教教派，而且社交联谊会，如退伍军人协会甚至保龄球俱乐部，通常这些团体会拒绝任何受到团体成员反对的人加入。这个事实对于"正当化"新进成员的重要性，远超过对团体目标而言非常紧要的才能。会员资格对他所能提供的有利关系，也同样远超过组织的特定目标。因此，常见到有一些人虽然对组织的目标并不真正感兴趣，他们还是会加入该组织，只因为会员资格所能带来的、那些具有经济价值的正当性与各种关系。就此动机本身而言，或许含有强烈诱因可促使人加入，因之而扩大团体。然而由于成员有意垄断那些好处，并想借限制〔可能得到好处的人〕于最小的范围以扩大其经济价值，而导致相反效果。圈圈愈小且愈排外，会员资格的经济价值及社会声望愈高。

最后，我们必须简单讨论另一种经常存在于经济与团体行为之间的关系：有意地提供经济利益，以维持并扩大基本上为非经济性的团体。当几个相近似的团体互相争取成员时，此一情况尤其常见：政党及宗教共同体可为明证。例如，美国的教派安排艺术、体育及其他娱乐，并降低离婚者再婚的条件，结婚标准之无止境地降低一事，直到最近才因正常的联合运作而扼制住。除安排郊游及类似的小型活动外，宗教及政治团体成立青年会与妇女会，并热切参与纯粹社区或其他基本上非政治性的活动，这些活动使得他们可以施经济恩惠予地方上的私人利益。在极大程度上，这些团体对自治性、合作性或其他机构的入侵，实有直接的经济动机，借着职位俸禄及社会地位，它可帮助这些团体维持其职员，并将运作费用转嫁至这些机构。适合此一目的的是自治市镇、生产者及消费者合作社，医疗保险基金，工会及类似组织的职位，更大范围的话，当然可以算上政府职位及俸禄，其他有地位或有给付的职位——所有可以从政治权威取得的，包括教授一职在内。在一个议会政府的制度中，一个团体如果够强大，即可为其领导人及成员筹得此种支持，就像政党一样。对政党，这可是必要的。

此处我们只想强调一个普通的事实，非经济性团体也同样成立经济性组织，特别是为了宣传的目的。许多宗教团体的慈善活动有此目的，基督教、自由党、社会党、爱国工会、互助基金、储蓄及保险机构以及（更大规模的）消费者与生产者合作社，更是如此。例如，某些意大利的合作组织，在雇用工人之前，要求其提供表白信仰的证书。1918 年以前的德国波兰人以非比寻常、令人注目的方式筹组信用贷款、抵押付款及农地购买；1905－1906

年的俄国革命时，许多俄国政党立刻遵循类似的现代政策。有时
成立商业企业：银行、旅馆（如社会党在奥斯腾德［Ostende］的"人
民旅社"），甚至工厂（比利时也有）。当此现象发生时，政治共同
体内的支配团体，特别是文官系统，亦采取类似手段以便继续掌权，
从筹组经济上有利可图的"爱国"组织及行动，到国家控制的贷
款（如普鲁士银行），无所不为。至于有关此种宣传方式的技术枝
节问题，此处不拟深论。

此节我们只想概括性地叙述，并以某些典型的例子阐明，在
不同的团体内部扩张与垄断的经济利益既共存而又相对立的现象。
我们必须放弃深究细节，盖此举非对各种团体进行研究不可。代
之则为对存在于团体行动与经济之间最常见的关系，作一概要性
讨论：事实上，为数极多的团体皆有附带的经济利益。通常这些
团体必已发展出某种合理性的组织，只有自家计发展出来的，才
有例外情况。

四、有经济作用的团体满足其需求的类型与经济形态

社会行动转变成理性组织后，如果需要财货或劳务以供运作，
则得有一个确定的满足需求的秩序。基本上，获得这些财货与劳
务的方式有五种典型——此处我们尽可能举政治团体为例，因为
它们的处理方法是最成熟的：

（一）集体式自然经济的**庄宅**（Oikos）型[1]。团体成员必须付
出固定的个人劳力，这种劳务可能是全体平等的，例如普遍性

---

[1]   有关"庄宅"（Oikos），参见《支配的类型》，p.341。——中注

地征调所有强壮适任的男人服兵役，或者特殊性的如征调工匠（Ökonomie-Handwerker）；再者，他们也必须缴纳固定配额的实物贡纳，以供应君主餐桌或军事当局的需要。因此，这些财货及劳务并非为市场而生产，而是为了团体的集体经济（例如，自给自足的庄园或皇室家计——"庄宅"的纯粹类型——或完全依赖劳务与实物供给的军事当局，如古埃及）。

（二）**市场导向的贡纳**，使团体得以提供购置设备、雇用工人、官员及佣兵等需求，贡纳可以是强制税、定期规费或某种场合之规费，也可能来自成员入会时的贡献，不过这个成员可以（a）从某些好处或机会（例如地籍管理处或其他机构），或者物质的设施（如道路）而获利——所采取的原则是给予劳务的补偿：技术意味之规费；个人也可能被征取贡献，只要他（b）恰好在团体的权力范围内（例如从土著居民征取贡纳，抽取从此团体领土通过的人及货物的规费）。

（三）**营利经济型**：企业销售其产品与服务，并将其利润交给所属的团体。此种企业可以不是正式独占的，如普鲁士的"海外贸易公司"（Seehandlung）与"大酒厂"（Grande Chartreuse），也可以是（过去与现在常有的）独占形态，如邮局。显然上述这三种概念上最为一贯的类型间，各种的结合方式皆有可能。货币可以取代实物给付，自然产物得售于市场，资本财可直接取之于实物给付，或以摊派方式取得。通常这三种类型的主要部分皆彼此混合。

（四）**赞助型**（mäzenatisch）：有些人对某团体有物质或理想上的利益，并且力能负担，因此自愿捐助之，至于此人在捐助人外是否为此团体成员则无关紧要。（就宗教与政治团体的例子而言，标准形式是宗教献金及大赞助者的政治献金。此外，托钵修道会及早期历史上对王侯的"乐捐"亦可算上。）此种类型并无固定的规则与义务，捐献与其他形式的参与也没有必然的关系——赞助者可以完全置身于团体之外。

（五）**特权化的负担分配**：（a）优势特权的负担分配。当某种经济或社会的垄断受到保障，或相反的，当某些特权身份团体或垄断式团体可以部分或全部免除负担时，即出现优势特权类型。准此，捐献与劳务并非根据一般通则来要求，亦即并非依照不同的财产及收入的阶层或——至少在原则上——按照可知的财产与职业来要求；反之，捐献与劳务是根据大共同体赋予某人或某团体的具体的经济、政治权力与垄断权而决定的，例如领主庄园、税捐优惠、行会或某些身份团体的特别捐献。要点是这些〔捐献与劳务〕的征取是与保障（或占有）特权相关联的，或者作为给予这些特权的补偿，以致满足需求的方式，由于对团体各个阶层关闭了社会与经济的机会，造成了（或稳定了）团体垄断的分化。一个重要的特殊个案即为，许多不同形式的封建或家产制政权管理机构，由于其占有特权的权力地位，因此可以提供一致行动所必要的〔需求〕数额。例如在身份制国家里（Ständestaat），君侯必须从自己家产制财产中提供政府所需费用[1]；同样的，政治或家产制权力与身份的拥有者，如封臣、家士等，也必须运用自己的资源。此种满足需求的方式经常涉及实物贡献。然而在资本主义情况下，类似现象亦可能发生：政府当局可以用某种方式授予某企业团体独占权，然后再要求它直接（或经由税收）提供捐献。此一方法

1　有关"身份制国家"，参见《支配的类型》，p.416。——中注

在重商主义时代甚为风行，现在也再度得势——德国之酒税即为一例[1]。

（b）劣势特权的负担分配。经由劣势特权以满足需求的方式，称为**赋役制**（Liturgie）[2]：如果经济上巨大的义务紧紧联系于某种水准的财产上，而这些财产所有者并未拥有任何独占的特权，最多只能轮流负担的情况下，我们称之为"阶级赋役制"。雅典的trierarchoi[3]与chorego[4]，以及大希腊化时代国家的强制义务性之包税者皆其例。如果义务是以此种方式附着于独占团体，使得团体成员无法单方面退出，而仍然存在着满足更大政治单位需求的连带责任，我们称之为"身份赋役制"。古埃及与西洋上古的强制义务性行会；俄国农民世袭性地依附于村落（对税收有连带责任）；通贯整个历史（其移动性的限制或松或紧）的"部曲"与农民，他们也有付税的连带责任以及（可能）提供劳役；古罗马的"市

1　1909 年的酒税是"帝国议会"（Reichstag）中自由派及保守派结束其联合阵线，并导致首相比洛辞职的主要因素。争论的要点是税制改革，希望通过此一改革可以筹措剧增的军费，并使社会各阶层的税赋更公平。——英注
2　"赋役制"，参见《支配的类型》，p.341。——中注
3　trierarchy 是古代雅典人为了建立海军的一种制度。为了建造三层桨的战舰（trireme），雅典人从公元前五世纪初开始，每年自富裕的市民中挑选若干人，责成他们建造战舰，招募桨手，并负担此一战舰的一切开销，包括桨手的费用、修补费用等，出钱的人即成为此一战舰的"司令官"（trierarch），而此一制度即称为"trierarchy"，于公元前四世纪末废止。参见 *The Oxford Classical Dictionary*, p.1094。——中注
4　choregia 也是古雅典人为了提供酒神节的娱乐节目而推行的制度。为了提供祭典所需的合唱团、悲剧与喜剧节目的演出，自公元前五世纪开始，每年自富裕的市民中挑选若干人，责成他们负担一切的开销。参见 *The Oxford Classical Dictionary*, pp.230—231。
——中注

镇议员"(decuriones)¹,他们负责收取税捐,因此也集体负责,以上皆为明证。

通常,最后第五型之满足需求的方式,基本上限于强制性团体,尤其是政治团体。

五、团体满足需求与分配负担的影响,经济统制的秩序

满足需求的方式之所以多样化,永远是不同利益间斗争的结果,通常会产生超越其直接目的的深远影响,而可能导致相当程度的"经济统制的"秩序;尤以赋役式的需求满足为然。纵非直接如此,这些多样的满足需求的模式也可能强烈影响经济的发展与方向。例如,身份赋役制极有助于社会与经济机会的"闭锁"、身份团体的稳定及由此而消除私人资本的形成。抑有进者,若一个政治共同体依赖公营企业或营利经济以满足其需求,私人的营利经济亦不易出现,独占性的满足需求方式也同样影响私人资本主义,但也有可能既刺激同时又妨碍私人资本的形成,端视政府支持的独占的个别性质而定。西洋古代的资本主义奄奄一息,因

1　decuriones 指古罗马时期地方自治市镇的"议员"。各自治市镇依其大小选出若干名额的终身制议员,选取的标准相当严格,主要皆来自当地富有的望族。他们的权力相当大,例如协助当地首长(magistrate)处理公务,负责与中央或省区总督交涉,因此实际上控制了当地社区的一切公共事务。此外,他们也负责税收,不足时须负责补足(这就是为何需要富人充任的缘故)。早期罗马帝国强盛时,各自治市镇皆相当繁荣,出任"议员"是相当荣耀之事,等到帝国晚期,内乱外患频仍,人民负担过重,不得不流亡他乡,赋役的短缺日形严重,"议员"的负担也就日益加重,最后罗马皇帝索性下令"议员"世袭,以便能巩固政府赋役的来源,"议员"一职遂由荣誉变为义务,从一个统治阶级降为负责税收的阶级,自治市镇的制度亦告崩溃。参见 *The Oxford Classical Dictionary*, p.318。

——中注

为罗马帝国逐渐恢复到身份赋役制以及（部分）公营事业的满足需求方式。目前，自治区或国家经营的资本主义式企业，部分地重新导向（同时也部分地取代了）私人资本主义：德国证券交易所自从铁路国有后，即不再报价铁路股票，此点不但对其地位，并且对财产形成的性质皆甚为重要[1]。若独占事业由国家保障，并获补贴（如德国的酒税），则私人资本主义受到压抑（如，私人酿酒厂之成长）。反之，在中古及近代早期，贸易及殖民的垄断最初是有助于资本主义的兴起，因为在当时条件下，只有垄断可以提供给资本主义企业足够的利润幅度。但其后于十七世纪之英国，这些垄断妨碍了资本家的利益，招来甚多激烈抨击而终至崩溃。因此，奠基于税捐的垄断，其影响常是双关的。虽然如此，以税捐及市场方式来满足需求显然是有利于资本主义的发展；极端的情况例如尽可能地利用开放性市场以应付行政需要，甚至连军队的招募及训练皆由私人企业家包办，至于资源则借税收取得。要这样做的话，其前提自然是得有一个完全成熟的货币经济，以及一个极端理性及有效率的管理机构：官僚体系。

当考虑到个人"动"产课税的问题——不管在何处都是个难题，特别在民主体制下——此一前提尤为要紧。此处我们得稍微探讨这些难题，盖其深切影响到近代资本主义之兴起。就算在无产阶级取得支配的地方，只要有产者可自由离开共同体，个人动产的

1　到 1875 年止，迅速发展的德国铁路，还有一半控制在私人手中。铁路股票一直到 1873 年大崩溃为止，也始终是投机的主要对象。普鲁士自 1847 年开始筑铁路，到了 1878 年后即考虑大规模收归国有。不过，国有化的主要考虑，与其说是为了防止股票投机，毋宁说是为了军事目的。参见 Gustav Stolper, *German Economy: 1870—1940*, New York, 1940, p.725。——英注

课税就会受到限制。流动的程度，不但取决于有产者在此特定共同体中成员地位的相对重要性，而且也取决于财产的性质。在强制性组织中，特别是政治共同体，财产的利用主要是依赖不动产者，其性质是静态的，有别于货币或容易交换的个人动产。如果有产者家庭离开一个共同体，留在原地的就必须支付更多的税捐；而在一个依赖市场经济的共同体，特别是劳力市场，无产者可能会发现，有产者的离去会导致他们经济机会的大量萎缩，因此不得不放弃任何鲁莽地向有产者征税的企图，甚至还得格外向其示惠。此一情况是否真会发生，系于该共同体之经济结构而定。在民主制的雅典，对于有产者课税的诱因，要超过上述之考虑，盖雅典城邦主要是依赖其附庸的贡纳，并且在其经济体系内，（现代意义上的）劳力市场也还未发展到能决定大众的阶级状况的程度。

在近代的状况下，则通常恰好相反。今日无产者掌权之共同体，通常对有产者皆较为谨慎。社会主义者控制的市镇，如卡塔尼亚市（Catania），以大量的优惠税率招徕工厂，盖社会主义之大众对更佳之工作机会及直接改良其阶级处境的兴趣，超过对"公道地"分配财富及"公平地"征税的兴趣。同理，尽管在某个个案中有利益冲突，地主、建地投机者、掮客及工匠，倾向于优先考虑他们切身的、阶级制约的利益；因此，在所有类型的共同体中，各种形态的"重商主义"皆为惯见现象，尽管其间有甚大差异。那些关切自身在共同体内相对的权力地位的人，也希望能维持税基及那些可以供给他们贷款的大量财富，使得上述现象益发如此；因此，他们被迫审慎处理个人财产。准此，纵使在无产者掌权之处，**如果**有许多共同体彼此竞争，使得有产者可选择其住所的话，则个人财产可以期望享有"重商主义"之特权，或者至少可以免除赋役及税捐。美国即为一例，各州之分离主义，导致所有想认真结合消费者利益之企图皆归于失败；对于一个国家内部的市镇而言，上述论断稍有限制，不过也还适用；最后，各个独立国自身亦然。

至于分配负担的方式，当然主要得取决于共同体内各个不同团体之相对权力地位，以及经济制度的本质。以实物满足需求愈增长，愈导向赋役制。因此，在埃及，赋役制度起自法老时代，而仿自埃及的晚期罗马赋役制国家，则是因为征服的内陆地区主要皆为自然经济体系，以及资本家阶层的相对式微；而这些阶层之失去其重要性，乃在于罗马帝国的政治与管理的转变，消除了包税者及资本家利用高利贷对附庸民的剥削[1]。

如果个人"动"产占支配地位，则不管何处的有产者都会解除加于自身的赋役式满足需求的负担，并将税赋转嫁给一般大众。在罗马，兵役曾经是依照财产而划分的赋役制，有产公民且得自备武器；然而，接着是骑士阶层免除了兵役，而由国家装备的无产阶级军队取代，他处则代之以佣兵，至于其费用则来自一般大众的税捐。中世纪时，各处皆以付利息的贷款、土地抵押、关税及其他摊派来满足特殊的公共需求，而不再征收财产税以及无息的强制性贷款——亦即有产者的赋役义务——来解决；因此，有产者利用推动公共需求，来谋取利润及定期收入。有时这些措施几乎使得城市的管理机构及税收制度，沦为债权人之工具，热那亚有一段时期就是这样。

最后，在近代初期，卷入权力斗争的各国，由于政治原因及货币经济的扩大，需要更多的资金。结果则导致新兴国家与受仰

1　参见本书第十九章《古代城市》。——中注

慕且具特权的资本家力量之间可资追忆的结盟。这是创造近代资本主义的一个主要因素，因此，将此一时代之政策名为"重商主义"，可说是完全正确的。虽然在古代及近代，当几个政治共同体借扩大税基及促进资本形成（为了得到私人贷款）的方式彼此竞争时，作为保护个人"动"产的"重商主义"同样存在，此一用语仍然正确。在近代史初期的"重商主义"之所以有特殊的性格及影响，有两个原因：（一）互相竞争的国家及其经济的政治结构，此点容后再述，以及（二）逐渐出现的近代资本主义——特别是工业资本主义——的新奇结构，是不见于西洋古代的，而且最后还大大得力于国家的保护。无论如何，从那时起，欧洲庞大的、大致相等的与纯政治性的结构之间的竞争性斗争，有其全球性的影响。众所周知，此一政治竞争仍然是资本制度保护主义的最重要动机之一，保护主义出现于当时，至今仍以不同形式延续着。不了解这段奇特的政治竞争，以及在过去五百年来存在于欧洲各国间的"均势"（兰克在其第一部作品中认为此一现象乃是这个时代具有世界史性的特点），我们即无法了解现代国家的贸易及金融政策——最与现代经济制度核心利益息息相关的政策 [1]。

---

1 Leopold von Ranke, *History of the Latin and Teutonic Nations:1494—1514*, London, 1909.——英注

第二篇　前资本主义时期

第三章
财产制度与社会团体

本章译自韦伯《经济通史》第一章第二节。中译本所根据版本及页数如下：《社会经济史》（郑太朴译），pp.48—50，61—63，64—65，67—71；*General Economic History*（trs. F. H. Knight），pp.26—28，37—41，43—46；《一般社会经济史要论》（上）（黑正岩，青山秀夫译），pp.97—99，115—120，123—129。

〔占有的形式〕占有形式之多样性，几与耕作方式之多样性不相上下。占有权原先不管在何处都是属于家族共同体的；但此处所谓的家族共同体，可以是像南部斯拉夫人的 Zádruga 那样的个体家户，也可以是像易洛魁人（Iroquois）的"长屋"那样更大的组合。占有权的行使可以有两种不同的基础。（一）将劳动的物质手段——特别是土地——当作劳动工具；在此情况下，这些手段往往为子女与其氏族所专有。（二）土地被视为"枪地"（Speerland），即由男子征服得来并加以保护的土地；在此情况下，土地则属于男系氏族或其他的男子团体。无论如何，原始的占有形式与劳动分工，并非单纯取决于经济的考虑，还包括有军事的、宗教的及巫术的动机。

在过去，个人必须不断地使自己适应其所属的各种团体。这些团体有下列种种：

（一）家族。家族有种种结构，但基本上是个消费团体。生产的物质手段，尤其是一般动产，亦可为此家族所占有。占有权在家族内部，亦可作进一步的划分，例如武器及男子用具即为男子所占有，并依照特别的继承次序传予男子，装饰品及女子用具则属于女子。

（二）氏族。氏族也是各种所有的持有者。它可以持有土地；不过，无论如何，氏族成员对家族共同体持有的财产常有特定的权利，例如产业出售时须得氏族成员的同意，或是成员有优先购买权等。这些都可视为原始占有权之遗迹。此外，氏族有保障其族人安全的责任，有为族人复仇的义务及执行复仇的法则。它有分享杀人罚金的权利，对氏族女子亦享有共同处分权，因此亦有权利分享女子出嫁时的聘金。氏族可分为男系及女系，如果财产及其他权利都属于男性的氏族占有，则为父系制度，否则即为母系制度。

（三）巫术团体。最重要的是图腾（Totem）氏族，出现在泛灵信仰居支配地位的时期。

（四）村落团体与马克体（Mark）。这些组织具有重要的经济意义。

（五）政治团体。此一团体保护村落所占有的土地，从而对定居在此一土地上的人有种种广泛的权利；此外，它还要求个人的军事服役及司法服务，并给予相应的权利[1]；另外，它也负责征发封建徭役与赋税。

个人有时还须考虑下列的关系：

（六）与庄园领主（Grundherr）的关系。当经营的土地不属于自己所有时，即出现此种关系。

（七）与人身领主（Leibherr）的关系。当自己不是自由人而为别人的隶属民时，则有此种关系。

在以前，每一个日耳曼的农民都须依附于庄园领主、人身领主与司法领主（Gerichtsherr）[2]。这些领主对于农民的服务，各有不同的要求权；因此，各种不同的领主权是否分属多人或集中于一人身上，即影响农业发展的形式；在分属多人的情况下，由于领主间的互相竞争，有利于农民的自由，而在后者的情况下，则有趋向隶属关系的倾向……

〔家族发展之经济的与非经济的因素〕要讨论这个问题，首先须对原始经济生活作一通盘的考察。

1　试同一直存在到十六世纪日耳曼农民战争时，佩带武器的权利作一比较，当可看出自由民虽有出席这种司法团体的义务，但也有相应的权利。——原注

2　占有司法权力在欧洲中世史有其特别意义，所谓"司法领主制"（Gerichtsherrschaft, Geri、chtsherrlichkeit）与根据土地所有权的支配（Grundherrschaft），或根据个人的人身隶属关系的支配（Leibherrschaft）不同，乃是指根据"司法权"（即政治权力）的支配。拥有此种支配权的人即称为"司法领主"。因此，司法领主的支配权亦及于他人的土地与自己无隶属关系的个人。乡主（Dorfherr）或君主（Landesherr），是典型的"司法领主"，他们的支配权与土地所有权或人身的隶属关系无涉，原则上是遍及一村或一地之全体。因此，司法领主权的出现同时也说明了权力集中过程的开始，庄园领主或人身领主的支配权力因而多少被否定，之所以将其称为"司法"领主制，乃是基于中古欧洲社会的一种独特结构，亦即一切政治权力原则上都必须以司法权力的形式出现。基于此一原则，司法领主权的垄断超越了仅在土地支配权或经济性的垄断，而构成一卓越的特权地位的基础。见世良晃志郎，《支配の诸类型》，p.58。——中注

　　向来在科学讨论中流行的三个阶段的分法——狩猎、畜牧及农耕——是不足取的。纯粹的狩猎民族或游牧民族，而且彼此间或与农耕民族间皆无须进行交换者，即或有之，亦不能说是原始的。反之，耨耕(Hackbau)，与狩猎相结合而游牧化的农耕，才是原始的。所谓耨耕是没有家畜（尤其是驮兽）的农耕。犁的使用，实代表着向现代农业转化的一种过渡。家畜的驯养需要极长的时期，多半是先有驮兽，然后才有乳用家畜，不过，在东亚一直到今天还有些地区不懂得榨乳者。而专供宰食的家畜在这之后才出现。以偶然现象而论，屠宰当然是很久远的事了，稍后乃成为肉食狂欢的对象，而以礼仪的形式表现。最后则是为军事目的而驯养牲畜。自公元前十六世纪以来即已有马，供草原骑士乘用以及各处拖曳东西之用。从中国、印度一直到爱尔兰，各民族皆有的车战时代，亦开始于此时。

　　耨耕可由小家族个别经营，也可由家族共同体联合起来，甚至聚集到数百人的群体劳动来经营。后面的农耕方法，已经是技术改良之后的产物。狩猎最初必须要共同经营，虽然此一共同体关系(Vergemeinschaftung)是环境使然。家畜饲养则可以个人来经营，而且也一向如此；无论如何，从事畜牧的共同体是不能太大的，因为广大的牧群需要宽广的地面。最后，粗放农业可以用各种方式经营，不过，开垦时却需要共同的协作。

　　两性间的劳动分工，与不同的经济经营方式相交错。原始时代的农耕与收获，主要皆为女子的工作。一直要到劳动比较繁重时（以犁代替耨耕），男子才参与此事。以纺织为主的家内劳动，完全由女子担任。男子的劳动则为狩猎、饲养家畜（小家畜还是女子之事）、雕刻、金属加工以及——最重要的——战争。女子是固定的劳动者，男子只不过偶尔为之，其后随着工作的逐渐困难与剧烈，男子才不得不成为固定的劳动者。

这些情形相互结合下，产生了两种类型的团体化：一方面出现了家内劳动及耕种劳动的共同体，另一方面则有狩猎及战争的共同体。女子在前者具有绝对的重要性，在此基础上，她往往踞有优势的地位，甚至可能握有绝对的指挥权。女子集会所（Frauenhaus）本来就是个劳动场所，而狩猎与战争的团体化则产生了男子的组合（Männerbund）。不过，无论家长是男子，或像印第安人那样由女子担任，基本上总存在着一种传统性的束缚，以及相对应的家内家长的地位。反之，狩猎与战争的团体化则是在一个卡理斯玛（Charisma）领袖的指导下形成的，他之所以成为领袖，是取决于个人的勇武及人格的资质，而非血缘关系；他是自由选出的领袖，拥有自由选任的扈从。

除了女子经济的劳动场所——即家族共同体——之外，还存在男子集会所。从二十五岁到三十岁的这段时期，男子都一起住在家庭外的一个会所，以此为经营狩猎、战争、巫术及制造武器或其他重要铁器的中心。年轻人常用掠夺方式以得妻，由于掠夺是以集体行动，因此掠夺婚带有多夫的性质。不过也有买妻的。为了保守秘密，女子禁止出入男子集会所。例如南太平洋群岛的人即以恐怖的行列（DukDuk）来保持男子集会所的神圣性……

一般而言，男子集会所也是一种男子修炼期的制度，儿童到一定年龄即离开家庭，经过巫术的手续（特别是割礼）及成年礼，再进入男子集会所。整体而言，集会所实具有兵营的性质，可说是一种军事制度；此种军事制度崩解后，导致各种不同的发展[1]，例如巫术社团或像意大利克莫拉（Camorra）那样的秘密政治团体[2]，斯巴达的会团[3]、希腊的 phratria 及罗马的 curia（covirier）也都是这种制度的范例[4]。

　　这种原始的军事组织并非到处都存在过，即或存在，也是昙花一现；其原因可能是由于非军事化的结果，也可能是由于战争技术的进步，有利于运用重兵器且经过特殊训练的个人格斗的兴起。车战与骑战更有力地推动了此一发展。结果是男子又回到家庭，和妻子一起过活，军事保护亦不再由男子集会所负责，转而赋予战士一块土地，使其自行武装以保障自身安全。于是血缘关系开始有决定性意义，而世界上各地都曾有过（各种形式）的原始泛灵论或精灵信仰，也是与此相呼应的。

1　"氏族团体是一切'忠实'（Treue）的原初母体。朋友关系根本上是一种人为造成的兄弟血缘。对于支配者而言，封臣（Vasall），和现代的将校一样，不仅是僚属而已，还是其兄弟、同志（最初则为家人）。"〔韦伯〕这里说的虽然是与氏族相关的事，然而用在男子的组合这个关系上也算是挺适切的。再者，韦伯经常提及人为兄弟关系的缔结（Verbrüderung），这明显地可由男子的组合看出团体形成的原型。——日注

2　克莫拉是十九世纪初到第一次世界大战后存在于那不勒斯的一个秘密结社。此一秘密结社发展到末期虽可谓为"世界最大的犯罪组织"，但由于它是相应于意大利的国家复兴运动而出现的，因此在政治上也扮演了重要的角色。——日注

3　成年男子——负有防卫义务的自由民——将自己那份地上的收成拿来聚在一起当作粮食而共饮共食，这种生活上的共饮共食延伸到了战场上。——日注

4　古希腊城邦分为 phylae, phylae 再分为数个 phratry, phratry 则由数个 clan 构成。关于phylae 及 phratry 的起源及性质，参见 *The Oxford Classical Dictionary*, pp.830—831。韦伯认为 phratry 并非最早的血缘性共同体，而是人为形成，基本上属于军事性的团体。至于 phylae 的历史史短，是政治性的部落团体。参见《经济与社会》第二部，p.1246, p.1287。
　　curia 是罗马"部落"（Tribe）的下层组织，相当于希腊的 phratrien。一般说法是：罗马的各个部落由 10 个 curia 所组成。curia 一词源自 coriria，后者又源自 vir，意为"男子"。因此，curia 原意本指"男子团体"。另一有关名词是 quiris（pl.quirites），意指"罗马公民"，亦由 co-virites 而来，意为"男子团体的成员"。《支配的诸类型》，p.130。——中注

基于泛灵论的图腾制，其起源或亦与男子集会所有关，尽管后来图腾逐渐脱离泛灵论。所谓图腾是一个被认为有精灵依附的动物、植物、岩石、人工制品或任何东西，凡属这个图腾团体的成员都与此一精灵有泛灵的血缘关系。如果这个图腾是动物，即不许屠杀，因为它跟这个团体有血缘关系；由此而出现某种宗教习惯的食物禁忌。图腾成员形成祭祀团体，一个和平的团体，成员彼此不许争斗。图腾成员间的通婚被视为乱伦，须科以重刑，因此行族外婚，而与其他的图腾订立婚姻同盟关系。就此而言，图腾团体是个宗教习惯的团体，经常与家族共同体及政治共同体有交集。个别的父亲在家族共同体内，虽和妻子儿女共同生活，但通常实行母系继承，故子女属于母系氏族，父亲在宗教习惯上也被视为外人。此即所谓母权制的基础，因此母权与图腾制皆为男子集会所时期的遗迹。凡是没有图腾制的地方，我们即可找到父权制或行父系继承的、父权居支配地位的制度。

〔氏族的演进〕现在描述一下氏族的演进。高卢人的"氏族"（clan）一词与德文的 Sippe、拉丁文的 proles 同义，指血缘关系。首先得分别各种类型的氏族。

（一）图腾氏族。成员之间有巫术性的血缘关系，有食物禁忌及相互对待的特定宗教习惯的规矩。

（二）军事氏族（phratrien）。原为男子集会所那样的组合。它们对新加入者的监管，具有极其广泛的意义。凡是未曾通过集会所的修炼期及与此相关的体力考验以及禁欲修业者，根据古代民族的用语，就是个"女性"（Weib）：不能享有男子的政治特权及与之俱来的经济特权。在男子集会所消失许久之后，这种军事氏族仍保有其早期的重要意义。例如在雅典，个人就是由于为军事氏族成员而享有公民权的。

（三）具有特定范畴的血缘团体的氏族。此一场合中，男系氏族最为重要，下述的讨论即专就此类氏族而言。其功能有：1. 对外履行复仇的义务；2. 对内分配杀人的罚金；3. 当有"枪地"时，它是分配土地的单位。一直到历史时代，在中国、以色列及古代日耳曼的律令中，土地卖给族外人以前，必须先满足族内人优先购买的要求。不过，就此而论，男系氏族是一种特选的集团，只有在体格与经济上有能力武装的人，才被承认为族人。没有自卫能力者，就只好"投靠"于领主庇护之下，因此，男系氏族实际上已变成一种有产者的特权。

有的氏族有组织，有的则无，最初的状态可能是介于其间。氏族大多有一族长，虽然进入历史时期后往往不再如此。原则上族长也不过是"同侪中之第一人"（primus inter pares）；当族内有纷争时，他即充任仲裁者，氏族成员的土地分配权，亦在他的手中；然而，氏族成员基本上具有平等的权利，就算有不平等，也是明确规定的，所以土地的分配还得依照传统，而非可恣意为之。阿拉伯的酋长可视为典型的氏族长，他只能以训诫和以身作则来感化族人。塔西图斯（Tacitus，古罗马史家）的《日耳曼人》（*Germania*）一书中的"族长"（principes），其统治主要是靠以身作则，而非命令[1]。

1　以上所描述的是纯粹支配类型之一——传统型支配。此种传统型支配的原型（primärer Typus）在此是由原始的氏族结构之解析而建立的。换言之，在其中虽有首长（Leiter），但首长之下却没有治理团体的干部（当首长乃是由最熟知传统的长老——最初是年龄最长者——来担任时，我们称此种支配为长老制［Gerontokratie］；而当首长是根据一定的继承规则来指定时，我们则称之为原始的家父长制［primärer Patriarchalismus］）。此时，具有决定性的是：这位长老或家父长的支配权虽然是首长所具有的传统的固有权利，然

氏族制的命运殊有差异，在西方，氏族早已完全绝迹，而在东方却差不多完整地维持下来。在西洋古代，希腊的 phylae 及罗马的 gens 皆曾扮演重要角色。所有的古代城市，皆由氏族而非个人所组成。个人不过是氏族的成员，即以作为防卫团体（phratry）与分配负担的团体（phylum）之一个成员的身份而属于城市。印度亦然，高级的种姓，尤其是武士阶级，必须属于一个氏族，至于低级的与后起的种姓成员，则分别属于一个 Devak，也就是图腾团体。氏族在此之所以重要者，乃在于采邑制度是奠基于氏族长的授封上。准此，可见其土地的分配原则仍是基于世袭性卡理斯玛的[1]。某人之为贵族，非因其有土地；相反的，正因为他属于贵族的氏族，所以生而享有受封土地的权利。另一方面，西方的封建制度里，土地由封建领主分配，与氏族及血缘无关，而封臣的忠诚关系(Treuverhältnis der Vasallen)则为一种个人间的纽带关系。中国的经济制度至今仍为半共产式的氏族经济；氏族在其村落设有学校及仓库，维持农地耕作，干涉继承并对族人的劣行负有裁判责任。个人的一切经济生存全靠其为氏族成员的身份，个人的

（接上页注）而实质上，也只不过是族人的权利中最为优越者，因此其行使必须奠立于族人的利益上。所以团体的成员乃是"家人"(Genosser)，而非"臣民"(Untertan)；这种奠基于传统的家人，并非近代社会中依据成文的法规而彼此平等的那种成员。他们之所以会服从其首长，是基于传统之故，而非基于成文的法规。反之，这也就是首长的行动之所以受到传统严格的拘限的道理所在。

　　我们先前虽已明示家父长制、家产制等支配类型的结构，但若将作为家父长制之衍生的家产制之特征拿来与上述之长老制及原始的家父长制相参比较，那么一定会更加清楚明白的。——日注

　　参见《支配的类型》，第三章第 7a 节。——中注

[1] 卡理斯玛有通过遗传而继承的观念。因此，它可由拥有卡理斯玛者的族人——通常是其最亲密的亲人——共同拥有。这就是"世袭性卡理斯玛"。参见《支配的类型》，第五章第十一节。——中注

信用通常即为氏族的信用[1]。

氏族的解体来自两种力量：（一）预言的宗教力量。先知希望不管氏族关系而建立自己的教区。耶稣说："你们不要想我来是叫地上太平，我来，并不叫地上太平，乃是叫地上动刀兵。因为我来，是叫人与父亲生疏，女儿与母亲生疏，媳妇与婆婆生疏。"（《马太福音》，第 10 章第 34—35 节）。又说："人到我这里来，若不爱我胜过爱自己的父母、妻子、儿女、兄弟、姊妹和自己的性命，就不能做我的门徒。"（《路加福音》，第 14 章第 26 节）。这就表明了先知对于氏族制度的态度。中世纪时，教会极力想破坏氏族的继承权，以便可以根据遗嘱委让土地。不仅教会如此，犹太人里也有一些力量发挥着同样的作用。氏族制在犹太民族中，一直到巴比伦俘囚期（前 586—前 536）仍保有其活力[2]。俘囚期以后，平民（plebian）也加入氏族的登记，而氏族登记在以前是为上层阶级的高门设置的。不过，氏族的界限稍后即告泯灭，或许由于氏族原先本具军事性质，因此在非军事化的犹太国家里即丧失其基础，剩下的只有以血统或个人皈依为基础的教派团体的成员身份。（二）国家的官僚制。国家的官僚制早发达于古代埃及的新王国时期，而不见有氏族组织的遗迹，盖国家与氏族是不可能同时并存的。结果出现了男女地位的平等与性契约的自由，且子女以冠母姓为常。埃及的皇权视氏族权力为政治的竞争者，深为恐惧，因此加

1　见《中国的宗教》，pp.279—281。——中注

2　巴比伦俘囚期（前 586—前 536）：在大卫、所罗门的以色列王国分裂为南北两个王国之后，北边的以色列王国于公元前 722 年为亚述人所灭，南边的犹太王国首都耶路撒冷于公元前 586 年为巴比伦人所攻陷，大部分的犹太人被俘虏到巴比伦去了。俘囚的日子一直延续到公元前 536 年巴比伦被波斯人征服为止。在这段俘囚期间，犹太人的深刻体验，以及与其他宗教接触的种种，后面会再谈到，尤其是关于重要信仰的转换问题。——日注

强官僚制的发展。此一过程的结果与中国的情况全然不同,在中国,
国家的权力不足以打破氏族力量。

第四章
领主处分权的成立

本章译自韦伯《经济通史》第一章第三节。中译本所根据版本及页数如下：《社会经济史》，pp.75—89，*General Economic History*，pp.51—64；《一般社会经济史要论》（上），pp.136—157。

小家庭可以是共产式家计发展的起点，不过它也可以发展成大规模的庄园式家计。就其经济方面观之，后一倾向主要是农业的领主处分权（Herreneigentum）发展的中介，因此，也是庄园制度（Grundherrschaft）的中介。

〔领主处分权的根源〕成为此一发展之基础的财富分化，有各种根源：其一是酋长制度，包括氏族及军事团体的酋长。氏族成员的土地分配权掌握在氏族长手中。这种传统的权利往往发展为世袭的领主权力。氏族对此种世袭荣位的敬仰表现在赠礼以及耕作及建筑时之助役，最初这种服务是经过要求的，最后则成为一种义务。军事酋长则可经由内部的分化或对外的征服而取得处分权。不管是战利品或征服土地的分配，他皆有优先权，他的家臣也同样要求优先分配土地。领主的土地通常没有普通份地应有的负担（例如古代日耳曼的经济制度），相反的，他的土地是由普通份地的所有者协助耕作的。

军事技术以及装备的进步，导致职业武士阶级的出现，而此一武士阶级的出现则促成内部分化。在经济上处于依附地位的人，是无法从事军事训练和购置武装的。以此，那些拥有财富能够服兵役并装备自己的人，和那些因做不到这一点以致无法维持充分自由民地位的人之间，即出现了鸿沟。农耕技术的发展，也和军事技术的进步一样导向同一方向。结果是普通农民日益束缚于经济活动中。因此，经过军事训练且能自备武装的上层阶级，通过战争行为而在不同程度上积累了战利品；另一方面，没有战斗力的人，则被强制或自动地（例如购买豁免权）向上层阶级提供服务或纳贡，遂导致进一步的分化。

内部分化的另一过程是征服敌人，而令其隶属。最初，被征服者一概被屠杀，有时且举行食人的圣餐仪式。至于利用他们的劳动力并将之降为一种隶属阶级，是后来逐渐发展的。因之而出现人身领主阶级，他们因拥有奴隶，可以开垦及耕种土地，而开垦却是一般自由民力所未逮的。奴隶或隶属阶级可以属于全团体，用于集休耕作，例如斯巴达的佃奴（helots）；也可以个别地利用之，将他们分给各个奴隶主以耕种个人的土地。后一情况的发展，促成了一种基于征服的贵族阶级的出现。

除征服与内部分化外，无武装的人亦可自愿投靠于有武装者的支配下。由于须要保护，他们得承认一个领主为"主人"（patronus，罗马的例子）或"长者"（senior，梅洛林王朝治下法兰克人的例子）[1]。以此，他即可要求在法庭有自己的代言人为其辩护（例如法兰克人的情况），或以领主的证言代替氏族族人的证言，以洗刷罪名。而他则须报之以服务或纳贡。然而重要的并不在于对依附者的经济剥削。他们只能在不失为自由人身份的范围内，为主人提供服务，尤其是军事服务。例如在罗马共和之末期，就有不少元老院的贵族以上述方式，召集了许多的"客"与"部曲"（coloni）来对抗恺撒。

领主处分权起源的第四种形态，为庄园领主的封建土地拓垦。拥有大量人力及耕畜的首领，自然与一般农民不同，而有能力进行大规模的开垦。但是所开垦的土地原则上属于开垦者，只要他继续耕种，就继续属于他。因此，对于人类劳动力支配的分化（只要出现的话），势必直接或间接地有助于领主阶级取得土地。罗马贵族所采行的"公地"（ager publicus）占有权[2]，就是利用这种优越经济地位的一个范例。

经过开垦的庄园领地，照例是以出租的方式加以利用。出租给外乡人——例如职工，他们因此处于国王或酋长的保护下——或贫民耕种。就贫民而言，尤其是在游牧民族中，出租土地时也有附带出租家畜的情形。但一般而论，多半还是在纳贡与服劳役的条件下，居住在领主的领地上，此即所谓"部曲制"。东方、意

---

1 与 seigneur 同义。例如在从臣制（Vasallität）里，一方对另一方发誓忠诚与服勤务（或纳贡），另一方则相约加以保护。此时，主人这一方称为 senior 或 dominus，从者这一方，若为武人，称为 vassalus。——日注

2 （靠征服而获得的）公有地。最初原为荒芜之地，罗马市民向国家支付若干的贡纳即能保有此等荒地，此乃公地的起源（参见《社会经济史》，《古代农业史》，p.197, 232）。此外，这种公地，众所周知，乃是罗马大土地所有制的起源，也是共和政体初期贵族与平民纷争的起源。——日注

大利、高卢以及日耳曼皆可见之。货币及谷物的借贷，也经常是
积累农奴及土地的手段。因此除了农奴与奴隶外，债务奴隶（nexi）
也扮演过重要角色，特别是在古代经济生活中。

从氏族关系中产生的各种隶属形式，常与基于领主权力的隶
属形式相混合。就处于领主保护之下的无土地者或外乡人而言，
所谓氏族隶属关系已不再是个问题，以此，氏族成员、共同体成
员与部落成员间的种种区别，皆泯灭于一种单纯的封建的隶属关
系之范畴内。

领主处分权产生的第五个根源是巫术性卡理斯玛。许多情况
下，酋长并非来自军事首领，而是祈雨师。巫师可以对某物施予
咒语，而使之成为"禁忌"（taboo），任何人皆不得冒渎。巫师贵
族就此创造出教士的财产；一旦君侯与教士结合起来时，尤其是
在南太平洋诸岛上，他即可以此方式来保障其个人所有。

导致领主财产发展的第六个可能性是贸易。与其他共同体进
行贸易，本来是掌握在酋长手中，起初是为部落成员谋福利。然
而他却从中抽税，以为其个人的收入。这种税收原先只是作为他
给予外来商人保护的一种报酬，因为他给予市场特许权并保护交
易——其理由则显而易见。然后，他往往转而自营贸易，并以排
除共同体——即村落、部落或氏族——其他成员的方式取得独占
权。以此，他可以用放债的方式，将自己部落成员贬抑为债务奴隶，
并兼并土地。

这类酋长可以用两种方式来经营贸易：其一为贸易统制，因
而使得贸易的独占仍操于酋长个人手中；其二则为一些酋长联合
起来组成一个贸易聚落。在后者的情况下，即产生市镇及其商
人豪族，也就是依靠贸易利润以积累财富的一个特权阶层。第

一种状况常见于非洲黑人部落，如喀麦隆（Kamerun）沿岸的情况。在古埃及，贸易的独占也典型地操于个人之手，法老的皇权大部分是建立在他们个人垄断贸易的基础之上。北非古国昔勒尼（Cyrenaic）的国王，以及以后（部分）中世纪的封建制度，也可见同样的状况。

　　酋长贸易的第二种形式，即为城市贵族的发展，这是西方古代及中世纪初期特有的类型。在热那亚及威尼斯，只有定居在一起的贵族家庭才是完整的公民。他们自己并不从事贸易，而以各种的形式贷款给商人。结果则是其他阶层，尤其是农民，都成为城市豪族的债务人。以此，在西洋古代，除了军事君侯的土地占有外，又出现了城市豪族的土地占有。所以古代国家之特征在于，沿岸城市之密集与其城市中从事贸易的大土地贵族。一直到希腊时代，古代文化尚是沿岸文化。此一时代之城市，都在离海不到一日行程的内地，恰与定居在乡间的庄园主及其隶属民形成对比。

　　〔官僚的家产制与身份的家产制——封建制度〕领主处分权也可能以国家的租税与徭役制度为其财政的根源。在此项目下有两种可能性：其一为君侯集权的个人经营兴起，管理官吏则与其所经营的企业〔所有权〕完全分离，因此，仅此君侯占有政治权力。其次则为行政之身份的占有（ständische Appropriation der Verwaltung）的出现，除君侯自己的经营外，尚有封臣、包税者及官员的经营与之并行，惟居次要地位；在后一情况下，君侯将土地授予部属，而由他们来负担一切行政费用。随着这两种制度所占支配地位的不同，国家的政治与社会组织亦会表现出不同的形态。究竟哪一种形式占上风，主要是取决于经济因素。在这点上，东西两方完全不同，东方（中国、小亚细亚、埃及）的灌溉农业具有主导性，而由垦荒成立聚落的西方，则森林文化具有决定意义。

东方的水利文化，系直接发展自不使用耕畜的原始耨耕，与此并行的园艺耕作则由大河引水灌溉，如美索不达米亚的幼发拉底河与底格里斯河，以及埃及的尼罗河。水利及其管理，须以有组织的计划农业为前提，近东的大规模王室企业经营即由此发展而来，以底比斯（Thebes）为首都的埃及新王国最为典型。古代亚述及巴比伦国王的战争——他们的扈从军队系源自男子集会所——主要就是为了掳掠劳动力以开凿运河及垦辟沙漠[1]。

当时国王拥有管制水利的权力，但得有一个有组织的官僚制来运转。埃及与美索不达米亚的负责农业及水利的官僚制是世界上最古老的公职系统，其存在之基础据此乃来自经济；而其存在的整个时期一直都是国王私人企业经营的附属物。官吏皆为国王的奴隶或隶属者，士兵亦如此，而且，为了防止脱逃，往往是打上烙印的。国王的税政是以实物为基础，在埃及这些物资即屯聚于仓库，以之支付官吏及劳动者。这是最古老的俸禄形式。

这一套制度的结果，大体而言，遂使地方人口全沦为君侯的隶属民。此种关系使所有的隶属民皆有徭役义务，并强迫村落负担起一切义务的连带责任，最后在埃及托勒密王朝（前三世纪）统治时形成所谓"户籍"的原则。在此原则下，农民不但被束缚于土地上，而且也被束缚于村落中，如果他无法证明自己的"户籍"，实际上即不受法律保护。此一制度不仅行于埃及，美索不达米亚及日本也曾行过。日本从七世纪到十世纪时，曾行过班田制。无论是哪种状况，当时农民的地位极类似于俄国"密尔"的农民。

1　这就说明了以色列人在埃及的命运。——原注

　　由隶属民之徭役义务，逐渐产生以君侯为中心的货币经济[1]，其发展亦有种种途径：其一是由君侯进行的生产和贸易这类的个人理财；或者是君侯利用隶属的劳动力从事生产，产品除供自己需要外，还供应市场，例如埃及与巴比伦的情形。贸易以及为市场的生产，因此成为大家计的副业，家计与营利事业完全不分，此即罗德贝图斯（Rodbertus）称之为"庄宅经济"（Oikenwirtschaft）的经济形态。

　　庄宅经济又成为各种不同发展途径的出发点：其一是埃及的谷物汇兑银行制度。法老于全国各地皆有谷仓，农民不只把应纳贡物，而且将所有生产物均送到谷仓，换取票证以作货币使用。第二种可能的发展是，君侯货币租税的发展。不过此一发展的先决条件是，货币的使用必须已相当程度地渗透于私人经济关系中、相当发达的生产以及国内的普遍性市场。托勒密王朝治下的埃及

1　借此机会——虽然稍离本文脉络——我们要叙述一下韦伯对于货币经济与资本主义之间关系的见解。在第一章里，所谓"资本主义的"与"资本计算的"是同义语。不过，资本计算是以货币的存在为其前提。这意味着；资本主义经济是以货币的流通为前提。因此，说资本主义毋宁就是营利活动与货币计算的结合，也是不为过的。

　　尽管如此，将资本主义想成是与货币经济的欲望充足之发展等比例地进行，这是谬误的。更何况是将西方的情形认定为就是沿此路线而发展的，这更是大谬不然了。其实反之则毋宁较为妥当。与货币经济范围的扩大携手并进的，有下列三种情形：

　　（a）王侯的庄宅为达总收益的目标而强化利用机会之独占的情形。以托勒密王朝时代的埃及为例，若依现存的收支记录所明白显示出的情形——有货币经济的广泛发展——即属此种类型。然而这仅止于家计的货币计算，而未成其为资本计算。

　　（b）随着货币经济的扩大，财政上的机会转而俸禄化，其结果是经济传统主义式的停滞化的情形。例如中国。

　　（c）货币财产虽被加以资本主义式的利用，然而其所追求的并非有志于自由的财货市场之变换机会，而是投注于其他营利机会的情形。实际上，近代西方以外的其他一切经济地域几乎都是如此。

　　以上的说明清楚地表明此处对于古代、中世纪社会之财政的分析与第二十章《市民》中的关键性叙述之间的关系。——日注

即具备所有这些条件。由当时的行政技术发展的程度来看，这种制度在预算编制上必定会遭遇困难。于是，统治者一般而言是把这种计算上的风险，以下列三种方式之一转嫁给他人：不是把租税的征收工作包给投机者或官吏，就是直接交给士兵，并以此租税供养他们，再不就把这项任务交给庄园领主。租税征收之所以交到私人手中，是因为缺乏可靠的行政机构，而可靠的行政机构之所以缺乏，则是因为官吏在道德上的不可靠。

让投机者包办租税的制度，在印度也有极大规模的发展。每一个这样的查米达（Zamindar）都有转变为庄园领主的倾向。征兵的工作亦委诸一种称为查吉达（Jagirdar）的承包人[1]。他必须缴纳一定数额的兵员（不管其个别出身如何），这些人也努力想成为大土地所有者。他们与完全独立的封建贵族差不多，与必须提供兵源的德国将领瓦伦斯坦（Wallenstein）的地位也相类似[2]。在让官吏专有租税征收权时，统治者必先与他们商定确切的数额，若有盈余即归诸官吏所有，不过他们也得支付属下行政人员的费用。中国过去的官吏行政制度以及古代东方的总督制[3]，莫不如此。随着向近代租税政策的过渡，统计数字显示出中国人口的激增，这都是过去官吏一直故意低估人口之故。以君侯为中心的货币经济之第三种可能性是，将租税委让于军队。这种办法大概是在国家财

---

1 Jagirdar 一词来自 Jagir, Jagir 在印度意指给某人特定地区的租税收入（即中国之"食封"）。Jagirdar 即为"食封者"——拥有 Jagir 的人。他们原为资本家，在接受 Jagir 的同时，也承担了提供定额军队给君侯的义务。Zamindar 亦为类似之制度。——中注

2 瓦伦斯坦是三十年战争时，神圣罗马帝国皇帝这边的总司令官，于 1634 年被杀。席勒写下了 *Wallenstein* 一剧。——日注

3 总督（satrap）是古代波斯的地方长官，最初并未握有军事上的指挥权，到了波斯末期则收掌了文武的支配权，变得与独立的王侯一般无二。——日注

政破产，君侯无法发饷时所采取的。从十世纪以来土耳其佣兵支配下的伊斯兰教哈里发王朝国内情况的变动，即因施行此种制度的缘故。由于中央政府不得不将租税委让于军队征收，这些佣兵遂转变成军事贵族[1]。

　　将取得货币与补充兵源的国家功能私人化的三种形式——即委托私人承办者、官吏或军队——是东方封建制度的基础。这种封建制度乃是由于国家在技术上的无能（无法用自己的官吏来征税）所导致货币经济的崩溃，而发展起来的。其结果则产生一种衍生的、合理化的农业共产制，农民共同体对包税者、官吏或军队负有连带责任，此外还有农地共有制及束缚于土地的特色。东方封建制与西方差异最大且清楚显示的，厥为东方没有"领地经济"（Fronhofwirtschaft）[2]，而以强制摊派占支配地位的此一事实。另一个特点是，因农民以实物纳税，所以转换成货币时，只要稍有障碍，立刻就会出现倒向自然经济的倾向。以故，东方的国家，骤视之虽似已臻高度发达的文化，却极容易退回纯粹的自然经济状态。

　　君侯收入的第四种，也是最后一种方式，就是将之委托于酋长或庄园领主。君侯因此可以不必有自己的行政机构。他把征税（有时连同征兵的工作），转责之于既存的私人性质的机构。罗马帝政

1　将哈里发地位从定都于大马士革的倭马亚王朝（Umayyad, 661—750）手中夺过来的阿巴斯王朝（Abbāsid, 750—1258），以巴格达为首都，继承了波斯的专制主义，建立起集权强盛的统一国家。最初，贤君名相相继而出，是伊斯兰教文化的黄金时代，自从土耳其佣兵开始纳入亲卫队的 830 年起，统一渐次不再，各地方一一地出现独立的王朝，到了十世纪之时，哈里发成土耳其佣兵军队的贵族。以此，终于在 1055 年由土耳其的塞尔柱派之图格里勒贝格（Togrulbeg）当上首位苏丹，建立起塞尔柱王朝（Seljūqs），支配了广大范围。不过，在此不久之后即分裂为许多小的苏丹王国。——日注

2　Fronhof 为领主经营的庄园田产。——日注

时期，当文明从沿岸向内地传播，而帝国从主要是一个沿岸城市
的同盟转向内陆国家时，这种状况即曾发生过。那时，内陆只有
自然经济的庄园，而不知货币的使用。现在既把征兵和征税的功
能强加其上，于是大土地所有者——亦即有产者（possessores）——
即成为支配阶级，直到查士丁尼的时代还依然如此[1]。大土地所有
者可由其所支配的人民征取国家所需租税，然而皇帝的官僚体制
却未能与帝国的扩张同步发展。从行政技术上来看，此一情况的
特征是，自治城市（municipia）与封建地区（territoria）的并存[2]，
庄园领主为封建地区的首长，负责替国家收税及征兵。西方的隶
农制即自此种情况中发展出来，然而东方的隶农制却像"户籍制"
一样古老了。在戴克里先（Diocletian，罗马皇帝，284–305 年在位）
统治下，这个基本原则大体而言已遍及全国；亦即每个人必须隶
属于一个租税管区，不准任意脱离。而管区的首长通常都是当地
的领主，这是因为文化及国家的重心已渐次由沿岸转向内地。

　　这种发展中的一个特殊事例，则为殖民的领主处分权之出

----

[1]　通过前文，我们知道罗马的大土地所有是起源于"公有地"的租借；然而事情的当然结
　　果是：此种租借是世代的租借，因此租金（vectigal, canon）变成地租，而租借人实质上
　　与土地所有者的地位一样。这虽是有产者的起源，然据本文所描述的情形，这些大土地
　　所有者自从被委托征收租税及征用新兵等事以来，尽管在州省底下仍有自治团体（civitas）
　　存在，他们却正好仿此而成为一定地区的独立支配者，此即有产者的身份。
　　　　此外，这些有产者是当地的土著。亦即，以前的大土地所有者是些居住在都市、过
　　着政治斗争与都会享乐生活的不在地主，随着官僚国家的成立而与政治脱离，他们移居
　　农村的 villa，其后相应于经济景况的变化，他们遂经营起自给自足的——相对于从前为
　　市场而生产的农场经营——经济（参照韦伯《社会经济史》所收的《古代文化没落的社
　　会根源》一文）。——日注
[2]　自治城市与构成州省的 civitas 具有相同的自治性格。封建地区则为有产者踞有支配权的
　　地区。尔后，近代初期东欧地区的地主支配者（Gutsherr）渐次强化其支配权，将其支
　　配下的住民农奴化（下面会依次谈到），几无二致地，封建地区的有产者亦强化对其地
　　区住民的支配权——于经济的利用上。——日注

现。获取殖民地的原来目的，本为纯粹财政性质的——即殖民的资本主义。征服者的目的在金钱的榨取，为达成此一目的，即责成隶属的土著以货币形式贡纳租税产物，尤其是当地特产及香料等。国家常把榨取殖民地之事委托商业公司承办，例如英国东印度公司与荷兰东印度公司。土著首领由于成为连带责任之负责人，于是就变成领主，而原来的自由农民遂成为他们的农奴或束缚于土地上的隶农。于是土地附着关系、封建义务、共耕制以及土地重新分配之权利与义务，都一一出现。殖民地领主处分权发展的另一形式，则为领主分配个体份地。西班牙在南美洲的"托管制"（encomienda）就是一个典型[1]。托管地是一种封建授予，享有迫使印第安人服徭役及纳贡的权利。此种形态一直持续到十九世纪初。

在东方国家，因基于财政考虑及货币经济的关系，故有将政治特权委让于个人的制度；反之在西方（及日本），则有实物经济的封建制度，由封地授予而产生领主处分权。封建制度一般的目的，在将土地及领主权授予那些愿遵守封臣义务的人，而由他们来提供骑士军队。准此，又有两种形态；其一为将领主权力作为终身俸禄赐予之（俸禄封建制，Pfründen-Feudalismus）；或者是将领主权力作为封土赐予（采邑封建制，Lehens-Feudalismus）。俸禄封建制可以土耳其的封邑制为典型。此一制度原则上只限于受封者一代，而且得视其军功才授予，封地的价值视其收益而定，并且得与受封者的地位、门第及军功相称。由于不能世袭，故受封者的儿子只有在建立军功时才能承继。古代土耳其政府（Hohe

---

1　参见 A. Helps, *The Spanish Conquest in America*, London, 1855—1861。"托管制"的先决条件是"农奴分配制"（repartimiento），也就是根据人丁的数目在领主之间分配印第安人的一个制度。——原注

Pforte）实为一种最高授封机构（Oberlehens bureau），规制一切大小事务，就像法兰克王朝的宫宰（majordomo）一样。

早期日本的制度亦类于此。从十世纪以来，日本已从班田制过渡到俸禄封建制，将军（天皇的封臣大将军）在其幕府协助下，按米产量估计土地价值，再将土地作为俸禄赐给他的诸侯（大名），诸侯则再将之分赐给属下的武士。其后，封地的世袭逐渐确立，不过，由于将军与大名之间仍存在着主从隶属关系，故将军仍得继续控制大名的行政，大名亦仍继续监督其臣下武士的行政[1]。

俄国的封建制较接近于欧洲的制度。在俄国，必须对沙皇有一定的奉公义务及赋税义务，才能得到封地。采邑受封者须有官职（文武不拘）。此一规制直到叶卡捷琳娜二世（俄国女皇，1762—1796 年在位）才行废除。彼得大帝（俄国皇帝，1689—1725 年在位）时的租税变革（由土地税转为人头税），使得采邑持有者，须按照定期的人口调查时居住于该地的人口数来缴纳赋税。这种制度对农业组织的影响已于上文述及[2]。

日本之外，中世纪的西方是最纯粹的封建制得以发达之处。晚期罗马帝国的情况，尤其是在庄园制度，早已具有半封建的性质，而为西方封建制的先驱。日耳曼的酋长权利已同罗马的此种封建制相混合。通过开垦、征服（有功的家臣得授予土地），以及最后大规模地投靠（无地者与军事技术进步后无力武装的农民，不得不托庇于经济上有势力者之家）都使得庄园制度格外地普及与重要起来。此外，委让给教会的土地亦日益增加。但具决定性因素

1　参见《支配的类型》，pp.378—384。——中注
2　参见郑太朴译，《社会经济史》，pp.38—42。——中注

的却是阿拉伯的入侵，以及成立法兰克骑兵以对抗伊斯兰教骑兵的需要。马泰尔（Karl Martell）大规模地没收教会资产，将之作为采邑授封，希望由此建立一支自备武装、训练有素的封臣骑士军队[1]。最后，除了土地之外，还出现了以国家官职及权利作为授封物的惯例。

1　马泰尔（688—741），绰号"铁锤"（The Hammer），梅洛林王朝之宫宰。732 年在巴黎南方击败摩尔人（Moors），遏止了伊斯兰教势力的北上，其子丕平（Pepin the Short）后来自立为君，是为加洛林王朝。为了对抗摩尔人，马泰尔没收教会土地赐予贵族，而贵族则有提供一定数额武装骑兵的义务。——中注

第五章
庄园制度

本章译自韦伯《经济通史》第一章第四节及第六节。中译本所根据版本及页数如下：《社会经济史》，pp.89—99，118—121，136—138；*General Economic History*，pp.65—73，92—95，109—111；《一般社会经济史要论》（上），pp.173—188，214—217，238—240。

领主处分权——特别是西方庄园——内部的发展，首先取决于政治及社会的阶级关系。领主权力包括三个部分：第一、土地的占有（领土权）；第二、人身的占有（奴隶关系）；第三、政治权力的占有（篡夺或赐予），尤其是司法权的占有，这是西方历史发展中极其重要的一种力量。

〔豁免权与司法权〕领主无时无刻都想从国家权力的管辖下争取"豁免权"（Immunitas）。他们禁止君侯的官吏踏入其领地。即便准许入境，但如欲于其领地内行使政治权利（如抽税征兵），亦必须依赖领主的协助。此种豁免权除了上述消极的一面外，还有积极的一面。此即，至少有部分权利不能由官吏来直接行使，而须让给拥有豁免权的领主，成为他的特权。此种形态的豁免权不仅见之于法兰克帝国，早在巴比伦、古埃及与罗马帝国就曾出现过。

　　于此，具有决定性意义的是司法权的占有。拥有庄园及奴隶的领主处处都在努力争取此种特权。在伊斯兰教哈里发的辖区内，他们没能成功，最高政府的司法权依然完整无缺。相形之下，西方庄园领主的努力则往往是成功的。在西方，领主对其奴隶本就享有无限的司法权，而自由民则只接受公众法庭的审判。隶属民在刑事上的诉讼亦以公众法庭为最后的判决，不过领主之参与，早已成为惯例。自由民与隶属民的此种区别，由于领主对奴隶权力的日渐削弱，与对自由民的权力日渐加强，而逐渐消除了。从十世纪至十三世纪，关于奴隶的案件，公众法庭经常加以干涉。关于刑事案件，奴隶经常是在公众法庭接受审判的。尤其是从八世纪到十二世纪，奴隶的地位，一般而言已不断改善。随着（诺曼人）大征服时期的结束，奴隶买卖日趋没落，奴隶市场亦难以为继了。然而，由于开辟森林的缘故，却又使奴隶的需求大为增加。因此，庄园领主必须不断改善奴隶的生活条件，以便获得和保有奴隶。再说，领主与古代罗马的有产者不同，他基本上是个武士，而非农业经营者，故欲监督其奴隶亦殊不易，以此，奴隶的地位亦为之改善。另一方面，由于军事技术的改进，领主对于自由民的权力却日益加强，以致本来仅限于家族的领主权扩张而及于整个庄园。

　　〔租佃与俸禄〕与自由民和不自由民之区别相应者，则为自由与不自由的租贷关系。此处，我们得检讨"租佃"（precaria）与"俸禄"（beneficium）的问题。

　　"租佃"是基于书面契约的一种租贷关系，各阶层的自由民皆可缔结。契约原本可以随时解除，但是不久即变为每五年续订一次，而事实上却成为终身契约，甚至大部分成为世袭的了。"俸禄"本为一种换取服务的赐予，最初不拘任何形式的服务，或者是在某种条件下换取贡纳。稍后即分化为二：一种是负有封建义务的自由封臣的"俸禄"；另外一种是负有在领主土地上服劳役的自由民的"俸禄"。除了这些形式的租贷外，还有一种土地移垦的租贷：领主征收一定的租金，将土地交给农民开垦，并且为开垦者世袭占有，此即所谓免役租（Erbzins），其后这种租佃制也行于城镇中。

所有这三种租贷形式均针对村落共同体以外的土地。与此不同的有庄园田产（Fronhof）及其所属土地，具体清楚的例子可见之于查理曼的《庄园管理条例》（Capitulare de villis）：庄园的土地可大别为领主的所有地与农民的所有地两类，其中领主的所有地又可细分为由其管事直接经营的田产（terra salica），与散布在自由农村落中的领主田产（terra indominicata）；农民的所有地亦可细分为二：即负有无限劳役（一年到头都需提供人力或牲畜）的奴役份地（mansi serviles）与有限劳役（仅在耕作与收获时提供）的自由份地（mansi ingenniles）。贡纳的实物与领主自营地——王室的自营地则称为皇庄（fiscus）——的产物，均储藏于仓库内，先供给军用及领主家计所需，若有剩余，再行出售。

〔管辖区与庄园法〕由于庄园领主与司法领主管辖区（Bannbezirke）的确立，导致自由民与不自由民关系之激烈变化。最初的障碍是庄园的分布太散漫，例如富耳达（Fulda）修道院就有超过千数散布各地的田庄。掌握司法权及财产权的领主，自中世纪初期开始，即致力于巩固他们的领地。这种巩固部分是经由"实质的隶属关系"的发展而达成的，如果承租人不肯接受人身宗主权，领主就拒绝租予一定的土地。另一方面，由于在司法辖区与庄园领域内，同时存在着自由民与不自由民，庄园法以此有了发展，而在十三世纪时达到巅峰。领主本来只能对家族中的不自由成员行使司法权，家族之外，必须得到国王的许可，才能在他"豁免权"所及之地行之。但是在庄园内，他又必须面对虽负有同样劳役义务，却又身份有异的人。在此情况下，自由民可强迫领主及其隶属民合组成庄园法庭，而由隶属民担任陪审员。于是领主即丧失对其隶属民所负担义务的绝对自由处分权，而且这种办法相沿乃成惯例（这与德国革命时，士兵组成委员会以对抗军官的情形相类似）。另一方面，从十世纪到十二世纪，却发展出这样一个原则：仅根据土地租佃此一事实，在**法律上**（ipso jure）承租人即须受领主司法权的支配。

这种发展的结果，一方面限制了隶属民的自由，另一方面却也限制了对他们的奴役。自由受限制是由于在政治上领主占有司法权，以及与经济相关的、自由民武装能力之丧失。至于奴役的受限制，则是因为开垦森林以及日耳曼的向东殖民，两者皆急需农民，因此给予不自由民以脱离领主权力束缚的可能，并且迫使领主互相竞争给予隶属民以较佳的生活条件。此外，奴隶买卖已经停止，奴隶无从补充，对既有可供奴役的人自不得不多加体恤。领主的政治处境亦有助于提升各阶层隶属民的地位。领主为职业武士，而非农业经营者，故本身实不能有效经营农业。他既然无法根据起伏不定的收入来编制预算，因此倾向于把隶属民的贡纳在传统上固定下来，而经过契约的基础来实行。

以故，中世纪农民阶级的内部出现了显著的分化，只有经由领主权力和庄园法才结合起来。除了这类隶属的阶级外，还有在领主村落共同体外、据有自由的世袭租借地的自由农民，后来即成为自由的所有者（freier Eigentümer）。他们只需缴纳免役税，且不受领主司法权力的管辖。这类自由农民从未绝迹，不过仅在几个地方人数较多。例如封建制从未发达过的挪威——他们被称为"自由农"（Odalbauer），以别于没有土地、没有自由及隶属于自由民的人。北海的沼泽地如弗里斯兰（Friesland）与 Ditmarschen，阿尔卑斯山部分地区如蒂罗尔（Tirol）、瑞士及英国都有。此外，俄国很多地方有"屯田农兵"（Panzer baner），他们是田地所有者；最后，还有处于小农地位的农兵阶级，即哥萨克骑兵。

〔庄园领主与庄民的关系〕由于封建制度发达的结果，当封君（Landesherr）征收赋税时，贵族可以豁免，而无拳无勇的农民则有负担赋税的义务。为了加强国家的武力，法国的封建法制定了"没有无封主的土地"（nulle terre sans seigneur）的原则。原意是想增加采邑的数量，以保证军事力量；日耳曼皇帝在每一次土地的再封授，皆采取"强制授封"（Leihezwang）亦基于同一理由[1]。赋税义务的此种分化，导致君侯采取保护农民持有地的政策。封

1　在《经济与社会》p.149 中，韦伯对"强制授封"有非常适切的说明——此乃身份阶层所属者为其利益所在而加以贯彻之事：

　　"在授封的等级制（hierarchy）里，那些未能占有像作为持有家产的或团体的领主权之受封者所踞的位置者，是一般意义上的'隶属民'（Hintersasser），作为一般的范畴，亦即是家产制支配下的依附者（patrimonial Unterworfene）之意。那么，这些依附者对于受封者的服从，要不是因为其传统的，特别是身份的状况，造成服从的条件与可能性，就是因为武人受封者的强大力量。于此，依附者很明显的是由于武备的缺乏而被强制服从。对于受封者而言，无论是在面对上级首长时，还是在对待未受封的依附者时，'没有无封主的土地'这个命题毋宁是重要的。"

　　关于这一点，在同书 p.731 前后有更深入一层的说明。——日注

　　有关"强制授封"详见《支配的类型》，pp.375。——中注

君不能容忍农民土地被（贵族）剥夺，因为这将使得课田面积减少。以故，封君采取了保护农民的制度，禁止贵族取得农民所有地。

此一保护政策在经济上产生下述结果：

（一）庄园领主的大家族和农民的小家族并存。农民的赋税原先只为满足领主的需求，因而即为传统所固定。以此，农民除了维持生计与应付贡纳需求之外，对增加土地生产不感兴趣。而庄园领主既非为市场而生产，故对增加贡纳额也不大有兴趣。庄园领主与农民的生活方式实在也没有多大差别。所以，正如马克思所言："领主的胃壁限制了对农民剥削的程度。"根据传统所确定的农民赋税额，则受到庄园法及共同利益的保护。

（二）既然事关赋税利益，国家自然要维护农民，法学家——尤其在法国——亦起而参与。罗马法并不像通常所想那样，促成了古日耳曼民法的崩溃；事实恰好相反，它是有助于农民抵制贵族的。

（三）农民束缚于土地。其中有因农民个人的效忠义务而来的，也有因领主须对农民的赋税负责而引起的；不过，贵族逐渐地以专擅的方式将此种关系确定下来：农民如欲脱离共同体，就必须放弃其土地并找到替代者。

（四）农民对于土地的权利，变得非常复杂。就不自由的农民方面，在他死后，领主一般而言有权收回其土地。如果领主因没有佃户承租这块土地，而不行使此项权利时，他至少也要征收遗产税等。自由民也有两种：其一为佃农，随时可解除契约；另外为世袭的佃农，契约不得任意解除。两者皆有明确的法律地位。不过，国家往往加以干涉，禁止撤佃——亦即所谓租佃权（Meierrecht）。自由民自愿投靠领主为其隶属民，即与领主有隶属关系，反之，领主与其隶属民亦有依附关系。领主不能直截了当就解雇其隶农，而且早在《萨克森律鉴》（*Sachsenspiegel*）编纂之时〔十三世纪〕[1]，领主即必须给予其隶农一小笔钱以为资本。

（五）领主经常把共同马克体、牧场及公用地据为己有。原先，酋长是马克组织的首领。经过中世纪，由领主之统治权中逐渐发展出对于马克公地及村落公用地的封建专有权。十六世纪的日耳曼农民战争，主要就是针对此种掠夺，而非针对苛捐杂税。农民要求自由牧场及自由林地，但是由于牧场和林地已过少而无法给予，遂导致滥伐森林的后果，例如在西西里那样。

（六）庄园领主掌握了许多禁制特权（Bannrecht），诸如强迫农民在其磨坊碾谷、使用他的面包场及炉灶来制面包以及酿酒特权等。这种垄断权起初并不带有强制性，因为当时只有庄园领主有办法设置磨坊及其他设备[2]。到后来，〔由于农民私有设备的出现〕，领主才逐渐强迫农民使用。此外，领主在渔猎及运输方面还享有许多专利权。这些权利源自〔部落成员〕对酋长——其后则为农民对拥有司法权的领主——的义务，并为经济的目的而加以利用。

〔利用隶农的方式〕领主之剥削隶属农，其方式并非将农民作为强制劳动力，而是将他们当作纳租人，这种方式遍行于世界各地，

1　《萨克森律鉴》乃艾克·冯·雷普戈（Eike von Repgow）私人编纂的日耳曼法律文书，成于1215—1235年间。内容是有关东法伦（Ostfalen）一地法律记录。此书虽成于私人之手，但一般公认具有甚高权威，几乎被视为法典。——中注

2　有关领主强迫其隶属民利用其磨坊，以及隶属民反抗的经过，详见布洛克著，《水碾的出现及其胜利》，载于《年鉴史学论文集》。

不过其中有两个例外[1]。这种（纳租）的剥削方式，缘由如下：

（一）领主的传统主义。因为要把农民当作劳动力来使用，就必须从事大规模的经营，然而领主并没有这样的魄力。

（二）当军队仍以骑兵为核心时，领主即受制于其封臣义务而无暇顾及农业，反之，农民则无法从事战争。

（三）领主没有自己的流动资本，因而宁可将实际经营的风险转嫁给农民。

（四）此外，在欧洲，领主受到庄园法的约束，而在亚洲，由于领主并没有任何类似于罗马法的法规，因此为市场而生产时即无法得到充分的保障。在亚洲，连领主经营的庄园田产都根本没有发展起来[2]。

领主榨取地租的方法有下列各种：（一）贡纳，对自由民征收实物，对农奴则征发徭役。（二）所有权变更时之规费，领主在农民转让所有地时强制征取。（三）继承税及婚姻税，当农民把土

1　韦伯此处所说的两种例外，其一为"大农作经营"，典型的例子有古代迦太基与罗马的大农庄，以及十九世纪时美国南方利用黑奴的耕作地，此一经营的最主要特点是利用受过训练的奴隶来耕作，这与庄园制极为不同。其二为"所领地经济"（Gutswirtschaft），指以贩卖为目标（而非供应家计所需）的资本主义的大经营。它可以是畜牧业，也可以是农业，或者两者兼有。——中注

2　此处关于东方（例如中国）庄园及大土地所有制之未发达的说明，并不能将之认定为即其小农及零细佃农广泛普及的理由。根据本书其他几处对于家产制国家之农民保护政策的分析，韦伯所重视的毋宁是：王朝顾及其国库收入与兵役的人口政策的观点，以及王朝将庄园及大土地所有看做是拥有一己独立的政治、经济势力而加以敌视及防范，等等。因此韦伯所特别着重的是王朝之国库收入的关怀。在《经济与社会》第二章第二十五节里韦伯有如下的说明：

"生产手段的占有与劳动生产过程（不管是什么形式上）的自我处置，乃是发挥无限的劳动意愿的最有力源泉之一。这是农业里的小经营之具有非凡意义的根本基础——无论其为小所有者，或是希望将来能成为土地所有者的小佃农。这典型地表现于中国，以及特别是奠立于专门化工艺基础上的印度；此外，亚洲所有其他地区，以及欧洲的中

地传给后代，或农民要将女儿出嫁到领主司法辖区（或隶农辖区）之外时，即须缴纳规费以换取领主同意。（四）基于领主禁制特权的林地税及牧场税，例如农民到森林中拾取猪饲料的税捐。（五）间接的赋税，例如转嫁于农民的运输捐与筑桥修路的费用。所有这些规费及贡纳的征收，最初是由"庄头制度"（Villikationsystem）来进行。这种制度乃是德国西部、南部及法国庄园制度的典型，而且可说是一般庄园制最古老的形态。不过，这种制度是以分散型的庄园制为前提的。领主在散布各地的田产各设"庄头"（villicus）一人，负责向周围隶属于其领主的农民征收实物及金钱贡纳，并监督他们履行各项义务。

〔庄园制度的崩溃〕领主与农民之间的复杂依存关系，领主之利用农民为其定期收益的来源。或使用其劳动力，以及由此两种剥削而产生的土地束缚，在庄园农业制崩溃后均告结束。这种变革意味着农民及农业劳动者之人身解放、随之而来的迁徙自由，以及土地从农民的耕作共同体与领主之权利的束缚中解放出来。反过来说，因保护农民而产生的农民对领主土地的权利，亦同样消失。解放的方式有种种途径：（一）剥夺农民，亦即农民得到了自由而失去了土地，例如英国、梅克伦堡（Mecklenburg），波美拉尼亚（Pomerania）和西里西亚（Silesia）部分地区；（二）剥夺

（接上页注）世纪亦皆属此（发生在后者里的斗争，本质上是个别农民为争取对其生产物之自由的——形式上的自由——处分权之斗争）。小农的生存，就某方面而言，直接仰赖于资本计算的阙如与家计、经营的合一。其所展现的毋宁是个别化而非专门化的功能，并且企图以投入更密集的劳动与限制一己的生活水准来确保其形式的独立性。此外，此种小农经营使得各种副产品，甚至是'废物'——对营利的（因此是大经营的）农作而言，无法加以利用的副产品与废物——能够加以家计地利用。就我们所能运用的数据而言，农业里的资本主义式组织对于周期性变动要比小规模农作来得敏感得多。"——日注

领主，领主失去其土地，而农民则有自由及土地，例如法国、日耳曼西南部以及其他租佃庄园制的地区，此外还有波兰，不过是发生在俄国入侵之后；最后，还有上述两种方式的折中，于是农民既有自由，又可得到部分土地。最后一种方式出现在所领地农场经营劳动组织已存在而无法轻易取代的地区。例如普鲁士由于国库贫困，无法用俸禄制的官员来取代原有依靠领地为生的郡司（Landrat），只好仍靠他们。

由于庄园农业制的崩溃，领主的家长司法权、各种的定役权及禁制权，以及基于封建之束缚（Lehensverbindlichkeit）——即所谓"死权"（Toten Hand）[1]——而加诸于土地的一切政治与宗教的束缚，都有废除的可能了。废除有下列各种形式：（一）关于教会土地的清理法（Amortisation）[2]，例如在巴伐利亚那样；（二）取消或限制世袭财产制（Fideikommiss），特别是在英国；（三）废除领主庄园的财政特权，包括免税权及其他政治特权，正如十九世纪六十年代普鲁士的税法所实行的。其结果则要看被剥夺的是谁，领主还是农民？如果是农民，那么还得看他有无土地而定。

庄园制崩溃的原动力首先来自内部，而且基本上是经济性的。直接因素是地主和农民双方的市场活动与市场利益的发展，以及联系于货币经济的农产品市场的不断成长；但是只有这些原因，

1　与法文 mainmorte、英文 mortmain 同义。领主在其隶农死时，可以收回或不收回耕地，也可以征收因继续耕作而须缴交的贡纳，以及限定继续耕作的人。这种由依附农民对其领主的隶属关系所导致的即是领主之"死权"的权利。其根源，根据 R. Holtzmann 所著 *Französische Rechtsgeschichte*（1910, pp.45—47），"死权"可以出之以遗书、买卖契约或答赠等方式成立。于是，隶农以承受死权（Zum Toten Hand）的方式而持有其耕地，serf de mainmorte 一词亦即根源于此。——日注

2　Amortisation 指教会收受财产的捐献乃是以"承受死权"而获得的。——日注

未必就会使庄园瓦解，就算瓦解，结局也会符合领主的利益，因为他一定会剥夺佃户的土地来进行大农场经营。

因此，庄园制的崩溃必然还有来自外部的一些利害关系：此即新兴的城市市民阶级之市场利益。市民阶级希望庄园制衰退及瓦解，因为庄园的存在限制了他们发展市场的机会。城市及其经济政策与庄园制之间的对立，并不在于一方是自然经济，而另一方则为货币经济。因为庄园在极大的程度上也是为市场而生产的，没有了市场机会，领主即无法向农民收取货币贡纳。但是庄园制，就以佃农需承担的强制劳役和贡纳的事实而言，对于农村人口的购买力确已构成一种障碍，因为它使农民不能将全部的劳动力投入为市场生产，因而亦无法扩大自身的购买力。以此，城市市民阶级的利益与领主阶级的利益是对立的。此外，日益发展的资本主义需要自由劳动力市场，而最初的纯资本主义企业为了避免行会的干扰，只能设法利用农村的劳动力，可是庄园制却将农民束缚于土地，遂妨碍了自由劳动力市场的建立。再者，新兴资本家想获取土地的野心，亦成为他们与庄园制利害冲突的另一个原因，资本家之所以想将新获得的财富投资于土地，是为了要跻身于拥有身份特权的地主阶级中，而这就非把土地自封建束缚中解放出来不可。最后，国家为了其财政利益，也希望庄园制瓦解，因为这样可以增加农村的赋税能力。

以上是庄园制崩溃的种种可能性，细而言之，则其崩溃过程自然是各式各样的 [1]……

---

1 韦伯此处接着讨论的是中国、印度、日本、地中海沿岸及西欧各国的演变，限于篇幅，仅节译有关中国的部分附于此。"中国当公元前三世纪时，封建制度已告废止，且已确立

〔庄园制崩溃对政治的影响〕农业制度发展与封建组织解体的方式，影响极广，不仅及于农村情况的变迁，且及于一般政治关系的发展。特别是影响到一个国家之是否有土地贵族，以及此一土地贵族又是采取什么形式存在的问题。在社会学的意义而言，贵族即为一个经济地位足以使其自由从事政治活动的人；换言之，他是为政治而活，而无须赖政治以活。因此，他是个有固定收入的"坐食者"（Rentner）。其他从事某种职业，需靠劳动来维持自己与家庭生活的阶级，例如企业者或劳动者，均不具备这种条件。具体言之，在农业社会里，纯粹的贵族都是靠地租为生的。在欧洲只有英国还有这样的贵族，以前的奥地利也曾有过此一阶级，只是规模较小。反之，在法国，剥夺庄园领主之专有的结果，导致了政治生活的都市化，因为只有城市的财主——而非土地贵族——才能有充分的经济自由以政治为职业。德国农业发展的结果，只留下少数还能自由从事政治活动的地主。不过在农民遭受

（接上页注）土地私有制。秦始皇的权力是奠基于由臣民之赋税来支持的家产制军队上，而非封建军队。中国的古典文化学者——即后来儒教的先驱者——都站在支持王朝的立场，为此政体提供理论基础……自此时起，中国财政措施有无数次的变化，大体则摆荡于两个极端，亦即租税国家与赋役国家（Leiturgiestaat）之间。前者是指用租税来支付军队及官员的薪俸，而视人民为租税来源；后者则以人民为徭役来源，使特定阶级负担实物贡纳的义务以供应政府需要。戴克里先之后的罗马帝国即为赋役国家的一个实例……一个制度是使人民有形式上的自由，另一则使他们成为国家的奴隶。中国政府将其人民视为国家奴隶来使用，正如欧洲的庄园领主将其隶属者作为劳动力使用，而不当作收益之源泉。在赋役国家的情况下，私有财产制是没有的，出现的是对土地的义务，束缚于土地以及定期分配土地。此一政策发展到十八世纪后，中国开始放弃赋役原则，代之以租税原则；征交国家租税，附带一些无关紧要的公共徭役。租税多为官吏所中饱，因为他们缴给朝廷的数额是固定的，但对农民则可无厌地诛求。不过，由于农民氏族的力量极为强大，诛求太甚还是相当困难的，至少是要得到农民同意的。结果是广泛的农民解放，虽然还有少数佃农，不过他们维持了人身自由，且只付适度的地租。"——中注

剥夺最彻底的普鲁士东部省份，则此一阶层还有显著的残存。不过普鲁士的大多数地主（Junker），并不像英国的地主（Landlord）那样，形成一个贵族的社会层。他们只是带有从过去沿袭下来的封建特质的农村中产阶级，因此，他们也是农业企业者，一样要卷入市场利益之日常的经济斗争。1870 年以来的谷价低落，以及生活需求的提高，已决定了他们的命运。因为平均四五百亩的骑士领地已不再能支持一个贵族领主的生活。此一事实说明了这个阶级过去曾有，以及现在还有的极端尖锐的利益冲突，他们在政治上的地位亦不难由此了解。

〔土地私有制的普及〕由于合并、分割以及庄园制度的解体，残余的古代耕地共有制亦随之消灭，土地的个人私有制乃完全确立。同时，几个世纪以来社会的结构也一直朝着上述的方向转变，家族共同体日益缩小而发展成今日只有家长及其妻子儿女为个人的私有财产单位，这在以前是基本上不可能的。家族共同体内部也同时经过种种的变化，其方向有二：（一）家庭的功能逐渐只限于消费的领域；（二）家庭的管理逐渐以账目结算为基础。原始的完全共产制度为继承权所取代，男子与女子的私有财产以及账目的计算益形分离。这种两重的变革，与工业及商业的发展实有密切的关系。

第六章

工业经济组织的主要形态

本章译自韦伯《经济通史》第二章第一节。中译本根据版本及页数如下：《社会经济史》，pp.144—147，*General Economic History*，pp.117—121；《一般社会经济史要论》（上），pp.244—249。

〔技术性行业〕从互助劳动的流行，可知最早的技术专门化虽已发生，但并不包括需要熟练的技术性行业。而所谓技术性行业，在古代，又是与巫术的观念息息相关的。最先出现的，是这种信念：即，个人只能以巫术的方式来完成所需的事物。医术尤其如此。"医师"是最古老的一种需要专技的职业。一般而言，每一种有高度技术的职业，原先都被视为受巫术的影响。特别是冶金匠，到处都认为具有神秘的特质，因为他们的技术有一部分似乎很神奇，而他们自己也故作神秘。技术性职业首先出现于酋长或庄园领主的大家计里，因为只有他们能使其隶属者专攻一技，而且也只有他们需要这些技术性的劳动。

〔劳动者与市场关系〕不过技术性的职业，也可因交换机会而出现。就此而言，决定性的问题是，工业与市场是否有联系？经过各生产者之手后，最终的产品由谁出售？这些问题对于行会的斗争及其崩溃，亦至关重要。一个专业化的技术工可以自由地为市场生产。他可以是个小企业主，以其产品供应市场。我们可称其最典型的例子为"计件的价格劳动"；先决条件是他有处分原料及工具的权力。另外一种可能性是：原料，以及某种情况下连同工具，都由团体来供应。为了保持同行的平等竞争，中世纪的行会广泛地购买并分配各种原料（例如铁和羊毛）。与此相反的是，手工艺者为他人服役而成为另一个工资劳动者。之所以如此，往往是因为他缺乏原料及工具，故只能以其劳动力，而非其劳动产品供给市场。

在上述两种类型之间，还有接受他人订制的手工业者。他可以是原料及工具的所有人，在此一情况下又有两种可能性。一种是出售产品给消费者，而这个消费者可能是向他订货的商人，这种场合，我们称之为"自由的顾客生产"；另一种是为独占他的劳动力的企业主生产。后一种方式往往是因为负了企业主的债务，或者因为无法和市场直接接触（例如中世纪的出口贸易）的缘故。这种生产方式通常称为"家庭工场制度"，或者更精确地称之为"代工制"（Verlagssystem）或"工厂制度"。这个手工业者是"受委托的价格劳动者"（Verlegter Preiswerker）。

第二个可能性是，原料及工具，或其中之一（如原料）由订制人供给，这种方式，我们称之为"顾客雇佣劳动"（Kundenlohnwerk）。此外，还有为利润而订制者，企业者即为订制人，此即为家庭工场工业。准此，一方面有购置原料且设置劳动器材（虽非都是如此）的商人企业主（发货人）；另一方面，则为没有必要的工业劳动组织，因此无法将自己产品送到市场，而只能在家里接受订货的雇佣劳动者。

〔劳动者与劳动场所的关系〕此一问题可以有如下的各种区分：（一）在自己住所工作。他也许是个自己规定产品规格的计件价格劳动者，也可能是为顾客生产的家庭雇佣劳动者，应顾客之订制而生产。（二）在住所以外工作。例如在顾客家中进行，如目前还存在的女工裁缝。这类工作最初是由"流动"的工人来做的，由于工作性质（如粉刷墙壁）而不能在自家进行。此外，工作地点也可能是个作坊（Ergasterion），以此，工作地点即与住所分开。作坊不一定是工厂，而可能是个劳动场所兼售货场所的"产销合一"的工场（Bazar Werkstätte）[1]。由许多劳动者共同租用，或属于一个企业主，这个企业主令其奴隶于此工作，产品由自己贩卖，或明定款额而由奴隶去贩卖。近代企业的工厂可说具有最纯粹的工场特征，在那儿，劳动者在企业家所规定的劳动条件下工作，而由企业家支付工资。

〔劳动者与固定资本的关系〕包括劳动场所与（不包含在工具概念之中的）劳动手段在内的固定资本之占有，也可用种种不同方式来施行。首先，也许并不需要任何固定的投资，例如纯粹为手工艺劳动的中世纪行会经济。〔固定资本之〕设备的阙如，为中世纪行会经济的特征，一旦固定资本出现，行会经济即有崩溃之虞。如果有固定投资的话，也许是由一个团体——村落、城市或手工业组合——所设置经营的。这种情形很普遍，中世纪尤屡见不鲜，

---

1 Bazar 在波斯语中是市场的意思，一种小商店云集而持续开放的，并且是在一个大屋顶底下集合了许多摊位的市场。

行会总是自己提供资本的。此外，亦有手工业者租用领主设备的例子，例如修院设置漂布机租给自由工人使用。领主的设备不但可以租给自由工人使用，而且也可能强制手工业者利用此一设备来生产他所要出售的货物。这种工业即创始于埃及法老，我们称之为"庄宅"（oikos）的手工业。稍后则可见之于中世纪时君侯、庄园领主及修院的经营，不过形式有种种变化。在庄宅手工业之下，家族与企业之间无任何区别，后者仅为企业主的副业。

不过，在一个企业家的资本主义机构下，所有这一切皆完全改变。于此，工作是靠企业家所提供的劳动手段来进行，因此必须适应工厂的纪律。企业家的工场算是固定资本，成为企业经营者计算上的重要项目。这种资本之掌握于个人手中，正是导致行会制度瓦解的因素。

第七章
工业与矿业的发展阶段

本章译自韦伯《经济通史》第二章第二节。中译本所根据版本及页数如下:《社会经济史》,pp.147—161; *General Economic History*, pp.122—135;《一般社会经济史要论》(上),pp.249—267。

〔家族工业,习俗团体工业与种姓工业〕此一发展的出发点乃为满足小家计或大家计需求的家内工业。由此而可发展为部落工业,因为部落可独占一定的原料或技术。部落工业原先是一种很好的副业收入,其后始渐发展为纯粹营利的正业经营。其意义是——在这两个阶段间的任何一个阶段上——以家庭共同体的工具和原料通过家族工作的产品,拿到市场出售,因而在自给自足的家内经济之障壁上,开通了至市场之门。于此,由于某些原料如石材、金属、纤维(最普通的是盐、金属及黏土)只出产在某个部落的领域内,故出现原料独占。开采独占原料的结果可能出现流动的商业。它可能是由经营此一工业者所自营,如许多巴西部落或俄国的"手工业者"(kustar)那样,他们在某季节从事农业生产，其他季节则贩卖产品。它也可能是一种独占的手工艺，像带有艺术意味的羊毛工业那样，匠人握有不易传授的秘密或专门技巧。这种情形导致一种特殊的计件工作的形态，于此，因土地的占有而垄断了该项手工业，并因世袭性卡理斯玛而附着于某部落或氏族。

在不同的习俗团体（ethnische Gruppe）间，也出现生产专门化的迹象，它可能只局限于地理上邻近地区间的交换，如非洲那样，但也可能有更广泛的发展。

可能性之一是导致像印度那样的种姓阶级的出现。原来平行并列的部落工业，至此因各部联合统一在一个支配之下，而成为垂直的纵列，至于异部落（或异俗团体）间的分工，现在则见之于同受一个支配下的隶属民之间。原有的异部落间之互相排斥的关系，则表现在种姓制度之间，不同种姓的成员不同桌共食，不通婚姻，相互间只有某种特定的服务。由于种姓秩序是固着于宗教习俗上，因此也就是宗教制度的，所以对整个印度的社会秩序有巨大的影响。它将一切的手工业都嵌入一定的模型中，以致新发明的采用及具有资本主义基础的产业皆无法出现。任何新技术的采用，即被视为一个新的种姓，而列在原有各种姓之下。《共产党宣言》里谈到无产阶级的命运时说：“无产者〔在这场革命中〕将赢得整个世界，而除锁链之外，无可损失。”这句话倒可适用于印度人。只是印度人认为他们只有在今世完成其最后一项种姓义务后，方可期待在来世解脱其锁链。印度之每一种姓，皆有其传统规定的生产程序，凡放弃此种生产过程者，不但要被逐出种姓之外成为“贱民”（Paria），而且会失去到达彼岸的机会（Jenseits chance），即失去轮回至更高种姓的希望。因此印度之种姓制度，成为可能有的社会秩序中最保守的一种，一直到英国的统治下才开始崩溃，但即使在今天，资本主义的发展还是甚为迟缓的。

〔专业化的发展〕在不同部落（或习俗）团体间进行交换的这个阶段上所出现的第二种可能性是，向市场专业化的发展。职业的地区性分布最初可能是"配置的"（demiurgisch）——易言之，虽已不复是只限于部落间的分工，但也尚未与市场发生关系，而由村落或领主争取手工业匠人（大半来自其他的部落），并强迫他们为村落工作，如印度的村落工业。日耳曼至十四世纪时，领主尚有提供一批手工业匠人给村落的义务。在此情况下，我们可以看到自给自足生产的地方性专业化，而此专业化照例又是与劳动场所的世袭所有权联系在一起的。

超过此一阶段的就是导致为市场而专业化的那种地区性专业化。它的前个阶段是村落及庄园工业的专业化。在村落内，一方为农民，一方为领主。领主为了满足其需求，遂以部分收获物或其他形式的报酬诱使手工艺者定居下来为其生产。这种专业化所不同于为市场而专业化的，在于没有交换。而且，它尚带有异俗团体间专业化的残余，因为手工艺者多为外来人，不过，它也可能包括有一些农民，他们因土地不足维生以致丧失其原有身份。

与此不同的是领主式的利用手工艺者，此即君侯或土地领主为了私人或政治的目的，采取大家计或"庄宅"式的专业化。此处的专业化也是在没有交换的情况下出现的。个别的手工艺者或整个手工艺阶层皆在领主支配之下，而为其服特定的徭役。这种方式在古代极为盛行。除"管事"（official）——大家计的职员，如账房，这些通常是由奴隶担任——之外，还有"手工艺匠"（artificial）。后者主要是奴隶，不过也包括有为满足大领地自身需求而生产的、属于"佃户家"(familia rustica) 的某几类手工艺者，例如冶匠、铁工、建筑工、车匠、纺织工（特别是女子会馆的女纺织工）、磨坊工、面包师及厨师等。这类人亦可见之于拥有众多奴隶的城市高级贵族家中。罗马首位皇帝奥古斯都之妻，利维亚(Livia) 皇后的资产目录是众所皆知的：其中包括有为皇后制作衣服及其他个人需要的裁缝匠、木匠、建筑师等种种手工艺者。中国及印度的王公家中，以及中世纪的世俗领主与修道院的庄园中皆有类似的情况。

除了满足领主个人需求的手工艺者外，尚有为其政治目的而服务者。埃及希克索斯(Hyksos) 王朝被放逐后[1]，登场的新王国之法老行政，即是一个大规模的例证。新王朝统治下，有由隶属民之实物贡纳而成的仓廪制度，以及随之而来为满足法老之宫廷及政治需求的手工艺的广泛专业化。官吏从仓库支取固定的实物以为薪俸，此种实物薪俸的证券可以流通，有如今日之国债证券。此种证券一部分以农民的劳动为基础，一部分则以专业化的"庄宅"工业为基础。在近东的大"庄宅"里，奢侈品手工业也得到发展与鼓励。埃及与美索不达米亚的国王，利用从他们工场中训练出来的工人，发展古代东方精致的艺术品工作。由于他们，"庄宅"遂完成了文化史上的一个使命。

〔为市场而生产，作坊之经营与奴隶生产〕要想从此阶段过渡到为顾客及市场而生产，就必须有具购买力的消费者团体来吸收产品，换言之，交换经济必须已发达至一定程度才有可能。这样

1　Hyksos，征服埃及的外来民族，建立了埃及史上的第十五个王朝（前1674—前1567），据说他们曾将马及战车带入埃及。——中注

的情况，正与农业发展中所见的类似。君侯、领主或奴隶主，（一）可将训练过的工人作为劳动力，为市场而生产；（二）或可利用他们为定期金（rent）收入的来源。

在第一种场合中，领主成为企业者，利用不自由的人口为劳动力，这在古代及中世皆曾发现。领主另外再雇人负责销售，这个人即为"交易人"（negotiator）或代理人（Krämer），是依附于君侯或类似人物家计的经理人。利用人作为劳动力的方式颇多，领主可将他们当作不自由的家庭劳工，这些工人可以留在自己家中，但须交付一定数量的产品，其原料可以是自己的，也可取自领主。此一制度在古代极为盛行。纺织品以及陶瓷器主要都是如此生产出来的，特别是在女子会馆（ruvaikeiov），再送到市场去的。中世纪时，西里西亚与波美拉尼亚的制麻工业就是这样发展起来的。此一情况下，领主即成为手工艺者的商业资本家雇主或"批发人"（Verleger）。领主同时也可进一步自营工作场（Werkstattproduktion）。从古代大地主之副业经营中，我们也可以发现到制瓦业、砂石采掘业。此外，还有使用女奴隶纺织的大规模女子会馆。卡洛林王朝时，也有同样的女子会馆。中世纪的寺院经济中的作坊经营，例如，圣本笃教团（Benedict，成立于六世纪）与卡尔特教团（Carthusian，1086 年 St. Bruno 在法国 Chartreuse 附近成立）的酒类酿造所、漂布场、蒸馏场及其他的经营，亦有特殊的发展。

农业的副业之外，还有以不自由的劳工所构成的城市工业。在农村经营时，领主通过其不自由的劳动者的代理人，将产品运销市场；在市镇中，则商人利用商业资本投资设立使用不自由劳动力的企业。这种生产关系在古代是司空见惯的。据说狄摩西

尼（Demosthenes，前384—前322，希腊著名雄辩家）从他父亲
手中继承的两个作坊，一个是兵器坊，另一则为寝床作坊（寝床
在当时实为奢侈品，而非日常所需）。原来他的父亲是从事进口刀
柄及寝台上所使用象牙的商人，后来他的债务人无法还债，遂以
作坊连同奴隶一并作抵，故两个作坊乃合并到他手中。利西阿斯
（Lysias，前450—前380，雅典雄辩家）也提到过一间拥有一百个
奴隶的制盾"工厂"（Fabrik）。在这两个例子中，我们发现其一是
为上层阶级服务，另一个则为战争目的。只是两者均非近代意义
上的"工厂"，仅能说是一种作坊罢了。

　　一个作坊究竟是靠不自由的共同劳动，还是靠自由合作的共
同劳动来经营，得视个别情况而定。如果它是利用奴隶劳动为市
场而生产的大规模经营，其本质上就是一种劳动的累积，而非专
业化及合作。尽管有许多人一起劳动，但是各自独立地生产出同
一产品。在这些劳动者之上有一个工头（Vorarbeiter），他须向领
主缴纳加倍的人头税，而他唯一关心的事，就是产品的一致化。
在此情况下，近代意义之工厂的大规模经营，是完全谈不上的，
因为作坊既没有固定资本，也不一定属于领主所有（虽然有时是
如此）。

　　再者，蓄养奴隶的特质，也使得这种经营不可能发展成近代
的工厂。人这种资本在市场不振时，即变成纯消耗物，而且其保
养与固定资本（机器）的保养尤为不同。奴隶的变化极大，而且
容易遭到风险；奴隶一旦死亡，就是一笔损失，不像今日生死存
亡的风险是由自由劳动者自行负担。奴隶又会逃亡，特别是在战时，
战败的话更甚。当雅典于伯罗奔尼撒一役战败时，工业上所使用
的一切奴隶资本，丧失净尽。此外，奴隶的价格由于战争的缘故，

起伏极大，而战争在古代又是常事。希腊城邦连年争战不已，把缔结永久和平视为罪恶；和约只是暂时的，正如今天缔结的通商条约一样。在罗马，战争亦为日常现象。奴隶的价格只在战时低廉，平时则非常昂贵。领主对于这种往往是以高价取得的资产（奴隶），或使之集体住在营区中，或是连同其家眷一并蓄养；在第二种情况下，还必须为妇女另寻工作。因此，领主不能使他的经营专业化，而必须在自己的"庄宅"兼营几种生产。因为一旦专业化，那么一个奴隶的死亡即可造成很大的损失。再者，奴隶对于工作毫无兴趣可言，只有用相当野蛮的纪律，才能榨取一些与今日在契约制度下自由劳工相当的劳动量。所以利用奴隶进行大规模的经营，实为极稀有的例外。历史上，只有当有关部门掌握绝对独占权时，相当程度的大规模经营才可能出现。从俄国的例子可以看出，利用奴隶的工厂完全是靠这类独占来维持，独占一旦打破，它们就在自由劳动的竞争之下土崩瓦解了。

的确，古代的作坊常呈现出多少有些不同的面貌。领主不是企业者，而是以坐食者的身份出现的：他以奴隶作为一种定期收入的来源，他让奴隶学会某种手艺之后，(一) 将他租给第三者，(二) 让他独立为市场生产，（三）让他自行出佣，（四）让他自行经营业务；然而不管哪一种，奴隶主都要征收一笔费用。这样就出现了一种经济上自由而人身不自由的手工艺者。这样的奴隶也有自己的一笔资金，或由领主贷款，使之经营贸易或小手工业。利用此一方式来鼓起奴隶的营利欲，根据普林尼（Pliny，罗马博物学家，23—79）的说法，最后领主甚至还给予奴隶留遗嘱的自由。古代即曾如此地大量使用奴隶。中世纪及俄国亦有同样情况。而且我们到处均可发现此种租税的专门术语，例如 ápophorha, Leibzinz, obrok 等，足以证明上述情形并非例外，而为常态。

〔古代与中世纪劳动组织之差异〕在这种利用奴隶的情况下，领主是以合不合其计算考虑为前提，此种合算并不是在任何一种不特定的市场都可发现，而是在有局部地方性市场存在，奴隶可以在那儿出卖自己的生产物与劳动力而换得金钱〔因此，可以赚得应该支付给领主的租金〕为合算。古代及中世纪的劳动组织，其起点虽相同，最初的发展也相类似，然而后来却走上完全不同的途径，其原因就在于这两种文明的市场性质全然不同。在古代，奴隶是在其主人支配下，而在中世纪却渐渐自由了。中世纪时，已出现古代所未见的、广大的自由职工阶层。其理由如下：

（一）西方消费者的需要与世界其他国家的消费需要不同。我们得清楚了解，一个日本及希腊的家庭各别的需要为何。日本人住在用木头与纸所建的屋中，几方草席和木枕，构成床铺，再加上一些碟子及陶器，这就是全部的家当。我们又从一个被判刑的希腊贵族——可能是阿尔西比亚德斯（Alkibiad，前450—前404，雅典政治家）——诉讼卷宗的拍卖清单中，发现其家当之少，令人难以置信，而且其中艺术品还占了大部分。相形之下，中世纪贵族的家当就更丰富多了，也实用得多。这种差异，实由于气候之不同。在意大利，即使在今天，亦可无需暖炉，因此在古代，寝床算是奢侈品，一般人仅以斗篷裹身，席地而睡即可。然而在北欧，暖炉和床则都是必需品。我们所拥有之最古老的行会文书，即为科隆（Köln）地方被褥织工行会的文书。希腊人只遮盖其身体之一部分，虽不能说他们一丝不挂，然而他们所需衣物，的确不能与中欧人相比。此外，因气候之故，日耳曼人的食量较南欧人来得大，故但丁曾有"大食国德意志"之语。一旦能满足这种需求，则根据边际效用法则，日耳曼人的工业生产就一定会比古代的发展更广泛得多。这种广泛的发展出现在十至十二世纪。

（二）市场的扩大。十至十二世纪，北欧诸国较之于古代世界，已有更广泛的购买者及工业产品。古代文明为沿岸文明，没有一个有名的城市距离海岸超过一日的路程。尽管此一狭窄海岸线背后的腹地亦包括在市场范围内，然而，这些地区仍处于自然经济的发展阶段，购买力极弱。再说，古代文明是奠基于奴隶制之上，随着文明转入内陆而形成内陆文化时，奴隶的供应亦告终止，领主不得不设法用自己的劳动队伍来满足需求，以期能不再依附于市场。罗德贝图斯所认为是整个古代世界特征的这种"庄宅"自治，实际上只不过是古代晚期的一种现象，而以卡洛林王朝为其发展巅峰。它的第一个影响就是市场的缩小，接着财政方面也有同样的变化。整个过程显然逐渐回到自然经济。然而，在中世纪，由于农民购买力的提高，市场自十世纪开始已逐渐扩大。由于精耕农业的进步，领主的控制力逐渐减弱，农民在依附关系中所受压迫也就逐渐降低。此外，领主因受制于军事义务，不能从此（精耕农业的）进步得利益，一切土地收益之增加，均归诸农民。此一事实，使得手工业的首次大发达成为可能，发达于市场特许权及市镇建立的时期，而在十二、三世纪时又向东方扩张。从经济观点来看，市镇实为君侯的投机事业，他们希望获得有付税能力的隶属民，因此建立市镇及市场以为买卖人的聚落。这种投机事业的结局，并不总是圆满的。例如，当反犹太人的运动迫使犹太人迁往东方时，波兰贵族即试图利用此一机会来建立市镇，然而他们的投机事业大部分都失败了。

（三）将奴隶制作为一种劳动制度的缺点。只有在能以贱价蓄奴时，奴隶制才有利可图。在北方，由于无法以贱价来蓄奴，故此处之奴隶大抵皆作为收益的资源来使用。

（四）北方的奴隶关系，有特殊的不稳定性。逃亡的奴隶多避难于北方，因为那儿并没有通风报信的义务，故领主多互相引诱对方隶属民逃亡，逃亡者以此亦无多大风险，因为他可以轻易地在其他领主或城市寻得庇护所。

（五）市镇的干涉。特别是由于市镇享有皇帝给予的特权，由此特权产生"城市的空气使一切自由"（Stadtluft macht frei）的原则。依此原则，凡定居于市镇者，无论来自何处，出身何等阶级，皆属于市镇。市镇的部分市民阶级即来自这些新加入者。其中有部分是贵族或商人，也有隶属的熟练手工艺者。

此种发展实得利于帝国权力的日益微弱，及由此而促成的市镇之"分离主义"（Partikularismus）；这些市镇既然获得权力，自然可以藐视庄园领主。不过，"城市的空气使一切自由"这句话也并不就所向无阻。一方面，皇帝被迫答应诸侯，不许市镇有超过以上的特权；然而另一方面，因皇帝需要货币，却又不得不继续授予市镇特权。这是一种权力的斗争，其结果证明，与市镇有利害关系的诸侯的政治权力，要比其利益在保持隶属民的庄园领主的经济权力更为强大。

基于此项特权而定居下来的手工艺者，其来历各自不同，且权利地位也各有不同，他们之中只有极少数是完全的市民，拥有完全免除赋税的土地。另一部分人则须承担封建的人头税，对城内或城外的某一领主负有贡纳的义务。第三类则为"被保护人"（Muntmannen），他们的人身虽然是自由的，但仍须托庇于一个完全市民，代表他们出席法庭，故他们对此一保护者负有一定的劳役义务，作为接受保护的代价。

此外，市镇中还有一些庄园，拥有自己的手工艺匠及特别的手工艺规制。但是我们最好不要轻率地相信，自由的市镇手工业劳动规制，系来自庄园的手工业劳动规制。手工艺者通常隶属于各不同的人身领主，此外，他们也受城市领主的支配。因此，只有市镇本身，能为手工艺规制的源头；而且有些城市领主也不肯让隶属于他自己的手工艺者享有他所给予市镇的法权，以免他的手工艺工人跻于市镇自由职工的行列。

〔手工业的经营形态〕自由职工没有固定的资本。他们虽有自己的工具，却不是在成本会计的基础上来经营的。他们几乎总是工资劳动者，为市场提供劳动力，而非产品。不过他们都是应顾客订购而生产的顾客生产者。至于他们究竟是否仍为雇佣劳动者，还是转变成（计件的）价格劳动者，就得看市场状况而定了。

凡是为富有阶层服务的，总是以雇佣劳动为主；而为多数民众提供服务的，则以计件的价格劳动为主。民众只购买单件的成品。因此，广大群众购买力的提高乃是计件价格劳动出现的基础，稍后则为资本主义出现的基础。明确的界线是无法划分的；雇佣劳动者与价格劳动者总是并存的。只是大体上，在中世纪早期及古代，在印度、中国及日耳曼，雇佣劳动者皆占有支配地位。他们可能是外出工（即在雇主家中工作），也可能是家庭工，这一点在相当程度上取决于原料的价格。金、银、丝绸与昂贵的纺织品，往往不会让工人带回家中，以免偷盗或假造，因此劳动者得到雇主家中工作。此所以外出劳动常见于上层社会的消费。反之，其工具特别昂贵或不易移动者，则一定是家庭工：面包师、织布工、榨酒者或磨坊工皆属此类；在这类职业中，我们已发现固定资本的萌芽。在雇佣劳动与价格劳动之间，尚有由机会或传统惯例所决定的中介阶段。不过，从语汇看来，可能还是以雇佣劳动占有压倒性的优势：e'kdotēs（包工），mithós（出佣），merces（工资）；所有这些术语都与工资，而非价格有关。戴克里先诏令里的规定，亦趋向工资税，而非价格税。

第八章
手工业行会

本章译自韦伯《经济通史》第二章第三到五节。中译本所根据版本及页数如下：《社会经济史》，pp.161—164，170—174，175—181，184—188；*General Economic History*，pp.136—138，144—155，158—161；《一般社会经济史要论》（上），pp.267—272，278—292，297—301。

行会，为手工业者按照职业种类而专门化的一种组织。它的功能有二：对内要求劳动之规制，对外则要求独占。为达此目的，行会对于在当地从事该项手工业者，皆要求他们加入。

一、行会的类型

〔不自由的行会〕不自由的行会组织可见之于西洋上古晚期、埃及、印度及中国。这些都是用来监督对国家强制性的赋役（Liturgie）义务的组织。这些组织之所以成立，乃是由于为了满足政治必要的需求（不论是君侯的需要，或共同体的需要），而责之于各工业团体。为此目的，生产事业乃按照职别而编制。有人以为印度的种姓制度亦来自这类行会，但它们其实是由不同的种族团体之间的关系所造成的。采取实物财政的国家即利用现存的种姓制，要求工业团体提供实物课赋，以供其所需。在西洋上古，尤其是重要的军需工业，特别有负担赋役义务的行会。罗马共和国的军队中，每个骑兵百人队（centuria equitum）就附随有工匠百人队（centuria fabrum）。后来罗马为了满足城市人民所需，大量输入谷物，为了此一目的，特别成立"船主"（navicularii）的组织，使之造船。罗马帝国最后几个世纪，为了财政的缘故，一切的经济生活几乎都按"赋役"的方式组织起来。

〔宗教习惯的行会〕也有依宗教习惯组织的行会。并非印度所有的种姓皆为行会，但其中确有许多是宗教习惯的行会。凡有种姓制度存在的地方，即没有行会，亦无存在的必要。因为种姓制度的特质，就是把每一种劳动方式分派给一个特定的种姓。

〔自由结合的行会及其精神〕第三种类型的行会是自由组合，这是中世纪的特色。其起源或在古代晚期，至少在罗马化的晚期希腊文明中，已呈现出这种带有行会性质的组织的倾向。西方纪元开始时，逐渐出现流动的手工业者。没有了他们，基督教的传布或许是不可能的；而早期的基督教也正是这些流动手工业者的宗教，使徒保罗也是这一类人，他的格言"不劳动者不得食"，正好说明了他们的伦理观。

然而古代的自由行会仅在萌芽的阶段。一般而言，古代的手工业，就我们所知，实带有一种奠基于世袭性卡理斯玛〔祖传秘诀〕的氏族工业〔当此种工业尚未结合于"庄宅"时〕的特色。希腊罗马的民主制中，完全没有行会的观念，它与行会的民主思想正背道而驰。在雅典守护神庙圆柱下，雅典市民、自由侨民与奴隶都并肩劳动。之所以没有行会的观念，一部分原因是政治的，但主要还是经济性质的。奴隶和自由民不能参与同一礼拜仪式。在已有种姓制度的地方，行会就不存在，因为它已完全多余。像中国那样氏族经济占优势的地方，行会亦无重要性。在中国，各个城市手工业者均属于某个村落；无论北京城或其他任何城市都没有市民权，因此，也没有构成城市制度之一部分的行会。相形之下，伊斯兰教国家却有行会的组织，虽然并不常见。不过在布哈拉（Bukhara，现属乌兹别克斯坦，是阿姆河上游、帕米尔高原东方某地及其首都之名），也曾发生过行会革命。

〔行会的政策〕西方中世纪的行会精神，可一言以蔽之："行会政策即生计政策（Zunftpolitik ist Nahrungspolitik）。"易言之，尽管生计机会越来越少，竞争日益激烈，行会仍努力保障其成员能享有合于市民身份的生活，使他们能维持传统的生计。这种传统的生计观念，类似于今天"最低工资"的说法。

二、欧洲行会的起源

〔庄园法理论的批判〕在庄园领主与君侯的大家计中，如前所述，"管事"与"手工艺匠"是并存的，以提供经济及政治的需要。行会是否如"庄园法理论"[1]所肯定的那样，从这类庄园领主的组织发展出来的，此一理论如下：

---

1 这个学说的主要倡导人为施穆勒（Schmoller），见其著作 *Die Strassburger Tucher-und Weberzunft*, Strassburg, 1879—1881。——原注

　　庄园制度因自身需要而拥有手工业者，此乃明显事实，而伴随此种庄园组织，遂有庄园法的出现。取得特许权的市场出现后，开启了货币经济的时代。庄园领主认为在自己领域开设市场是件有利可图的事，因为他们可向商人征收规费。因此，从来只为满足庄园领主需要而提供服务的手工业者，现在则有了提供给市场的机会。其次的发展阶段是市镇。市镇照例是根据皇帝授予君侯或领主的特许而设立的，君侯或领主则利用市镇，将因庄园法而隶属于他的手工业者作为收取定期金的源泉。因此，为了达成具有军事性质的政治目的，以及家计的需求，君侯或领主乃将手工业者组成行会。准此，行会原为城市领主（magisterial）的官方组织。由此而进入第三阶段，即行会的联合时期。在庄园法组织下的手工艺者团结起来，再加上他们为市场生产可以积累货币，故取得经济上的独立。于是他们开始为市场及自治而斗争，在这场斗争中，手工艺者节节获胜，而领主终因货币经济的发达，丧失了处分权。

　　整体而言，这个说法是不足取的。它没有充分考虑到，城市领主——即司法领主（Gerichtsherr）——与庄园领主的不同，以及市镇的建立，其司法权通常是转移到拥有市镇特权的人手中的事实。司法领主可以像土地领主（Grundherr）或人身领主对其隶属民那样，借其身为司法官的权力，向辖区内的人民征收赋税（不过为了要招徕居民，他不能不尽量减轻人民负担，因此赋税即有一定的限度）。因此，司法领主可以享有其隶属民的贡赋，正如以往只能在人身领主的情况下看到的一样。准此，领主之要求租地遗产税或分享遗产，并不一定就是人身束缚的象征。城市领主也可以向非人身隶属或庄园隶属的管区人民，要求遗产税或分享遗产的权利。所以隶属于城市领主的手工业者，并不一定是原来就与该司法领主有人身隶属关系者。

至于说行会是从庄园法发展出来的，此一说法更无法成立。事实上，我们在同一个市镇中，可发现若干独立的庄园，同时又可发现后来发展为行会的一种排他性的结合倾向。认为许多庄园法里面的一种，即足以成为此种结合的基础，实不可能。再者，庄园领主甚至还经常阻止隶属于他的职工（artificial）加入行会。此外，行会出现前的团体——如兄弟会（fraternitates）——是否就发展成行会，我们也无法确定[1]。兄弟会为宗教团体，而行会的来源则是世俗的。的确，有许多宗教团体后来成为世俗的团体，但就行会而言，它的起源实在是世俗的，一直要到中世纪末，特别

1　下面这段引自休普纳（R. Hübner, *Gründzüge des deutschen Privatrechts*, V.Aufl., 1930）的叙述有助于理解本文的说明。

　　"手工业者结合起来以使其工业上的目的容易实现的努力，这才是工会的起源……总之，强制加入同一种工业经营，以排除一切不良的竞争，这无论如何都是手工业者的首要问题。为达此目的，这些手工业者经由自由团体的形成而结合为组合性的（genossenschaftlich）职业团体，并且得到都市官方的承认。

　　"不过，手工业者同时也将他们结合的课题扩张到工业的范围之外，而及于社交、卫生福利与宗教的目的。这点，若令人想起古日耳曼的、其后在基督教里来更进一步强化了的观点，也是极自然的事。换言之，根据其观点，即使是非血缘的亲近关系中的人，也应当被认为是兄弟或同胞（Brüderschaft）且用以共同培养宗教的情操。其结果是：在这个时代里经常有各式各样宗教的、教会的共同体出现。古日耳曼的共同体是：共餐团体（Speisegemeinschaft）、共食（面包）团体（Brotsgemeinschaft，所谓 Kompgnie 是从 panis〔面包〕一词而来）、共饮团体（Trinkgemeinschaft, convivium）、基尔特（Gilde，集合祭祀而共饮共食的意思）。此外，这些也都是誓约血盟团体（Schwar-order Eidgenossenschaft, coniuratio）。在行会创设之际，手工业者即将这些古来的所谓同胞团体（fraternitas）的思想与制度结合起来。其直接的结果是：只要是经营相同职业的人——各式各样的、不管最初自由不自由的、土生土长的市民还是从外地移入的——都被一举包融在一起。"（a.a.O.SS.144—145，此外，参照 v. Below, "Die Motive der Zunftbildung im deutschen Mittelalter" in *Probleme der Wirtschaftsgeschichte*, 2 Aufl., 1926, SS. 298—299。）——日注

是在"圣体祭游行"（Fronleichnamsprozession）[1] 出现后，才担负起宗教功能。最后，庄园法理论太过高估了一般领主的权力，他们的权力如果不与司法权力结合，实在是较为微弱的。

〔庄园所产生的熟练手工艺者〕庄园制度对工业及行会发展的真正贡献，并不在庄园法理论所提到的范围。庄园制度与市场特许及古代之技术传统的结合，有助于促成脱离家族与氏族团体而独立学习的熟练手工艺者的出现。以故，在西方，庄园制度乃阻止手工业发展为家族工业、氏族工业或部落工业（如中国及印度的例子）的因素之一。此一结果之所以达成，乃是由于古代文明之自沿岸进入内陆的事实。内陆城市兴起，而且成为地方专业化及为地方市场生产的手工业团体的所在地，取代了不同种族集团间的交换。"庄宅"经济培养出熟练的手工艺者；这些人开始为市场而生产，结果是负有人头税义务的劳动者相继涌入城市而为市场生产。行会助长了此一倾向，使其成为主导力量。凡是行会没有取得胜利或根本不存在之处，家庭工业与部落工业仍继续存在，就像俄国一样。

〔自由职工与不自由职工〕西方的自由职工与不自由职工孰先孰后的问题，是无法概括作答的。文献上，不自由职工显然要较早提及。而且，最初也只有少数几种职工存在，《萨利律》（Lex Salica）[2] 里只有 faber，是铁匠，也可能是木工或其他手工艺者。六

1　Fronleich 是"主耶稣基督之体"的意思，圣体祭即祭祀此一圣体的祭典。此一祭典所根据的是列日的僧尼 Juliana 的幻觉而首先在列日举行，后来在 1264 年由法国国王乌尔帕努斯指令全天主教教会施行。在三位一体祭（Trinitatisfeste）之后的星期四开始游行，是天主教会最华丽的祭典之一。——日注

2　《萨利律》是萨利·法兰克人（Salische Franken）的部族法集成，推断成立于六世纪初。在诸部族法中被认为包含了特别多的日耳曼固有法成分。——日注

世纪时，南欧已提到自由职工，北欧则迟至八世纪才有。自卡罗洛林王朝以来，自由职工已逐渐增多。

〔行会与城市〕行会首先出现在城市。想要清楚地了解行会的成立过程，我们就得知道中世纪城市的住民实由各种成分的人所构成，并非只有自由身份者才能享有市民的特权。大多数的住民是不自由的。另一方面，类似于奴隶制或庄园制的对城市领主的贡赋，却也未必就能证明负担者为不自由人。无论如何，城市中大部分的手工业者的确出身于不自由的身份，只有为市场而生产，并以计件方式出售产品的人，才具有"商人"的身份（mercator）——就一专有名词而言，此语之意即为市民（burgher）。多数的手工业者，原本是处于一种被保护关系（Muntmaun）下；而凡是还保留不自由身份的手工业者，则在领主司法权的管辖下。这些都是可以确定的事实，不过，所谓领主司法权的管辖，只限于属于领主裁判权范围内的事务，易言之，当手工业者尚保有庄园内的土地，而且有赋役义务时，他就在此管辖之下；至于市场的事务，则不属于领主司法权，而属于市长或城市法庭的管辖。不过，手工业者之所以接受市长或城市法庭的管辖，并非因其为自由人或不自由人，而是因其以"商人—市民"的身份参与市镇事务的缘故。

在意大利，行会似乎从罗马帝国晚期以来就一直存在。反之，在北方，似乎没有行会不是奠基在司法领主所赐予的权力上的，因为只有司法领主，才能行使维持行会生命所必要的强制权力。在行会出现前，或许已经有各种私人的结合，不过我们无从得知其详情。

城市领主对于行会原先是保留有某些权利的。特别是为了城市的缘故，必须向行会课征带有军事及经济性质的贡纳，故要求有任命行会首长的权力。领主常以生计政策的（Nahrungspolitik）、治安的以及军事的理由，深入干涉行会的经济事务。其后，行会或以革命的方式，或以购买的方式，而取得城市领主所有的特权……

〔行会的斗争〕此项斗争获胜以后，行会特有的生计政策，倾向于建立行会垄断权利者，即行开始。消费者首先起而反对。他们虽然没有组织（正如今天的情况一样），但城市或君侯可以成为他们的代言人。这两者在力所能及的范围内，曾强烈抵抗过行会想取得独占的要求。为了要充分供应消费者的需求，城市常不顾行会的决定，而保持其有任命"自由师傅"（Freimeister）的权利[1]。城市并且设立屠宰场、肉市场、磨粉厂及烤炉，强制手工业者使用这些设备，由此而将食品工业置于广泛的控制下。当行会初期还没有固定资本时，这种控制更容易实行。此外，行会制定最低工资及最低价格，城市则制定最高工资及最高价格，以固定价格的方式与行会争夺权力。

行会同时还有其他的竞争者。这一类的竞争者包括有庄园手工艺者，特别是乡村或城市修院的手工艺者。修院与受到军事义务羁绊的世俗庄园领主完全不同，由于它们合理的经济经营，因此可以购置各种工业的设备，并累积了大量的财富。当修院为城市市场生产时，即成为行会强有力的竞争者，因此行会与之展开激烈的斗争。即使在宗教改革时代，修院的工业劳动还是驱使市民支持马丁·路德的原因之一。此外，斗争也针对广大的乡村手工业者，不管他们是自由的还是不自由的、定居的还是流动的工人。

1　在行会之外的手工业者中，根据城市的参事会而被认可其职业的人即 Freimeister。——日注

在此斗争中,商人通常是与乡村手工业者并肩对抗行会。虽然如此,斗争的结果还是家族工业与部落工业普遍地瓦解。

行会的第三种斗争是针对劳动者的。当行会以各种形式,例如关闭入会之门,或者增加成为师傅的困难程度,以阻止会员人数后,斗争遂告展开。于此,禁止不依靠师傅的独立经营的劳动,不许有自己的住宅(因为普通职工如有自己的住宅,就不易受到师傅的监督);禁止普通职工在成为师傅以前结婚,不过此事并不能实行,已婚的职工阶级实际上已成惯例。

行会另外又与商人,特别是零售商斗争,因为零售商可以供应城市的市场,又能从价格最低廉的地方取得货源,零售商较之远距离贸易者风险较少,利润因此也较可靠。兼营商业的裁缝可说是零售商的典型,他们为乡村手工业者之友,而为城市手工业者之敌。他们与行会之间的斗争,是中世纪最激烈的斗争之一。

同时进行的,还有行会内部以及行会之间的斗争。此一斗争首先出现在某一行会里,有部分的手工业者拥有资金,而另一部分的人则没有资金,无资金者即有可能变成有资金者的家庭劳动者。另一方面,同样的生产过程中,有资金的行会与无资金的行会亦出现类似的斗争。此种斗争,在日耳曼、法兰德斯及意大利,曾引发残酷的行会革命,在法国曾爆发一次大暴动,在英国,则过渡至资本主义的代工制中,几乎完全没有暴力的革命行动……此种斗争往往以妥协告终,从而又重新开始,一直继续到某一生产阶段完全控制了市场为止。索林根(Solingen,德国西部鲁尔区城市)地区的发生经过,或许可以视为典型。那儿的铁匠、磨刀师与打光师经长期斗争后,在 1487 年缔结和约。根据此一条约,三个行会皆保有市场的自由。不过,结果却是由磨刀师的行

会掌握了市场。在此类竞争中，生产过程的最后一个阶段，往往
最容易控制市场。因为处于那个阶段最容易了解顾客的需求。凡
是最后产品拥有特别有利的市场时，情况大抵皆如此。因此战时
的马具师，就有很好的机会迫使皮革工服从自己的支配。除此之
外，在生产过程中，所需资金最多的阶段，能使用贵重生产设备者，
也常能获得胜利，而置其他人于支配之下。

三、行会的瓦解与代工制

〔行会的瓦解〕中世纪末开始日益显著的行会之瓦解，是沿着
几条路线进行的：

（一）在行会内有若干手工业者变成商人和雇主，亦即"批发人"
（Verleger）。有资金的师傅大量购入原料，把工作交给同行会的人
去做，由他管理生产过程，并出售产品。这是与行会体制相矛盾的，
然而这正是英国（尤其是伦敦）行会发展的典型过程。尽管行会
民主制对"元老"（Olderman）[1] 进行绝望的抵抗，行会最终还是转
变成"商人的组合"（livery-company）。其中只有为市场而生产的
成员，才有完全的资格；而那些已沦为雇工的工资劳动者或家庭
劳动者，则丧失了原有的表决权，因此，也丧失了原有的监督权。
不过，此一转变却使得向来被行会民主制所妨碍的技术进步成为
可能。另一方面，在日耳曼则没有这样的发展过程；日耳曼的手
工业者如成为批发商，则会改变行会而参加杂货小商人、成衣商

1　Olderman 可能是根据 alderman 的发音而拼成的。alderman 是英国各都市里辅佐市长——
　　任期一年——的终身职的市政委员。——日注

或高级进出口商的行会。

（二）一个行会的勃兴可能会以其他行会为牺牲品。正如许多行会中都有从事商业的手工师傅，手工业行会也有变成商人行会而强迫其他的行会成员为他们工作的，凡是生产过程横断分割者，即有此可能。在英国（如兼营商业的裁缝）与其他各处，皆不乏其例。行会为了摆脱对其他行会之依附的斗争，不胜枚举，特别是在十四世纪。下述两种过程，往往是同时进行的：在个别的行会内，有一些师傅转成商人；同时也有许多行会转变成商人的组织。这些事件的征兆，即为行会的合并。行会的合并曾出现在英、法两国，却不见于日耳曼。与此相反的是行会的分裂，以及特别是在十五、六世纪时，商人的联合。例如整毛工、织工及染工等行会的商人进一步形成一个组织，共同统制整个工业。以此，各种不同性质的生产过程遂于小作坊经营的基础上结合起来。

（三）凡原料价格昂贵，且其进口需要大量资本之处，行会就成为进口商的隶属者。在意大利，丝绸即为此一过程提供了动因，例如佩鲁贾（Perugia，意大利中部城市）。而在北方，则琥珀扮演了此一角色。新的原料亦可能提供此种动力，例如棉花。棉花一旦成为一般需求的对象，代工制即伴随着行会或通过行会的改组而兴起。如在日耳曼的情形一样，在那儿，富格尔（Fugger）家族对此一发展曾扮演过重要的角色[1]。

（四）行会转变为依赖出口业者。只有在经济发展初期，家族

---

1 Fugger 是日耳曼南部奥古斯堡(Augsburg)的豪商。奥古斯堡位于通往意大利的交通要冲，因此如 Welser 等豪商辈出，到了十五六世纪时，成为与意大利诸城市并列的国际金融中心。此地的豪商大多出身于土著的旧家，相反的，富格尔家族是出自于近郊的农村，于1367 年始迁往市内。迁往奥古斯堡后多少已显示出作为纺织业者的繁荣，然而这一家的

工业或部落工业才有可能做到自产自销。一旦工业产品全部或极度依赖外销时，批发商即不可或缺；个别手工业者无法应付外销的要求，只有商人拥有必要的资本，而且具备市场经营必要的知识——他们视此种知识为商业秘密……

〔代工制〕西方前资本主义时期的代工制（Verlagssystems），并不是完全从手工业者发展出来的，甚至连通例都谈不上。此一发展在日耳曼最少，英国则较常见。由于乡村劳动力取代了城市劳动力，或由于新原料（尤其是棉花）的采用促成了新工业部门的兴起，导致普遍的手工业与代工制并行的情况。手工业竭力持续地与代工制进行斗争，斗争的时间在日耳曼却要比英、法两国来得持久。

代工制发展的典型阶段有五：（一）批发商对手工业者拥有事实上的承销垄断权，这种垄断权大抵是基于债务关系的。批发者

（接上页注）飞跃发展及其全盛基础则奠立于雅各布二世（Jakob Ⅱ，1458—1526）。在此时代，富格尔家族从事银矿采掘与贩卖，以及匈牙利铜的贩卖，由于不断地供应哈布斯堡的马克西米连一世（1493—1519）政治资金而获得的权利，使这些事业更加扩充强化起来；在马克西米连死后，富格尔家族与查理五世（1519—1556）结合，靠着他们的雄厚资金使后者在皇帝选举战中获胜，也因而更加扩大了他们的利权。雅各布二世死后，富格尔家族的领导权落入其外甥安东的手中。在安东的时代里（1525—1560），富格尔家族呈现全盛景况：查理五世终其一生持续不绝的征服战争（例如对德意志新教诸侯同盟之战，对法王弗朗西斯一世之战等）所需的资金，大半是靠富格尔家族来融通，因此，富格尔也就凭恃着这个横跨德意志与西班牙两帝国的政治权力获得了莫大的利权（例如西班牙的整个阿尔马坦水银矿山）。不过，由于不知道哈布斯堡家族与波旁家族之间的抗争程度，欧洲各都市银行家都被顽强地周转了超越其贷款能力的限度，于是两国（西班牙是在菲利普二世治下）在 1557 年宣布国家破产。富格尔家族虽然还抵挡得住西班牙在 1557 年的破产，然而西班牙 1607 年的国家破产就令其不得不没落了，自此富格尔家族也只能被视为一个残存的大地主了。——日注

由于身为商人，比较而言更了解市场状况，故此迫使手工业者不得不把全部产品批发给他。因此，承销垄断、贩卖垄断与代理商的占有市场，有密切的关系；只有他才知道产品的最终运销地。（二）批发者供给原料。这是常见的现象，不过并不一定一开始即与批发者的承销垄断相结合。这一阶段在西方虽为常见，其他各地却不常有。（三）生产过程的统制。批发者对于此点极为关心，因为他必须负责产品品质的划一。因此，原料经常是伴随着半成品发给工人的，例如十九世纪威斯特伐利亚（Westphalia）的麻织工就必须按照事先指定的方式来制作经线与捻线。（四）批发者供给工具。这种情形虽常见，但不能说很普遍。在英国，自十六世纪以来，批发者即已提供工具，不过，在欧陆的传播则较迟。一般说来，此一关系仅限于纺织工业：批发者曾大量订购织机租给工人。于是劳动者完全与其生产工具分离。此外，企业者则力图垄断产品的处置。（五）批发者采取方法，将各阶段的生产过程合并起来。这种措施并不普遍，多半出现在纺织业中。批发者购置原料发给劳动者，产品在制成以前一直留在劳动者手中。一旦发展到此一阶段，手工业者又有了主人，正如"庄宅"手工业者一样；不同的是：他领取货币工资，以及为市场而生产的企业主取代了以前的贵族家庭。

代工制所以能持续如此之久，实因固定资本在当时仍无关紧要。例如在织造业方面，所谓固定资本不过织机一项，在机械的纺织机发明以前，纺织业中几无称得上固定资本者。此种资本，仍为个别劳动者所拥有，构成的部分则散在各处，而不像近代工厂那么集中。因此，没有特殊的重要性。

〔家内工业〕家内手工业虽曾存在于世界各地，但是发展至最后阶段，即由批发者供给工具及详细管理生产过程之各个阶段，则西方以外的世界并不多见。就我们所知，中国及印度还有少许代工制的痕迹，而在西洋上古则殊难追寻。就算在此一制度占优势之处，形式上，手工业师傅制还是可以存在的。甚至包括职工及学徒在内的行会也还存在，尽管已失去其原始的意义。行会至此变成家庭劳工的组合（并非近代工会，顶多也只能算是其先驱），或是在行会内部出现了工资劳动者与雇主的分化。

就不自由的劳动力之资本主义的管理方式而言，我们看到家内工业——正如庄园工业与修院工业一样——存在于全世界各地。就一自由的代工制而言，家内工业显然与农民的工业活动有关；农民逐渐转化成为市场而生产的家内劳动者。这种发展过程尤其表现在俄国的工业，即所谓的"手工业者"。他们将小农家庭的剩余产品带到市场，或经第三者再卖出去。这里，我们看到了家内工业不走向部落工业，而转向代工制的一个例子。在东方及亚洲，也有类似的情形。不过，东方代工制的发展显然受到"产销合一"的工场制度（Bazar Werkstätte）的影响，此即手工业者的工作场所与住宅分离，而接近于集中一处的共同贩卖场，以便能尽量摆脱对商人的依赖。在某个程度内，此一现象代表了中世纪行会制度的强化。

除了小农的手工业者之外，城市手工业者亦须依赖批发者或代理商。中国提供了最好的例证，只是在中国，是由氏族来贩卖其成员的产品。由于与氏族工业的结合，妨碍了代工制的发展。在印度，种姓制度亦阻挠了使手工业者完全附属于商人的过程。直到近代，〔印度〕商人并不能像别处那样，掌握生产的手段，因为在种姓秩序中，生产的手段是世袭的。印度的确也曾有过原始形态的代工制，此一制度在这些国家里之所以不能如欧洲那么发达，其最终且最根本的因素是：不自由劳动者的存在，以及中国与印度之巫术性的传统主义。

第九章

工场生产——工厂及其先驱

本章译自韦伯《经济通史》第二章第六节。中译本所根据版本及页数如下:《社会经济史》, pp.188—190, 200—205; *General Economic History*, pp.162—164, 173—177;《一般社会经济史要论》(上), pp.301—304, 316—321。

〔工场生产的类型〕所谓工场生产,意味着家庭与工业经营的分离,这是与家内劳动不同的,在经济史上曾以多种形式表现出来,主要如下:

(一)分离的小工场(gesonderte Kleinwerkstätten)。此种工场曾存在于世界各地;为了便于共同劳动,而将许多小工场并在一处的"产销合一工场",即以家庭与工业经营的分离为基础。

(二)作坊。这也是遍于各地的;它在中世纪时称为 Fabrica,此一名词定义甚多,可能是指由一群工人租来作为劳动场所的地窖,也可以指领主根据其禁制权而强迫工人使用的庄园工资工场制度。

（三）大规模的不自由的工场经营。一般而言，这是经济史上常见的现象，在埃及王国晚期尤为显著。它无疑是来自法老的"庄宅经济"，由其中似乎发展出工资劳动的分离的工场。在希腊文明的晚期，上埃及的一些纺织工场，或许就是此类经营的最早机构。不过，最后的论断必须要等到弄清楚拜占庭帝国与伊斯兰教国家的资料后，才能决定。中国与印度也可能有过此类工场，不过，俄国的是最具代表性的，虽然它们似乎是模仿欧洲工厂而来的。

早期的学者——包括马克思在内——把工厂与制作场（Manufactur）区分开来：制作场是利用自由劳动的工场经营，不使用任何机械，而将多数劳动者集合起来进行有纪律劳动的工场。但这种区分带有诡辩的意味，其价值殊为可疑。至于他们所说的工厂，则为利用自由劳动以及固定资本的一种工场经营。固定资本如何构成，在此无关紧要，它也许是一架昂贵的马力起重机或水力机。具有决定性的重要事实是：企业主以固定资本进行经营。以此而导致资本计算之不可或缺。因此，此一意义的工厂意味着生产过程中，资本主义组织的出现；换言之，即利用固定资本与资本主义计算，而在工厂内进行专门化及协作劳动的一种组织。

〔工厂成立的先决条件〕这种工厂的出现和维持，其经济上的先决条件是：大量而稳定的需求，换言之，即某种市场组织的出现。不确定且不稳定的市场，在企业家看来是不足恃的，因为他必须承担景气消长的风险。例如，织机为企业主所有时，那么在景气不好时，在解散织工以前，对于织机的安排就必须有妥善的计算。因此，他所期望的市场既须广大，且须比较稳定。以此，又必须有一定程度的货币购买力。货币经济必须有相对应的发展，才能凭以计算一定的需求。第二个先决条件是，生产的技术要相对便宜。

之所以有此必要，是受到固定资本的制约，因为固定资本的投入，迫使企业者即使在萧条时，也须继续其经营，因此，如果企业者只使用雇佣劳动者，那么，一旦机械停工，损失即可转嫁给劳动者。为了获得稳定的市场，企业者的生产，必须比家内工业及代工制的传统技术之生产，更为廉价才行。

最后，工厂之成立，取决于是否有充分的自由劳动力此一特殊的社会条件。在奴隶劳动的基础上是不可能有工厂的。近代工厂经营上所必要的自由劳动力，只在西方存在，且只在西方有充分的供应；因此，工厂制度也只有在西方才能发展……

〔工厂与手工业、代工制、机器之间的关系〕综前所述，我们可以确定，工厂并非源自手工业，亦非牺牲了手工业才发展起来的，而是与手工业并存或在手工业以外发展起来的。工厂是掌握了新的生产形式或产品——例如棉花、陶器、锦缎、各种代用品以及手工业行会所不能生产的物品——以与手工业竞争。工厂之广泛侵入手工业的领域，实为十九世纪之事。不过，在英国，纺织工业则在十八世纪已以代工制为牺牲而发展起来。虽然如此，手工业也以维护原则的理由，与工厂及由工厂发展出来的密集工场进行斗争；它们已感受到新的生产方法的威胁。

工厂既非由手工业发展起来，同样亦非由代工制发展出来，而是与代工制并存的。在代工制与工厂之间，固定资本的大小具有决定性意义。在不需要固定资本的产业，代工制虽至今日仍可生存，而在需要固定资本之处，则工厂兴起，虽然工厂并非从代工制发展出来；一个原为庄园领主或公共性质的经济设施，可以由一个企业者承包下来，在私人的经营下，为市场而生产。

最后，我们还必须注意的是，近代的工厂并非一开始就是靠机器而发展起来的，不过，两者之间确有相互的关系。机器原先是用兽力运转，连阿克莱特（Arkwright）在1768年的最早纺纱机也是用马力推动的。不过，工场内部的专门化与劳动纪律，实为使用机器及改良机器的推动力量。于是设置奖金，鼓励新机器的发明。"以火举水"的原则来自采矿工业，而奠基于以利用蒸汽为动力的方法上。从经济方面而言，机器的重要意义在于引进有系统的计算。

〔工厂经营对企业者与劳动者的影响〕近代工厂的出现，对企业者与劳动者有巨大的影响。即使在应用机器以前，工场经营已意味着：工人既不在消费者住宅，亦不在自己住宅，而在工场中工作。某种形式的劳动集中一向都是存在的；在古代，埃及法老或庄园领主为了供应自己政治上或大家计的需求而生产。反之，现在的劳动者之主人，则是为市场而生产的工场所有人——亦即企业者。把工人集中于工场，在近代初期有一部分是强制性的：贫民、流浪汉及罪犯皆被强迫分发到工厂，纽卡斯尔（Newcastle）矿坑一直到十八世纪时，工人还带着铁项[1]。不过到了十八世纪，契约劳动在各处皆取代了不自由劳动。契约劳动的意义如下：（一）无须购买奴隶，这等于节省一笔资金。（二）奴隶死亡原本是奴隶主的资本损失，但利用契约劳动时，此项危险即可转嫁给工人。（三）不用担心劳工生育的问题，因为，如用奴隶经营，即须注意奴隶家庭的生育（再生产）问题。（四）能纯粹根据技术上的目的作合理的分工，这虽然不乏前例，只是一定要到有了契约的自由劳动力集中于工场，才成为通例。（五）正确的计算成为可能，此一可

1　见本书第十五章《工业技术之发展》中有关"劳动力"的部分。——中注

能性也只有在工场与自由劳动者结合的条件下才会出现。

〔妨碍工厂发展的因素〕……我们可以确定的是，在机械时代以前，靠自由劳动的工场经营，无论何处都没有发展到如近代初期西方世界那样的规模，其他地区的发展之所以没有走上同样的途径，原因如下：

印度曾有过高度发达的工业技术，然而种姓制度的妨碍，使得印度无法发展出西方所特有的工场，因为种姓之间互相视对方为"不净的"。虽说印度的种姓礼仪（Sakralrecht）还没彻底到禁止不同种姓的成员在同一工场内工作的程度，而且也有"工场无不净"（werkstall ist rein）这句格言，但是印度的工场制度之所以不能发展为工厂，种姓制度的排他性无疑要负一部分的责任。凡是有不同种姓之人共同劳动的工场，即被视为非常奇特。在十九世纪以前，一切想采用工场经营的企图，就算在苎麻工业中都十分困难。甚至到了种姓制度严格的束缚松弛之后，印度人之缺乏劳动纪律，仍为一大障碍。各个种姓，有其不同的礼拜仪式、不同的休息方式以及不同的假日。

在中国，村落的氏族纽带特别强大，工场劳动在此处是共同的氏族经济。此外，中国只发展了代工制。只有皇帝与大封建领主成立了集中化的经营，特别是在瓷器制造上用了隶属的手工业者；此一生产基本上是为了供应自己需求，只有相当有限的一部分提供给市场。这样的经营大体上无甚变化。

至于西洋古代的特点则为奴隶资本之政治性的不稳定。当时虽有奴隶工场，但却是一种既困难、风险又大的经营。故领主宁愿利用奴隶为定期收入的来源，而不以之为劳动力。我们如果进一步考察古代的奴隶资产，即可发现奴隶的种类实极为混杂，以致近世的工场经营根本无法实行。这并不难理解，就像今天人们将财产投资于各种证券，古代的奴隶主为了分散风险，也不得不购取各种不同的手工艺奴隶。不过，最终的结果却是，奴隶的所有妨碍了大规模经营的出现。

在中世纪初期，不自由的劳动力几乎完全没有，或显然是愈来愈少。市场虽还有供应，但数量不大。此外，资本也异常缺乏，而货币财富则不能转化为资本。最后，农民与工业上熟练的自由劳动者，有许多独立的机会，这是与古代完全不同的；由于不断地往东欧殖民，自由劳动者有了可以谋生的地方，而且有机会可以不受以前领主的骚扰。因此，中世纪初期要创造大规模的工场经营也极端困难。此外，由于工业法，尤其是行会法对社会的束缚日益加强。不过，就算这些障碍完全不存在，恐怕也没有足够广大的市场。即使原先已有的大规模经营，我们也发现日渐衰微，就像卡洛林王朝时的农业大经营一样。国王的领地（fiscus）或修院之内虽然也有工业工场劳动的萌芽，然而终归衰颓。工场经营在近代初期虽然也靠着君侯经营或皇室特权而发达起来，然而，相形之下，中世纪的工场经营还是要孤立分散得多，而且也缺乏特殊的工场技术。这种技术一直要到十六七世纪才逐渐产生，而随着生产过程的机械化之后，才初步确立。不过，刺激此种机械化的，实际上是来自矿业的发展。

第十章
商业发展的起点

本章译自韦伯《经济通史》第三章第一节。中译本所根据版本及页数如下：《社会经济史》，pp.221—224；*General Economic History*, pp.195—198；《一般社会经济史要论》（下），pp.1—8。

最初，商业是异俗集团间的一种事务，在同一部落或同一团体成员之间是不存在的，它是最古老的社会共同体的一种，只以异俗团体为目标的对外现象。不过商业也可以是异俗团体之间生产专门化的结果。在此种情形下，或者是异俗团体间生产者的通商，或者是贩卖他族的生产物。然而，无论如何，最古老的商业通常只是异俗部落间的交换关系。

一个团体以其生产物自营商业时，可以有种种方式，它常以农民及家内工业经营者的副业方式开始发展的，通常为季节性的职业。从这个阶级发展出独立职业的行商与小贩；专门经营商业的部落共同体乃随之而起。不过也有些从事某种专门化工业的部落，而为其他部落所需要。还有一种可能性是商人世袭阶级的出现，典型的形式可见之于印度。在印度，商业是掌握在某些种姓的手中，换言之，即在宗教习惯的排斥下，为"商贾"（Banja）[1]种姓阶级所独占。除了基于习俗团体基础的商业外，还有习俗性局限于某些教派的商业，这种教派的成员由于受到巫术、宗教的限制，不能从事其他任何行业。印度的耆那教（Dschaina）即是如此。他们禁止杀生，尤其是弱小的生物。因此，耆那教徒不能成为战士，不能从事许多行业，例如用火的工业，因为火会杀害昆虫；不能在雨中旅行，因为会踩死水中昆虫。因此除了经营定住的商业外，耆那教徒别无他业可就。他们的正直诚实，与吠舍阶级的狡狯，同为众所周知。

犹太的商业贱民，基本上亦经过同样的发展。在巴比伦俘囚期以前，犹太民族也有各种不同的身份阶级。例如骑士、农民、手工业者及少数的商人。预言与俘囚期的结果，使犹太人从定住民族一变而为流徙的民族，因此从那时起，他们的习俗即禁止在某地固定下来。凡坚守犹太人之宗教者，即不能成为农人。犹太人遂成为一个城市的贱民阶级，不知法的乡人与讲究繁文缛节的"圣人"之间的对立，在《福音书》中仍可看到。在转向商业发展时，他们之所以特别注重货币商业者，乃因如此始能专心致志于律法的研究。因此，犹太人之所以不得不经营商业，尤其是货币商业，是有其宗教习惯的因素的，这也使得他们的交易在宗教习惯上限于部落间或习俗团体间的商业。

商业发展的第二个可能性是领主商业的建立，换言之，即领

---

1 此词源于梵文 Vanij（吠舍）。在北印度及西印度，Vanij 是从事商业与金融业的种姓阶级之总称。——日注

主阶级成为商业之担纲者。领主首先想到将其庄园的剩余产品供给市场，这是各处皆曾发生的事。为此目的，庄园领主乃任用职业商人为其吏属。在西洋古代，以领主名义执行业务的"主事"（Actor），以及中世纪的"交易人"皆属此类；"交易人"负责运销修院产品，并将此视为支付酬劳的一种特权。我们虽无法证明日耳曼曾有"交易人"的存在，不过，类似的人物实在是到处皆有的。"主事"及"交易人"并非现代意义的商人，而是被任命的代理人。另一种领主商业则源自外族商人之缺乏法律保护的权利，他们到处都需要保护，然而这又只能靠政治权力来获得；于是贵族把给予保护作为特许，以收取报偿。中世纪的君侯乃给予商人特许，并向他们征收手续费。从这种保护关系中发展出酋长及君侯的自营商业，尤其在非洲沿岸，酋长独占了转口贸易，并自行经营。他们的权力即基于此种商业之独占，一旦无法独占，他们的地位即随之丧失。

　　君侯所经营的另一种形式的商业为赠聘商业。古代东方的政治权力者在和平时期，即常相互赠聘以通好。传自公元前十四世纪的特莱尔－阿玛那（Tell-el-Emarna）的碑刻[1]，即载有法老与东方各国统治者频繁的赠聘往来。一般的交换物是以黄金和战车交换马匹与奴隶。本来赠聘是自由给予的，然因双方常有背信之事，于是逐渐发展成互相誓约赠予相当质量的礼物，至此，赠聘交换

1　特莱尔-阿玛那是古埃及的都城，位于尼罗河右侧。以作为世界最早的宗教改革者而著名的埃及王 Akhenaton，亦即 Amehontep 四世（第十八王朝，前1380—前1362年在位），以此城代替底比斯为首都。在这里发掘出来的古物是埃及文明最重要的遗物，其中大约有三百块黏土制的薄板，是 Akhenaton 与近邻诸国的王侯商讨有关他在巴勒斯坦的治事而以楔形文字书写的通信。另参见本书第十八章。——日注

乃变成可以准确计算的商业。

　　最后，在经济史上，许多地方皆曾有君侯之自营商业。埃及的法老提供给我们一些最古老的大规模事例，法老都是以船主的身份来经营进出口贸易；较晚一点的例子可见之于早期威尼斯城市的"总督"（Dogen），以及欧亚许多家产制国家的君侯，包括一直延续到十八世纪的哈布斯堡王朝。君侯可以自己指导经营此种商业，也可以利用他的独占权特许或让人承办此种商业。当采取后面一种方式时，即促成了独立的职业商人阶级的出现。

第十一章
商业经济的经营形式

本章译自韦伯《经济通史》第三章第四节。中译本所根据版本及页数如下：《社会经济史》，pp.248，249—253；*General Economic History*，pp.223，224—228；《一般社会经济史要论》（下），pp.41—49。

在合理的商业里，始有计算之可能，最终则此种计算对经济生活有决定性意义。凡是合作经营的共同业务，均有精确计算之必要。起初，商业的贸易额小，且利润极丰，故不必精确计算；再说，货物都是按照传统规定的价格来购买，故商人只能尽力设法在贩卖时取得更高的价钱。等到商业由集体经营后，为了清理账目，就不能不有精确的簿记……

〔计算与簿记〕商人所可以应用的最初算书，首见于十五世纪，更古老的虽可追溯至十三世纪，但非一般所用。由精通进位计算法的人手中，发展出西方的簿记；这种簿记，不见于世界其他各地，就算在古代，也不过只有一点痕迹。在西方，且只有西方成功地发展出货币计算，东方则一向以实物计算为原则（例如埃及以粮票作交换的计算）。

的确，在古代的银行业务中，亦曾有过簿记，例如希腊的汇兑商、罗马的银行家都有。但此种记账，带有公文书的性质，只能用来证明合法的法律关系，而不能作为一种稽查收益的工具。真正的簿记首次出现在中世纪的意大利，十六世纪时，日耳曼的一位司账还特地前往威尼斯学习。

这种簿记在商业合股公司的基础上成长起来。最古老的、支持继续经营之商业活动的单位，不管在西方中世纪或其他各处（中国、巴比伦、印度），都是家族。商人子弟即为可靠的伙计，以后则成为父亲的合伙人。因此，同一家族世世代代均为资本家和放款人，正如公元前六世纪巴比伦的伊吉比（Igibi）家族那样。的确，当时的企业业务的性质甚为单纯，而不像今天如此的广泛与复杂。因此，不管是巴比伦或印度的商业家庭，都没有发现簿记，虽然印度是最早有进位计数法的。其原因显然是——正如在东方及中国一样——商业组合只是家族内部事务，故无计算之必要。只有在西方，才首先普遍出现非家族成员参与的商业组合。

〔暂时性与持续性的商业组合〕最初的组合形式是暂时性的，即上节提到的"康曼达"[1]信托组织。继续不断地进行此种业务就会逐渐导向一种常设的经营组织。这种发展事实上的确出现了，只是在北欧与南欧之间有着显著的差异。在南欧，行商通常是接受委托的经营者，因为他长年往来东方，所以无法对其作任何监督。

1　康曼达最初出现的形态是：只有单方出资，而另一方则为只提供劳务的出外旅行的企业者。尔后，旅行企业者也大多参加出资，这种双方都出资的康曼达即 societas maris（或称 collegantia）。不过此一区分也只是大体上而已，实质上 societas maris 也有被称作康曼达的，而狭义的康曼达也被称为 societas。——日注

他是企业者，从各方面承受（10 至 20 个）"康曼达"的委托，与各"康曼达"的主持者分别算账。反之，在北欧则通常是留在国内的合伙人（socius）为经营者；他与许多出外行商的合伙人建立关系，提供他们"康曼达"。自己是行商身份的代理人，照例不许接受一个以上的委托，因此不得不依赖定居国内的合伙人，后者乃逐渐演变为经营指导者。之所以如此，乃是由于两地商业之差异：在南欧，因为常要到东方行商，故本质上要冒更多的风险。

随着"康曼达"信托组织的普及，发展出永久性的企业经营。由于与非家族成员之信托组织承受人（tractators）发生企业关系，计算遂进入家中，因为就算只有一个家族成员加入信托组织，也不能不就各个交易来算账。在意大利，此种发展较日耳曼来得快，而南日耳曼又较北方先进。一直到十六世纪，富格尔家族虽已允许外来资本参与其经营，却是非常勉强的，韦尔泽家族（Welsers）[1] 的胸襟就要开阔些。相形之下，意大利在十四世纪时已迅速发展出以家族共同体为基础而与族外人结合的组织。最初，家计与企业是不分的，到了西方中世纪时，有了货币计算为基础后，才开始划分。不过，在中国与印度，就我们所知，还是没有分开的。佛罗伦萨的豪商如美第奇家族（Medici）[2]，家计支出与货币业务原先也是混合登账的；结账最先只行于外界信托组织的业务，对内则一切仍为共同家计的"一笔糊涂账"。

〔信用的问题〕导致家计与企业的计算分离，从而对早期资本

1　韦尔泽家族为十六世纪奥古斯堡著名的银行世家，曾资助欧陆对委内瑞拉的探险与开发。——中注
2　美第奇为佛罗伦萨望族，出身市民阶级，统治佛罗伦萨达三百年之久（1434—1737）。家族中出过三个教皇，且与欧洲许多皇室有婚姻关系。——中注

主义制度之发展具有决定性意义者，厥为信用之要求。单用现金交易而无须信用时，这种分离仍然无法固定下来。但是一旦要长期经营，信用保证的问题即告出现。为了提供保证，有下述种种方法：（一）维持及于远支亲族的家族共同体，以确保全家族的财产，佛罗伦萨大商业贵族的"家"，即为此种目的而出现。（二）同居者负担连带责任。家族共同体的成员皆对其他成员的债务负责。连带责任显然是来自刑法上连坐的传统，犯叛逆罪时，犯罪者家产充公，全体家族均须连坐。这种连带责任的观念无疑会蔓延到民法。由于商业关系，族外资本及族外人进入家族共同体后，连带责任又不规则地再度出现。因此，如何分配个人（为了自己需要）所需资源，以及谁在对外事务上可以代表家族，都成为必要解决的问题。质实言之，虽然不管世界各处，家长都能代表家族负责，然而这种连带责任制无论何处都没有发展到西方商法上的那种程度。

在意大利，连带责任之根源为家族共同体，其发展的各阶段则是共同居住、共同作坊以及最后的共同行号。在没有大家族共同体的北欧，情况稍有不同。那儿的企业参与者共同署名于共负一切责任的文件上，以获得所需信用。各成员对全体（通常）得负无限连带责任，而全体则不对部分负责。最后发展到每个参加者即使未签署任何文件，仍须对其他参与者负连带责任。在英国则用社团的共同印信（Common seal）及委任以取得同样效果。十三世纪以后的意大利及十四世纪的北欧，已确定组合的所有成员须对该组合之债务负连带责任。

最后的发展阶段是，将组合成员的私有财产与商业组合的特别财产划分开，这是最能有效建立信用，且比任何其他方式皆更

能持久的手段。这种划分可见之于十四世纪初的佛罗伦萨，及至
此一世纪末叶亦行之于北方。在非家族成员参加商业组合的情况
大增后，此种财产之划分已为不可避免之事；而且当家族运用外
人资本的幅度愈大时，家族内部之财产划分愈无法避免。于是，
在将定额资金划拨为企业资本后，在账簿上，营业收支就必须与
家庭收支及私人收支划分开来。从公司行号的资产——称之为"公
司法人"者（corpo della compagnia）——中，发展出**资本**的概念……

第十二章
商人行会

本章译自韦伯《经济通史》第三章第五节。中译本所根据版本及页数如下:《社会经济史》,pp.255—257;*General Economic History*,pp.230—233;《一般社会经济史要论》(下),pp.61—64。

商人行会绝非日耳曼所特有的事物,而是遍及全世界的。西方古代是否有此组织,尚缺乏可靠的证据,无论如何,它在古代世界并没有重要的政治作用。

〔商人行会的两种类型〕就其形式言之,行会或者是个外商团体,组织起来谋求法律保障以对抗当地商人;也可能是个当地商人的团体,例如中国的行会是从部族工业与部族商业演变而来。两种形式合而为一者,亦屡见不鲜。

在西方,起先只有在一些特定地方的外商行会,例如十三四世纪旅居伦敦的日耳曼商人行会,势力雄厚,有自备的仓库。汉撒商人公会[1]——此名称在英、法及日耳曼皆可发现——则有超地区的性质，故其详细发展情况各有不同。存在于若干城市的公会首长（Hansgraf）制，特别与之有密切关系。公会首长的制度虽然不一定由政治当局所设置，却是由政治当局任命或给予特许权的，在地区间的商业方面，公会首长负责给予其所代表的商人以法律的保护，但是并不干涉贸易本身。

　　第二种类型的行会，是定住商人为了谋取特定地域内的商业独占而组织的，如中国上海之茶商公会与广州之公行，一直到1842年的《南京条约》为止，中国所有对外贸易皆为广州的十三行所垄断。中国的行会对其会员有协调价格、债务担保及课税的权力。其处罚也相当严厉，凡是违法的会员，就会受到私刑；直到十九世纪时，还有会员因录取超过定额的学徒而被处死的例子。国内贸易上则有银行业者之行会，例如牛庄的钱业公会。中国的行会对其国内货币制度的发展有重要的意义。元朝皇帝的滥铸货币，导致整个货币制度的崩溃，发行纸币的结果则使得批发贸易皆使用银锭，而行会则取得在银锭上作戳记（以证明其成色）的权力，于是行会几乎就成为货币本位政策的担纲者，获得鉴定成色分量及刑罚之权[2]。

1　die Hansen，十五世纪以后在英国（尤其是伦敦）的汉撒商人的居处被称为steelyard，此词即自其自备仓库Stahlhof翻译而来。steelyard中包含了日耳曼商人行会的会馆、邻接的仓库、住宅等。汉撒商人自1598年失去特权以后，逐渐衰退，steelyard遂于1853年被卖掉。——日注

2　元代货币虽以纸钞为主，然而白银的地位也逐渐重要，民间借贷、物价等，似乎都有用银的，而且它也是发行纸币的保证金，据说银锭称元宝，即始自元朝。明初，为了推广用钞，曾禁用金银，然而民间仍流行用银，到了英宗（1457—1464）解禁，白银终于正式取得价值尺度、流通手段和支付手段的功能。近代发掘到的元代银锭，上刻不少文字，除了标示重量外，尚有银匠、官员的签字花押，不过行会取得鉴定成色分量等权力可能还要稍晚些。见彭信威著，《中国货币史》。——中注

　　印度的行会出现在公元前六世纪至前四世纪的佛教时代，而在前三世纪以后达到鼎盛。它是世袭的商人团体，其首长亦为世袭。印度的行会在诸侯竞争以取得其贷款时，发展至顶点。接着佛教式微，种姓制度再度兴起，行会乃告衰微（印度中世纪以来，君侯的政策亦有助于种姓制度的复兴）。十六世纪时，从事谷物、食盐等贸易及供应军需的拉马尼（Lamani）或梵查利（Banjari）种姓，或者就是今日"商贾"（Banja）种姓的来源之一。此外，印度的商业亦随着各教派信条的不同而分道扬镳。耆那教徒因宗教的因素，故以定居的商业为限。以信用为基础的批发贸易及远地贸易，则为无任何宗教性限制而且忠实可靠的祆教徒所包办。另外，梵尼雅（Bhaniya）种姓则专营零售商业，他们所经营利得之事多半有悖伦理观念，故包税及高利贷之事皆由他们来做。

　　西方的情形与中国不同，货币的铸造及度量衡之制定通常皆为政治最高统治者的权力，此一统治者当然也可能将此权力委托给其他的政治权力者，但从未交给行会。西方行会的强大权力地位，几乎完全是奠基在政治特权上。行会有好几种：

　　（一）城市行会

　　这种行会是支配城市，特别是为了经济利害关系而用来监理工商业事务的一种商人团体。它又分为两种：

　　　1.军事团体，例如威尼斯、热那亚的 Compania Commanis[1]；

1　这是在城市国家或城市共同体成立以前，依据盟誓（conjuration）相应于其经常性的具体目的而一时结成的团体。起初，在同一城垣内有许多这样的团体，然而为了强化军事力量，渐渐变成包含全体市民的团体。团体形成的目的，根据本文所述，与居住当地的地主约定共同防卫、调解成员间的纷争、确保与市民利益相应的司法，等等。不过，还不止如此，其他尚有：一、在热那亚，若非此一团体的成员则不能投资康曼达。如此一来，此一团体还负有经济利益之独占的任务；二、设法使对都市领主的负担固定下来；三、有助于都市之政治、经济势力范围的扩大。此一团体即扮演了如此多方面的功能。——日注

2．或者是与手工业行会同时兴起的、在城市内的商人团体（mercadanza）[1]。

（二）作为征税单位的行会，原先为英国特有的

英国的行会由于取得国王征税的职务（firma burgi）[2]，故拥有强大权力。只有纳税的人才是会员，否则即非会员，非会员则不能经营商业。基于此，英国行会乃掌握了管理市民的权力……

1　mercadanza 其实并不只限商人，还包括经营其他企业者，此一组织本非政治性团体，然而在十三世纪时，意大利北部城市工商业日渐发达，为了摆脱封建领主的控制，商人及企业家乃联合起来组成 Popolo（"人民"），由于 Popolo 由各行会代表组成，mercadanza 自然成为 Popolo 的前身，到十三世纪末，他们已成功地控制了一些城市。——中注

2　firma 原为"实物贡租"之意，后来转变为贡租之"承包征收"的意思，firma burgi 即为"包税市镇"。英国在都铎王朝以前，城市居民将国王所派的官吏驱逐后，从国王那儿争取到自己来收租税——将估计税额一次付清——的权利。——中注

第十三章
货币与货币史

本章译自韦伯《经济通史》第三章第六节。中译本所根据版本及页数如下：《社会经济史》，pp.260—269，273—276；*General Economic History*，pp.236—239，241—244，248—252；《一般社会经济史要论》（下），pp.69—74，76—80，87—91。

一、货币出现的过程及其功能

〔货币与个人私有财产〕从发展史的观点来看，货币实为个人私有财产之创造者，而且自始即有此种特性。反之，凡不带有个人私有之性质者，即不能称之为货币。

最古老的私有财产包括有个人自己完成之手工品、男子的工具与武器，以及男女的装饰品。这些物品的授予，有其特有的继承法则。货币的起源首先应求之于这类物品之中。

〔法定支付手段的货币〕现代的货币具有两种特殊的功能：既为法定的支付手段，又作为一般的交换手段。从历史上说，则两者之中，法定支付手段的功能要更早。在这个阶段，货币并未进入交换的领域，之所以可以如此，是因为从一个经济单位到另一个经济单位的许多货品（价值）的转移，并不需要交换，然而却非有支付的手段不可。这类的转移例如进贡、部落酋长间的赠与、聘金、嫁妆、杀人罚金、赎罪金、罚金等，这些都是必须以一种标准媒介物进行的支付。接下来的阶段是首长对属民的支付，例如领主对其家臣以赠物的形式给予的薪俸，以及更后来的佣兵指挥官给予其士兵的犒赏。甚至在迦太基那样的城市及波斯帝国内，货币的铸造也纯粹是为了军事的支付手段，而非作为交换手段。

在此阶段，现代这种意义的货币尚无法想象；当时在各个经济领域中，各有其具有支付功能的特种财物，以相应质量不同的功效，因此同等存在着多种特殊的货币。例如，不管何处，想用贝壳来换取妇女是不可能的，这只有用家畜才办得到，但是在小额交易中，贝壳是可以接受的，因为它可作小额使用。这种用于团体内部支付而发展起来的货币，我们称之为对内货币。

货币的另一种功能是作为积聚财富的手段，虽然这已不是现代货币的重要特征，然而在很长的一段历史时间里却发挥了这样的作用，首领为了确保自己的地位，不得不供养一批部属，并在特殊场合赐赠礼物作为报酬。所以印度国王及梅洛林王朝诸君，都十分重视其拥有的库藏（Thesaurus），尼伯龙根宝库（Nibelungenhort）[1] 也正是这样的一种库藏。作为积聚的手段，有各种不同的物品可用，例如君侯常用来赏赐其臣下，而同时又具有

---

1 尼伯龙根为中古时期日耳曼著名史诗，约成于 1200 年。瓦格纳曾以此一史诗为蓝本写下著名歌剧《尼伯龙根之指环》，Nibelungenhort 即诗中英雄 Siegfried 的宝库。——中注

支付手段价值的物品。在这种情况下，货币亦非交换手段，而只是身份阶级所有物的一种。货币所有者只是为了己身威望而拥有之，以满足其社会自尊心。根据此一功能，货币乃须有现代货币的主要特质之一，即易于运送之外的耐久性。象牙及某种特殊的大石块，以及后来的金、银、铜等各种金属，皆可用为货币及积聚财货的手段。货币的此种阶级性，从下述两项事实即可了然：（一）在原始的发展阶段，货币的分化系基于性别，女子不许拥有与男子同样的货币财。某种特定的霰石只有男子可拥有，珍珠贝壳则为妇女的货币，作为"晨礼"（Morgengabe）[1]之用，（二）此外还有酋长货币与隶属民货币的区别，如特定的大贝壳只有酋长能拥有，在战时支付或作为礼品支付。

〔一般交换手段的货币〕作为一般交换手段的货币功能，起源于对外贸易。有时是来自一种经常性的对外互相馈赠，例如特莱尔－阿玛那碑刻所见之埃及与东方各国的往来情形。为了维持两个民族间的和平，统治者间即有不断的互相赠聘，此即所谓带有商业性质的酋长交易，而为酋长商业的起源。赠聘断绝即意味着战争。

第二种来源为普遍应用的外国产品。典型的氏族商业及部族商业，将自己无法生产而极受重视的物品赋予一种交换手段的功能。这种对外货币在支付关税及通行税时，即具有对内的功能：酋长提供给外商安全的保证，但也不得不接受外商以其所携带的通货来交换此种保证。在此情况下，对外货币即进入共同体内部的经济。

1　古代日耳曼习俗，结婚翌朝，新郎须给新娘赠物。——中注

　　在此阶段，货币以下述种种形式出现：（一）装饰货币。非洲、印度洋一带以及亚洲内陆的玛瑙贝即为其典型；此外，在范围大小不等的区域内也有许多物品，例如玉、琥珀、珊瑚、象牙及特殊兽皮，可以充当支付或交换手段。装饰货币通常而且基本上是作为对内货币使用，不过当各部落皆使用同样的支付手段时，它就变成一般性的交换手段了。（二）有利用价值的货币。这基本上是对外货币。用来作为支付贡纳或衡量其他财货的手段，因此多为一般使用的物品。例如在爪哇使用谷物，也有用家畜或奴隶的。不过，一般并不使用这类通用的物品，倒是烟草、酒、盐、铁、武器之类的享乐物品使用得较多。（三）衣服货币。这种货币基本上既可对内使用，亦可对外使用。所谓的衣服货币有当地所不生产的毛皮、皮革和织品。（四）代用货币。当人们由于社会生活的缘故，习于以某种物品为所有物，或习惯以之作为支付手段后，则该物自身虽无任何价值，却也具有货币的功能，例如英属后印度地区有以中国骨牌充作货币而流通者[1]，俄国则有以毫无使用价值的碎皮为货币的，南欧也有把棉花制成棉片流通，虽无实际上的交换价值，却可作为代用货币。所有这些代用货币与现代货币之间并无任何关联……

二、贵金属货币

　　在上述的情况下，贵金属乃得发展而为货币制度之基础。这

---

[1]　这里所指的是 Hinterindien，包括泰国、马来亚、孟加拉、阿萨姆（Assam）等地区，要言之，是指介于孟加拉湾与南中国海之间的东亚二大半岛的东部。——日注

种发展的决定性条件是纯技术性的。贵金属不容易氧化，因此不易毁坏，同时由于比较稀少，而用为装饰品，因此评价特高；最后，它们也比较容易加工及分割。更重要的是，它们可以用衡器来称量，而且很早以前即已如此做，在那时，谷物似乎曾作为比较重量。贵金属当然也一直有用来制作实用品的，不过在作为一种交换手段之前，它早已用为支付的手段。贵金属之为支付手段，首先出现于酋长商业，从特莱尔－阿玛那碑刻中，可知西亚之统治者最希望从埃及法老那儿获得装饰用的黄金赠品。君侯赏赐臣下，也喜欢用金戒指，因此在古代北欧的诗歌中，称呼国王为"指环浪费者"。

〔铸币〕货币最早以铸币的形式出现，大约是在公元前七世纪。最早的铸币厂出现在吕底亚（Lydia，小亚细亚西部），或许是在沿海一带，由吕底亚王与希腊殖民者合作经营。铸币的先驱是商人私铸并加铃的贵金属块，初见之于印度，继之则有中国及巴比伦。所谓的 Sehekel（巴比伦的重量单位）只不过是由有信用的商家盖过戳记的银块而已。中国的"银两"也是商业行会做过戳记的银块。后来政治权力才介入货币铸造，不久更进而垄断此一行为。此一事实似可见之于吕底亚，波斯的君主曾铸造 Dareiken（古波斯币）作为支付希腊佣兵的手段。

希腊人开始把铸币作为一种交换的手段。另一方面，一直到铸币出现三百年之后，迦太基人才试行铸币，即使如此，这些货币也只是作为对佣兵的支付手段，而非商业上的交换手段。因此，一般而言，腓尼基人的商业是在完全没有货币的条件下经营的；然而，希腊商业活动的优越地位却正是奠基于这种铸币技术的进步。即使在早期就有大量进口贸易的罗马，也要到相当晚期才开始铸造货币，而且最初也只有铜币而已。罗马本土虽一直有各式各样的货币流通，不过一直到公元前 269 年才开始铸造银币，虽然加普亚（Capua）[1] 早已有贵金属的铸造。印度的铸币始于公元前四、五世纪，主要是传自西方，技术意义上真正可以使用的铸币，要到亚历山大（Alexander the Great，前 360—前 323）以后才出现。东亚的情况不甚清楚，我们也许可以认为有其独立的铸币起源。一直到今天，当地的铸币，由于国家官吏继续铸造劣币，结果只能以铜币为限。

　　在十七世纪以前，制造货币的技术与今天还少有共同之处。西洋古代的货币是铸造的，中世纪时则以手工"打"成，换言之，即刻出来的。一直到十三世纪，这种铸造还完全是一种手工作业。制作货币得用到 10 或 12 个纯粹运用手工的工人，故其成本极高。今天铸币的成本只要千分之几，然而当时小货币的成本高达币值的四分之一，一直到十四五世纪，仍然有高达百分之十的。由于技术的简陋，即使是当时最优良的铸币，亦欠准确；英国的金币虽然铸造较完善，其差异也还常达百分之十。因此，在交易流通时，只有尽可能按重量收受，以免损失，至于货币的成色，则以加戳记的较妥善可靠。第一种比较精确而又能保持重量的铸币，就是自 1252 年开铸的佛罗伦萨金币；而技术上足资信赖的铸造法，则一直要到十七世纪末才有，虽然用机器铸造的时间要稍早一些。

　　〔金属本位〕今天所谓的金属本位，是将（一）某种货币定为支付手段，可用于一切金额的支付（本位货币），也可用于一最高金额限制下的支付（补助货币）；与此相结合的则为（二）本位

1　在那不勒斯北方，是古代繁荣的商业都市。——日注

货币的自由铸造原则——无论何人、无论何时，只要支付最低的铸造费，即有要求铸造之权，并可无限制地用为支付手段。金属本位又有单金属本位与复金属本位之别。关于后者，今日唯一可能有的形式为两本位制。在此制度下，多种金属相互间有确定的比率（例如拉丁货币同盟规定金银比价为 1∶15.5）[1]。以前较通行的第二种可能形式则为并行本位制。在此制度下，货币实际上可以自由铸造，一般也没有任何确定的比率存在，或者是只有一种定期性的调整。在选择制造货币的金属时，贸易需要的性质有决定性的意义。国内或地方贸易可以使用价值不太高昂的本位金属，因此而有银、铜或两者并行的情况。远程贸易曾长期使用银，不过在商务重要性增加后，有逐渐用金的趋向。就此而言，金银的比价，对于金在实际上的流通即具有决定性。当一种金属所定的比价低于其实值，则该金属就不会以铸币出现，而会以其生金属的形态出现在交换中……

三、合理的货币制度的成立

〔贵金属的激增〕十六世纪以来，贵金属大量流入欧洲，而为铸币制度的稳定关系提供了经济的基础；当时，至少在西欧，各专制国家已把无数的铸币特权者（领主）及其间的竞争一并消除。

---

1 1865 年 12 月，法国、比利时、意大利及瑞士四国在巴黎商定铸造同质量的金币、银币，此一货币同盟即以此为始（1868 年希腊也加盟）。其后，银货对金货的相对价值滑落，在同盟诸国里，发生只流通银货而对外则以金货流通的障碍。于是遂于 1878 年停止五法郎银币的铸造——五法郎银币是此前仅有的一种银币；同盟也就逐渐地名存实亡了。——日注

十六世纪以前，欧洲一直是贵金属的大量出口区，只有在长达
一百五十年的十字军时代，由于掠夺得大量贵金属以及大规模农
作的收益，这种情况才告中止。达伽马（Vasco da Gama）及阿尔
布奎基（Albuquerque）[1] 发现了通往东印度群岛的新航路，打破了
阿拉伯人转口贸易的垄断。墨西哥与秘鲁银矿的开采给欧洲带来
大量的美洲贵金属。此外，以汞提取银的新技术也助长了贵金属
的增加。从 1493 到 1800 年，自南美及墨西哥采得的贵金属估计
为黄金 250 万公斤，白银 9000 万至 1 亿公斤。

　　贵金属的增加即意味着银币供应的激增。银本位制乃被普遍
采用，而且在货币计算上也表现出来。日耳曼亦新铸银币（称为
Joachimstaler）[2] 以取代旧有的佛罗伦萨金币，此一情况一直持续到
巴西发现金矿为止。巴西金矿的开采时间虽不长（十八世纪初期
至中叶），然而其产量却已足够支配当时市场。结果据英国一反
立法者，特别是牛顿（Issac Newton）[3] 的忠告，而采行金本位制。
十八世纪中叶后，银产量又居重要，从而影响了革命时期的法国
立法机构，采行复本位制。

　　然而货币制度的合理化却不是一蹴即成的。在其未竟全功之
前的情形，可以用这样一句话来形容：流通的货币种类虽多，然
而像今天这种意义的货币则尚未有之。费迪南德一世（Ferdinand
I，1556—1564，神圣罗马帝国皇帝）于 1559 年颁布的铸币敕令中，

1　Albuquerque（1453—1515），葡萄牙派驻印度的总督，声誉很高的名将。——日注
2　1518 年，波希米亚领主在 Joachimsthal 山谷铸造一种银元，重 31 克，后来神圣罗马帝
　　国亦采用这种银元，即为有名的"双柱"（银币一面为皇冠及王徽狮子、城堡，另一面
　　为两根柱子，起源为西洋神话中大力士赫拉克勒斯的柱子，代表直布罗陀两岸的山岩），
　　此银元在墨西哥铸造，曾大量流入中国。——中注
3　即著名科学家牛顿，他曾出任英国铸币局局长。——中注

也不得不承认三十种外币。由于铸造技术简陋，小额的铸币差异极大，再加上铸费过高，因此十六世纪时，日耳曼曾限制小银币的支付力，不过也不是把它们降为辅币（合理之辅币制度，须待英国之本位政策采行始有之）。当时公定的计算单位是以上述的新银币 Joachimstaler 为基准计算的金币，然而事实上的发展则如下：自十三四世纪以来，商业从铸币解放出来，而以金银块来计算，其后则按重量接受铸币，规定某种铸币可用于支付（国家也不得不承认此一惯例），最后则以兑换银行进行决算。

〔银行货币本位制〕中国提供了兑换银行的范例[1]。当地由于货币恶铸的结果，商人交易时遂有规定的金属兑换钱庄。各商人确定重量单位后，先将银两寄存钱庄，然后在清结债务时用票据付给对方，虽然也有用加盖戳记的银两直接支付的，不过其重要性远不如前者。因此这种银行货币是以商人存入钱庄的贵金属为准备金，作为对与钱庄有往来的人的专用支付手段。此一方式，西方在十六世纪时即已仿行之。例如威尼斯的 Rialto 银行，1609 年阿姆斯特丹的 Wessel 银行，纽伦堡（1621）及汉堡（1629）也都有类似的银行。这些银行在计算时都以金银块为基础，不过在授收时则折合为货币。各项票据通常皆有最低额的限定，支付亦

---

1 韦伯此处所言，基本上是指明代以后，由于白银成为通货，成色分量乃成为必须斤斤计较之事，兑换业始有长足发展。在此以前，对外贸易不发达，国内流通的铜钱虽有滥铸、盗铸，究竟并非贵金属，出入若不太大，尽可等值流通。至于韦伯认为欧洲近代银行的信用兑换方式乃仿自中国，恐有商榷余地。根据彭信威说法，欧洲由于诸国林立，各地币制皆有不同，故兑换业之发达实远非中国所能及。再者，欧洲的银行，由兑换业而发展出存放款及汇兑的业务来，中国的钱庄，由兑换虽发展出放款业务，多半也只是个人间的融通，以消费为主，数目并不大。因此，银行与钱庄在两地经济发展上所扮演的角色，实不可一概而论。彭信威著，《中国货币史》，pp.538—539，24—27，746—750。——中注

然。例如阿姆斯特丹的票据以 300Gulden 为最低额。另外，凡
600Gulden 以上的支付也必须通过银行才能进行。在汉堡，这种银
行货币本位制一直延续到 1873 年。

〔近代的本位政策〕近代货币本位政策与过去差异处在于不以
国库财政的考虑为出发点。换言之，近代本位政策是纯粹经济的，
以商业上资本得以确实计算为基础。在这方面，英国则领先其他
各国。英国的国内商业原先是以白银为有效的支付手段，国际贸
易则以金币为计算基础。待巴西发现金矿后，流入英国的黄金大增，
原先采行的并行本位制逐渐显困窘。金价大跌后，金币充斥市场，
而银币反有被逐出流通之虞。由于一切的贷款皆以银币支付，资
本主义企业家乃以防止白银流出为有利。起初，政府企图以人为
手段来维持并行本位制，一直到 1717 年才决心实施新的确定比价。
在牛顿的指导下，英国的标准金币 Guinee 定为银币 21 先令，虽
然金价估计仍未免过高。到了十八世纪中，金仍源源流入，而白
银也不断外流，英国政府乃采取极端政策，正式规定金为本位金属，
银则降为辅助货币，银乃失去无限法偿力，加上新银币由银与其
他贱金属合铸而成，成色较低，外流的危机遂告解除……

第三篇　资本主义时期

第十四章
近代资本主义的概念与先决条件

本章译自韦伯《经济通史》第四章第一节。中译本所根据版本及页数如下：《社会经济史》，pp.293—296；*General Economic History*, pp.275—278；《一般社会经济史要论》（下），pp.119—122。

〔概念〕凡是利用企业方法以满足人类团体所需要的产业之处，即有资本主义，无论其需要的内容是什么。说得更具体些，一个合理的资本主义经营就是利用资本计算制度（Kapitalrechnung）的经营，换言之，即根据近代簿记与收支的平衡结算的方式，以确定其收益能力的一种经营。这是荷兰理论家斯蒂文（Simon Stevin）在 1698 年首先提出的。

自然，一个个体经济可在变化极大的范围内，采用资本主义的方式。可能有部分的经济供应是采取资本主义式的组织，而另一部分则基于手工业或庄园的形式。因此在极早的时候，热那亚就有一部分的政治需要，例如进行战争是以资本主义方式通过股份公司来提供的。在罗马帝国时，首都居民的粮食供应是由官吏负责的。为了此一目的，这些官吏除了可以命令属下官员外，还有权支配运输公司，因此，赋役或强制徭役的组织即与公用事业的管理相结合。今天与过去大部分时间不同的是，我们日常所需均以资本主义方式来满足，然而政治的需要却是以徭役的方式来提供，例如服兵役、陪审员等国民义务。只有需求的供应方式已经资本主义化到如此程度，以致我们会设想一旦这种形式的组织消失，则整个经济制度就会崩溃，这整个时代才可称为是个典型的资本主义时代。

尽管在历史上所有时期都可看到各种不同形态的资本主义，然而以资本主义方式来满足日常所需，只西方有之，且即使在西方，也是十九世纪后半叶的事。较早时期，虽亦有资本主义之萌芽，究竟还属先驱性质。即使十六世纪之少数资本主义经营，想来也可以全部从经济生活中除去而不致引起任何根本的改变。

〔先决条件〕近代资本主义产生的最起码的前提就是：合理的资本计算制度得成为一切供应日常所需的大营利经营的规范。这样的计算制度又需要：（一）占有一切物质的生产手段（土地、设备、机器、工具等），这些都成为可由独立经营的私人企业所自由处置的财产。这是现代才有的现象，只有军队一项，在各处均为例外。（二）市场之自由，换言之，在市场上没有任何对贸易的不合理限制。这类限制可能是具有阶级性质的，例如一个阶级有一定的生活形态，消费也可能因阶级身份而类型化，或者有阶级垄断权的存在，例如市民阶级不得拥有骑士领地，骑士及农民不得经营工业。在这种情况下，无论是自由劳动力市场或商品市场都无法存在。（三）合理的技术，归结而言就是最大可能程度的计算，此即意味机械化，这是资本主义式会计制度的前提。这不独适用于生产及商业，所有为了准备及运送货物的开支,无不适用。(四)有可以计算的法律。想要合理地经营资本主义形式的工业组织,就必须有可以预先算定的判断及管理。此种条件,无论在希腊之城邦时代、亚洲之家产制国家时期,或斯图亚特王朝以前的西方国家,都不具备。国王之"廉价的公正"及滥用恩典,不断地干扰经济生活的可衡量性。故上文所述"英格兰银行只适合于共和制度,而不兼容于君主制度"[1],正足以说明当时的情况。(五)自由劳动力之存在。他们不但在法律上可以自由地——而且在经济上亦须被迫——在市场上不受限制地出卖自己的劳动力。缺少此种出卖自己劳力的无产群众(一个被迫出卖劳力以维生的阶级),而只有不自由的劳动者,则与资本主义的本质相矛盾,其发展亦不可能。合理的资本主义计算,只有在自由劳动的基础上,才有可能。换言之,即须有形式上自由,而实际上则是为饥寒所迫不得不出卖劳力的工人存在,生产成本才有可能事先确定。(六)也是最后一个条件是,经济生活的商业化。亦即企业之股份权与财产权通常都以商业化的工具(证券)来代表。简言之,对于各种需要的满足,必须有可能完全以市场机会与纯利的计算为基础。商业化固然是资本主义的特征,然而此一特色的出现,势必强化了另一前所未及的因素,亦即投机(Spekulation)的重要性。不过,只有在财产采取了可流通的有价证券形式后,投机才具有充分的重要性。

---

1 见《经济通史》第三章第七节《前资本主义时代之货币业务及银行业务》。——中注

第十五章

工业技术之发展

本章译自韦伯《经济通史》第四章第六节。中译本所根据版本及页数如下：《社会经济史》，pp.318—330；*General Economic History*，pp.302—314；《一般社会经济史要论》（下），pp.154—173。

〔近代工业的出现〕要确定工厂的概念，并非易事。我们首先会联想到蒸汽机与劳动之机器化。然而机械有其前身，即我们称之为"工作用具"（Apparaten）的劳动工具，它与机械同为人类所利用，只是通常是靠水力推动。工作用具与机械之区别在于，工作用具乃受人支配，而现代机械与人的关系则恰相反。然而近代工厂真正决定性的特征，一般而言，并非所应用的工具，亦非劳动的方式，而是工场、工具、动力与原料均为同一个人，即企业家所拥有。这种集中在十八世纪以前，是非常罕见的。

英国的发展对资本主义之演进有决定性的意义——虽然英国亦曾取法于诸如意大利等国家的先例。从英国的发展中我们可发现下列的各个阶段。（一）能证实的最古老的真正工厂（虽然还

是用水力推动的）为 1719 年英国德比（Derby）附近德文特河畔
的丝织厂。这个丝织厂享有专利权，不过却是剽窃意大利的发明
而来。在意大利，早已有各种不同财产关系的丝织制造业，但所
生产的皆供奢侈需要；因其劳动工具、原料及产品皆为企业者所
有，故虽还不能算是资本主义时代的产物，我们还是得提一下。
（二）在发明了一种靠水力推动而能同时运转一百个纺锤的工具
之后，羊毛织造业在此专利基础上建立起来（1738）。（三）混麻
纺织品的发展。（四）陶瓷工业通过在斯塔福郡（Staffondshire）
之试验而取得发展。陶器在应用水力及根据近代分工原则下
生产，工场与劳动工具均为企业者所有。（五）十八世纪以来
之制纸业。造纸是以现代的文件用途及报纸的发展为其永久
基础的。

　　〔决定性的关键——棉布织造业与煤铁〕但是，决定劳动机
械化与合理化之成败关键者，厥为棉布织造的命运。十七世纪时，
英国自欧陆输入棉纺织业，并且立刻同十五世纪以来就在英国建
立了的古代民族工业——羊毛工业——展开斗争，其激烈程度和
以前羊毛工业与麻布工业斗争的情况不相上下。羊毛制造业者势
力强大，争取到对混麻品生产的限制与取缔，一直要到 1736 年之《曼
彻斯特条例》公布后才予以废除。棉织业最初是受制于下述的情
况：织机虽然已经改良及扩大，然而纺锤却仍停留在中世纪的水平，
因此缺乏充分的纺织原料。1769 年开始，纺锤经一连串的技术改
良，乃可利用水力及机械之助，生产大量棉纱，但仍无法以相同
速度将纱织成布匹。此一问题一直到 1785 年卡特赖特（Cartwright）
发明动力织布机后才得以解决。卡特赖特实为结合科学与技术，
并从理论来处理问题的最杰出发明家之一。

但是如果只有此种劳动工具的革命，发展还是可能停顿，具有典型特征的近代资本主义还是不会出现。决定其胜利的是煤和铁。我们知道早在中世纪时，伦敦、卢提奇（Lüttich）、茨维考（Zwickau）等地已使用煤为燃料。然而一直到十八世纪为止，熔铁及其他炼铁工程，仍采用木炭。其结果则为英国森林之消失。德国则由于十七八世纪时，尚未有资本主义，故得幸免此劫。森林的滥伐在各处均使得工业的发展有某个程度的停顿，煤的应用才使得冶炼业可以从植物界有机材料的限制中解放出来。我们得注意，虽然早在十五世纪已有鼓风炉，然而都是用木柴的，而且不是为了私人消费目的——主要是为了战争，以及（部分是）为了海运。再者，十五世纪时，为了制造炮管，又发明了铁制钻孔机，同时也有千磅以上用水力运转的大铁锤。因此，除了用钻孔机处理铸铁外，也可以做机械锻冶了。最后，到了十七世纪乃出现类似现代的辗轧法。

进一步往前发展时，出现了两个难题。即森林的消失与矿坑的不断淹水。而第一个问题更为迫切；英国的制铁工业与纺织工业的勃兴恰好相反，日渐衰微，到十八世纪初期，似乎已到尽头。然而 1735 年炼焦法发明，1740 年鼓风炉开始采用焦炭为燃料，此一问题乃得解决。到了 1784 年又进一步采用精炼法（puddling）。矿坑进水的问题则因蒸汽机的发明得以解决。初步的努力已证明"以火举水"是可能的，1670 至 1770 年及十八世纪之末叶，蒸汽机（在矿坑）的利用，已使得煤炭的产量大到足供近代工业所需。

上述发展有三种重要意义：

（一）煤与铁的应用，使技术与生产所可能发挥的潜力，从有机材料固有的束缚解放出来，从此工业即可不再依赖兽力与植物的生长了。用锱铢无遗的方式开采矿石原料（煤），再用煤力采掘铁矿，靠了这两者的配合，人类的生产力即可能扩大到前所未能想象的程度。因此铁实为资本主义发展中最重大的要素，没有铁的发展，资本主义与欧洲将会如何，则非我等所能知[1]。

（二）利用蒸汽机使生产过程机械化，从而使生产由人类劳动之有机限制中解放出来。此一解放当然并非完全的，因为还是得有人来照顾机器。然而机械化过程无论何处总是以解放劳动为其确定目标。任何新发明都意味着以少数操纵机械的人员来取代大量的手工劳动者。

（三）由于与科学结合，财货的生产因此从一切传统的束缚解放出来，而处于自由活跃的智力支配下。的确，十八世纪的发明大多不是用科学方法完成的，故当炼焦法发明时，没有人了解此一发明在化学上的重要性。工业与近代科学的结合，特别是从冯利比希（Justus von Liebig，德国化学家，1803−1873）开始将之与有计划的实验室工作联结起来，乃使得工业有今日之发达，而带给资本主义全面性的发展。

〔劳动力的补充〕十八世纪以来在英国发展起来（且将一切生产手段集中在企业家手里）的新生产方式，其劳动力的补充是以强制方式行之，虽然还算是间接的。其最著者盖为伊丽莎白女王的《贫民法》（*the Poor Law*）与《学徒条例》（*the Statute of*

1　另一方面，采掘地下矿藏势必要受到时间的限制；铁器时代至多不会超过一千年。

——原注

Apprentices）¹。之所以需要这类法令是因为农业制度发生变革后，产生了许多流浪乡野的无产者。大租户之取代小佃农以及耕地改为牧场——此点有时被过分强调——使农地所需劳动力减少，而产生一批能接受强制劳动的剩余人口。任何无法自己找到职业的人即被收容到纪律严格的贫民习艺所；不得主人或企业家允许而擅离职守者，即被当作游民。失业之人除了被强制送入习艺所外，别无其他救济措施。

　　工厂最早的劳动力就是这样弄来的。人民虽然难以适应这样的生产纪律，但是有产阶级的力量极大，他们借着治安长官（the Justices of Peace）而取得政治权力的支持，治安长官由于没有明文限制，就根据一些含糊的训令，而且大致说来根本就是独断独行的方式来处理一切。一直到十九世纪下半叶，治安长官还是按照己意来掌理工人，用他们来滋养新兴的工业。另一方面，从十八世纪初开始有规范企业与劳工关系的规章，这是近代劳动状况管理的先驱。安娜女王（Anna，1702—1714）与乔治一世（1714—1727）在位时，在通过了最早的禁止实物工资的法律。虽然在整个中古时期，工人还得为了可以把自己的产品拿到市场销售的权利而奋斗，但是现在的法令则是保护工人，禁止企业家以他人产品来支付工资，而必须以货币给付。在英国，劳动力的另一来源则为小店东阶级，他们大部分都变成了在工厂劳动的无产阶级。

---

1 《贫民法》于1597年发布，1601年修正。通过此一立法，救济事业成为国家事务而被加以组织化；并且，值得注意的是，由于此一法令，治安长官成为救济事业的中心所在。
　　《学徒条例》成立于1563年，其主要条款如下：1.除了属于特殊产业之阶级的人外，凡是具有劳动力者皆负有作为农业劳动者的劳动义务。2.此处不准许日薪劳工，凡为雇佣必须于该年度中持续受雇。3.要转换雇主时，必须有原雇主的解雇证明。4.所有产业的学徒期皆为七年。5.薪资在枢密院的监督下由治安长官来订定。 ——日注

〔战争、奢侈与资本主义〕在此一新兴工业产品的市场上，首先出现了两大顾客，即战争与奢侈品的需求，亦即军事当局与宫廷的需求。军事当局随着佣兵制的发展而成为工业产品的顾客，特别是随着军队训练、武器与战术之日趋合理化，而成为有力的消费者。军队本身并不生产制服，然而为了统一编制及管理士兵，制服却有其必要，这对纺织工业具有基本的重要性。大炮及火器的需求，使得制铁工业供不应求，粮食的供应也使得商业忙碌不堪。陆军之外还有海军，军舰之加大实为创造工业市场的要素之一。一直到十八世纪为止，商船的大小并没有太多的变化，1750年出入于伦敦的船只，通常也只有一百四十吨左右。然而军舰在十六世纪时已达一千吨，到十八世纪，则一千吨只算普通的标准。海军的需要，与陆军一样，因军舰数量扩张与航程增加而日益增大（商船亦然），特别是十六世纪以后。一直到那时为止，往地中海东部沿岸巡弋通常需要一年时间者，至此时在海上的航行期已更长。在陆上，陆军远征的规模也不断扩大，非大量筹集给养与军需品不可。十七世纪以来，船舰枪炮建造的速度已有飞跃的发展。

桑巴特（Sombart）曾认为，战争之大量而标准化的需要，为近代资本主义发展之决定性条件之一。此种观点必须缩减至适当的程度。的确，每年皆有巨大款项花费于陆海军：在西班牙，国家收入百分之七十用于此，其他各国亦达三分之二或更多。然而我们在欧洲以外的国家，如蒙兀儿帝国与中国，也曾发现过配备有大炮的庞大军队（虽然还没有正式制服），但这个事实并没有刺激这些国家的资本主义发达起来。何况即使在西方，当军队需要逐渐增加后，这种需要也由军事当局用官营事业，即自己的工场及兵工厂来供应，换言之，即用非资本主义的方式来满足，这是与资本主义的发展平行的。以此，认为战争导致军队之需求，故为促成近代资本主义之原动力者，实为错误的结论。战争诚为促进资本主义的因素，而且不仅只在欧洲，但此一动力并非决定性的。否则，当国家采取直接行动扩大供应军队的需求时，资本主义即将衰退，然而这并没有发生。

就宫廷及贵族的奢侈需求而言，法国为典型的国家。十六世纪时，法王一度每年得直接或间接支出一千万银币（livre）以供奢侈品用。王室及上流社会的开支曾对许多产业给予强烈的刺激。除了巧克力及咖啡等享受品外，最重要的是花边（十六世纪）、麻制衣物以及为整理这些衣物而发展的熨斗业（十七世纪）、长筒袜（十六世纪）、伞（十七世纪）、靛青染料（十六世纪）、挂毡（十七世纪）、瓷器（十八世纪）、罗纱（十七世纪）与地毯（十八世纪）等。自需求的规模而言，最后两者是奢侈品工业中最重要的，它们说明了奢侈品的大众化，对资本主义实为决定性的转折点。

中国及印度，宫廷奢华的程度是欧洲前所未闻的，然而此一事实对于资本主义或资本主义的经营并无任何重要的刺激。之所以如此，乃是由于这种需求均以强制贡纳的赋役制来满足。此一制度根深蒂固，直至今日，北京郊区的农民还必须如三千年前那样以相同的物品供应宫廷，虽然他们已不知制造此类物品的办法，也被迫必须向制造者购买后贡献。在印度和中国，军队的需要亦由徭役与实物贡纳来提供。欧洲并非就没有东方的这种赋役制，惟其形式稍有不同。例如，欧洲诸侯通过赠予土地、签订长期契约及给予特权的方式，将奢侈品工业中的工人束缚于劳动地位，使他们间接成为强制劳动者。然而在法国——奢侈工业首要国家——的情况不同，手工业形式的经营在此仍然维持，一部分以代工制（顾主提供原料），另一部分则以工场制；因此，无论是工业的技术还是其经济组织，都没有任何根本的变更。

对于转向资本主义具有决定性意义者厥为大量的市场需求，而这也只能发生在一小部分的奢侈工业上——由于奢侈品需求之大众化，特别是生产上流社会奢侈品代用物的出现。这种现象的特征为价格竞争，而宫廷的奢侈工业则遵循品质优劣竞争的手工原则。国家组织采取价格竞争的最初实例，为十五世纪末的英国。为了降价以抵制法兰德斯（Flanders）的倾销，英国曾多次禁止羊毛的出口。

〔成本的降低与技术的发展〕十六七世纪的价格革命，对于廉价生产、降低价格以谋利的独特之资本主义倾向，为一决定性的动力。这次革命实因海外（新航路）的大发现而导致的贵金属源源内流。这种内流自十六世纪三十年代开始，延续到三十年战争（1618-1648）为止，对于经济生活不同部门的影响各自有异。在农产品方面，价格几乎是普遍上涨，从而使其有可能走向为市场而生产的道路。工业产品的价格变化则完全不同，其价格大体稳定，就算上涨也有限，因此相较于农产品，无疑是下降的。此种相对地下降只有经过技术与经营方式的改变才有可能，并且迫使工业一再降低生产成本以提高利润。以此，发展的过程并非先有资本主义，然后价格降低，而是价格先相对地下降，然后产生资本主义。

十七世纪时，为了降低相对于成本的价格，使得技术与经营方式有合理化的倾向，而导致追求发明的狂热。当时所有的发明家皆受如何降低生产成本此一目标的驱使；作为能源的永恒运动（Perpetum mobile）之观念，只不过是此一普遍运动的许多目标之一。作为一种人物类型的发明家，其出现自然可以追溯得更远，但是如果我们检讨前资本主义时代之大发明家达·芬奇的构想（其实验乃出自艺术而非科学的领域），就会知道他的动力并不是要降低生产成本，而是要能合理地掌握技术的问题。前资本主义的发明家是根据经验来工作，他们的发明多少带有偶然的性质。唯一的例外是矿业，故有意识的技术进展是结合矿业的问题而开始的。

与发明有关的一项具有积极意义的革新是 1623 年英国最早的合理的专利法，它已包含有近代专利法的一切要件。直到那时为止，发明的利用通常是经由支付（给发明人）金钱以取得特许。1623 年的法令则给予发明十四年的保障，此后，企业主要利用发明就必须给原发明人适当的专利权税。如无此项专利法的刺激，则十八世纪纺织工业内，那些对资本主义之发展有决定性意义的各种发明，就未必有可能出现。

〔资本主义发展的历史条件〕把西方资本主义的特性与其原因结合起来，我们即可发现下列因素：只有西方的资本主义，产生一种任何地方从未有过的合理的劳动组织。在各时代、各地方皆曾有过商业，且可上溯至石器时代。同样，在各时代、各文化中，我们皆可发现军事金融、国家贡纳、包税与承办官职等，但从来没有过合理的劳动组织。此外，我们到处皆可发现原始的、紧密结合的内部经济，故同一部落或氏族内的成员间，无所谓经济行动的自由，而在对外贸易时则有绝对的自由。对内道德与对外道德的标准截然不同，对外的金钱往来常有不顾道德之事。无论哪儿，再也没有像中国之氏族经济或印度的种姓阶级经济那样严密的规定；然而另一方面，再也没有像印度海外贸易商那么肆无忌惮的了。相形之下，西方资本主义的第二个特征就是消除内部经济与对外经济、对内道德与对外道德标准的差异，并将商人的原则以及基于此一原则的劳动组织引入内部经济。最后，原始性经济束缚的崩解，虽然在他处亦得见之（如巴比伦），然而像西方所理解的企业劳动组织，则他处均未见过。

如果此一发展的确仅见之于西方，那么我们就应该从西方所特有的、一般文化演变的特色中去找寻原因。只在西方，始有具备专业行政、职业化官吏阶层以及基于市民权观念之法律的近代国家。此一制度在西洋上古及东方虽曾萌芽，终未能有成熟之发展。只在西方，始有法学家所制定、经理性理解与应用的合理的法律。只在西方，始有市民（Bürger, Civis Romanus, Citoyen, bourgeois）的概念，这是因为也只有在西方，才有那种特定意义的城市存在。此外，只在西方，始有现代意义的科学。神学、哲学及关于人生问题的思考，中国人与印度人亦有之，甚至可能比欧洲人所有者更为深刻；然而其文化中仍缺乏合理的科学及与之相结合的合理的技术。最后，西方文化所以与其他一切文化不同之处在于，它出现一种具有理性生活伦理的人。巫术与宗教到处皆有，但只在西方，始有这样一种奠基于宗教的生活秩序，而这种态度，只要能坚持贯彻到底，就必然会导向明确的理性主义。

第十六章

合理的国家

本章译自韦伯《经济通史》第四章第八节。中译本所根据版本及页数如下：《社会经济史》，pp.354—367；*General Economic History*，pp.338—351；《一般社会经济史要论》（下），pp.215—233。

〔法律与官僚〕合理的国家仅只西方有之。古代的中国，在氏族团体与行会的牢不可破的势力上，有少数的"士大夫"（mandarin）。士大夫是受过古典人文教育的文人，他们接受俸禄，但没有任何行政与法律的知识，只能吟诗挥毫，诠释经典文献，有无政治业绩，对他们而言并不重要；他们不亲自治事，行政工作是掌握在幕僚（师爷、胥吏）之手，为了防止官吏在地方上生根，他们须不断调任，而且绝对不能在原籍任职。他既无法通晓所治州县方言，故此无法与民众接触。有这种官吏的国家，与西方的国家是不同的。实际上，在中国，一切都是基于这样的一种巫术性理念：只要〔慈禧〕太后与官员能有德行——也就是完备的文学教养——即可使事物各安其所。一旦遭遇水旱或其他灾祸，政府就颁布诏令，要求更公平的科举取士及鞠狱释囚，以平鬼神之怒。中国是个农业国家，故农业氏族的力量十分强固；国民经济十分之九要靠农民氏族，其余十分之一为工商业行会，基本上，一切均采自由放任。官吏平常并不统治，只有发生骚动或不妥当时，才出面干涉。

然而唯一能促成近代资本主义发展的合理国家，则与此大不相同，它是以专门的官僚阶级与合理的法律为基础的。

中国于七世纪与十一世纪时曾实行变法，以有训练的专门官吏取代受人文教养的官吏来主持行政，然而这些变革只维持了较短的一段时间，其后因月食出现，认为天示灾异，于是一切又回复旧观。我们自然不能就此轻易断言：中国的民族性无法容纳专家政治。不过，专家政治（或者说，合理国家的出现）却的确是因为无法摆脱对巫术的信赖而受到阻碍。因此在西方，氏族团体已因城市的发展及基督教而告崩解；在中国，则氏族团体的势力屹立不移。

受过专门训练的官吏用以判事的、近代西方国家的合理法律，形式上而言，是来自罗马法的，虽则从内容视之并不然。罗马法原先是罗马城邦的产物，然而在此城邦中却从来没有过希腊城市那样的民主政治与司法。希腊的"法庭"（Heliastengericht）采取的是"卡地审判"（Kadijustiz）[1]，二造用感情、眼泪、谩骂

---

[1] 卡地（Kadi）是伊斯兰教国家的法官，特别负责有关宗教法的裁决。韦伯经常以此为"革命法庭"的审判方式的代表。所谓"革命法庭"的审判，基本上重视实质上的公道、平等或某些实际的目标，而漠视法律或行政在程序上的合理性审判。雅典的"人民法庭"、近代陪审制、英国"治安长官"的审判、集权君主的"王室裁判"（Kabinettsjustiz）、神权政治或家产制君主的审判，都具有此种性格。——中注

对方以感动审判官。这套办法在罗马的政治审判中固亦有之，如西塞罗（Cicero）的演讲，然而民事诉讼里并不采用。民事诉讼时，主审官（prätor）必须选定审判人（index）[1]，对于什么样的条件不可做出不利于被告的判决或驳回原告的诉讼，都有严格的指示。到了查士丁尼（Justine，东罗马帝国皇帝，527—565）统治时期，东罗马帝国的官僚阶级自然关心到法律必须要有明确性及体系化，才容易学习，因此对这种合理的法律进行一番整理使之系统化。

在西方，随着西罗马帝国的崩溃，法律落到意大利公证人（notare）手中，这些公证人——其次是大学——都以恢复罗马法为心愿。他们墨守罗马法旧有的契约形式，不过却根据时代的需要而给予新的解释。同时，从大学里发展出一套有系统的法律学说。不过发展的主要特色却是诉讼程序的合理化。正如所有的原始民族一样，古代日耳曼人的法律诉讼程序也是一种严格的形式方法。任何一方只要在程序上有一字之错，即会导致败诉，因为程序具有巫术的重要性，犯错即会招致不祥。日耳曼人诉讼程序里这种巫术性的形式主义，恰好同罗马法的形式主义配合起来。此外，法国所创立的律师（advocate）制度亦有其影响，因为律师的职务就是研究如何按法律形式——特别是与教会法（Kanonischesrecht）

---

1 即 Praetor，罗马于公元前 366 年所设主掌民事裁判的官员。最初只有一人，最后逐渐增至十八人。任期为一年，每年都更换；就任之初发表告示（edictum）公告法律行使的根本原则。此法，使得以十二铜表法为基础的古代法律能免于僵硬化而适应时势的变化。然而此一主审官并不像现在的法官那样自己直接下判决，而只限于指挥审判人罢了。换言之，诉讼当事人经同意后可选择私人的审判人，而由此一审判人对于诉讼问题作出判断，主审官只不过执行资格审查、决议争论点等准备手续，以及最后审查审判人的判断等工作罢了。——日注

有关的——正确地发言。规模庞大的教会行政组织，不管是为了俗世教徒的训育，还是为了维持团体内部的纪律，都必须有一套固定的形式。教会与市民阶级一样，都无法接受日耳曼式的"神判"（Gottesurteil）[1]。市民阶级无法忍受以公式化的抗辩来轻易决定他们商业上的权利，因此从文献上到处都可看到要求自这种法律形式主义的争辩及"神判"解放出来。教会经过一番踌躇，终于认为这样一种诉讼程序为异教而不能容忍，进而建立尽量合理化的教会诉讼程序，来自世俗与宗教方面的这种司法程序的双重合理化，遂逐渐蔓延到整个西方。

由于罗马法的复兴，有人认为可以从中找到农民阶级的没落，以及资本主义发展的基础。罗马法原则的采用，有些的确是不利于农民的，例如旧"马克"（Mark）团体法中对于"地役权"（Servitut）[2]的新解释，即确认"马克"首长（Obermärker）为罗马法上的"所有者"，而由其他"马克"成员来负担封建"地役"。不过，另一

1　此种裁判乃基于神会站在正义的一方的信仰，通过类似日本烫滚水等种种试验来判别是非善恶的裁判形式。盛行于中世纪。——日注

2　Hübner 对此有如下的说明（R. Hübner, *Gründzüge des deutschen Privatrechts*, 5te Aufl., 1930, S.377ff.）："人们因罗马法的承续而得到统一的役权概念，并试着以此来应用于日耳曼固有的利用权。此一过程并非以暴力的方式进行，而其结果则是既非照应到罗马法，亦非与日耳曼法相一致的理论。

　　现就原先的役权内容来弄清楚这点。按照历来的团体情况与支配情形，成员拥有对共有地（Allmende）的权利，并且，也没有所谓领主因贷与庄民土地而产生领主（对土地）的权利。人们却将之也归属于役权概念。这从罗马法的立场来说是不正确的。无论如何，罗马法都严格贯彻'无论是自己或他人之物，使用即为拥有'这个原则。因此，此一规则之未被履行，正是日耳曼役权法的特征。"——日注

方面法国的国王却得依赖其研习罗马法的法官（Legist）[1]，才使得庄园领主不能轻易没收农民的土地。同样，我们也无法强调罗马法是资本主义发展的基础。资本主义发祥地的英国从来就没有接受过罗马法，因为有一个与国王及法院结合的律师阶级存在，而他们坚持维持英国固有的法律制度不受外来影响。他们支配了法律理论的发展，因为法官（就像今天一样）是由他们之间选出的。他们阻挠英国各大学教习罗马法，非出身他们这一团体者即不能担任法官。

事实上，近代资本主义所特有的制度，多半都不是来自罗马法。例如有息证券（债券或战时公债）乃源自受日耳曼法律思想所影响的中世纪法律。股票也源自中世纪及近代的法律，古代并无此种事物。汇票也是这样，阿拉伯、意大利、日耳曼及英国的法律都有助于其发展。商业公司也是中世纪的产物，古代只盛行委托企业。利用土地登记或典质证书的不动产抵押权及信托，同为中世纪产物，而非来自古代。

只在创立出**形式的**法学思想这一点，接受罗马法才有决定性的意义。自其结构言之，每种法律系统若非根据形式法学的原则，就是根据实质的原则。所谓实质的原则是指基于功利的及公道原则的考虑，例如伊斯兰教的"卡地"法官（kadi）即依此原则来审判。神权政治或专制主义的司法，也都根据实质的原则，这与官

1　此即法服贵族（noblesse de robe）的前身。法国王权的伸张很早（十二世纪）便开始了，为了削减封建势力，国王将一般市民拔擢登用于身边当顾问，Legist 就是其中最重要者。尤其是在菲利普二世（1180—1223）时，为数相当多，到了菲利普四世（1285—1314）在位时，Legist 已经占了顾问中的绝对多数，其中甚至也有因此种登用而晋升为贵族（封地贵族）者。另一方面，相对于此的，是这个时代里的封建诸侯领地的没收与王领地扩张的进行，此即法国绝对王政的准备工作。——日注

僚制的司法之根据形式的原则正好相反。腓特烈大帝（Frederick the Great，普鲁士国王，1740—1786）之所以讨厌法学家，即因法学家常以形式论的方法，将他的基于实质考虑的法令引用到其他的目的上。就此总括说来，形式法学即通过罗马法的采用而摧毁了实质的原则。

　　不过这种形式主义的法律是可计算的。中国法律的性质即与此不同，在中国，一个将自己住屋卖掉的人在遭遇穷困时，有时就会赖在买主家里，如果买主不顾同胞有互助之谊的古俗，他就得担心鬼神作祟；因此，贫穷的卖主即可不付房租强行搬入原屋居住。这样一种性质的法律，是无法实行资本主义的。资本主义需要的是一种有如机械般可以计算的法律。礼仪的、宗教的、巫术的观念都得清除掉。

　　这样一种法律，是近代国家为了实现其称霸的目的而与法学家联合创制出来的。十六世纪时，西方国家曾试图与人文主义者相结合，他们决定在高等学校（gymnasium）受教育者才有出任国家官吏的资格，因此最初创设希腊文教学的高等学校，这是因为他们认为政治斗争大半皆由交换国家公文而来，故只有受过拉丁文、希腊文教育者才能从事斗争。这种幻觉只存在了一个短时期，他们不久就发现，高等学校教导出来的人并无执行政治的能力，于是最后只好求助于法学家。在受过人文教养的官吏支配下的中国，君主并无法学家可用，各种哲学派别不断竞争，皆以能培养最优秀的政治家自命，论争不休，一直到正统学派的儒家获胜为止。印度也是有书吏而无专门法学家的。反之，西方则有形式完整的由罗马的天才智能所创出来的法律可供使用。受过这种法律训练的官员，其行政技术较其他一切官吏为优。国家与形式法学的结合，间接有利于资本主义的发展，故从经济史而言，此一事实具有重大意义。

〔经济政策〕真正可称为"国家经济政策"的政策，也就是有连贯性且首尾一致的国家经济政策，要到近代才有。最早的国家经济政策就是所谓的"重商主义"。在重商主义开始以前，各地区曾流行两种政策，即国库财政与福利政策，所谓福利政策是指确保（人民）一般的生活水准。

有计划的经济政策之所以无法在东方发展，根本上是受制于宗教习惯的因素，包括种姓制度与氏族制度。中国的政治组织曾有过极大的变化，也有过高度发展的对外贸易，远达印度。不过，后来中国的经济政策即改采闭关主义，一切进出口贸易皆掌握于（广东）十三行之手，且以广州为唯一口岸。国内的政策则着眼于宗教方面的考虑，只有在发生可怕的天灾巨变时，才研究其缺失，就算在这时也还是以各省份的意见为参考准则。根本的问题乃在于：国家的需要究竟该以租税还是以赋役来供应。日本的封建组织亦发生同样的影响，结果是实行完全的闭关政策，其目的在稳定阶级关系，生怕对外贸易会扰乱财富分配的现状。在朝鲜，宗教习惯的因素对于闭关主义也有决定性的影响。外国人是不净的，一旦入境恐会触怒鬼神。印度的中世纪时期，我们发现有希腊、罗马的商人，还有罗马人的佣兵，犹太移民甚至取得特权，但是这些萌芽皆无法发展，因为种姓秩序使得一切事物都因袭化，计划的经济政策也因之根本不可能。此外，印度教严禁信徒到国外旅行，亦有其影响；到国外旅行的人回来后，除非重新举行加入种姓的仪式，否则即被排除于原有种姓之外。

在十四世纪以前的西方，除了城市以外，还谈不上有计划的经济政策。虽然某些君侯的确已有政策的萌芽：卡洛林时代，有各方面的价格规定以及对公共福利的关心；但大部分都只是具文，除了查理曼的货币改革与度量衡制度外，其他只不过一代之久即无痕迹可寻。查理曼虽然想采取对东方的贸易政策，因为没有舰队而作罢。

当君侯国家放弃这场（制定有计划经济政策的）斗争时，教会却关心起经济生活来，力图把公道、诚实及最基本的教会伦理应用到经济生活上。最重要的措施之一就是维持和平，最初只限制在一定的日期〔不得交战〕，后来则成一般性的原则。此外，大教会财产共同体，特别是寺院，实行一种非常合理的经济生活，虽不能称之为资本主义经济，却不失为当时最合理的经济。后来，随着教会恢复其原有的禁欲理想，且改变其解释以迎合时代，上述的努力遂失去其信用。君主方面，腓特烈一世时（即神圣罗马帝国皇帝巴巴洛沙，1152—1190），亦曾有某些商业政策的萌芽，例如规定价格，以及与英国签订对日耳曼商人有利的关税条约等。腓特烈二世（1220—1250）虽维持住社会治安，然而大致上只采取对富商有利的纯国库财政政策，而且给予他们各种特权，特别是关税豁免权。

日耳曼君主唯一的经济政策，就是为了莱茵河通行税所进行的斗争 [1]。不过此一斗争，由于割据莱茵地区的小领主人数太多，基

1　莱茵关税（Rheinzölle）是向航行莱茵河的船舶所课征的关税。原来此一征税权是属于日耳曼国王或皇帝所有，特别是霍亨王朝的诸位皇帝所特别强调的。然而由于日耳曼皇权的衰微，结果此一征税权渐次归于城市及诸领邦君主所专有。此种情况在中绝期（1254—1273）之后，由皇帝爱尔伯特一世（1298—1308）于 1300 年发动对莱茵地方的选举侯的斗争试图夺回征税权一事落幕——征税权完全脱离皇帝之手。　——日注

本上可说是毫无结果。除此之外，别无任何有计划的经济政策。雪格斯曼（Sigsmund，神圣罗马帝国皇帝，1410－1437）对威尼斯的禁运[1]，或者在同科隆斗争时对莱茵河地区的封锁，表面上虽为经济性的，实际上则为政治性质。关税政策操之于地方诸侯，除少数例外，他们皆未实行有计划的经济振兴政策。他们的主要目的如下：（一）优待当地贸易而歧视远程贸易。尤其是鼓励城乡之间的物资交流，所以出口税总是高于进口税。（二）关税上优惠本地商人。由于诸侯希望商人多使用自己的道路，以增加国库的收入，因此采取不同的道路通行税。为了国库的目的，他们甚至采取强制使用道路以及强制堆栈权（Stapelrecht）之系统化[2]。（三）他们授予城市商人特权，例如巴伐利亚的"富君"路易即以压制一般的乡村商人而自夸。

那个时期还谈不上保护关税，只有少数例外，例如提罗尔（Tirol）为了抵制意大利进口所制定的葡萄酒关税。一切的关税政策皆着眼于国库财政与维持传统的生活准的观点上。此一说法可上溯至十三世纪的许多关税协议。关税的收取办法亦有变化，原先所行的是六十分之一的从价关税。到十四世纪时，为了让关税发挥消费税的功能，因此提高到十二分之一。当时并没有像保护关税那样的近代商业政策，而以禁止对外贸易的方法取代，当

1　Sigsmund 原为匈牙利国王，1410 年被选为神圣罗马帝国的皇帝，其与威尼斯的纷争起于他将属于威尼斯的塔耳马帝亚划归于自己的匈牙利王国（1411）。为压迫威尼斯，他下令禁止日耳曼商人与威尼斯及近东通商。尽管他有组织地执行此一政策，然而还是没能成功，最后于 1433 年与威尼斯媾和。——日注

2　"Stapeln" 是堆积、堆存的意思，Stapelrecht 即强制堆栈权之意：外来商人的货物在通过某一城市及其附近之时，于离开之前，要强制留置一定时间（至少三天）以供市民买入。——日注

有必要保护国内手工业生产与批发商生意时，即采取此一政策。有时，也有只允许批发贸易而禁生小零售商的。

君侯之合理的经济政策之萌芽，首见之于十四世纪的英国，此即从亚当·斯密以来所谓的重商主义（Merkantilismus）。

〔重商主义〕重商主义的本质在于把资本主义的营利观点灌输到政治上，国家似乎是只由资本主义企业主所构成。对外经济政策建筑在尽可能占取最大便宜的原则上，尽量廉价买入，高价卖出。其目的在扩大国家对外的支配权力。故重商主义代表了近代权力国家的发展，此种权力国家的形成，直接因素为君侯岁入的增加，间接因素则为人民负担租税能力的扩大。

重商主义政策的前提尽可能开发国内获得货币的资源。不过，若是就此认为重商主义之理论家与政治家把贵金属的掌握与国家财富混为一谈，则是错误的。他们深知纳税能力才是国富的基础。他们之所以千方百计努力把由于通商而有绝迹之虞的货币保留在国内，正是为了增进纳税力。重商主义纲领的第二点（与此制度之特征——追求权力的政策——有不可分离的关系），为尽量增加人口。而为了赡养日增的人口，又必须尽量争取对外的市场。这一点尤其适用于那些最大限度运用国内劳动力的产品，也就是制成品而非原料。最后，为了利用商业的发展以增进国内的纳税力，乃尽量让本国的商人来经营。从理论方面支持此一制度的，则为十六世纪从英国发展起来的贸易平衡说，认为进口值如果超过出口值，国家就会日益贫穷。

英国显然是重商主义的发祥地，实行此一制度的最早迹象可以回溯到 1381 年。在孱弱的理查德二世（Richard）统治时，英国出现了一次货币短缺的现象，国会指派了一个调查委员会，根据具有重商主义特质的贸易平衡概念来从事工作。委员会当时制定了一些紧急措施，包括禁止进口与鼓励出口的规定，不过并非所有的政策皆已采取重商主义的方针。真正的转折点，一般而言，是从 1440 年开始的。以前偶尔采用的两项条文——见之于为了匡正时弊而颁布的许多《雇佣条例》之一——现在则成为原则：（一）规定在英国贩卖商品的外商，应将其所得货币全部换成英国商品；（二）外出营商的英国人，必须以其销售所得的一部分以现金带回本国。以此两个原则为基础，英国逐步建立了直到 1651 年之《航海条例》——用来排斥外国航运的——为止的整个重商主义制度。

国家和资本主义利益结合的这种意义的重商主义，曾以两种形态出现过：

重商主义的第一种形态为阶级垄断的重商主义。这种重商主义的典型，具体表现在斯图亚特王朝及英国国教会的政策上——特别是后来被斩首的劳德大主教（Laud，死于 1643 年）的政策。此一政策希望在基督教的社会主义意义上，将一切人民皆编制为固定的各种阶级，从而建立基于基督之爱的社会关系，它是深为同情贫困者的，这与视一切穷人为懒惰者或无赖汉的清教主义完全相反。实际上，斯图亚特王朝的重商主义着眼点是在谋求国库财政的收入；新兴工业得有国王的特许始能输入原料，而且永远在国王的支配下，以增加国库收入。法国科尔伯特（Colbert）的政策亦极类似，只是没有那么一贯，他希望用保护独占的办法来鼓励产业；就此而言，他与法国新教徒的意见是一致的，因此他反对迫害新教徒。在英国，国王与国教会的政策，由于长期国会[1]

中清教徒的反对，终告失败。他们同英王的斗争，在"打倒垄断"的口号下进行了数十年，因为垄断权多半给予外国人或朝臣，而殖民地又掌握在国王宠幸手中。当时逐渐成长的小企业者阶级——大部分属于行会，虽然也有一些不属行会——起而反对国王的独占经济，长期国会并且剥夺了独占者的选举权。英国人民极端顽固的反"卡特尔"及垄断权的精神，充分显示在清教徒的这些斗争中。

重商主义的第二种形态为民族式的重商主义。它的目的是在有组织的保护现存的民族产业，而非垄断新兴的产业。重商主义所创立的产业，几乎没有一个继续存在到重商时代以后。斯图亚特王朝所设立的，与欧陆诸国及后来俄国所设立的，都同归于消灭，因此，民族式的重商主义并非资本主义发展的起点；在英国，资本主义的发展，与重商主义者的垄断式的国库财政政策，毋宁说是平行发展的。从发展过程来看，事实上，资本主义是在十八世纪斯图亚特王朝的垄断式国库财政政策崩溃以后，得到国会有组织的保护，由一批不依赖国家权力、独立经营的企业阶级发展起来的。这是非理性的资本主义（也就是以国库财政、殖民机会[1]、国家垄断为目标的资本主义），与合理的资本主义（也就是以商人自动找寻有销售服务利润的市场机会为目标的资本主义）之间最后一次的冲突。冲突地点在英格兰银行。英格兰银行为资本主义

---

[1] 虽然许多人认为欧洲近代的殖民主义运动为资本主义发展的重要因素之一——提供资本财及市场，但是韦伯坚决反对此种论调，他认为充其量这只能称为"掠夺式的资本主义"，而与近代的、理性的资产阶级资本主义有极大区别。"由殖民地商业所得之富之集积，对近世资本主义之发展，只有极少的意义。——此与桑巴特所主张相反，而为我们所不能不尽力说明的。的确，殖民地商业使大规模的财富集积成为可能，然并不能促进西方式的〔自由〕劳动力组织……"郑太朴译，《社会经济史》，p.316。——中注

冒险家苏格兰人佩特森（Paterson）在 1694 年所创办，在斯图亚特王朝给予垄断权的情况下出现的。不过，清教徒企业家也参加此一银行。英格兰银行最后一次参与投机的资本主义的事例，是与南海公司有关的[1]。撇开这个冒险事业不谈，我们还是可以看出佩特森及其同伙的势力逐渐消退，而理性资本主义类型的银行会员则渐渐取得优势，这些银行会员都直接或间接出身于清教徒，或者，至少是受了清教伦理的影响。

此外，重商主义所扮演的任务已为经济史上熟知的事实。在英国，随着自由贸易的建立，重商主义便告终结。这是反国教的清教徒——如科布登（Cobden）与布赖特（Bright）——与不受重商主义之支持，亦能独立经营的企业利益者合作的成果。

1　佩特森（William Paterson，1658—1719），英格兰银行创办人。"南海公司"一案发生于十八世纪初，为英国有史以来最严重的金融诈欺案。详见周宪文编译，《William Paterson 的历史与事业——英格兰银行的创办》,《英格兰银行与南海公司》，收入《西洋经济史论集（Ⅰ）》(台北，1982)。——中注

第十七章
资本主义精神的发展

本章译自韦伯《经济通史》第四章第九节。中译本所根据版本及页数如下：《社会经济史》，pp.368—385；*General Economic History*，pp.352—369；《一般社会经济史要论》（下），pp.234—258。

〔一般说法的批判〕认为人口的增加对西方资本主义之发展具有决定性的影响，实为一般习见的谬误。马克思反对此说，而认为各个经济时期有其个别的人口法则。他的说法，一般而言，并非正确，不过就此而言倒是相当妥切的。西方人口之增加以十八世纪初至十九世纪末最为快速。在同一时期，中国的人口至少也有相等程度的增长，大约自六七千万增至四万万（容或有些夸张），差不多和西方人口增长速度相当。然而中国的资本主义之发展，不但没有进步，反而是倒退的。这是因为在中国，人口的增加，是在与西方不同的社会阶层，中国人口的增加主要是出现在类似于西方无产阶级的那个阶层，这只不过是使得外国市场有"苦力"（Kuli，原为印度语，意指邻人或同氏族者）可用；因此，人口的增加只是使中国变成小农密集的国家，至于欧洲人口的增加，一般而言，确有利于资本主义的发展，因为人口如果过于稀少，资本主义或许就无法得到足够必要的劳动力。不过，单只人口增加是不会引起资本主义之发展的。

同样，我们也不能同意桑巴特的主张，以为贵金属的流入，为资本主义发展的原因。的确，在特定的情况下，贵金属供给量的增加会引起价格革命（如 1530 年后欧洲所发生的）。如果在这时能有其他有利条件的配合，例如发展出一种特定形式的劳动组织，则因大量货币集中于特定的社会阶级手中，未尝不会促使其进步。不过，印度的情况，即说明了单是贵金属的流入，是不一定会激发资本主义的。罗马帝国时期，每年有 2500 万以上的银币（Sesterzen）流入印度，以偿付贸易货款。然而这么大量贵金属的流入，只是产生了极小规模的商业资本主义。大部分的贵金属皆藏于印度王公的宝库内，而非铸为货币以创立合理的资本主义企业。由此可知，贵金属的流入会产生哪一种趋向，全视劳动组织的形式而定。新大陆发现后，美洲的贵金属最初是流入西班牙，然而西班牙的资本主义却随着贵金属的流入而退步。结果，一方面是城市自治体的没落，以及贵族商业利益的毁灭；另一方面，由于贵金属使用于战争上，因此，贵金属只是流经西班牙而没有停留，结果是富裕了一些自十五世纪以来已实行劳动组织改革的国家。由此，乃促进了资本主义的发展。

因此，人口的增加及贵金属的流入，皆非激发西方资本主义的主因。资本主义发展的外在条件有：

（一）地理因素。印度与中国的内陆交通，需要巨大运费，因此妨碍了可由商业以营利，并可运用商业资本来创立资本主义制度的社会阶层的发展。相形之下，西方有具内河性质的地中海以及纵横的内河联络，因此可往相反方向发展。不过，这个因素也不能高估。古代文明，如前所述，乃沿岸文明；由于地中海的特性与常有台风的中国（南）海相反，因此，西方古代是有利于商业发展机会的；然而，古代并未出现资本主义。就算在近代，佛罗伦萨的资本主义，也比热那亚或威尼斯发展得更成熟。西方的资本主义是诞生自内陆的工业城市，而非沿海的商业中心。

（二）战争的需求虽也促进了资本主义，但是这并非战争本身的需求，而是因为西方军队为了应付战争的需要所出现的特有的需求。

（三）奢侈品的需求虽亦有利于资本主义的发展，不过这也不是奢侈品需求的本身。在许多情况下，奢侈品的需求反而会产生非理性形式的发展，例如法国的小作坊（atelier），以及日耳曼诸侯宫廷内强制性工人聚落。

归根究底，产生资本主义的因素，乃是理性的持久性企业、理性的簿记、理性的技术及理性的法律。不过，这还不算完全，我们还得再加上：理性的精神（rationale Gesinnung）、理性的生活态度以及理性的经济伦理（rationales Wirtschaftsethos）。

〔难以克服的传统主义〕传统主义（Traditionalismus），视传统为神圣不可侵犯，亦即固守由祖宗传下来的行为（Handeln）与经济生活，乃是各地区一切伦理及由此伦理产生的经济关系的开始。传统主义一直存在到今天。仅仅在一个世纪之前，想利用加倍的工钱诱使西里西亚的农业雇工多做超出原先约定的割草工作，都是徒然的。他只会做原来一半的工作，因为单只付出一半的劳力就能拿到原有的工资。这种不愿且不能改变习惯的现象，正是维持传统的普遍动力。

不过，原始的传统主义可能由于下述两种情况而变本加厉：（一）物质的利益与传统相结合。例如在中国，变更原有的运输道路，或采取比较合理的搬运手段及路线时，就会威胁到某些官员的利益。在西方中古以及近代铺设铁路时，情形亦相类似。官吏、地主及商人对这些利益的关心，决定性地阻碍了传统主义朝合理化方向的发展。此外，影响更强烈的为：（二）因巫术性缘故而导致人类行为的因循化。因为恐惧天降灾殃，因此对于任何想改变传统既定生活方式的事物皆深恶痛绝。在这种反对的背后虽隐藏有某些人的经济利益，然而反对之是否有效，还得看一般人相信巫术的程度而定。

营利欲望，并未能打破这种传统的障碍。认为理性主义与资本主义的现代，较诸其他时代有更强烈的营利欲望，实在是幼稚的想法。近代资本主义的企业者，不见得就比东方的商人具有更强烈的营利欲。不受任何信念、良心束缚的营利欲常导致经济上不合理的结果。像科尔特兹（Cortez，1485—1547，西班牙人，征服墨西哥）、皮萨罗（Pizarro，1475—1541，西班牙人，征服秘鲁）等人，也许是无限制营利欲的最佳代表人物，他们就没有合理经济生活的观念。

如果营利欲的存在是普遍性的，那么有意义的问题就该是：在怎样的情况下能将营利欲正当化或合理化，从而创造出资本主义企业性质的合理制度？

最初对于营利，并存着两种截然有别的态度。对内则信守传统的束缚，亦即受部落、氏族及家族之内同胞关系（Pietät）的束缚。换言之，在这些团体内不得无限制地追求营利，此即支配共同体内部来往关系的"对内道德"（Binnemoral）。对外则视一切外人为敌人，完全不适用伦理的限制，经济行为上则可无限制地发挥营利欲，此即支配对外关系的"对外道德"（Aussemoral）。因此，最初是有对内道德及对外道德的对立。等到在传统团体之内亦须计算，原有的同胞关系已经崩解时，乃出现新的发展。一旦在家族共同体内都必须算账时，即无法进行严格的共产主义经济经营，而淳朴的同胞关系及其对营利欲的抑制乃被排除。这种发展尤其是西方的特征。随着营利原则纳入对内经济的同时，无限制的追求营利也有了某种程度的缓和。结果便是确定营利欲活动范围的有节制的经济生活。

细而言之，则其发展过程各异其趣。在巴比伦与中国，营利欲只要是在氏族之外，即不受任何客观的限制（氏族内部的经济是采取共产主义或合作方式经营的），然而近代的资本主义并未从这些地方产生。在印度，只有婆罗门与刹帝利[1]这两个上层阶级受到营利的限制。这两个种姓的成员是禁止从事某些职业的。婆罗门可以经营饮食店，因为只有他的手是洁净的；但是他如果放债取息，那么就会（跟刹帝利一样）被逐出种姓。相形之下，商人种姓（吠舍）则可如此，而且从印度的商人种姓，我们可以发现在商业上举世无双的狡猾欺骗。在西方古代，只有利率受法定限制，"顾客自当心"（caveat emptor）的原则十足显示出罗马经济伦理的特征；不过，近代的资本主义亦未曾自此发展起来。

最后产生的结论是如下的特殊事实：近代资本主义的萌芽，只能求之于与东方及西洋古代的经济理论截然有别，而且是公开

---

[1] 刹帝利是居住于北印度（以 Rajputana 为中心）的一个种姓。原为武士种姓阶级的刹帝利，现在则变成抱持高超尚武精神的支配性地主阶层。——日注

地、彻底地反对资本主义的经济理论的领域之中。

〔教会的经济伦理〕教会经济伦理的精神，要而言之，可从（或许是）来自阿利乌斯教派（Arianismus）[1] 对商人的一句判语中看出：Homo mercator vix aut numquam potest Deo placere（商人的经营固然无罪，但总非上帝所喜）。一直到十五世纪为止，此一原则仍被视为妥当。其后，在佛罗伦萨，由于经济关系转变的压力，一般人才开始努力修改这项原则。天主教的伦理以及继之而来的路德派伦理，对于一切的资本主义倾向皆深恶痛绝；此一痛恨本质上乃基于对资本主义内部各种关系之非人格化的恐惧。因为这种非人格化的关系会使得一些特定的人类关系脱离了教会的管辖，从而使得教会无法从伦理上对这类关系予以熏陶或改造。领主与奴隶的关系虽然可以直接受到伦理规范的制约；但是抵押债权人与作抵押品的财物间，以及背书人与汇票间关系的伦理化，就算可能，也是极为困难的。由此所导致的教会意见之结果即为，排斥讨价还价及自由竞争的、中世纪的经济伦理，在基于所谓"公平价格"（iustum pretium）的原则下，保证每个人的生计。

〔近代资本主义与犹太人的关系〕破坏此一观念者并非如桑巴特所言，应归之于犹太人的努力。从社会学的角度言之，中世纪犹太人的地位，就像印度的种姓一样，孤零零地生存在一个四周全非种姓制度的世界之中；换言之，他们是一种贱民等级（Pariavolk）。两者之间相异处在于：从印度宗教的来世观而言，种姓秩序有其永恒的妥当性。各人虽然可以通过轮回的方式——

1　阿利乌斯（Arius）为四世纪初亚历山大城的主教。其教义的特征是：耶稣既与父神不同格，也因而不同质，故否定其神性。此一主张在325年的尼西亚（Nicaea）宗教会议中被宣判为异端。——中注

至于时间的长短则视其功德而定——往生于乐土，然此仅限于种姓秩序之内。种姓秩序乃永世不变的，任何人想脱离种姓秩序，即将蒙受万劫不复之祸，被打入地狱（亦即狗粪）之中；反之，犹太人的来世观则认为，在未来世界里所有此世的阶级身份会有一个大翻转。犹太人在此世之所以背负了贱民等级的烙印，是因为其祖先罪业的报应（如《圣经·以赛亚书》所言）[1]，或者是为了世界的救赎（即拿撒勒的耶稣所预定的使命）；只有经过社会革命，他们才能解脱目前的处境。

中世纪的犹太人为一寄寓者民族（Gostvolk），他们立于市民社会之外，不能加入任何城市市民团体，因为他们不能参加圣餐式，因而不能属于联盟。不过，犹太人并非唯一的客族，考尔辛人（Kawers）也是客族，他们是基督徒，与犹太人同样在君侯的保护下，缴纳贡金而享有经营货币交易的权利。不过，犹太人与信奉基督教的寄寓者民族主要区别在于：他们不能与基督徒贸易与通婚。基督教徒本来是乐于接受犹太人的招待，与他们交往的；相形之下，则犹太人一直担心他们的嘉宾会不遵守犹太教关于食物方面的宗教规定。等到中世纪反犹太主义爆发时，宗教会议（Synode）乃警告其信徒勿做有失品位的行为，拒绝参加蔑视基督教徒厚待的犹太人之飨宴。和基督教徒通婚更是不可能的,这从以斯拉（Ezra）

1　现存的《旧约·以赛亚书》，并非出于一人之手，而是不同时代的文书所辑成。换言之，从第一章到第三十九章大体是公元前八世纪的先知以赛亚的原著；第四十章到第五十五章则为巴比伦俘囚期末期（约前549—前538）一位不知名的先知所作，此一部分是为第二以赛亚，剩下的部分（第五十六章到第六十六章）是为第三以赛亚，据说成于俘囚归来后大约前445—前400年之间。——日注

及尼赫迈亚（Nehemia）以来就是如此[1]。

犹太人之为贱民的另一个原因则是手工业者的存在，虽然在叙利亚曾出现过犹太人的骑士阶级，不过犹太人之为农民则纯属例外，因为从事农作与其宗教习惯是无法兼容的。犹太人经济生活的重心之所以完全置于商业（特别是货币交易），宗教习惯的考虑实具有决定性的意义，犹太人的虔信，使得他们认为律法知识的钻研乃是一件奖励，而只有货币交易这个行业，才能使他们更容易同时孜孜不倦地研究律法。此外，尽管基督教会基于反对高利贷的政策严禁货币交易，这个行业终究是不可或缺的，再说，犹太人也不受教会法的管辖。

最后，犹太教本来就维持着对内道德与对外道德分离的二元论；因此，容许他们向非同胞及非亲属的外人收息。这种二元的道德观也导致允许经营经济上不合理的业务，尤其是包税及各种政治上的金融筹措。几百年来，犹太人从这类事务习得特殊的技巧，使他们成为既有用又被人需要的人物。但所有这些皆是一种贱民的资本主义（Pariakapitalismus），而非自西方发展出来的理性的资本主义。因此，在创立近代经济体制的大企业者中，几乎找不到一个犹太人；这种类型的人是基督徒，而且也只有在基督教的地盘上才可能出现。相形之下，犹太人之为制造业者，毋宁是较近代的现象。犹太人之所以对理性资本主义的成立无任何贡献，从他们不参加同业组织此一因素来看，即已可视为当然。即使与

1　以斯拉及尼赫迈亚皆为公元前五世纪时以色列人领袖。波斯人于公元前六世纪取得巴比伦，释放拘留在那儿的以色列人，他们乃分批返回巴勒斯坦，开始重建耶路撒冷，并设法恢复传统的律法与宗教，尼赫迈亚为当时犹太省长，以斯拉则为律法学者，他们严禁以色列人与外人通婚。这些经过皆载于《圣经》的《以斯拉记》《尼希米记》。——中注

行会并存过,例如在波兰,犹太人已以代工制企业或制造业的方式,掌握并组织了大量的无产阶级的地方,他们也无法继续维持。总之,固有的犹太伦理,正如《犹太教法典》(*Talmud*) 所显示的,是一种特别的传统主义,虔敬的犹太人之恐惧任何改革,正如受迷信束缚的原始民族一样的深刻。

然而,就犹太教将反巫术的精神传递给基督教一事而言,则对近代理性的资本主义有重大的意义。除了犹太教、基督教与两三种东方教派(其中之一在日本)外,没有一种宗教具有上述反巫术的特质。此种特质也许是因下述情况而来的:以色列人在迦南看到的是农神巴尔(Baal)的巫术,而耶和华则为火山、地震及疾疫之神;两派教士相互斗争以及耶和华派教士的胜利,使巴尔派教士的丰收巫术受人鄙视,且蒙上堕落与亵渎的污名。犹太教既然是日后基督教之可能出现的因素,而且又给予它基本上摆脱巫术的一种宗教特质,从经济史的观点来看,犹太教无疑完成了一个重大的任务。因为除了在基督教盛行的领域,巫术的支配构成了对经济生活之合理化的一个极其顽强的障碍。巫术使得技术与经济的关系因循化。在中国,着手建设铁道或工厂时,立刻就会与风水术发生冲突,因为风水师要求,在施工之前,必须注意到山林、河川以及墓场的风水,否则将会惊扰到已死祖先灵魂的安静[1]。

印度的种姓秩序亦妨碍了资本主义的发展。一个印度人如采

---

[1] 不过,只要官吏看出有利可图,这些困难就不再是无法克服的。今天他们都成了铁路的重要股东。总之,一旦资本主义已全副武装兵临城下,则没有任何宗教伦理可以阻其破门而入;然而,其之所以能越过巫术的障碍,并不能用来证明真正的资本主义是可以起源自巫术扮演着重要角色的环境。——原注

用新技术，对他而言首先就意味着脱离自己原有的种姓而贬入一个更低的种姓中，由于他相信轮回，这种贬降的直接意义就是他涤罪的机会必须待诸来世。因此，他几乎没有想采用新技术的企图。此外，每一种姓皆视其他种姓为不净，工人连从其他种姓的工人手中接受一碗水都不行，更谈不上在同一工厂内做工了。英国占领印度至今已将一个世纪，才逐渐克服此一障碍。像这样为巫术所束缚的经济团体，显然是无法产生资本主义的。

〔禁欲的新教经济伦理与近代资本主义〕要打破巫术，实行一种合理的生活方式，无论在任何时代，都只有一种手段——此即伟大的理性预言。当然，并非一切预言皆能摧毁巫术的力量，只有经过神迹或其他方式而得**证明**的先知，才能打破传统的神圣秩序。预言已为这个世界祛除了魔魅，而为近代科学、技术及资本主义奠下基础。中国始终没有这种预言，一般所传者——如老子和道教的——皆为外来的。相形之下，印度则产生了一种普度众生的宗教；印度与中国不同，它有伟大的预言。不过，印度的预言是模范式的，换言之，典型的先知（如释迦牟尼）虽然提倡普度众生的生活，却并不认为自己是神派遣来强制执行此种生活的——他只视救赎为一种可以自由选择的标的，凡希求救赎者即须如此生活而已。再说，并非所有人皆期盼涅槃，因此一般人亦可拒绝救赎，只有真正的哲人，由于厌世而想逃避日常生活，才会采取禁欲的决定。结果是印度的预言只对知识阶层有直接的影响，他们变成森林中的隐士或无产的僧侣；至于对广大的群众而言，佛教成立的意义则几乎是全然两样——只不过使他们多了向圣者膜拜的机会而已。因此，出现了一些被认为会创造奇迹的圣者，一般人向他们膜拜供奉，冀望由此善行可得较佳的来世或富贵寿考,也就是此世的福报。故纯粹的佛教仅存在于少数的僧侣阶级中,俗人中并没有形成一种规制生活的伦理准则。佛教虽有戒律,但是和犹太人的戒律不同,它不具有强制性,而只是一种劝告。它的最大功德,一直到今日为止,也只不过是以施舍来供养僧侣的(自然)肉体而已。这样的一种宗教精神绝对无法祛除巫术,充其量也只不过是以另一种巫术来取代罢了。

与印度禁欲的救赎宗教及其对群众影响极少的特色形成对比的,厥为犹太教与基督教。这两个宗教从一开始就是种大众宗教(Plebejerrelgion),而且一直无意改变此一特色。古代教会之所以掀起对诺斯替教徒(Gnostiker)[1]的斗争,正是为了要对抗知识的贵族阶层,以防止他们篡夺了教会的支配权,这样的斗争是禁欲的宗教所常碰到的。这个斗争使得民间巫术只能苟延其残喘,对于基督教在群众间的影响,实有决定性的意义。的确,巫术一直到今日仍未完全被征服,不过它已成为多少含有罪恶或邪魔的东西。在古代犹太人的伦理中,已有此种对待巫术的态度萌芽。此种伦理与埃及人的箴言集和预言集中所显示出来的人世观,颇有类似之处。然而埃及就算有最优越的伦理规则,也是毫无用处,因为巫术仍然存在,例如人死后,只要置一甲虫于死者心房,即能欺

1　一世纪至四世纪时,在罗马、希腊、犹太及埃及等地区,抱持着救赎来自知识而非信仰,因而救赎只有少数思辨的知识人才得蒙受的异端思想——异端的主智主义贵族主义之教理的信徒团,即诺斯替派教徒。此一教理由于是与埃及、印度、犹太等东方诸国的宗教接触后,从中吸取而形成的,因此重巫术。基督教虽然也有取于诸宗教处,并逐渐用于基督教式的表现,然而基督教却从未因此一救赎贵族主义的立场而得出神与物质间之媒介者的结论。站在基督教立场与诺斯替教派激战的最著名人物为圣依伦耐欧斯(St. Eirenaios)。——日注

骗地狱判官，隐瞒生前罪业而往生乐土[1]。犹太教的伦理与基督教一样，完全没有这种诡计。虽然在圣餐礼中，基督教把巫术升华为一种圣典的形式，但是它的信徒并不能像埃及宗教的信徒一样，有逃避最后审判的手段。

如果我们要研究一种宗教对生活的影响，就必须分辨其正式教义与事实上——恐怕是有违教义原意的——祈求现世或来世之善报的方法。同时，更应该分辨拥有最高禀赋者的达人宗教意识（Virtuosenreligiosität）与大众宗教意识（Massenreligiosität），也就是一般善男信女的信仰之间的区别。达人的宗教意识对日常生活只能有典范的意义，其宗教要求虽极高，但并不能决定大众日常的伦理。两者的关系因各宗教而异。在天主教方面，达人宗教意识的要求被视为 consilia evangelica[2]，而与俗人之义务并行，两者之间形成一种独特的结合。基本上，真正完美的基督徒就是僧侣；僧侣的某些德行虽可作为众人日常生活的模范，但并不要求一切皆行僧侣之所为。这种结合的好处在于伦理不会像佛教那样截然分离。僧侣伦理与俗人伦理的分歧，导致宗教上最杰出的人遁出世外形成特别的共同体。

此一现象不仅基督教为然，它毋宁是宗教史上常见的课题，实可说明禁欲苦行的重大意义。禁欲主义意味着贯彻一种确定的、有条理的生活方式。禁欲主义始终是依此意义发挥其作用的。根据禁欲主义所决定的、有条理的生活方式所能导致的惊人成就，

1　参见《死者之书》第三十章。——日注
2　天主教会里福音书所劝诫的诸伦理规范。清贫、守贞、服从是修道院之誓守的德目，亦即诸伦理规范的代表。严守这些规范虽然并不是获得救赎所不可或缺的，然而这却变得像天职般地被自愿自发地加以信守。——日注

可以西藏为例。西藏似乎是被造化判为永久的不毛之地，但是出家的禁欲修行者的共同体，却在拉萨完成了宏伟的建筑，并以佛教的教理教化各地。类似现象亦可见之于西方中世纪。当时，僧侣是首先过合理生活的人，他们努力以规律的、理性的手段，为了达到"彼岸"此一目标而奋斗。钟声只为他们报时，一天时辰的划分也为了他们的祈祷。修院的团体经济是一种合理的经济；在中世纪初期，他们也提供了部分的官吏人才。当威尼斯的共和总督由于主教任命权的斗争，而被剥夺了在海外企业利用教士之可能后，他们的权力也就瓦解了。但是合理的生活态度仍然只限于僧侣阶级。圣方济教会（Franziskan）的运动虽曾想用"第三教团"的制度[1]，将合理的生活态度推广至一般人，但是忏悔制度却妨碍了此一努力。教会以赎罪及忏悔的制度，驯化了中世纪的欧洲；然而正因为可用忏悔的方法取得对已犯罪过的宽恕，反而缓和了中世纪的人由于教会伦理规范所唤起的责任自觉与罪恶感。有条理的生活态度的统一性与严格性实际上就此被破坏了。教会在对人性的认识中，并没有洞察到个人有一个封闭的、统一的伦理人格，而执着于下述看法，即认为个人虽经忏悔的告解与严峻的赎罪，终将在伦理上再度堕落；换言之，教会的慈惠是普及义者与不义者的。

　　宗教改革与此制度作断然的决裂。路德的宗教改革取消了

1　相对于出家修行的修道士团体（修士为第一教团，修女则为第二教团），第三教团（dritten Orden）是指从事世俗职业的俗人（不分性别）所组成的教会团体。虽以俗人为其成员，此一教团仍有一定的规诫、服装，且与第一、二教团的成员有密切联系。第三教团的制度是自十三世纪以来，为了将修院精神带入世俗世界而创设的，而以圣方济教会的最为成功。——中注

consilia evangelica，而导致双重伦理，即有普通拘束力的伦理与只适合特别人物的达人伦理的分歧消失。出世的禁欲苦修至此告一段落。以往，道心坚定的宗教人遁入修院苦行，现在，他们不得不在"此世"实践修院中的苦行。新教的禁欲宗派为了在"此世"实践禁欲主义而制定了适当的伦理：虽然不再要求独身，但是婚姻也不过只是个合理的生育儿女的方法；虽然不再要求守贫，但是也不容许以财富来作沉溺的享乐。所以法兰克（Sebastian Franck，1499—1543，日耳曼宗教思想家）说："你们以为自己已自修院逃出，但今后，各人应毕生守着僧侣的生活。"这句话总结了宗教改革的精神。

禁欲精神这种转变的深远影响，在新教禁欲宗教精神的发祥地迄今不衰。这在美国，明显地呈现在教派的重要意义上。国家与宗教虽已分离，可是直到十至二十年前，银行家或医生要在某社区定居或与他人缔结契约时，都会被询问到底属何宗教，而且是否能成，也得看他的答案而定。任何一个人要加入某个教派前，都要接受严格的品行调查。隶属于一个不接受犹太人那样区分对内与对外道德的教派，无疑是业务上诚实无欺的保证，这种保证反过来又是成功的保证，因此而有"诚实乃最佳之策"的原则。教友派、洗礼派（Baptist）、美以美教会（Methodist）等教徒亦不断重申"神佑信者"的经验律，换言之，"不信神者即如隔道而行互不信任；当他们要做生意时，却又跑来找我们；敬神乃最为可靠的致富之道"，这绝非仅是口头禅，而是宗教精神与非始料所及的一些意外结果的结合。

的确，财富的获得既然是由于敬神，这就不免陷入进退维谷的处境，它与中世纪修院所经常陷入者极为类似：亦即是宗教行会导致财富，财富导致宗教行会的（因堕落而）崩溃，崩溃之后又有重建的需要。卡尔文派曾设法以"人只是上帝赐予人的一切事物的管理者"此一概念来解脱这个难题，卡尔文派禁止享乐，可是也不许遁世，而以理性的共同合作来克服、统制"此世"为各人的宗教任务。由此思想而产生了我们今天的"志业"（Beruf, calling）一辞，只有受到新教的圣经译本影响的语系才能见到。它赋予根据合理的资本主义原则而进行的、理性（营利）行为的价值，将其视为履行上帝所交付的使命。归根究底，这也是清教徒与斯图亚特王朝对立的基本因素。两者的行动皆受资本主义的支配，但是在清教徒看来，犹太人尤其是一切受人憎恶的事物之化身，因为犹太人与宫廷宠幸一样，专门从事战费贷款、包税、卖官等既不合理也不合法的业务[1]。

志业观念的发展，很快地给予近代的企业者以及勤勉的劳动者一种迷思性的良心观。企业者利用救赎的希望作为报酬，来诱使其雇工苦行式的献身于他们的"志业"，并接受资本主义的无情剥削；这种对救赎的期望，在教会纪律对于个人整体生活之控制到达无法想象的程度的一个时代，是具有完全不同于今日的现实性的。天主教与路德教会也都有（且实践）他们教会的纪律。不过在新教徒的禁欲团体中，则能否参加圣餐团体却要视其道德是否圆满而定，而道德的圆满又与其业务上的正直互为表里，信仰的内容反而是不加过问的。这样一种强而有力，且又是高度精巧洗练的、用来熏陶资本主义人的个性的组织，为其他任何教会、

---

[1] 虽然必须有所保留，不过，一般而言可用犹太人的资本主义是一种投机性的贱民资本主义，而新教徒的则为奠基于市民劳动组织的这种说法，来区分它们。——原注

任何宗教所没有。相形之下，文艺复兴对资本主义的所有贡献都微不足道了。文艺复兴时代的艺术家埋首于技术问题，而且是第一流的实验家，他们将实验从艺术与矿业引入科学的领域。在世界观方面，文艺复兴虽大大影响了统治者的政策，却没有能像宗教改革那样，变更了人类的精神。十六世纪与十七世纪初的一切伟大的科学发现，均出自天主教的地盘。哥白尼是个天主教徒，而新教徒的路德及梅兰希顿（Melanchthon）对他的发现都持否定态度。因此，我们实不应毫无异议地将科学进步与新教混为一谈。天主教会固然也经常阻碍了科学的进步，但是新教的禁欲教派除了日常生活所必需者外，一般而言，对纯粹科学皆无兴趣。不过，另一方面，使技术与经济能利用科学却也是新教的特殊贡献。

形成近代经济人性格的宗教根底早已枯萎；"志业"的观念在今日世界已只不过像个残渣（caput mortuum）。禁欲的宗教心已为一种悲观的却绝非禁欲的世界观所取代，甚至连个人的罪恶，就像曼德维尔（Mandeville）[1] 在《蜜蜂的寓言》中所描述的，在某些情况下也会有益于公众。随着各教派原有的巨大宗教感化力的烟消云散，在经济伦理的领域中，接续新教禁欲主义而起的是，相信个人的利害皆可以调和的、启蒙运动的乐观主义。这种乐观主义是十八世纪后期及十九世纪初期的君侯、政治家及作家的指导原则。经济之伦理观是出现在禁欲理想的地盘，然而现在却已脱离其原有的宗教意义。只要还能给予劳动阶级救赎的希望，他们就有可能安于其命运。这种慰藉一旦幻灭，则在社会内部正不断

1　Bernard de Mandeville（1670—1733），原为荷兰人，后移居英国，著名散文家、哲学家。最重要的作品即为《蜜蜂的寓言》（*The Fable of the Bees*），曾经修订过数次，主要论旨为：只要动机是出自私心，则一切行为皆为恶，然而其结果却往往有益于群体。——中注

成长的紧张,将日趋严重。这个转折点即出现在初期资本主义告终,正迈入钢铁时代黎明期的十九世纪。

第四篇　城市

第十八章
城市的概念与类型

本章译自韦伯《经济与社会》第二部第十六章第一节。中译本所根据版本及页数如下：*Economy and Society*，pp.1212—1236；《都市の類型学》（世良晃志郎译），pp.3—71。

〔经济概念的城市：市场聚落〕"城市"此一概念可有许多不同的定义，所有这些定义的唯一共同点如下：城市是相对而言封闭的聚落，而不仅仅是一些分散的住所的集合体。通常在城市中——不过也并不仅限于城市——的房子彼此盖得非常接近，今日而言，差不多都是墙接墙了。另外与"城市"此一名词相关的概念是纯粹数量上的：它是个**大的**场所。就此而言，这个概念还算严谨。用社会学的说法就是：城市是个住所空间封闭的聚落，这样形成的区域是如此广阔，以至于城市以外地区邻人间来往密切的特色，在此极为缺乏。不过，如以此一定义为准，那么就只有非常大的地区才够格称为城市，而各个不同的文化，由于其条件各异，我们就得判定聚落要到多大，人际间缺乏交往的情形才会突出。许多地区在过去虽具有城市的**法律**性格，却没有上述特征[1]。相反的，今天的俄国有许多乡村，其居民可达数千人，比起许多古老的"城市"——例如在德国东部的波兰人聚落，往往只有几百人——要大得多。因此，仅凭数量上的大小显然是不足以决定的。

如果我们尝试采取一个纯粹经济角度的定义，那么城市就是一个其居民主要是依赖商业及手工业——而非农业——为生的聚落。不过，把所有此类地区都称为"城市"，显然也并不得当，因为这在概念上就必须包括常见之于亚洲及俄国，那些由经营某种单一（实际上也是世袭）的行业的氏族团体所构成的聚落——"工艺乡"。因此，另一个特征或许是，经营的行业必须有某个程度的多样性。不过，就算这一点也不见得就适合作为一个决定性的要素。经济的分工可以从两种途径产生：宫廷的出现，或是市场的出现。封建领主特别是君侯的宫廷可以构成一个中心，其经济或政治的需求会鼓励手工业生产的专业分工化以及货物的交换。例如，一个领主或君侯的"庄宅"，附带有一个由匠人及（负有纳贡与服务义务的）商人所组成的聚落，尽管其范围可能很大，我们还是不会称其为"城市"。虽然有许多重要城市的确是源自于此类聚落，而且为君侯的宫廷提供产品对于住在此种"君侯城镇"的居民而言，长久以来一直是他们收入的重要——如果不是最主要的——来源。

1　中世纪末的日耳曼地区据说约有四千个（具有法律性格的）城市，不过其中（1）人口从一万到四万的"大城市"约有三十个；（2）人口从两千到一万的"中型城市"也不过二百到三百个，这两者加起来还不到总数的十分之一。其余占十分之九的城市是（3）人口在三千以下（有时是五百以下）的小城市，这些小城市只不过是因为君侯承认其具有作为"城市"的法律上的特权，而实际上它们和"村落"并没有什么不同。——日注

当我们提到一个"城市"时，还必须加上另一个特质：在聚落内有一常规性而非偶然性的交易货物的情况存在，此种交易构成居民生计不可或缺的成分，并满足他们的需求，换言之，一个市场。然而，同样的，并非每个"市场"都会将其所在地转化为一个"城市"。为了长途贸易设置的定期市集及市场，在那儿，行商在一定的时间里聚集起来，以便彼此交易大量、小额商品，或卖给消费者。这样的市集或市场经常出现在我们会称其为"村落"的地区。

　　准此，只有在地方上的人民可从当地市场中满足其日常需求中经济上相当重要的一部分，并且，可从市场上购得的物品中，相当大的一部分是由当地人民（或邻近腹地的人民）特别为了市场销售而生产（或从他处取得）的条件下，我们才能用"城市"一词——就其经济层面而言。故此，一个城市永远是市场中心：它拥有一个市场，构成聚落的经济中心，在那儿，城外的住民及市民（基于一既存的专业生产的基础）以交易的方式取得所需的手工艺品或商品。城市——不管其与乡野有何结构上的差异——最早通常既是一个领主（或君侯）的居所，**同时**又是一个市场，因此拥有两种类型的经济中心："庄宅"及市场。通常，除了经常性的地方市场外，城市也可能有为长途行商所举办的定期性市集。因此，城市——就我们此处所用的名词——本质上是个"市场聚落"。

　　市场之所以能存在，经常是由于领主或君侯的让步及予以保护的诺言。这些政治权力者之所以愿意如此做，一方面是他们对于远商市场所能经常提供的外地商品及工艺品、厘金、护送费及其他的保护费、市场税及法律诉讼规费（市集上常有诉讼事件）极感兴趣；另一方面，他们也许希望可以从居住在此一聚落而有缴税能力的匠人和商人，以及围绕着市场兴起的聚落所带来的地租那儿获益。从这些机会所得收益的重要意义在于，这些都是货币收入，可以增加领主贵金属的窖藏。

当然也有城市与领主或君侯的住所没有任何关系——甚至连地理位置都不接近。这样的一个城市可能源自于坐落在一个适当转运点上的纯粹市场聚落，其基础或者是非当地的领主或君侯所颁给的特许状，或者是来自利益团体自己所僭取的城市权利。一个聚落的经营者也许可以弄到一份特许状来建立一个市场并招募居民，这是西方中世纪常见的例子，特别是在东欧、北欧及中欧，那儿的市镇是经由审慎有计划的约定建立的，类似的情形偶尔也可见之于其他许多地区与时代。不过，城市并非一定要附着于君侯的宫廷或由他给一份特许状才能兴起，反之，它也可以由一些团体来建立，这些团体或者是入侵者、航海武士、商人或——最后——有兴趣扮演中介人角色的原住民；在西洋古代早期，此种情形屡见于地中海沿岸，中古早期也有。这样的城市可能是个纯粹的市场。不过，两种情况的并存——既是大君侯或领主家产制的家计[1]，同时又是个市场——还是较常见的。作为城市经济中心的领主宫廷，可以有两种方式来满足其需求；或者主要是通过自然经济的方式，利用劳役、实物赋税以及加诸当地附庸工匠与商人身上的服务义务来达成；或者或多或少地通过市场交易来供应，宫廷可说是当地市场最重要主顾。后面一种关系愈是显著，城市的市场机能就愈居领导地位；以此，它就不再只是贵族"庄宅"

1　有关家产制的定义，见《支配的类型》，pp.328—335；家产制下家计的负担方式，见
　　pp.332—338。——中注

的附属物（虽然有个市场），而转变成一个市场城市。通常，起源自"君侯城市"的城市的扩张（量方面）及其重要经济性的成长，是随着王侯的宫廷、大的城市封臣的家计以及附属的重要官员、逐渐利用市场来解决其需求的趋势齐头并进的。

〔三种类型："消费者城市"，"生产者城市"与"商人城市"〕所谓"君侯城市"指的是，城市的居民直接或间接地依赖宫廷及其他大家计的购买力维生，此种城市类型相似于另外一些城市，定居在那儿的工匠及商人的经济机会主要也得看城里大消费者，即"坐食者"[1]的购买力而定。这些大消费者的类型非常多，依他们收入的种类及来源而定。他们可能是官员，消费的是合法或非法得来的钱，也可能是庄园领主或政治上有力量者，在城里消费他们乡间地租收入或其他更依赖政治力量取得的收入。两种例子里的城市都非常类似于"君侯城市"，"君侯城市"里大消费者的购买力主要是依靠家产制及政治的财源。北京可说是一个官僚城市的例子，农奴制度废止以前的莫斯科则可算是一个靠地租收入的消费者支持的城市。

我们还得把上述这些城市跟另外一种看起来相当类似的城市区分开来，在这种城市里，**市区**地租——奠基于市区土地"黄金地段的垄断"——是集中在城市贵族的手中。这种类型的城市曾普遍存在于许多地区，特别是西洋上古（从开始到拜占庭时期）以及中世纪。从经济上而言，这种城市并非一个"坐食者"类型的城市，而是一个商人或生产者的城市（视环境而定），至于那些

---

1 "坐食者"意指依靠地租、资本利息或其他定期收入（不包括薪俸等需要靠实际劳动才能得到的收入）生活的人，有"不劳而获者"之意。——中注

租金或可算是一种贡金，是拥有房地产者自那些积极从事经济活动的人身上榨取来的。不过，尽管这种城市在概念上有别于另一种其消费者的收入不仅来自城市本身资源的城市，我们也不该就此忽略了两种类型间的历史关系。

最后，大消费者也可以是在城市消费其企业收入的"坐食者"——其收息来自证券、专利权或股利；消费能力因此是来自基于资本主义或货币经济的资源。阿纳姆（Arnhem）[1]可说是个典型的例子。收入的来源也可能是政府的养老金及公债利息，例如像威斯巴登（Wiesbaden）那样的"养老城镇"（pensionopolis）[2]。像这些以及其他许多类似的城市，我们或可称之为"消费者城市"，因为在这些城市里，各种类型大消费者的存在，对当地生产者及商人的经济机会具有举足轻重的地位。

相反的，下列的城市则可称为"生产者城市"。在这样的城市里，人口的增加以及他们的购买力取决于——如埃森（Essen）或波洪姆（Bochum）[3]——建于当地（提供城外地区所需物资）的工厂、制造场或销售企业而定。这是现代的类型。在亚洲、西洋上古、中古的此类城市则依赖当地的手工业，它们将产品运销外地市场。当地市场的大消费者是企业家，如果他们住在当地的话（通常并不如此）；至于工人及艺匠则是大众消费者。另外一些大消费者则来自商人与当地地主，他们本身则由城市生产行为间接维持。

1　荷兰城市，莱茵河下游的交通要冲。其广大的郊外地区是去印度殖民地者归国后所喜好的住处。——日注
2　位于 Mainz 北方的德国疗养胜地，处处有温泉，气候温和。——日注
3　埃森是位于德国西北部鲁尔工业区的中心城市，其钢铁工业尤富盛名。波洪姆位于埃森的东方，也是工业城，以盛产石炭著名。——日注

除了"消费者城市"与"生产者城市"外，我们还可另外再区分出一种"商人城市"，在这种城市里，大消费者的购买力是来自下列几种收益：（一）转运外地产品至当地市场零售，例如中世纪时的毛料商；（二）转售当地产品——或者至少是当地制造者所得之产品——至外地，例如汉撒同盟的城镇[1]。（三）转售外地产品至另一地区，不管在此一过程中是否有在当地交易，即所谓"中继商业城"。所有上述活动经常都混在一起：历史上地中海沿岸国家的"康曼达"以及"海外贸易公司"（societas maris）的契约要点即在：外出营商的人（tractator）负责将本地货物运到东地中海沿岸地区的市场销售，至于购买本地货物所需资金则全部（或部分）由当地资本家供给（虽然这个外出的合伙人经常也可能是空船而往），销售所得再采购东方货物回本地卖；经营所得则由外出商人与提供资金者依契约条款分享。因此，商人城市的购买力与税收，就像生产者城市一样（而与消费者城市相反），是依赖本地的经济经营。航运及输送业以及许多大小不等的次级活动之经济机会是与商人的经济机会紧密结合的，虽然只有在当地零售业的情况下，这些利益完全是依靠当地市场来获得，至于在长距离的贸易里，相当可观的一部分利益就得从海外市场获得。类似的情形在现代城市也很普遍，现代城市是国内（或国际）金融家、大银行的所在地，例如伦敦、巴黎、柏林，也可能是大的合股证券

---

[1] 1230 年，卢比克（Lübeck）与汉堡结盟，协议商业合作事宜。其后百年，以卢比克为首的汉撒同盟势力逐渐扩大，完全控制了波罗的海和丹麦海峡，而组成一个强大的商业城市联邦，德国北部重要城市及海港皆为其成员。——中注

公司及企业组合的所在地,例如杜塞尔多夫 (Düsseldorf) [1]。的确,在今天这种情况比以前更常发生,那就是一个企业大部分的利润会流向其他地方,而非生产设施所在的地区。另一方面,所得之中愈来愈大的部分是消费在郊区,以及(愈来愈多)乡间夏日别墅与国际观光旅社,而非所得者企业总部所在的大都会中。伴随着这些发展的是,市镇中心日渐萎缩成只是个商业区——"市区"(Citystädte)。

此处我们并无意更进一步探讨有关概念的区分及具体化的问题——这得要有一套严密的城市经济理论。我们也无须再强调现实生活里的城市几乎是各种类型的混合,因此只能就个别城市中居于主导地位的经济要素来分类。

〔城市与农业的关系〕历史上,城市与农业的关系绝非清楚而单纯的。曾经有过(现在也还有)"农业城市"(Ackerbürgerstädte)的存在,这样的城市是个市场中心及典型市区行业的所在地,因此与一般村落截然不同。然而在这样的城市中,相当多的市民生产食物以供自己消费,甚至供应市场所需。当然,一般而言,城市愈大,其居民就愈不可能拥有足够的农地以供应所需食物,也不太可能拥有一般典型"村落"所有的牧地与林地的使用权。中世纪时日耳曼最大城市科隆,显然从一开始就几乎完全没有"共同用地"(Allmende),这在当时几乎是任何一个正常的村落所有的。不过其他日耳曼以及外族的中世纪城市,至少还有相当面积的牧地及林地可供市民使用。而且愈往南方(或者上推到古代),在市

---

1 位于德国西部,莱茵河下游的城市。除了工业之外,也是控制鲁尔工业区的商业中心点。——日注

镇的范围（Weichbild）内出现大量农耕地的情况就愈常见。今天我们认为一个典型的"城里人"就是不生产自己食物的人，如果这是正确的话，那么在西洋上古时期，大部分典型城市（poleis）的情形恰正相反。我们得了解在古代——与中世纪相反——一个拥有充分权利的城市"市民"，正是基于下列事实：他拥有一块"份地"（kléros, fundus，以色列则称为 helek）[1]——一块具有完全权利的耕地来供养自己。西洋古代的"市民"实际上是"农耕市民"。

大商人拥有农耕地则甚至更普遍，不管是在中世纪（南欧比北欧更盛），还是古代。不管在古代或中古的城邦，都可以发现大土地所有，有时且散布在极广大的地域。这些土地有时是在强大城市自治当局官方政治的（甚至是领主制的）支配下，有时则在个别的上层市民之领主制的控制下。例如，米太亚得家族（Miltiadēs）[2] 在克什尼兹半岛（Chersonese）所拥有的领地，或者像中古城市贵族政治性及领主式的占有，例如热那亚格里马尔迪家族（Grimaldi）[3] 在普罗旺斯（今法国南部）及海外的领地。然而，一般而言，这些个别市民城外的产业及其领主权并非城邦本身经济政策考虑的对象。不过，当土地所有者是属于城邦中最有力的

---

1 kléros 在希腊文原意为"签"，一般说法认为最初的共同体系以抽签来分配土地，引申而为"份地"，拥有份地乃是成为完全公民的重要资格。罗马人则称为 fundus。——中注

2 米太亚得为公元前六至五世纪希腊僭主皮西特拉特斯（Pisistratus）时代的雅典政治家。由于远征土耳其的克什尼兹半岛，且在此处殖民，而成为此地的僭主。后来在马拉松打败波斯军的同名的米太亚得（Younger Miltiades，前 550—前 489）即其外甥。后者后来也统治了克什尼兹半岛。——中注

3 格里马尔迪为热那亚的贵族，出身于普罗旺斯东部的里维拉。除了商业与航海的资产外，并且是教皇党的指导者之一，在政治上与军事上占有有力的地位。自十三世纪末以来——除了若干时期中断外——一直是摩洛哥的支配者。——日注

望族集团（Honoratioren）[1]，且其获得及保有这些产业实质上也是间接得力于城邦的协助的情况下，就会出现一种独特的混合的关系——这些产业**实际上**受到城市的保护。反过来，城邦的统治团体，在这种情况下也可分享这些产业政治及经济的利益。在过去，这种例子极为普遍。

〔经济发展阶段之一的"城市经济"〕作为工业与贸易担纲者之城市，与作为粮食供应者之乡野间的关系，构成此一称为"城市经济"（Stüdtwirtschaft）复杂现象的一面。城市经济可说是介于"家计自给经济"（Eigenwirtschaft）与"国民经济"（Volkswirtschaft），或者一串类似的概念性的"阶段"之间而又与之并列的一种特别的经济阶段。不过，在此一概念下，与经济**政策**有关的范畴是与纯粹经济的范畴混在一起的。之所以采取此一概念是因为，单只聚集一群商人与匠人，且以固定的市场来满足日常生活所需，并不就是个完备的"城市"概念。如果一个封闭的聚落与乡野不同之处**仅**在于依赖农产品的程度，或者（并非同件事）非农业所得与农业生产的比重以及市场的存在，那么我们所谈的是工匠或商人聚落与市场村落，而非"城市"。同样的，除了住屋聚集在一起外，城市与村落的区别也不能只限于其为一个经济团体（Wirtschaftsverband），有自己的地产与收支预算，因为村落也可以有这些，不管其间质的差异有多大。最后，下述的这个特质也不是只有城市——至少在过去——才有；那就是除了是经济团体外，它还是经济统制团体（wirtschaftsregulierender

---

1　"名门望族"，参见《支配的类型》，pp.440—443。——中注

Verbände）[1]。因为在村落，我们同样也可发现经济的统制：在强制性的共同规则（Flurzwang）下耕作、牧地的规则、禁止木材及干草的运出，所有这些都构成了像这样一个团体的经济政策。

　　并非只靠有规制这一点，就可以区分过去的城市与其他类型的聚落，我们还得看规制的性质：规制性经济政策的对象与特有的施政范围。"城市经济政策"（Stadtwirtschaftspolitik）里大多数的措施是基于此一事实，那就是限于过去的运输条件，大多数的内陆城市都必须依赖其邻近腹地的农业资源（这当然不包括沿海城市，正如雅典及罗马的粮食政策所证明的），腹地天生就是城里大多数行业的市场，最后，在这种地区性的自然交易中，城市也提供了——如果不是唯一，至少是相当惯见的——粮食的市场。这样的经济政策更进一步得考虑下列事实：此即绝大多数非农业性的生产是技术性的手工业，以一种缺乏专业化，无资本（或资金薄弱）的小店方式经营，雇用数目受到严格限制而具有长期学徒训练经历的职工，这样的经营采用——套个经济学的词汇——"计薪"或"计价"的方式为顾客提供服务[2]，正如当地零售商的销售也是接受顾客预约的一般。具体的"城市"经济政策企图要稳固化的就是城市经济中这些自然天生的情况，其手段则是利用经济规制来确保食物供应的稳定与便宜，以及工匠及商人的经济机会。不过，正如我们所该了解的，经济规制并非城市经济政策的

1　见本书第一章。——中注
2　所谓"计薪制"，是由顾客提供原料；"计价制"则由制造者自备原料及工具。这些名词是 Karl Bücher 提出的。见《经济与社会》第二章。——英注
　　见本书第六章。——中注

唯一目标，而且即使在历史上某段时期曾有过，也不见得就会一直存在。其完全成熟的发展只出现在手工业行会取得政治支配权力的时期。最后，我们也无法证实它是所有城市发展过程中的必经阶段。不管怎么说，这种**经济政策**并不能被视为**经济发展**过程中的一个普通阶段。我们所能说的只有如下：城市地方市场代表了一种"交易经济"的形态，对立于"庄宅"式的"无交易"内部经济；前者有存在于农业社会生产者与非农业生产者及当地商人间的交易，私人性的顾客关系，低资本额的小店；后者则从附属的专业化的生产单位（通过有计划的分配）取得所需劳役及贡租，并由庄园来整合所有这些活动。城市中交易与生产关系的**规制**所代表的形态，对立于"庄宅"经济下从属各单位间活动**统合**的形态。

〔政治——管理概念下的城市〕在这些考察里，我们得用到像"城市经济政策""城市领域"及"市政当局"这些名目的事实，说明了"城市"的概念可以（也必须）从——截至目前我们所用的——纯粹经济以外的一些范畴来分析，易言之，即政治的范畴。十分可能的情况是，城市经济政策的推动者也许是个君侯，而城市及其居民皆在其政治支配的地域内。在此情况下，不管一个具体的城市经济政策何时存在，它是**为**此城市及其居民设定的，而非**由**城市本身设定。然而，情况并不一定就如此，就算如此，城市在某个程度上也仍然还是部分自主的团体，一个"共同体"

(Gemeinde)，有其独特的管理与政治制度 [1]。

在前面讨论时所用的经济概念的城市，务必得与政治管理概念下的城市清楚区分开来。只有在后者意义上，才能与一特别的城市领域联系起来。一个聚落可以从政治管理的角度认定为一城市，虽然在经济意义上不能如此。某些中古聚落虽然具有法定"城市"的地位，其居民生计的十分之九（甚至更高）却来自农业，远超过许多法定地位为"村落"的地区。当然，介于此种"农业城市"与"消费者""生产者"及"商人"城市之间的界线可说是全然模糊不清的。不过，有些聚落之所以与村落有行政上的区别并被视为"城市"，那是因为所有这些聚落有一点，即土地所有权的性质，通常与行之于村落者不同。从经济上来说，这是因为城市房地产是个特殊的赚钱基础：土地所有权对房屋所有权而言，其重要性只不过是附属的。不过，从行政的观点来看，城市房地产的特殊地位最主要是因为其与各种分殊的收税原则有所关联。然而，对政治管理概念下的城市具有决定性的要素，是与城市原有的传统有密切关系，这一点就全然与纯粹的经济分析无关：此即在过去的城市——不管是西洋的古代、中世纪、欧洲及其以外地区——同时也是一种特殊的**要塞**与**镇戍**。目前的城市已完全失

---

1 Gemeinde 一词普通的用法包含两种意思：(1) 在国家之下多少是自治的公共团体，特别是"地方公共团体"，(2) 抱持共同的信仰的"宗教性团体"。韦伯的用法原则上不外如此。不过，就前一种意思而言，韦伯也将希腊的"城邦"及罗马初期的同盟市等非隶属于国家、而本身毋宁就是"国家"的团体以"共同体"的概念来掌握。这两者共同的特色是：两者都具有"团体"的性格，换言之，就城市而言，相对于非市民的"市民"概念的形成，此一团体为包括**全体市民**的构成体；此外，它们拥有完全（但或多或少受到限制）的"自律性"及"自主性"。相应于 Gemeinde 的第二种含意，韦伯广义地用来指一般的卡理斯玛型支配团体（因此包含军事的、其他非宗教的卡理斯玛的场合），狭义的则指宗教的团体。——日注

去此一特征，而且，即使在过去，此一特征也非普遍存在。例如，日本的城市就不是。因此，有人也许会跟拉特根（Rathgen）[1]一样，怀疑在日本根本就没有行政意义的"城市"。相反的，在中国每一个城市都围有巨大的城墙。然而，在中国许多农业聚落同样也一直都有城墙，虽然就行政意义而言并非城市（在中国此点意味着——我们稍后会谈到——这些聚落并非官府所在地）。在地中海某些地区，例如西西里，我们发现没有人生活在城墙之外，甚至农人亦如此，此一现象是由于几个世纪来治安不佳的结果。相反的，在古希腊斯巴达城邦则非常显著地没有城墙，但另一方面，它又是最明确意义上的"卫戍地"，他们蔑视城墙，正因为整个斯巴达就是一个永久且开放的军营。虽然我们尚无法确定雅典人有多久没有城墙，不过在卫城（Acropolis）[2]有一个岩城，或许除了斯巴达以外，所有希腊的城市都有城墙。同样的，Ekbatana[3]及Persepolis[4]也是周围聚落环绕的帝王城堡。城堡或墙，不管什么样的，通常都是东方、古代地中海及中古城市不可或缺的一部分。

1　Karl Rathgen（1855—?），德国法学者，曾到日本东京大学讲授行政法与政治学，归国后担任马堡（Magdeburg）大学教授。著有多本有关日本的著作：《日本的国民经济与国家财政》（*Japans Volkswirtschaft und Staatshaushalt*），1891；《日本人及其经济发展》（*Die Japaner und ihre wirtschaftliche Entwicklung*），1905；《日本人的国家与文化》（*Die Staat und Kultur der Japaner*），1907，等等。此外，此处的意见是引自 K. Rathgen, "Gemeindefinanzen" in "Verein für Sozialpolitik"（1908—1910）；*Allgemeine Verfassungs und Verwaltungsgeschichte*, 1911。——日注

2　希腊城邦之核心建造成丘垒，通常有城壁圈绕，或有城塞。此外尚有神殿、剧场，有时包括行政官厅，是城邦的政治、宗教中心。城邦的聚居是以此为中心点，大体上可以看出城邦在军事上的强烈关注。——日注

3　古代米底亚王国的首都，传说王宫有七重城壁围绕。米底亚王国灭亡后，此处成为波斯王国的夏都。——日注

4　波斯帝国时代的王宫所在地。王宫为要塞所巩固。于公元前330年为亚历山大大帝所烧毁。——日注

〔要塞与镇戍〕城市既非唯一亦非最古老的要塞。在有争议的边疆地区以及长期战乱时，每个村落都筑起城堡。在易北河及奥德河（Oder）流域一些经常受到攻击的地区，早期似乎还具有民族风格（沿着道路伸展的）斯拉夫人村落（Strassendorf），转变成四周封闭的村落（Rundling），这样的村落只有一个可以锁上的出入口，到了晚上，牛群即由此出入口赶到村落中心。另一种形式的要塞——四周绕有壕沟及土堆的山丘避难所——也遍布世界，例如以色列人的约旦河以东地区及日耳曼：无武装的人们及其牛群可以在那儿避难。亨利一世（Henry I，神圣罗马帝国皇帝，876—936）在日耳曼东部的所谓"城市"，也只不过是有计划兴建的此类要塞。在盎格鲁—萨克逊时代的英格兰，每一个郡都有个镇（burh），郡名即以镇名为准，至于守卫及镇戍的义务则由某些人或某些土地来负担，这可说是最古老具体化的"市民"负担。这些要塞在平时并非空无一人，而是由一支长期性的卫戍部队或酬之以金钱或土地招募来的"镇民"（burgmen）驻守的，此一现象极类似梅特兰（Maitland）从盎格鲁—萨克逊"镇戍城市"所发展出来的"镇民"（burgesses）即居民的理论。burgess 此一名称来自其政治及法律的地位，就像特殊化的"镇民"土地及房产的法律本质是取决于其所有者有维持及防卫城堡的义务。

然而，要塞城市的最主要先驱，从历史上看来，并非有栅防的村落，亦非紧急避难时的城堡，而是领主的城堡：堡中住有领主及其武士，武士是以官员或个人随从的身份从属于领主，此外还有其家人及仆役。

军事城堡的兴筑非常古老，无疑要早于战车及战马。战车曾于某个时期在世界各处主导了骑士及君主战争方式的发展：《诗经》时代的中国,《吠陀经》时代的印度[1],埃及与美索不达米亚,《圣经·士师记》时代（公元前一千年）的迦南及以色列,荷马史诗时代的希腊,以及埃特鲁斯坎人（Etruscan,古代意大利民族）、凯尔特人（Celts,爱尔兰、苏格兰早期民族）与爱尔兰人的时代。同样的,筑城及以城堡为基地的诸侯制度也遍及世界各地。早期埃及数据中有关于城堡及城堡支配者的记载,我们差不多可以肯定这些城堡起初就像许多小诸侯的住处一样。在美索不达米亚,领土王国发展之前——根据最古老的资料——尚有一个以城堡为基地的诸侯时代,就像《吠陀经》时代的西印度,或者（可能）最早祆教经典（Gathas）时代的波斯（公元前六世纪）所有的。在北印度的恒河流域,在政治分裂时期,城堡显然是遍布各地的:古老的刹帝利阶级（kshatriya）——根据资料所述,具有独特的介于君主与贵族之间的地位——显然是以城堡为据点的诸侯。以城堡为基地的诸侯制也存在于基督教化时代（998）的俄国,图特摩斯（Thutmose,前1500年左右）王朝时代的叙利亚、以色列联邦时代（Abimelech）[2],甚至从古老的中国文献也可以相当确定早期此一制度的存在。希腊及小亚细亚的沿岸城堡必然也存在于世界各地,正如到处都曾有过海盗一样:我们几乎可以确定克里

1　《吠陀经》（*Veda*）是婆罗门教圣典的总称。由梨俱吠陀、沙磨吠陀、夜柔吠陀、阿闼婆吠陀四部分构成。《吠陀经》被认为是在前1500—前250年渐次写成的,因此吠陀时代大概就是指此一时期的古印度时代。——中注

2　注意以色列人之联邦（Bund-, Eidgenossenschaft）的概念通常含有与耶和华之"契约"（berith）的观念。Abimelech（亚比米勒）是出现于《圣经·士师记》第九章的士师时代人物。他以七十舍客勒银子"雇了些匪徒跟随他……将他弟兄七十人都杀了",以此而被立为王,三年后失去民心,被一个女人投以石块,头盖骨碎裂而亡。与本文有关的是士师记第九章第六节与第二十节出现的"millo",为"城塞"之意,而亚比米勒即为城塞侯。在韦伯看来,亚比米勒是典型的一位僭主。——日注

特岛上无城堡防卫的王宫是兴建于一个极罕见的治安良好的短暂时期。在伯罗奔尼撒战役（前431—前404，雅典与斯巴达的战争）中极具关键地位的提西利亚(Decelea)堡垒[1]，原先也是贵族的城堡。中古时期贵族之争取政治自主权的发展，在意大利是随着城堡的兴建开始的，北欧封臣的独立也是随着大量城堡兴建而开始的；冯贝罗（Von Below）提醒我们注意，即使是较近代，在日耳曼一带个别家族是否属于地区性的贵族阶层（Landstandschaft），还得看这个家族是否拥有一个城堡而定——就算这个城堡只不过是个最破败的废墟。的确，拥有一个城堡就意味着对周围乡野的支配。唯一的问题是谁来掌握城堡？这有可能是城堡领主自己，也可能是个骑士的联盟，也可能是个统治者——他可以依赖值得信任的封臣、家士（ministeriales）来掌握，或者派官吏去负责。

〔要塞与市场合一的城市〕在其发展为一特殊政治组织的初级阶段，要塞城市或者自己就是个城堡，也有可能是包含有（或邻近）一个城堡、国王、贵族或一个骑士联盟的堡垒。这些领主或者就住在堡中，或者在堡中驻守一支军队——由佣兵、封臣或附庸组成。在盎格鲁－萨克森时代的英格兰，在一个"镇"里（burh）拥有一栋武装住宅（haw）[2]的权利，是通过特许状方式颁给邻近乡野某些地主的，正如在西方古代以及中古时期的意大利，贵族除了其乡间的城堡外，在城中也有房子。以"镇民"（burgenses）身份，

1　Decelea 位于雅典东北方约二十公里处，是阿提喀（Attica）地区的军事要冲。斯巴达人于伯罗奔尼撒役时（前413）侵入此一要塞，直到战争终了时始终保有此处。因此，此一战役的最后阶段又被称为 Decelea 战争。——日注

2　haw 是源于古英文 haga（＝hedge）一字的中世纪英文，表示有墙垣、防栅围绕的家之意。——日注

城堡的居民就住在城墙外缘，有时是所有居民，有时则仅有其中某个特殊阶层的人，他们对城市的军事领主负有确定的军事职务。这些职务也许包括筑城与维护、守卫、防御及其他军事服务，例如传令及镇戍的后勤补给。在此一例子中，镇民之所以被视为其身份团体的成员，乃因（而且也只到此程度）其参与了城市的军事团体。梅特兰在有关苏格兰的研究中，极为明晰地点出此一层面："镇"中的房子是为一批人所拥有，这些人的主要任务在维持防务；**这点**构成了其与村庄不同之处。城市市场从君主或领主保证的"市场之和平"得益之处，与军事性的"市镇之和平"是平行的。和平化的城堡与城市的军事—政治中心：一方面有操练场与军队（因此也是市民）的集合会场，另一方面则是城市和平化的经济市场，两者经常是以二元的方式并存的。当然，两者的场地并非都是分开的，雅典的 pnyx 就比 agora 要晚得多[1]，agora 原先（可能）既是经济交易场所，**同时**也是政治及宗教活动的场所。然而在罗马，comitium 与 campus Martius 两个集会场所一直是与经济性的 fora 分开的[2]。中世纪时，西拿（Siena）[3] 的 piazza del campo（中古时期骑士竞技的广场，一直到今天，城市各区每年的竞赛仍在此地举行）

1　就语源而言，agora 包含"人群的集合""人群集合之地"的意思，指的是古希腊都市中心的广场。既是市场，也是市民日常生活的中心：市民白天群集此处讨论政治、学术与闲话家常。Pnyx 位于 Acropolis（意指高地城）西侧的低丘上，是雅典人集会场所，据说最初建于克莱斯提尼（Cleisthenes，公元前六世纪，雅典民主政治的真正创建者）时代。——日注

2　最初 fora 是经济交易进行之处，其东北方的 comitium 是人民大会和法庭召开的地方；到了公元前三世纪时，人民大会则于 fora 举行，而市场则于公元前 184 年迁移到建在 fora 西南方的 basilica 去。Capous Martius 是罗马诸小山丘间的一处平地，为军队集合、训练的场所，并于此召开军事会议（comitia centuriata）。——日注

3　意大利中部托斯卡纳地方的城市。——日注

是在市政厅正前方，与厅后的 mercato 市场区分开的。相类似的，在伊斯兰教城市中，kasbeh（军营）是与 bazaar（市场）分开的；在印度南部，政治性的"望族（honoratiores）城市"与经济性的城市是不在一起的。

　　镇戍、要塞政治性市民与平民、经济上积极活跃分子之间的关系经常是十分复杂的，不过对城市制度史却有其根本的重要性。下述这些关系倒是十分清楚的：（一）不管哪儿有城堡，工匠就会来到——或者被引入——以满足领主及武士家计所需；（二）军事宫廷的购买力及其所提供的保护不断地吸引商人来此；（三）再者，领主本人也有意吸引这些人来，因为他们可协助他取得货币财源——不管是征贸易及手工艺税，经由投资与他们合作，自己从事贸易，还是根本就垄断这一切；（四）沿岸城堡的领主，由于拥有船只或港口，永远都可以从"海上运输"（seaborne）——不管是暴力劫掠或和平贸易——取得其分内所有。领主的随从及封臣在他的同意下，也可以分享这些营利机会，此种同意有时是自愿的，有时则是被迫的——因为领主得靠这些人对他的支持。从早期的希腊城市塞利尼（Cyrene）所发现的一个花瓶上的图案，我们可以看到国王在帮忙秤 silphion（当地输出的一种特殊植物），此外，最早的埃及资料亦载有下埃及的法老拥有一队商船。

　　我们可以在世界各地——特别是在沿海地区（不限于城市），因为那儿的商人较易控制——发现一个发展过程，此即定居武士家族对于参与贸易所得利润的兴趣会逐渐增加，维护此一利益的权力亦然，最后自然妨碍到城堡领主或君侯的垄断权——如果有的话。这种情况一旦发生，君侯的地位通常即会被削弱为"同侪中第一人"（primus inter pares），最后甚至可能降至地位几乎完全平等的城市"门阀"（gentes）之一员，靠推举产生，任期很短且权力受到极大限制。在此情况下，他得与其他"豪族"分享城内土地，共同参与和平的贸易（个人参与或只是投资，在中世纪通常是以"康曼达"的形式），或甚至是海盗劫掠及海上战争。此一过程——即政治统治者的身份逐渐转变成只有一年任期的官员——出现在从荷马时代以来的古代地中海沿岸城市；极为类似的情况在中世纪早期，亦发生过几次。例如威尼斯共和国时期总督制的演进，在其他典型的商业城市（那儿敌对党派的组合变化甚大），类似的发展则须视城市的领主是个皇家的伯爵、子爵、主教或其他种类的贵族而定。在这种场合下，我们必须区分城市的资本主义式的贸易利害关系者（商业金融家及古代早期与中古早期的典型的"名门望族"），与一直介入商业活动的实际"经营者"（严格意义的商人，不管是本地还是外来归化的）。尽管这两个阶层经常有彼此混合的趋势，概念上的区分还是得注意。关于这些，我们稍后将再论及。

内陆地区河道及商路的起点、终点或中间站，例如巴比伦，也可以成为有类似发展的地区。在那儿，神殿祭司或城市的祭司长有时会形成对城堡或城市世俗君侯的挑战。广受崇拜的神祇的神殿区对不同民族间的贸易提供宗教性的保护（因此是没有政治保护的），以此，在其荫庇下，会出现类似城市的聚落，其经济的维持得靠神殿的财源，就像君侯城市得靠君侯所得贡金来维持一样。

为了得到货币的收入，君侯对于给予工匠及商人特权，让他们寻找脱离其宫廷独立而可以缴税的职业，是会有兴趣的；然而此一兴趣在何时以及到什么程度才能超过他原先的兴趣——即充

分利用直属劳动力的生产来满足需求以及亲自垄断贸易——则得
视个别情况的环境而定。当他以授予特权的方式来吸引外地人，
他也必须考虑到定居当地的政治与领主制下从属者的利益，以及
（极其重要的）他们付税与提供服务的经济能力。在这些发展变数
中还得加上一个，那就是“支配团体”的政治—军事结构，城市
的建立或发展是靠这个团体的。这些因素导致了某些现象，我们
得先讨论。

　〔“共同体”与“市民”：a. 西方共同体的特色〕并非所有经济
性意义的城市，或是所有其居民曾拥有政治—行政意义上一种特
别身份的要塞，在历史上都曾经形成一个“共同体”（Gemeinde）。
只有在西方，才出现大量的城市共同体（就此词之完全意义而言）。
近东（叙利亚、腓尼基，或者还可加上美索不达米亚）同样也有，
不过只是种短暂性的结构。其他地方有的只是雏形。要发展成一
个城市共同体，聚落至少得具有较强的工商业性格，而且还得有
下列特征：（一）防御设备；（二）市场；（三）自己的法庭以及——
至少部分是——自主的法律；（四）团体性格（Verbandscharakter）[1]
及与此相关的；（五）至少得有部分的自律性与自主性，这点包
括官方的行政，在其任命下，市民可以某种形式参与市政。在过
去，此种权利几乎都是以“身份”（Stand）特权的形式出现；因此，
在政治性定义里，城市的特征就是一个特别的“市民”身份团体
的出现。

---

[1] 对外根据一定的规制而被限定或封闭的社会关系，在下列情形下，称之为“团体”
（Verband）：有一个指挥者及视情形而定的管理干部（Verwaltungsstab），他们特别是以
上述社会关系之秩序的实施为其行动的目标，借此保证秩序的维持。此种社会关系不论
其为共同体关系（Vergemeinschaftung）或者结合体关系（Vergesellschaftung）。——日注

〔"共同体"与"市民"：b. 缺乏共同体特色的东方城市〕我们得注意，如果严格遵守上述定义的话，那么，即使是西方中古的城市也只有一部分够格——至于十八世纪的更只有最小的一部分——称得上真正的"城市共同体"。然而亚洲的城市，除了（可能）某些非常单独的例子外，就我们所知，完全不适合此一标准。当然，它们都有市场，也有防御设施。在中国——日本则不然——所有大的工商业地区，以及大多数较小的地区，都有防御设施。埃及、近东及印度类似的市镇亦一样。在这些国家里，较大的工商业城镇经常也有自己的法庭管辖区。在中国、埃及、近东与印度，大政治团体的行政当局都是位于这些城镇的——此一论断，严格说来，**并不**适用于大多数中古早期的典型西方城市，特别是北欧的城市。然而，亚洲的城市并没有像西方那样有一套特殊的适用于"市民"的——由于他们是城市共同体的成员——实体法或诉讼法，也没有由"市民"做主任命的法庭。唯一大致类似的情况是在行会或（印度）种姓制度的例子里，当一个城市的居民主要（或完全）由此一行会或此一种姓的成员所组成时，他们也许会发展出特别的法律及自己的法庭。不过，从法律的观点而言，这些团体之所以完全集中在城市，纯粹是偶然性的，而且也不重要。在亚洲，城市基本上没有自治的行政，就算有，也只是些残余。最重要的，城市的团体性格以及"市民"（burgher）的概念（相对于乡野人而言）从未存在于亚洲城市，就算有，也只是些萌芽罢了。中国的城市居民，法律上而言，只是他的氏族（因此也就是他的原籍村落）的成员，那儿有他崇拜祖先的祠堂，通过祠堂，他得尽心维护自身所属团体。相似的，在俄国，尽管一个村落共同体的成员已在城市中赚取其生计，从法律角度来看，他还是个"农民"。印度的城市居民——除了上述的情况外——还是他所属种姓的成员。

当然，市镇居民通常也是当地职业团体的成员，属于在城市特定地区的行会及手工业组织；他们同时也是城市行政区——里、坊，地方当局据此划分市区——的成员，以此身份，他们有明确的职务，有时甚至有某些权利。城市的里或坊——以一个集合体的方式——可以个别地为居民的安全及其他治安的目的而负起赋役式（liturgical）的责任。以此目的，它们也可能组成共同体，有民选的官员或世袭的长老，例如在日本，我们就可发现市坊自治行政体系中有一个或数个民事行政代理人（町奉行）。然而，亚洲的市镇居民并没有具备类似西方古代及中古"市民"的特殊身份，亚洲的城市也没有像西方那样的法人的性格[1]。亚洲的城市，整体而言，的确也构成一个单独的行政区，就如同西方中古梅洛林与卡洛林王朝统治区域的城市一样。然而，与西方中古及古代形成强烈对比的是，在东方我们从未发现城市——即以工商业为主，且相对而言较大的聚落——的居民对当地行政事务的自主性及参与的程度，会超过乡村。事实上，一般而言都比不上的。例如在中国，长老会议在村里实际上是最有力的，因此地方的道台还得与其

---

1 "具有法人性格的人群组合，有两种方式。其一为'社团法人'（Korporation, corporation），其组合的成员限定在一确定的范围内，而组合成员的改变原则上必须是根据纯私法律则的权利继承，或者经由一定的理事会或成员集会的议决。只有通过以上两种途径之一而成为成员的人才被赋予权利，而组合的管理在法律上则是根据成员的委任。其二则为'机构'（Anstalt, institution）：基本上与'合作社'（Stiftung, endowment）相类似。机构并没有组织性的成员组合，而只有代表它的机关。机构的成员负有义务但新成员的加入与既有的成员之意见无关，而是依据一定的客观规则或此机构的机关之规定。此外，机构的成员，例如学校里的学生，对于此一机构的管理没有任何的影响力。"见《经济与社会》，p.707。——中注

合作[1]，尽管此一组织在法律上并无地位。印度的村落共同体同样也拥有广泛的权限，俄国的"密尔"在其辖区内几乎可以完全自治，此一现象一直到亚历山大三世（1845–1894）推动官僚制时才有所改变。近东全域，长老（以色列称为 zekenim）——原先为氏族长老，稍后则为贵族氏族长——是乡村聚落及当地法庭的代表与行政人员。在亚洲的**城市**，此种（村落自主的）情况绝不可能发生，因为城市通常是高级官吏或君侯的治所，因此是直接置于其卫士的监督下。亚洲的城市是君侯的要塞，因此是由君侯的文武官员（以色列称为 sarim）来管理，君侯也拥有所有的司法权。官吏与长老二元的统治系统在以色列的王政时代表现得很清楚。在官僚制的王国，国王的官吏永远可以占到上风的。当然，他并非无所不能；实际上，他时常得考虑到人民的意见，甚至有时到了令人惊讶的程度。具体来说，中国的官吏在面对地方团体（氏族与职业团体）——当他们就某一个别的问题组成联合阵线——时，显得十分无力；而一旦他们真的联手起来反对，官吏就得去职。捣蛋、杯葛、罢市及罢工，是工匠及商人习惯用来对抗官吏压迫的手段，而对官吏的权力有所制约。不过，这种限制的性质全然不清楚。另一方面，行会及其他职业团体也有某种权限，不管是在中国或印度，或者至少是如此要求，因此官吏得与他们商量。这些团体的首领有时甚至拥有可以控制非团体成员的强制性力量。不过，正常而言，这些只不过是一个**特殊**团体对有关其团体具体利益的**特殊**问题所拥有的权限或实际权力。然而，通常说来，亚

1　地方长官，在清代负责管理一省之内的粮储、盐法、驿递、兵备、海关和巡守等事务，以及监察各府县的政务。——中注

洲的城市不存在有类似西方可以代表市民的共同体（例如市参政
会）。真正意义的城市市民，以及更具体些，特殊身份资格的市民，
在亚洲城市是不存在的，不管是在中国、日本或印度；至于在近东，
也只有发育不全的萌芽状态。

　　日本的身份结构是纯粹封建式的[1]：武士（骑士）与下士（步
行的侍从）是和农人、商人与工人相对立的阶级，部分的工人与
商人则组成职业团体。然而，并没有"市民"（Bürgertum）的观
念，就像没有"城市共同体"的观念一样。中国在封建时代也一
样。不过，自从中国进入官僚制度支配时期，我们即发现"士"
（literati）——根据所通过的科考而拥有各种不同的功名——与"无
识者"（illiterate）阶层的分化；在经济上有特权的商人行会与工
匠职业团体亦出现于此时。然而，在中国，同样也没有"市民"
与"城市共同体"的概念。不管在中国还是在日本，"自治"只是
个职业团体及村落的特色，而非城市的。在中国，城市是个要塞
及皇权代理人的治所；日本则连这种意义的"城市"都完全没有。

　　在印度，城市也是王城所在或行政官员的治所，同时也是要
塞与市场中心。我们同样也可在那儿发现商人行会与种姓制度——
在相当大的程度上——是与职业团体重叠的，两者皆拥有相当的
自主性，特别是在立法及司法的范围内。不过，印度社会里世袭
的种姓结构，以及其在职业上宗教性的隔离，妨碍了"市民"与"城
市共同体"的出现。虽然也有些商人种姓组织，相当多的工匠种
姓组织以及无数的次种姓组织，这些团体却不可能等同于西方的
市民，它们本身也不可能联合组成类似西洋中古职工统治的城市，

1　见《支配的类型》，pp.363—365。——中注

因为种姓的藩篱妨碍了任何种姓间的友好合作关系。不过，值得注意的是，当伟大的救赎宗教出现时，事实上我们的确可以在印度发现行会在其世袭长老（shreshtha）领导下，在许多城市合并为一个团体；直到今天，在某些城市还有此一现象的痕迹，例如亚美达巴得（Ahmedabad）[1] 就是由一个共同的城市长老来领导的，类似西方中古城市参政会主席。在大的官僚制国家出现以前一段时期，也有一些城市在政治上是自主的，由一个当地贵族统治，此一贵族类似于那些在军中服务的家族。不过，所有这些在稍后即差不多完全消失：宗教性种姓阶级障碍的胜利，破坏了行会团体；君主官僚制与婆罗门的合作则将所有这些萌芽期的发展一扫而空，只有在印度西北部还有些残余。

在近东及古埃及，城市是要塞或拥有皇家市场特权的官僚行政中心。不过，在大领土国家的支配时期，这些城市没有自主性、自治组织及一个特权的市民身份团体。在埃及中王国时期，我们发现有官职封建制，在新王国时期则有官僚化的书记行政。"城市特权"是赐予在那些地区以封建方式或俸禄方式持有官职权力者（就像在中古时期的日耳曼，此一特权是赐予城市主教的），而非赐予一个自主的"市民"身份团体。就目前所知，甚至连初步的"城市贵族"都尚未形成。

相反的，在美索不达米亚、叙利亚以及——特别是——腓尼基，我们可以发现在早期就有以海上贸易及队商贸易中心为基础发展起来的典型城市王国，有时是宗教性的，不过一般而言还是

---

[1]　恒河中游的城市，水陆交通要冲，古印度教的圣地，以残存着阿修卡王的石柱而闻名。

——日注

世俗性的；稍后，在战车发挥威力的时代，我们则发现——也是典型的——"市政府"（在特莱尔—阿玛那文书中称为 bitu）[1] 里豪族家庭的崛起。迦南一带城市联盟其实就是住在市镇的战车武士阶层的联盟组织（Einung）[2]，这个武士阶层以债务奴隶及主客关系役使农民，就像早期希腊城邦时代一样。美索不达米亚的情况似乎也类似，那儿的"豪族"——即拥有土地且享有完整权利的市民，他们具有足够的经济力量来服兵役——与农民是区分开的，主要的城市都经由国王的特许状取得豁免管辖及自由。然而，随着军事王国力量的扩张，那儿城市所有的特权也就随之消失。稍后，在美索不达米亚再也找不到政治上自主的城市、西方式的市民阶层，以及一个与王法并行的特殊的城市法。只有腓尼基人还维持有一个在土地贵族——他们投资贸易——支配下的城邦。带有 ám Sôr 及 ám Karthadašt 铭记的腓尼基货币，很难用来证明泰尔（Tyre）与迦太基由"人民"（demos）来支配，就算真是如此，应该也是较晚的时期。

在以色列，犹太（Judah）成为一个城邦。然而在国王统治下，早先负责市政的"长老"（zekenim）——贵族氏族长——权力即

1　Tell-el-Amarna 是埃及法老 Ikh-n-Aton（前 1369—前 1353 年在位）为了崇拜 Aton 神而舍弃旧都底比斯另建一新都 Akhet-Aton 的现今名称。Tell-el-Amarna 文书为十九世纪在此地王宫附近的文库中被发现的法老外交往复文书。"在 Tell-el-Amarna 文书中，可以看到 Ikh-n-Aton 时代，除了拥有守备队、仓库、武器库的法老的封臣诸侯及总督之外，在比较大的城市里，存在着居于 bitu 支配之下，与埃及之支配相敌对而进行独自之政策的城市定居者阶层"（Max Weber, *Gesammelte Aufsätze zur Religionssoziologie*, Bd. Ⅲ, S.17）。——日注

2　所谓 Einung 是指同身份者或同职业者之间为了维持治安的目的，或者城市市民相互之间，依据誓约协议团结所成立的团体。与 conjuratio、Schwurgemeischaft（誓约共同体）大略同义，原来用以指称中世纪时的用语。——日注

被剥夺；武士（gibborim）成为国王仆从及士兵，而就在大城市——与乡村相反——行政开始由国王的官员（sarim）来负责。一直要到俘囚期以后，在一个宗教性隔离的基础上，"聚会"（kahal）或"同胞爱"（cheber）才形成一个制度，然而这时已是在一个祭司门阀的教权制支配下。

〔"共同体"与"市民"：c. 前共同体时期的贵族城市——麦加〕然而，也就是在这个区域——地中海沿岸及幼发拉底河流域——我们首次发现与西洋古代城邦类似的现象，其发展阶段接近克洛迪亚氏族移入罗马时（公元前五世纪）罗马城发展的状况。支配权一直是掌握在城市贵族手中，他们的权力奠基于得自贸易的货币财富，并将之投资于土地不动产、债务奴隶以及骑士战争的军事训练。贵族经常卷入彼此间的内部斗争；另一方面，其氏族也可能分布在几个城市，并形成地区间联盟。这些贵族团体的领袖或许是个国王（同侪中第一人），或许是"士师"（schofetim）[1] 及"长老"（zekeni），其地位则类似于罗马贵族领袖的"执政官"（consules），这些贵族团体一直担心会出现一个由雇佣而来的亲卫军所支持的卡理斯玛战斗英雄（例如 Abimelech, Jephthah, David）[2]，攘夺了他们的权力并建立僭主制。不过，截至大希腊化时代之前，当地始终未进入此一阶段，就算有，也非永久性的。

阿拉伯沿海城市在穆罕默德时，似乎曾经步入此一阶段；在伊斯兰教城市里，只要城市的自治权及其贵族没有完全为大领土

1　韦伯用以指称卡理斯玛战斗英雄（有时亦同指卡理斯玛式制法者）。——日注。

2　Abimelech 见 p.209 注 2；Jephthah 为《圣经·士师记》第十一章中具有代表性的士师之一；David（前 1010—前 970）为继扫罗之后的以色列的第二个王，其事迹见《旧约圣经》之《士师记》第十一章以下、《列王纪上》第一、二章、《历代志上》第十章以下。——日注

国家的王权所摧毁的话，此一阶段就会持续下去。然而，西方古代及东方的（城市）情况，尽管是伊斯兰教的统治，也还经常存在。我们发现此地的城市贵族家庭在面对皇家官吏的情况下，保持着大致上不太稳定的自主权。贵族权力的支柱是财富，来自城市的经济活动，通常这些财富又会投资于土地及奴隶。贵族的权力虽然得不到法律的正式认可，君侯及其官员还是得加以考虑，就像中国的道台得顾虑村落氏族长、商人行会及其他城市组合的阻挠。然而，不管怎么说，这种豪门氏族的力量一般而言并不一定会导致城市凝固为一分离且独立的组织；实际上，另一方向的发展反而是经常发生的。

我们将举例说明。阿拉伯的城市，譬如麦加，在整个中世纪甚至一直到最近，是典型的氏族市镇。根据胡格隆杰（Snouck Hurgronje）[1] 的生动描述，麦加城是被"地区"（bilads）所环绕着的：被许多个别"华族"（dewis）——哈萨尼（Hasanid）氏族或阿里（Ali）其他后代的豪门氏族[2]——的领主庄园所包围。不同氏族的庄园交错分布，居住在里面的有农民、佣客及受保护的附庸（Bedouins）[3]。任何能证明自己为穆罕默德的"后裔"（sherifian）的氏族即可成为"华族"。麦加当地的"长官"（sheriff）自从 1200 年以来即由

---

1 Christian Snouck Hurgronje（1857—1936），荷兰的东方学学者，其主要著作有：*Het Mekaansche Feest*, 1880; Mekka, 2Bde., 1888/9; *Verspreide Geschriften*, 6Bde., 1923—1927。——日注
2 阿里为第四代哈里发（656—661 年在位），先知穆罕默德的堂兄弟。Al-Hasan 为阿里之子，哈萨尼氏族即其子孙中的一族。——日注
3 Bedouins 为阿拉伯兼游牧民的总称。阿拉伯人分为拥有固定居家过着定居生活的 hazar 及过营帐生活的 árad。árab 又区分为在沙漠周边放羊与山羊过活的 shwája 与深入沙漠以饲养骆驼为主的 badawi。badawi 译为欧语即 Bedouins。——日注

阔塔达（Qatadah，穆罕默德女婿阿里后裔之一，1201—1221 年为麦加"长官"）家族成员出任，名义上此一"长官"必须由伊斯兰教君主哈里发（caliph）[1]的总督——经常是奴隶出身的人，在拉席德（Harun al Rashid）[2]统治时，曾经是个被解放的巴巴尔人（Berber）[3]奴隶——来任命，实际上，"长官"是由住在麦加的"华族"族长从够资格的家族成员中挑选的。由于如此，氏族长（Emir）[4]是住在城里的，当然，这一方面也因为住在麦加城可以有机会来敲诈那些朝圣者。在这些氏族长之间通常有某种"结合"，亦即维持和平及分赃的协定。不过，这种"结合"随时都可能破裂，由此而引起的械斗也会蔓延到城郊，由奴隶组成的军队也参加。战败者则被放逐。尽管有械斗，存在于敌对氏族间的共同体利益，由于必须面对外敌，还是保留了下来：胜利者，除非威胁是来自其本身氏族成员的叛变，否则他得遵守规范，赦免被放逐者家人及佣客的财产与生命。

较为近代的阶段，麦加城内有下列官方权威：（一）土耳其人

---

1 哈里发的意思为"阿拉之使徒的后继者"，是伊斯兰教团（国家）之最高权威者的尊称。原来哈里发身兼世俗的、非宗教的权威于一身，不过在十世纪时世俗的权威不再为哈里发所拥有，而转握于苏丹之手。尔后即成立哈里发与苏丹的教俗两权分权制。大约直到十六世纪，奥斯曼王朝君主的治下，分立的两权才再度统合起来，成立苏丹—哈里发制。——日注

2 763—809 年，阿拔斯王朝（750—1058）〔即唐代所称的黑衣大食〕的第五代哈里发（于786—809 年在位），其母为 Berber 人出身的后宫奴隶 al-khayzurān。拉席德虽然数次远征各地，然而他对于产业、文化等方面甚为用心，再创了阿拔斯王朝及伊斯兰教史上最著名的王业。——日注

3 分布于尼罗河以西整个北非的人种。七世纪以后，阿拉伯人侵入此地，Berber 人就改信伊斯兰教，又被称为摩尔人（Moor）。——日注

4 Emir 原来是意指具有"命令权者"的阿拉伯语。具体而言，被用来指各式各样的称号。例如：用来指"军事指挥官"之意，Emirel-Mu'nin（信徒的 Emir）则是哈里发的称号。在本文中，是"氏族长"，特别是阿里一族之族长的意思。——日注

所设立的合议制行政会议（mejlis），不过基本上只是个形式；（二）
实际有效的权威是土耳其的总督，他取代了早期"保护主"（lord
protector，在以前通常是埃及的统治者）的地位；（三）四个分属
正统教派的卡地法官（kadis），都出身麦加贵族，由"长官"任命
或"保护主"提名，其中最重要的一个——代表萨非教派（Shāfi）——
数百年来都出自同一家族[1]；（四）"长官"，他同时也是城市贵族团
体的领袖；（五）工商行会，其中最重要的是朝圣"行业"的行会，
其次是肉商、谷商及其他；（六）市场的场主。由于没有确定的权
限划分，这些权威当局在许多地方都互相竞争。在诉讼案件中，
原告都会选个最能有利于他的当局，或者是可以给予被告最大压
力的当局。总督永远无法防止人民向卡地法官提起诉讼，只要案
件牵涉宗教法，卡地就会全力争取。"长官"则为本地人视为真正
的权威当局，特别是在所有牵涉附庸（Bedouins）及朝圣队商的事
务上，总督完全要依赖他的合作。最后，跟其他阿拉伯地方一样，
在城市里，贵族团体具有决定性的重要地位。

　　九世纪，当吐鲁尼德家族（Tulunids）与萨发利德家族在麦加

---

[1]　所谓正统教派，指的是相对于 Khārijiya 派、al-Murji'a 派与 Shi'ah 派的 Sunna 派。
　　Sunna 原来是"言行"——特别是教祖穆罕默德之言行的意思。Sunna 派即是承认被公
　　认的六大"传承"——相传为教祖的言行——的一派。然而其他诸派也有此类传承，只
　　不过 Sunna 派之所以为正统，是除了承认上述"公认六传承"与乌列马学者之一致见解
　　的约束力之外，特别还承认第一代到第三代哈里发的正统性。此外，Sunna 派也必然属
　　于四大法学派（Hanifa、Mālik、Shāfi、Hanbal）的其中之一。本文中所指的四个卡地法
　　官即此四个法学派的代派。"卡地"为伊斯兰教团的裁判官，负责管辖特别是关于宗教
　　法的事件。如众所知，韦伯将重视实质公道与凡是以功利主义为目的而无视于法律行政
　　之形式的合理性裁判，称之为"卡地裁判"（Kadijustiz）。——日注

城中巷战时[1]，最富有的行会（肉商及谷商）所采取的立场可以决定战斗的结果，这使我们想起西方城市的发展。相反的，在穆罕默德时代，只有贵族古拉叙（Quraysh）[2] 家族所采取的态度才有任何军事及政治的重要性。虽然如此，麦加从未形成行会支配的情况。城市贵族的奴军——用（朝圣行业）所分得的利益来维持——应该不只一次确保了这些氏族的优势支配地位，就像中世纪意大利的城市，权力经常会集中在骑士家族的手中——军事力量的掌握者。麦加从未有过那种可以促使城市结合为统一体的组织，这点形成麦加与西方古代的"聚落城邦"（synoikized poleis），以及（甚至）中世纪最早的意大利"城市共同体"（commune）之间最具特色的差异。然而，尽管如此，我们还是可以认为这些阿拉伯城市的情况——删除掉那些具体的伊斯兰教质素，或将之转换为基督教的类似要素——对西方的城市而言，特别是共同体组织出现**以前**的海上贸易城市，是相当典型的。

关于亚洲及东方，具有"城市"经济特征的聚落，所有可靠的资料似乎都指出，通常只有氏族团体——有时也有职业团体——才是有组织行动（Verbandshandeln）的担纲者，而从未有过类

1　吐鲁尼德家族是以 Tūlūn 为始祖的一族。Tūlūn 乃是阿拔斯王朝第八代（833—842）的近卫兵指挥官，原为奴隶出身。Tūlūn 之子 Ahmad b.Tūlūn 后被任命为埃及的知事，握有军事、财政大权，后来遂以其地建立独立的吐鲁尼德王朝（868 年），并渐次夺取了叙利亚、巴勒斯坦的主要部分。萨发利德家族是以 Dja'far b.Abi Tālib——穆罕默德之兄弟、阿里之兄——为始祖的一族。——日注

2　北阿拉伯 Kinana 族的一个支族。五世纪初，在 Qusayy 的率领下夺取了麦加的支配权而定居下来，分为十个氏族支配了麦加宗教、政治与经济。其中以 Umayya 氏族最为有力（Umayya 王朝即属于此一氏族），然而哈希姆（Hashim）氏族自从出了个穆罕默德以来即不断伸张势力，其后此两大氏族的势力争夺对伊斯兰历史的发展产生了重大的影响。阿里家族与阿拔斯家族也都是出自于哈希姆氏族。——日注

似城市市民团体的事物。转换过渡的情况当然是有的，不过此一断言对于最大的聚落——有时拥有数十万，甚至上百万居民——还是正确的。在中古基督教的君士坦丁堡，"市坊"的代表（市坊同时也提供竞技的费用，就像后来西拿的赛马一样）是推动党派形成的行动者，查士丁尼皇帝在位时的尼卡（Nika）之乱，就是这种地区性党派分裂的产物[1]。至于中世纪伊斯兰教时期的君士坦丁堡——一直到十九世纪——商人的行会及团体则为唯一的市民利益代表。除此之外，还有纯军事性团体（例如 Janissaries 与 Spāhis）[2]，以及宗教性团体（例如 Ulemas 与 Dervishes）[3]，却没有一个共同性的市民团体。拜占庭帝国晚期的亚历山大城的情况也大体近似，至少除了互相竞争的支配力量外（大主教依赖其非常坚强的僧侣的力量，总督则有一支小卫戍部队为后盾），只

1　东罗马皇帝查士丁尼（482—565，在位期为527—565）。在形式上，他是于叔父 Justinus（518—527 年在位）死后才继任帝位，实际上他在其叔父治世之初即掌握了统治的实权。为了对抗先帝 Anastasius I.（491—518）的单性论，遂相对于 Anastasius I 之优待竞技场上的"绿党"，而采取厚待"蓝党"的策略，以邀后者之支持其一己的国家政策与教会政策。一旦他自己登上帝位，对这些人民组织采取普遍镇压的行动便随之而至。为达此一目的，他向他们诛求无厌以维持巨额的财政支出，而人民的不满也随之增大。532 年 1 月，绿党与蓝党遂结为一体于君士坦丁堡发动"尼卡叛乱"。"尼卡"之名来自于此一叛乱的口号"nika!"（胜利!）。——日注

2　Janissaries 为奥斯曼土耳其的军队，原意为"新军"。最初由被迫改信伊斯兰教的战争俘虏所组成，自 1360 年之后成军办法改变成在新领地的基督徒中强制征集少年组成。不过，由于附随在 Janissaries 地位上的是很大的特权，因此土耳其人自己也把子弟送入军队中，强制征集的实质遂就此不再。Sipāhi 在阿拉伯语中指"军队"之意，是一种武士采邑的受封者，睹有特权的地位。——日注

3　Ulema 是阿拉伯语"学者"的意思，具备伊斯兰教神学、法学等学识之学者的总称，无论居于官职与否。卡地、Mufti（其见解的约束力被承认的法学者）、Imam（宗教上的指导者）等地位，为 Ulema 所独占。Dervish 原为"贫者"之意，不过并不单指物质上的穷乏，另有"神恩之追求者""信心深厚者"之意。他们在修道院中过着集体生活，靠施舍与托钵维生。——日注

有各城市市坊的市民民兵可视为一个有组织的市民力量。在市坊里，"绿党"及"蓝党"两个敌对的竞技团体则代表了领导的组织。

第十九章
古代城市

本章译自韦伯《古代社会经济史》（*Agrarverhfltnisse im Altertum*）第二部第七章。中译本所根据版本及页数如下：*Max Weber: Selections in Translation*（ed.W.G.Runciman），pp.290—314；*The Agrarian Sociology of Ancient Civilizations*（trs. R. I. Frank）pp.336—366；《古代社会经济史》（渡边金一，弓削达译），pp.458—502。

一、都市化的发展

在罗马帝国统治下，城邦（polis）继续在古代世界扩张。正如马其顿人将城邦带到远东（中亚细亚边缘亚历山大城的建立），罗马人在统一拉斯坦尼（Lusitanians，今日葡萄牙一带）后也抵达极西。在其殖民及都市化政策下，城邦的势力遍及不列颠、毛里塔尼亚（Mauretania）以及莱茵河与多瑙河沿岸。

在西方，同样有大块区域被**划**为城市，实际上比大希腊时代国家所曾施行者更大。借着转移地方行政中心到城市，同时也借着培养一群世袭市议员（decuriones）的特权阶级——他们负担最多的税——罗马人用直接及间接的压力诱使所有（或至少是部分）大地主移入城市。

因此，斯特拉波（Strabo，希腊史学家，约前64—21年）描述阿罗伯吉（Allobroges）的首府维也纳所用的词句，也很适用于成为阿提喀首府的雅典：正如大地主尤巴图瑞兹家族（Eupatrids）居住在雅典城，阿罗伯吉的"最显赫者"（epiphanestatoi）也住在威尼斯，至于农人（geōrgountes）则居乡间（kōmai）构成野人阶层。罗马的统治是奠基于第一阶级的支持——城市化的地主；这些地主同时也有机会逐渐获得罗马公民权。

城市与国家的关系正如其与教会的关系：基督徒的主要分子从一开始就是城市的小市民阶级（此一现象持续至强迫归依的时期）。因此，称呼乡民的词 paganus——在市镇居民的用法里带有蔑视的意味——在军政府时期用来称呼一般平民，然后被教会用来称呼异教徒。当教会开始在国家之内以国家的形式组织起来时，首先引用的原则——稍后逐步严格要求——就是主教必须居住在城市。

罗马聚落化为城镇的过程，跟希腊一样经常伴随有政治与经济利益的冲突。在希腊，马提尼（Mantineia）与帕特拉（Patras）两城市的崩解暴露出其地主希望住在自己庄园的意愿，同样的态度也给罗马帝国境内的城镇化过程带来阻力。此一阻力随着都市化发展逐步向内陆扩张的过程而日益增强，因为内陆可以投资海上贸易的机会并不多。不管如何，显然地，城市的建立——特别是那些有较大腹地的——不可避免意味着地主脱离其土地，他们的庄园也由奴隶或部曲耕作。

二、古代与中古城市的比较

〔中世纪独特的内陆工业城〕从三世纪开始，持续的都市化过程遭遇到日渐增大的障碍，在深入探讨其原因之前，让我们先研究一下古代城邦的基本特质，特别是这些特质与中古"城市"的关系。中古城市在萌芽时的一些特质，已可确认曾出现在早期的古代城邦。例如，两者皆要求只有身兼地主与商贾两种身份的人才能获得市民权（Bürgertum）；利用贸易所得以累积土地的现象；无土地者被视为"客人"（metics）；城市的公共服务是强加于地主的义务；市民是以军队方式编组，特别是具有重要军事意义行业的成员；另外还有存在于骑兵与步兵间的社会鸿沟。

然而其相异性也相当大。首先，我们得注意到中古城市彼此间社会结构的差异。就拿骑士贵族（knightly nobility）这一阶层来说，在古代城市里，这一阶级是普遍存在而且是城市发展的核心力量，中古城市则不一定皆如此。对早期热那亚，这一说法多半还算正确，佛罗伦萨的市民则强迫土地贵族迁入市区（incasamento）。市史上有一段时期，人民视被封作贵族为惩罚。许多城市直接或间接强迫贵族加入行会（guild），但是在一些地方，如 Freiburg-im-Breisgau，贵族则被禁止定居于城内，最后，有许多城镇，包括大部分的大城市，从市民阶层中兴起了一个贵族阶级。

虽然中古时期城市有许多显著的差异，但是下列概括性的叙述大概还不致太离谱：地中海沿岸的城市，如果是商业利益及财富占主导地位，其性质就最为接近古代的大城；其次，纯粹农业的城镇则接近古代的小城市；至于**工业城**即显然有异于古代城邦。

这样的区分自然是极为浮泛的，就像在处理大经济体时常常会碰到的例子。虽然如此，区分的结果却证明了拉斯提格（Lastig）的理论比戈尔德施米德（Goldschmidt）要来得正确：主要是由工业城，例如佛罗伦萨，促成了有关工业资本特殊法制的出现。显然地，就是在这些工业城市中，新的劳力结构形成，此一劳力结构奠基于行会的社会力量及生产性的行会组织，也因此，自由劳力第一次得以大规模组织起来。古代世界虽然也有自由劳力的出现，但从未达到成熟的阶段。

卡洛林王朝允许奴隶市场存在，并制定其规则。奴隶买卖存在于东欧内陆，也存在于地中海沿岸城市，如热那亚。不过，在内陆工业城，奴隶贸易却消失不见。这并不是说这些城市里从来就没有人身隶属制度（bondage），相反的，移入新城市的工匠甚至商人，相当大的比例原本就是隶属民（bondsman）。他们的主人之所以允许他们移到城市去，主要是为了他们所纳的贡金（taxes）以及留下来的产业，正如古代奴隶主从别居奴隶（chōris oikountes）收取贡纳。逐渐地——有时要几个世纪的时间——这些隶属民获得了完全的人身自由。就像古代奴隶一样，这些人必须从其所得中支付给原来主人固定的“贡金”（apophora），他们也依其行业的不同而与其他自由身份的同业群居。与古代奴隶最基本不同的是：中古时期不管是自由或非自由的劳动者，可以共同组成一个“目的团体”。在此一团体中，出身阶级的差异并不重要，从这种团体中产生出一自主性的共同体（Gemeinde），有其法定的自由。就是这些人——凡是付营业税或土地税的——代表了中古“城市”；至于在古代世界，只有领主才能代表城市。这一点就所谓“内陆工业城”而言是绝对正确的，就其他凡是行会有相当影响力的城市而言，也大致正确。

所谓"内陆城市"当然不是说这些城市完全与外在世界没有商业联系，这种环境根本就没有"都市化"的可能。实际上它指的是一个城市，不论就其生产或消费而言，主要都是奠基于**地区性**市场的成长。再者"工业城"这个名词，在中古时期，也并不是说这个城市完全依赖工业生产所得来交换其粮食，实际上这种形式的城市只是集中了一些自由工业，这些工业构成其经济活动基础，并且使其与邻近乡村区分开来。

某些城市，例如直到这个世纪为止的莫斯科，其经济基础来自"腹地"的资源，如奴隶或土地，这是个极端的典型；另一个极端的典型则可举如热那亚那样的城市为代表，其经济基础主要是来自海上贸易、海外投资及殖民式农业。这两种极端典型的城市，就其性质而言，比起介于其间我们才描述过的中古工业城市要更接近古代的城邦。

工业及商业城市经常是合而为一的，例如威尼斯、法兰德斯（Flanders）及某些南德、莱茵河流域的城市。就古代世界而言，在一个城邦的发展中，工业也可能扮演重要角色；然而中古城市与古代城邦的差异仍极为巨大，决定性的关键在于工业在古代城邦里的地位——不管是社会或经济地位——并没有随其财富的增加而得到改进，也从未达到如在中古工业城市中所享有主导性的重要地位；特殊现代形式的资本主义制度——工业资本主义——所奠基的法律形式是由中古工业城市所创制出来的，而这些并不存在于古代城邦。随着资本不断转往奴隶制度，早期古代城邦的工匠地位逐渐下降；另一方面，在早期中古，构成"手工艺者"阶级的大量自由及不自由的小生意人，虽然也像他们在古代世界的同伴一样被大商人所歧视与被拒于公职之外，但随着历史发展，他们逐渐加强了经济及政治地位。当然，即使在古代世界，手工艺者的组合还是存在的，正如利贝南（Liebenam）及齐巴斯（Ziebarth）二氏书中所指出的。不过在古代社会早期，正如同中古时期一般，手工艺者的工作是具有极重要的军事价值的，因此也构成具有投票权及武装权的政治体。但是到了古代社会的"黄金"时期，手工业行会已没有真正的重要性，一直要等到商业奴隶制度开始衰落，手工业团体才又开始重要起来，但并不具中古行会所有的法律地位。一直要再等到古代资本主义制度完全崩溃后，手工业行会才开始具有这种法定权利，正如哈特曼（L. M. Hartmann）所指出的。

〔社会结构的差异〕从上述的讨论，我们可以归纳出如下两点：（一）古代城邦缺乏中古城市最主要的特质——此即，存在于行会与贵族间的斗争以及特殊的行会城市的建立；（二）同样的，中古城市也缺乏古代自由城市最主要的特质——此即，存在于农民与贵族间的斗争，以及我们在上文提到的"重甲兵城邦"（hoplite polis，是指城邦中的农民富足得足以负起自卫责任，也因此而掌握了此一城邦）。典型的中古城市最早是把农民排斥于公民体之外的，稍后，当城市有意在"外围市民"（Ausbürger）此一名目下扩张其对周围农民的保护时，却遭到贵族及诸侯的阻挠。城中市民在聚集财富时虽然也包括有土地，但这并不是说城市就随之扩张。当然，其间也有史上常见的过渡型的例子。上面所描述的轮廓可以显示出，所谓"重甲兵城邦"在古代世界从来就没有以一完整而纯粹的形式出现，不管是在克莱斯提尼（Cleisthenes，雅典政治家，公元前六世纪）及埃菲阿尔特斯（Ephialtes，雅典政治家，公元前六世纪）以后的雅典，或在

《Hortensia 法典》（前 287）颁布后的罗马。再者，我们也得记住，所谓"重甲兵"阶级的主要构成分子来自小市民阶级，特别是拥有房产者（古代工匠及他们的社会地位已经讨论过了）。

乡村小资产阶级在中古时期（城市里）的重要性也不该忽视，同时我们也得记住中古城市里"个别的共同体"在行政上所扮演的角色，以及乡野地区在意大利城邦中所扮演的重要角色。不过，我们不能抱着"阳光底下无新鲜事"这样的看法，把这些例外视为反常的个案而搁在一边，这种态度基本上是反"历史"的。当然，我们可以说所有（或几乎所有）的差异只是程度上的问题，这句话基本上倒也不错。不管怎么说，我们必须集中注意力在一个社会的核心问题，尽管各社会之间有其类似处，这种类似也可以用来帮助我们突出每个社会的独特性，这项工作虽然艰巨，但永远可行。

因此我们看到中古时期城市里的行会掌握了支配权。为了获得政治权利，贵族被迫加入行会，向其纳税并接受其规范。而在古代世界,类似的权力则由乡区组织（例如雅典的 demos）所掌握。再者，在古代世界，当兵的义务是依市民地租收入的等第来分派的，在中古则由行会来组织，这点显示出其间巨大的差异。中古城市——就存在于中古时代特定的城市形式而言——不管在经济或社会都与古代城市截然不同，即使还远在现代资本主义制度出现之前，中古城市比起古代城邦而言，已更接近我们今日的资本主义制度。

〔阶级斗争的差异〕从古代及中古时期的社会斗争的比较，更能显示出这些差异。在古代世界，典型阶级斗争的界线可以简单地用财产来划分：大地主与小地主的对抗。冲突的原因是争取政治地位的平等及公共事务负担的分配。如果把经济利益的冲突也列入考虑，那么除了公地的问题外，阶级斗争以及债权人与债务人的对立此一现象，又导致了地主与"无身份者"（déclassés，失掉土地，同时也失去其社会地位的地主）的对立。债务人主要是乡村的农民，虽然并非全部。中古后期（十三四世纪）的城市里，行会与大家族的斗争（至少就其早期而言）有许多方面可以拿来与古代"中期"城邦内的斗争作比较：两者冲突出现的主要因素皆来自政治权力的被剥削、财政的压迫以及公地的分配不均。但其间也有大不相同之处：中古时期反对势力的核心来自城中手工艺阶级而非城外农民，因此当资本主义制度开始萌芽时，冲突已不再像古代世界一样，纯粹是大地主与小地主或债权人与债务人之间的对立，而是一种特别具有经济特色的冲突，也就是商人与工匠间的对立，这一点在古代世界并不显著。

　　古代世界的农民并不愿意变成债务奴隶、为城里的坐食者耕种，这些坐食者的收入主要来自土地及放贷。晚期中古城市的工匠也不愿意变成雇工为资本家工作。行会取得胜利后，雇主与职工之间的冲突出现。这一种社会冲突在古代并不存在。古代近东的奴工在罢工时，喊着"给我们面包"的口号（依传统他们该分配到的面包）。古代世界的农奴暴动以便恢复自由，然而我们从未听到工场奴隶的叛乱。实际上，就古代世界的奴隶的看法，工场可说是对他们最有利的工作环境了。因为比起农场奴隶而言，工场奴隶还有机会赎取自己的自由。再者，从社会需求的观点而言，所谓"自由手工业者会社"根本毫无立足之地，因为实际上根本就没有手工业者（就算有[1]，也没有构成一个社会性互通声气的重要阶级）。

几乎所有古代的社会斗争，特别就城邦而言，最后都可以归结到土地的拥有或使用权。这种类型的冲突在中世纪并不存在——至少就城市而言。中古时为土地而发生冲突只出现在乡村、农民及其领主（地主或政治统治者），而绝非城里人。类似的农民暴动发生在英格兰、法兰西及日耳曼，暴动者的运气虽有不同，但大半是不成功的。当然，城市居民也没有完全袖手旁观，在意大利他们推翻了封建制，在日耳曼也尝试过，虽然最后并没有成功。但只有在几个较大的意大利城邦里，这种斗争才发生在城市共同体或其城内。而且这种冲突是市民阶级与贵族的斗争，而非农民与贵族的斗争。因此，西方古代世界重甲兵阶级与城市贵族的冲突并没有在中古重现，只有在瑞士，曾经发生过州民与封建骑士及领土君侯的斗争[2]。

〔贵族住所与城市性格的差异〕这个差异背后隐藏着古代与中古城市发展过程中最重要的一个区别：贵族、公侯在居住地点及性格上的不同。古代城邦的发展是从居住在城里的君主统治下开

1　正如笔者早先说过的，我们不该毫不考虑就否认其存在。例如雅典阿提喀一带花瓶艺匠的助手，稍后若能成为独立的"师傅"，就可以如此称呼。我们只是不了解其关系所采取的法律形式为何——支薪的雇工，还是合伙人。——原注

2　在瑞士发生的斗争最为类似古代世界以色列人对抗非利士（Philistine）城市贵族的斗争，或者类似希比利山地人（Sabellian，公元前五六世纪居住在意大利中部山区的民族）与罗马人的对抗。不过，就第二个例子而言，有差异处；主要是罗马的农民重甲兵阶层想要取得平原上的土地，因此不得不与入侵的山地人作战，由于他们训练良好，配备较佳，乃得以逐退塞尼人（Samnites，即希比利人），最后并将之征服。然而在中古晚期，瑞士人（就像古斯巴达人）可是步兵战术的专家，而且他们的农业制度也调整到可以配合他们充当佣兵的活动。不管怎么说，瑞士争取独立的战争中，城市公民所扮演的重要角色已是众所周知的事。——原注

始的。王权首先为城市贵族推翻，接着是乡村解脱政治的桎梏并反过来支配了城市。中古城市的发展则是由一土地贵族阶层（包括王公诸侯在内）开始的：中古城市的历史可说是一部市民阶级从这些非权力当局的庄园及法律的束缚中解脱出来的历史。

当然，这种区别也不能视为绝对，就中古时期南方大商业中心而言（例如比萨、威尼斯、热那亚），以及一些较大的法兰西及西班牙城市，由于是贵族活动的中心，上述情况就较常发生。在意大利，有些城市极为贵族化，以致到十八世纪时，在托斯卡纳（意大利西部）地区，Città 跟 borgo 及 castello 意义全然不同，此一区分部分是由于宗教的标准（是否为主教的驻区），不过部分也是由于住在那儿的贵族等级的不同。出现在这些城市中并取得自治权力的"联盟"，例如热那亚的 companga communis，非常相似于古代世界从"聚落"（synoecism）形成的市镇，尽管其社会构成极不相同。至少有可以比较的地方：中世纪早期这些意大利城市中贵族也是据有支配的地位。同样的，新兴的中古城市豪族的经济基础与古代那些城邦豪族基本上也极相似：财富部分来自海外贸易，通过如"康曼达"（例如在古代近东）的组织来经营；部分则来自土地，其数量随着贸易利润扩大而增加。一般说来，中古城市豪族在经济结构上与早期古代城邦的豪族有相似之处。

另一方面，就其与封建政权的关系（不管是早期或晚期的发展）而言，大多数中古城镇——特别是北欧与大陆工业城市——与古代自由城邦确有极大不同。差异的原因是中古城市出现在大封建国家中，虽然这些封建国家组织极松散，但仍是一个统一体。这些城市从国家的王公或领主那儿取得特权，而且被这些领主的封地所包围，即使领主对这些城市的束缚已相当松弛，其发展——

不管是范围，还是特质——仍然要受到领主的制约，因为他们被
迫要不断跟这些领主妥协。主要就是这个因素，导出北欧与大陆
工业城市明显的资产阶级的特质，奠基于来自垄断工业或批发贸
易的利润，例如那些地中海沿岸的豪族从其海外贸易所得到的。
主要就是这个显著的"经济"特色，将中古工业城市与古代城邦——
特别是黄金时期的——截然划分开来。就此而言，大希腊化时代
及古代晚期的城市更为接近中古工业城市。

　　〔中古城市成立的过程〕大多数中古城市是从王公或庄园领
主的领地上的聚落发展起来的。这些领主希望能从城镇收到地租、
市厘及法律规费。就这点而言，城镇可说是市场的继承者，因为
原先这些税都是由获得特许经营的市场负担的；某些情况下，领
主对城镇的投资也会落空，就像兴建市场的例子一样。然而，在
成功的情况下，领主拨出的土地会聚集一群自由及不自由的移民，
他们从领主那儿得到土地盖房子、田园，可以利用公地，并且有
权在城镇的市场经商。很快地，他们又得到进一步的商业特权，
例如，取得对城里市场的禁制权（Stapelzwang）[1]，或到城郊营业的
特权。

　　这些聚落很快就筑起城来，同时逐渐从其领主取得某个程度
的自主。某些情况下，自主的程度相当高，有时几乎接近完全独立，
有时则在经济或治安上取得完全的自主。大致说来，大城市经常
可以得到内政的完全自主，但仍得继续付地租给领主，并承认领
主法庭的权威。因此，中古领主对城市一直维持兴趣，一方面是

---

[1]　中古时期城市中往往硬性规定所有（特别是外来）商人只能在一定场所营业，使用一定
　　的道路，在一定的地方或港口出卖其商品，此即称为 Stapelzwang。——中注

由于政治因素，但主要是经济的原因，因为城市是其主要财政资源之一。

这一点又说明进一步的差异：中古城市的自主权持续扩张，但仍维持在一个较大的政治体内，一直到十五世纪为止；至于大希腊化及罗马城市则在君主政体下逐步丧失其自主性。导致差异的原因主要来自政体结构的不同。古代的君主政体（或者）逐渐转变成一个官僚国家。例如埃及，早在公元前两千年，皇家的"客"（clientele）已成长为一具有普遍性支配权力的官僚组织。官僚制的支配与教权制（theocracy），阻碍了古代近东自由城邦的发展。罗马帝国时期也出现类似的情形。在中古西方，行政组织的官僚化与领土诸侯权力的扩张始于十三世纪，完成于十六世纪，而城市的自主性自十五世纪就开始逐渐减弱，终至消失，而被并入王朝官僚政体内。然而，就整个中古早期而言，城市在政治上仍有可容许他们发展自己特色的活动空间。城市在这段时间不仅是货币经济的支柱，而且也是行政中心，因为他们在行政上亦负有责任。这些城市周围尽是些基于封建与服务关系的层级结构政权，不过一般说来，城市自己的公民并没有纳入这种关系中。

〔军事组织与城市〕这有一重要的结果：古代城邦的公民被纳入部族（tribe）或姓族（phratries）的组织，以及依财富划分的军事阶级。军事影响了城邦生活各方面，实际上，军事服务与公民权是不可划分的。贸易的垄断、地租以及土地所有权，都有赖于军事上的成功。每一城市与其他城市都在战争状态中。古代城邦可说是古代世界所产生的最完整的军事组织。基本上就是为军事目的而建立的，而大部分中古城市则基本上是为了经济的目的建立的。

　　当然，古代城邦与意大利中古海港城市，就军国主义与无止境的武力扩张一点而言，有其相类似之处：阿马尔菲（Amalfi）被比萨无情地摧毁掉，比萨则被热那亚摧毁，热那亚与威尼斯的斗争——不管就其目的或所运用的手段而言——就如同古代城邦的政治。内陆城市亦有类似者：菲耶索莱（Fiesole）的被破坏，阿雷佐（Arezzo）的屈服，以及佛罗伦萨摧毁了西拿（Siena）。另外还有如汉撒同盟的政策，都是同样的。但整个而言，特别是法兰西、日耳曼内陆及英格兰，从很早开始，军事扩张及劫掠就不是一个城市的主要发展方向。中古城市并不像古代城邦一样是当时最成熟的军事组织。因此在封建战争时期，这些大陆城市仅能勉强维持其独立及商业的和平进行，而之所以能有这些成就，还得靠城市间的合作。佣兵制度的发展下，他们占了点便宜，因为有钱雇人；但即使在意大利，也只有那些资本主义发达到足以提供必要资金的城市才有可能。更甚者，连荷兰城市的独立战争，在陆地上的也几乎完全由佣兵进行（除了保卫自己城市的防御外），就像佛罗伦萨的扩张一样依赖佣兵。尽管强调其市民的军事义务，中古内陆城市从一开始就显示出资产阶级的特质，而且愈来愈倾向和平追求市场利益。从一开始，中古的市民阶级就比其古代的同伴——不管这些古代的市民阶级原本想法如何——更像个"经济人"。最显著的差异是，中古市民阶级普遍缺乏征服殖民地的兴趣，最基本的原因是没有人要去殖民地：中古城市并没有大量失去土地（即所谓 déclassés 的人）或想寻找土地传之子孙的农民，也就是这一批人导致了古代城邦殖民政策的出现。因此中古城市并不寻求向外扩张，虽然中古豪族就像古代豪族一样，对土地投资甚有兴趣。

　　即使中古时期农民的垦荒及向东欧的拓殖运动也有其特色。

在古代，土地征服后，随之即为定居；但在中古这是不可能的，因为农民是封建制度的一部分，他们的拓殖是由庄园领主及领土诸侯所控制。就一个普通中古城市而言，如果它想如古代雅典一样建立殖民地的话，不但在军事上，即使在经济上亦不可能，但以古代城邦而言，这却极正常。因为中古城市的资产阶级除了少数大城市有兴趣于海外贸易及殖民地外，其他城市主要的政策只是想和平地扩张本地及邻区的市场而已。

〔近代资本主义起源的相关问题〕当然，确如桑巴特所云：中古后期的资本主义，从包税、征服地（如热那亚及佛罗伦萨），以及提供君侯财政需要而获利。然而，这些发展以及跟其有关的人物，如阿奇佐里（Acciajuoli）、巴第（Bardi）、佩鲁齐（Peruzzi）、美第奇（Medici）、富格尔等，跟古代财阀的行为并无二致。此一类型的人物从汉谟拉比时代的"财阀"到罗马时期的克拉苏（Crassus）都存在。因此，我们无法从这里，或以此种行为所积的大量财富，来发现此一基本问题的答案：此即中古晚期及近代经济制度的起源是什么？换句话说，近代资本主义制度的起源是什么？

决定性的关键，毋宁说，是在与市场发展有关的因素里——资本主义形态下，工业产品所需要的消费者群是如何在中古时期发展出来的？另外我们也得考虑到生产结构的因素——到底是在什么情况下，利用资本的倾向导致"自由劳动力"的结构的出现？此一现象在古代世界根本是不存在的。

在此我们不拟讨论这些问题，我只想简单地加几点意见，针对中古世界发展的相异现象——特别是在涉及农业的条件下。中古农民的经济生活曾有缓慢但持续的改善，一直要到荒野森林区及东欧的内殖民运动告一段落时，才停滞下来。不过中古时期农民经济情况（随着殖民运动）的好转，意味着城市市场的逐渐扩大；反过来说，城市的发展也意味着农产品消耗的增加。此一时期农民经济的改善主要是由于（如上所述）：当时存在于城市之外的封建社会制度提供了欧陆农民的保障——正如同中古城市极具特色（相对于古代城市而言）的"市民阶级"的发展一样。因此，就这一点而言，似乎有必要简单地比较一下中古与古代世界在这方面的发展。

三、古代与中古封建制的比较

我们已讨论过在整个古代社会里，封建因素的重要性。例如在埃及，具有支配性地位的主客（patron client）关系，这种关系是经过宗教化的，而宗教在古代世界的力量是无与伦比的：即使是人为理性化的组织，如新成立的"部族"及其他类似团体，都很快就披上宗教色彩。因此我们不应该低估，即使是在古代世界晚期，封建隶属关系仍有其持久的力量。再说，古代世界封建制度的起源与中古世界亦有类似之处。

两个时代的封建关系都从个人侍从与部落酋长的隶属关系开始——例如法兰克人的"义勇卫队"（trustis）。这种关系再延伸发展为国王侍从的隶属关系。不管在古代或中古，这些侍从经常被视为外人，或至少是不受当地一般法律管辖，而直属于国王。两个时代同样都建立了皇家仓储系统，一方面供应军队，一方面预防饥荒。两个时代，皇家侍从的制度都是产生爵位贵族层的主要因素（其他制度当然也扮演某种角色）。而这个贵族群发展得如此强大及不可或缺，有时候使得国王成为依附角色，甚至把国王地位降低到只有通过选举才产生，而完全支配了国家。但正如国王不是城市统治者，贵族也不是城市贵族，这个情况即使在中古也是如此——至少在欧陆地区是如此，地中海地区则有些出入。

古代与中古世界的差异也呈现在庄园制度。古代世界一直到罗马帝国为止，庄园一直是一个城市地主阶级的经济基础。基本的原因如下：我们所说的"古代世界"，实际指的是海岸地区的文明，但只要我们进入内陆，例如帖撒利（Thessaly，在今希腊），就可发现庄园制度更接近中世纪的形态。而一直要到大希腊化，特别是罗马帝国时代，我们才知道一些有关内陆的情况。另一方面，中古时期则有一个大转变：此即从埃及法老到我们现代，经由历史传统联系起来的整个地区，其中心逐渐从海岸往内陆转移。大多数庄园不在都市，而是纯粹乡村的制度，它意味着领主及其附庸（担任行政官员的公子、自由封臣及武士）的确生活在庄园里。

再者，这些庄园供应此一统治阶级的方式，实物支付只占部分，较大的庄园甚至连实物支付都不是主要的方式。实际上，王公诸侯都极有兴趣从事贸易。市镇的起源正如我们提过的，是由于王公和领主有意增加他们市厘及地租收入。虽然如此，中古时期的贵族及领主仍然与古代世界的不同，他们不是城市的公民。相反的，他们希望保全其庄园以防止被并入城市联合体。同时防止城市增加其"外围市民"。简言之，城乡的利益团体有意彼此隔离，虽然并不完全成功。即使如此，他们分离的程度是古代城邦永远无法企及的，因为古代城邦除了是军事基地外，也是同一社会阶级的大本营。

中古封建阶级的社会内部结构与古代也不同，古代中东王公的附庸，地中海一带庄园领主的农奴、仆人、"客"、投标佃农及

"部曲"，所有这些人在古代世界封建时期都属于下层阶级，他们都是个别武士的随从，最多也不过是轻装步兵——武士则乘战车参加战事。在重甲兵时期，重装步兵常用一两个农奴或奴隶作为侍从，至于古代世界的骑兵（当时马镫尚未输入）一直到帕提亚人（Parthians）的时代为止，都还不很重要[1]。相反的，中古世界的军队从一开始（一直到此一时期结束）就是以骑兵为主，其盔甲、配备及纪律也不断在改善中。因此在古代世界，近东的世袭武士（machimoi）以及（或许？）罗马的"客"可以分配到小块份地，而在古代主客关系中，附庸（vassal）的社会地位极低。所有这一切现象皆不见之于中古世界——即使是对封建秩序中最低一层的"家士"（ministeriale）亦如此，只要他们能像骑士一样全副武装上战场的话。维持骑士风范对他们而言是极为要紧的，任何涉及农业的事务，必然会损害其骑士尊严，因为封建时代的附庸本质上还是个"寄生阶级"（这是比较简略的说法，实际情况当然要远为复杂）。

这是了解中古早期大陆农民阶层发展本质的关键：即使是最低阶层的附庸，其社会地位仍优于农民，其利益并非纯经济性的，至于农民则逐渐变成无武装的阶级。这些农民曾经征服过广大的疆土，差不多可比拟古代世界任何重甲兵武力所征服过的土地。问题是他们这些成就，就如同都市发展一样，主要是以和平方式达成，而且基本上是在封建社会中"坐食者"的指导下完成的。农民开垦了处女地及殖民东欧，但这些成就强烈反映出统治阶级

---

1 Parthia，伊朗北部古国，即中国历史上所谓之"安息"，以骑兵著称，传说马镫即由他们所发明。——中注

对拥有土地的兴趣。此一巨大的内殖民运动不可能由奴隶来完成，理由如下：第一，奴隶数量不足；第二，供养奴隶的成本愈来愈高；第三，也是最重要的，奴隶比不上普通农民来得有效率，特别是要在森林区或东欧沙地建立屯垦区。因此每一屯垦区的建立，意味着"自由"农民的大量增加，所谓"自由农民"，在此处的定义是缴付基本固定"贡纳"的农民。日耳曼部落法（Bifanc）中所规定个别"佃户"（squatter）对荒地的权利与古罗马对征服地区占有办法的规定，所导致的结果恰恰相反（古罗马的办法导致大农场的出现）。与古代近东因开运河——当然是由官僚机构负责——产生新土地占有的办法也大相径庭。中世纪农民层持续扩张，地位也不断上升，只要是纯粹封建国家的统治阶级仍拥有支配力量，以及这些统治者仍继续对田租收入而非市场贸易收入感兴趣。自然经济对欧陆广大地区(广大是相对于当时交通技术而言)的限制，使得农产品长距离市场的出现延缓，因此使得农民层有足够时间扩张到整个中欧。

　　一直到中世纪末期为止，一般典型的农民只附属于一个领主，而且只负担传统的贡纳。农民大致上将其农产品销售给邻近市镇，而他们自身也成为这些市镇工业产品稳定而可靠的消费者，因为市镇垄断了一切工业生产，而且尽量打击乡村工业。封建军队及封建国家帮助创造了中世纪农民层及市镇，因为后两者皆只对扩张经济有兴趣。

四、古代及中古资本主义制度的发展

　　〔军事因素的重要性与生产技术的问题〕这些条件提供了历

史环境，在此环境中，近代资本主义逐渐化解并转换了工业及农业部门。不过我们也不该低估许多中古制度在建立商业上所扮演的重要角色，这是资本主义发展的基础，例如自由及权利、合作、劳力服务、禁制权及市场特权等制度。尤其重要的是，基于传统或政策上之考虑而对价格的控制。这些制度虽然限制了资本主义追求利润的动机，却也造成了资本主义理性计算的必要，这一点在近东讨价还价式、毫无准则的经营方式里，是不可能产生的。显然地，中世纪的贸易组织虽成长于当时神权及封建的世界，却是导致一个可以运用理性计算方式来经营的商品系统得以产生的因素之一。正如同自由农民阶层及小市民阶级——他们也是由此封建组织塑成——提供了近代资本主义制度产品所需要的广大、相对稳定的消费者阶层。

　　中世纪西方的市民阶级及农民层的发展与古代有极大差异，此一差异是由于：第一、地理背景的转变；第二、中世纪军事组织的重大转变。这一转变又有几个因素：中古骑士制度使得封建社会组织的出现无可避免；然后骑士逐渐为佣兵所取代；接着从冯奥拉宁（Moritz von Oranien）[1] 时代开始，又为经过训练的近代军队所取代——近代军队的出现也导致近代国家的出现。古代世界的军事技术曾历经两个革命性的转变：(一) 从东方（波斯或中亚）接受了马的运用，这一点如同中世纪一样导致城堡的出现，以及近东式征服国家或地中海的骑士社会；(二) 铁制冲刺武器的出现（铁器虽早在史前时代即已发明，但大量用为武器还得等到荷马时

1　冯奥拉宁（较常见的名字为 Maurice of Nassau, Prince of Orange, 1567—1625），领导荷兰脱离西班牙统治的解放战争。对军队的组织、训练、补给以及战术——特别是攻城战——有极重大的贡献与发展，一般认为是近代军队的创始者。——中注

期以后），以及训练有素采用方阵肉搏战的重装步兵的出现，这一点导致由富农及小资产阶级组成的军队的出现，同时也产生了古代的"市民城邦"（citizen polis）。

随之而来的发展可以视为城邦出现之后的一个自然的结果。因为城邦从一开始，其出现的目的就是战争与征服，垄断商业及争夺朝贡的附庸国。同时也为了占领土地以分配给其重甲兵的子孙，或为其小资产阶级提供增加收入的机会。不管哪儿，只要能提供机会达成上述目标，城邦即致力发展，不受时间、空间因素影响，除非其扩张被另一更强大的政治力量所抑止。

相形之下，除了货币的发明，在拉美西斯（Ramessids，埃及王朝，公元前十三世纪）与亚述巴尼拔（Assurbanipal，亚述王，公元前七世纪）以后的这一段时期，经济及生产技术进步极微，古代世界技术到底有多少进步？这个问题得等到我们有一部关于埃及、两河流域的工业史，特别是有关埃及技术发展史后，才可能有答案。当我们有这么一部历史后，我们极可能发现，近东实际上一直到欧洲中世纪末为止，为大多数工业技术的起源。例如巴比伦的商业制度一直到中古末期始终居于支配地位。埃及则创出农奴耕作的庄园、家用奴仆、赋役制度及官僚制。埃及与巴勒斯坦也是修道院及其他宗教组织的起源地。

就农业技术领域而言，有些古代发明值得我们注意，因为它们增加了劳动生产力，这些包括较佳的打谷、拨土及收获的工具。不过，最后两项工具一直要到上古时期结束，由北方欧陆发展出来的，才有较突出的成就。

在工业方面，如果我们略过（这一点倒是应该略过的）军事器械、与其有关的举重机以及其他一些用于公共建设的类似工具，就我们所知，进步主要是在个别工人的技术方面，而非大量集中劳力的工作。工业组织方面的情况也同样，如果我们考虑到古代工业内部结构的本质及奴隶主的利润兴趣，这两个现象皆不足为奇。

〔资本运用的差异〕近代资本主义萌芽自中古商业及工业制度，利用其物质与法律形式。资本主义的发展部分源自此一组织，部分来自其外，还有部分则与其对立（特别是行会制度），但其间仍存在必然性的关联，例如"康曼达"。此一商业组织从汉谟拉比时代一直延续到十三世纪，为"责任有限公司"（limited liability company）的前身（"责任有限公司"源自古代世界，特别是与政府垄断的行业有关联）。再者，在古代世界唯一基于连带责任原则的企业，只有极初步的手工业者团体——类似俄国的工人或农民合作社（artel）。然而从中古晚期法律看来，这种形式的组织已发展为极复杂的贸易及制造业公司。换句话说，中古晚期的法律形式是配合持久性的资本主义商业与工业。至于在古代世界，至少就与私人企业有关的范围而言，法律形式则适合间断、投机性的投资企业。这当然不是说在古代世界就只有投机性企业，不过这是运用资本的主要方式。

就在中古时期，当资本主义开始进入工业生产的领域后，立即导致小工场（workshop）的出现。这些工场最初只组织行销网，然后开始购买原料，接着继续进入制造过程，发展出较合理化的技术，并逐步成立与家庭分离开来的较大生产单位。这些大生产单位渐渐导致劳力密集与分工的现象，大致说来，其内部联结有一新程度的发展。古代世界，至少就纯粹私人工业而言，并无类似情况。必须强调的是，这种区别是可以预料的，古代资本主义制度的成就是在其他领域。当然，这并不是说古代世界就没有任何劳力的分工，因为没有分工的话，许多古代工业根本就无法存在。

小企业的出现也是一种新现象，在上文我们已指出，仅仅把数十个或就算数千个奴隶集中起来，利用他们从事同样的生产，就经济意义而言并不表示一个工厂的成立。就像今天某人买了几个酿酒厂的股票，并不因此就表示他盖了一个新酒厂。再举个例子，一些雅典的花瓶上留有制作者的铭刻："某人制作此瓶，其竞争者某某人绝无法制出足以匹敌之物"（这里我想留待读者去自行判断，不管他经济学程度如何，去找出此一铭刻与现代相类似事物间的基本不同点，要记得两者都是一种广告）。

把许多奴隶聚集一起，只不过是一种特别的财产处理方式，基本上并不影响生产组织及技术，而奴隶也还是奴隶——为富人使用的小工匠，或者为进口商的原料加工的工人。进口商狄摩西尼（Demosthenes）的奴隶可算是后者的一个典型，这种类型的生产者可说是古代世界最接近大规模资本主义生产的典型。

我们已讨论过这些企业的不稳定性，特别是其固定资本额的不重要性，以及这些企业的存在几乎全然依靠持有者的个人际遇。此处我们还得注意到另一点，例如古代世界的提玛喀斯（Timarchus）的例子。提玛喀斯是个大奴隶主，他的奴隶也受过不同的技术训练，但这只不过是个偶然因素，就像现代投资者拥有不同公司的股票，因此也有不同赚钱的可能。大家都知道分散投资是个小心的办法，就古代世界而言这也是他们的办法，只不过对象是奴隶罢了。唯一的例外是用奴隶于尼西亚（Nicias）一带金矿、银矿等较稳定的企业工作，就像狄摩西尼一样，利用奴隶来"资本化"其商品以增加利润。在其他个案里，购买具有不同技术的奴隶以分散风险也只是一种谨慎的做法。读者可拿这与我们上面所举的,一个现代人尽可能拥有不同的公司股份的做法,作一比较。

由此可得一重要结论:在工业领域内,古代的资本主义可说是一种放贷式(rentier)资本主义,只放款以收取利润而不直接介入生产,因此无法导致专营某一种特殊产品的大企业出现。这是因为工业产品的销售,特别是其海外贸易,具有极强的中介贸易的特质,因此除了受到追求利润机会的影响外,还受到频繁的政治变动的影响,更重要的,受到谷物价格的影响,最后这个因素要一直到中古晚期才没有那么重要。

再者,古代世界的平民收入除维持温饱外,实已无多少剩余,因此他们对工业产品需求极小,而近代资本主义特质就是提供大量平民消费所需,由于消费者需求量小,强大的企业、大家庭工业甚至工厂乃无法出现于古代世界。

〔古代资本主义的命运与奴隶制的关系〕截至目前,我们讨论焦点是古代及中古时期的差异。这些都是毫无疑问的,而且为了便于讨论,也有必要强调其差异。当然,在古代世界偶尔也有倾向合理化、大规模生产的企业,这些也值得进一步的研究。然而,古代世界典型的经济发展恰与近代资本主义相反。基本事实是:古代世界资本的运用与奴隶劳动力不可划分,而后者反过来则限定了经济发展。中古情况则不然,主要原因是历史因素以及(更重要的)地理景观上资本主义发展的改变。例如由于气候的差异,各地人们所需物资也大大不同,这一点只要比较埃及农人与北欧农人(他们主要从事定居性工作)日常所需即可了然。北欧气候也迫使人们一年中有相当长一段时间待在家中,然而在古代地中海世界,人们经常在户外公共场所活动(例如希腊的"广场"),

就像今日西班牙人及意大利人的咖啡厅。

气候的差异也导致各民族性格的不同，就这一点而言，我们实无须依赖当前任何种族理论，虽然我们也绝不该轻易就此将之排除于科学的研究范围之外，这种气候的歧义也可用来解释中古社会的新特征：从内陆发展出来的许多商业中心，以及其他在消费及生产方面持续的扩张。所有这些都是新现象。古代世界的科技传统被介绍进来，而新的环境则刺激重新考虑资本的运用。

另一差别是奴隶劳动力的运用在中古时期不大可行。这有几个因素：（一）在北欧地区提供奴隶衣食住行所费不赀；（二）中古军事组织使得城市（主要为工业中心）无法像古代城邦一样，利用战争来获取奴隶；（三）内陆贵族间的斗争，其结果顶多不过是附庸农民（以及他们的贡纳）的转手，以及某一获胜领主权力的扩大，绝非像古代沿海社会发动的海外劫掠远征，把许多被征服人民转变为奴隶。因此，随着内陆的开发，奴隶制度相对地衰微，而自由劳力的发展则因前述因素得到刺激（因主题限制，我们无法再作更进一步的分析）。

〔资本主义的发展与和平〕还有更基本的一个差异：截至古罗马共和时期为止，古代世界城邦间的战争意味着战败一方整个土地所有权的崩溃——土地被没收，自身沦为殖民地。就这点而言，古代城邦可说是极类似四至七世纪大迁徙时的日耳曼部落；中古时期虽然有好战的骑士，近古时代战争更为剧烈，然而基本上有一国际共同体存在，而且比起中古世界而言，此一共同体可以算得上"和平些"。这并不是说战争次数的降低，而是私营商业及工业、特别是城市及资产阶级愈来愈倾向和平。当然，近代资本主义——不管在中古或近代——从供应军需品中汲取最多的利润。然而新发展的、工业生产的资本主义组织却奠基于这种"和平"的维持。由于这种和平的维持，虽然还有战争及政治动乱，经济仍持续成长。就维持和平此点而言，不仅仅大封建国家，国际教会组织也发挥了功能。至于在古代世界，一个城邦的建立都是基于政治与军事的考虑，其未来的发展更端赖军事进展而定，因此，古代资本主义是由政治势力决定，与经济的关系只是间接的，关键性的因素是城邦政治命运，以及其所能提供利润的机会——经由包税的契约，以及以追求奴隶、领土（特别是罗马）等战利品为目的的战争。

　　当地中海世界首度在大希腊时代，接着在罗马帝国时达成大一统后，古代城市变成经济利益取向的中心，原有仅具雏形的商人及工匠的组合开始发展茁壮。帝国政府为其自身目的利用这些组合，我们也可以一直追寻它们的发展直到中古时期行会的开始。但是古代资本主义制度的丧钟却早在这之前即已敲响。新的和平及王朝的建立，社会中心从沿岸转向内陆，所有这些转变扼杀了古代资本主义制度的发展——而非如某些人可能认为的助长。而正是罗马帝国的兴起，带来这个和平及往内陆的发展。

五、帝国时期社会经济的发展

　　〔大一统与奴隶的问题〕提比留斯（Tiberius，罗马皇帝，14—37）时代建立了暂时性的和平，而在哈德良（Hadrian，罗马皇帝，117—138）时代确定下来。这意味着为了俘虏及领土野心的战争的终止。同时大块内陆领土加入帝国，高卢、沿莱茵河及多瑙河的土地、伊利里亚（Illyria，巴尔干半岛西北部）以及附属于原马其顿省区的整个巴尔干半岛内陆。

和平也意味着奴隶输入的逐渐停止。大农场（参见法罗提出的一些原则[1]）及矿场消耗奴隶数量之多，使得投机性的养殖奴隶及正常的奴隶市场无法供应。最初奴隶价格急遽提升，因为市场供应不足，不过到了罗马帝国晚期，奴隶价格降得极低，这是因为经济结构已经改变，奴隶需求急速降低。过去我曾过分强调此一转变的重要性，现在我只想强调这个转变的重要性不该被低估。

奴隶营房逐渐消失，他们开始建立家庭以及资本主义大规模农业经营的衰微，这些都是历史事实，而且都与上述转变有关（参见有关《劳动力短缺》部分）。在北方内陆的大田庄，由于当地极少有商业，根本就无法按照迦太基及罗马大农场所得出的规律来办事。早在塔西图斯时，他已注意到另一种制度，在此制度下，田庄由付实物租的农民耕作，这可能是从乌比（Ubii，莱茵河边疆的日耳曼部落）田庄观察到的。到梅洛林王朝时，此一制度即占了主要支配地位，这与罗马制度下奴隶集中居住，受军事管理的制度是大相径庭的。

罗马庄园慢慢传入北方，随之而来的是耕种的技术，虽然面临其他困难，这些技术无疑要比当地传统技术来得进步。逐渐地，远至苏格兰边境都建立了庄园，史料显示，这些庄园规模不断增大，因为领主生活方式需要更多的土地来支持。乡间田庄的扩张在罗马共和时期已经开始，并且在帝国时持续发展，结果则为乡间田庄逐渐独立于市场之外，因为他们可以供应自己所需物质。此一发展将在论《罗马屯垦区》（"Colonate"）一文中讨论。罗马皇帝

1　Varro, Marcus Terentius（前116—前27），古罗马学者，一生著述甚多，不过留存至今较完整的只有《论农庄》（*De re rustica*）。——中注

企图将这些庄园强制并入城镇的野心，如史料所示，遭遇庄园主渐增的抗拒。脱离城镇的趋势终于占了上风，贵族大量地移居到农庄，随着此一转变，城镇社会与经济的重要性逐渐衰微而揭开中世纪的序幕。

〔内陆化的结果〕就在格拉古兄弟（Gracchus，罗马政治家，公元前二世纪）到卡拉卡拉（Caracalla，罗马皇帝，211—217）的三个半世纪间，随着帝国的扩张，在广大地区内的贸易，只就绝对量而言，毫无疑问地有大幅度提高；然而从相对的角度来看，这一点也并不尽然，如果我们考虑到地区、人口（不管是公民或附庸）的扩大。古代社会随着罗马帝国的发展急遽扩张，然而这个社会原先究竟只是个海岸文明，因此其转换为一内陆文明必然意指贸易幅度的相对衰微，原因是运输工具的限制。在沿岸地区，大家户内所需衣食全部（或部分）是购自市场，内陆地区，地主与其奴隶或部曲则经由一自给自足的经济取得所需。只有少数富有的地主才会为需要而购买其他物资，其支付手段则由出售农庄剩余物资得来。这种贸易只是一个微不足道的补助手段，社会的基础是"自然经济"。

城镇发展助长了此一取向。主要城市中，群众生活所需并不通过私人贸易，而是由国家统筹采购。这一点当然不妨碍内陆聚居地及垦殖地绝对数量的增加，实际上，不管人口或开垦地的确都增加了。然而这个现象同样也加速了这个社会往内陆社会过渡的行程。这个过程在两个现象上显示得最清楚：（一）城市解除武装，政治自主的丧失，以及随之而来的资本家机会与利益的丧失（这些机会与利益是以自主为基础的）；（二）内陆大地主阶级重要性增加，他们对晚期帝国的政策相当关心。第二个现象对政治影响极大，至少要为罗马军队攻击力的衰弱负部分责任。从军队驻防北疆一事即可看出，因为在那些省区的大地主为了保护他们的产业，故此把防御性任务强加于军队。另外，国家的王朝性格也随着发展，有着古代所有王朝的特质。

罗马领导下的意大利城邦联盟曾击败居尔特人，而且只依赖由自己公民征发而来的军队。当时居尔特人的力量并不弱于后来导致帝国倾覆的哥德人及汪达尔人（大约 1.5 万到 2 万人）。意大利联邦也曾经组织成一支强大的部队力抗汉尼拔；征服大迁徙时的日耳曼部落，对于这支军队来说，应该是轻而易举的事。

问题究竟出在哪儿？意大利城邦联盟的公民军队是为特别的战役征调来的，他们并不适合防守遍及全欧的漫长边疆。他们之所以会负起守疆责任，是来自内陆地主或那些租种其土地者的要求，这样的任务需要一支常备军，而在古代社会条件下，这必然得是一支职业化的军队（这里面还有其他问题，帝国的社会结构是否可能长期将其军队置于一征调的、自行装备的公民军队的基础上。在古代城邦，军队是由征调来且自行装备的农民构成，不过，此处不拟深入探讨此一问题）。

再者，在罗马帝国，内陆大地主阶级利益是与王朝的利益一致的。王朝的职业化军队与官僚机构取代了城邦行政制度，而建立起仿效托勒密（Ptolemy，埃及王朝，前 330—前 323）王朝的制度，因为城邦制度至此已完全无法应付一个帝国的问题。从这个角度来看，这个王朝迁都至君士坦丁堡，以及宣布自己为大希腊化传统的继承人，可以说是此一发展无可避免的结果。

〔第三世纪的转变〕当然，在帝国最初的两个世纪里，奥古斯都及其继承者的政策基本上还是以罗马为主。例如说，他们齐于赠予东方人罗马公民权，同时小心保持罗马人的特权地位。但是为了要维持他们自己对罗马人的统治，这些皇帝不得不逐步解除罗马人的武装。这一点可由军中老兵民族种类的记录得到证明。这也说明了为何在塞维鲁（Severus，罗马皇帝，193–211）时政变可以成功，且毫无任何冲突或抵抗。罗马人的支配地位就在这一次政变中结束。自此后，帝国的支配权是在来自近东及伊利里亚的人手中，而后者根本就不属于古代文明圈。

罗马公民不再充当军官以及官僚职务，而古代罗马贵族参战的传统自此消失。这一点——而非"种族影响"（关于种族问题，始终缺乏足够证据）——意味着国家的基础被摧毁。掌握一切的军队在不断的赏赐下流于奢侈腐化（这一点冯多马坚斯基〔von Domaszewski〕已指出），并导致国家财政的破产及持续长达一个世代的货币经济的崩溃（后来管理"国库"的规则中得特别说明铸造货币的贵金属窖藏何处）。帝国瓦解，然后在一全新的基础上重组。罗马帝国现在蜕变为一"赋役制"的国家，正如托勒密王朝统治下的埃及，此一发展可追溯其起源至第二世纪。

〔赋役制国家的出现〕帝国社会阶层化，上层阶级包括从拥有大量特权的元老院贵族起，到小镇上由被解放的奴隶所构成的市民阶级（这些市民组成 Augustales "宫廷御用商团"以负责国家祭典）、市镇议员阶级（decuriones），以及那些由城镇以外地区和庄园获利的阶级。以这一群特权阶级为主体，喀拉凯拉在 212 年宣布普遍赠予罗马公民权。他们构成帝国政权的社会基础，与继续负担人头税的下层阶级截然划分开来。这些下层阶级包括了乡野农民及城镇中的无产者（laoi, plebs, coloni, tributarii）。领主阶层（possessors）不但可以免除平民的劳役，而且形成一个官方所承认、

"直属皇帝"的臣民阶级。这个情况，究其实，只不过是罗马共和时期人民阶层划分的一种持续，现在开始也带有大希腊时期的特征。这些制度有多少是直接袭自大希腊时代的国家，这一点其实无关紧要。因为古代王权的内部结构就带有产生此种制度的要求，提供后勤补给以及授予军团土地的制度无疑来自近东，特别是埃及。罗马军队到此时已蜕变为一个由定居在边疆屯田士兵所组成的世袭阶级。同样的，国家专卖制度、国家工场、强制性行会组织、市镇议员的连坐法（负担赋税），以及所有其他公共义务，这些义务像网一般把个人紧紧束缚于其社会岗位上。

〔资本主义的萎缩〕随着此一义务之网的形成，古代国家缓慢而稳定地窒息了资本主义制度的发展。要不是这样子，我们如何说明资本主义经济在帝国前两个世纪以及第四世纪未能达到全盛；这两个时期都是较和平、较有秩序的时代，就整个上古史而言，尚无出其右者。当然，货币经济一直到奥略留（Marcus Aurelius，罗马皇帝，161–180）时都还持续扩张，但是货币经济**并不**就是资本主义制度；大庄园出现且继续扩张，同时近东的小商人及工匠大量移入帝国西部省区，这个现象贯串整个帝国时期，一直到其最后一刻。实际上，也就是这些小商人、工匠把基督教传布到那儿。但是我们找不到资本主义式经济组织的发展，不管是在商业、农业或者工业的领域。

反之，早期帝国的大商人（其贸易范围曾一度延伸至北欧）消失了。他们的位置为小店东所取代，交易税在第三世纪混乱状况下缩减得极厉害，正如冯多马坚斯基所指出的，以至于连负责此一税收的官员职位都取消了。然而，早在奥理略时代，经济已停滞不前，下层阶级税负极沉重，如纸草史料所显示的。但是，虽然第三世纪是一个动荡不安的时代，在古代世界也未尝就没有更大规模的战乱及损失，为何第三世纪后经济无法再恢复？

答案是古代资本主义是奠基于政治。也就是说私人利润的获得是来自城邦帝国主义的政治征服。因此，当此种利润消失时，资本的形成即宣告终止。罗马皇帝的第一项成就是税收制度的规则化，而包税者专断的权力就此被遏止。就像托勒密王朝一样，罗马皇帝一开始时并不能完全无视于包税者的资金及贸易经验，但随着官僚机构的逐渐熟练，他们觉得愈来愈没有道理再让私人利用国库去谋求个人利益，因此他们逐渐"国有化"税收制度，而包税者，正如冯多马坚斯基及罗斯托夫杰夫（Rostovtzeff）所指出的，转变成政府官员。

随着纳税者的受保护以及和平秩序的建立，罗马帝国宣告了古代资本主义的死刑。奴隶供应量缩减，随之而去的是城邦之间战争所带来的牟利的机会、个别城邦所垄断的贸易，以及（最重要的）从劫掠国家财源及纳税者而来的利润。这些改变，意味着古代资本主义已失去其所赖以汲取养料的源泉。

戴克里先所建立的"赋役制国家"制度下，资本主义找不到可以生根发展的据点，毫无利润可言。官僚制度摧毁了经济及政治动机，因为获得利益的机会已一去不返。资本主义制度的各种形式皆是企图将有产者的"财富"转变成投资性的"资本"，然而在帝国统治下，整个趋向（正如托勒密王朝）是排除资本以保藏财富。在古代城邦，有产者以矛与盾服务其社稷，现在他们以其财产服务国家，成为国家财政及征敛的保证人。在近古期重商主义国家，王权与资本家结成同盟，而在罗马帝国时期，国家迫使其富有阶级承担"赋役"义务。重商主义意指国家与资本家之间的关系，由一种直接的转换为间接的。这个转变，在工业资本主义发展以前，以及英国与低地国家出现私人资本主义式财富以前，是不可能产生的。

六、资本主义制度与官僚制

官僚制扼杀了古代世界私营企业，这并不奇怪，也不是只发生在古代世界。所有官僚制倾向于干涉经济事务并导致同样结果。这也同样适用于现代德国的官僚制。然而在古代，城邦的政策无可避免地铺平了通往资本主义制度之路，今天资本主义制度本身则铺平了经济通往官僚化之路。

要用现代的观念来形容晚期的罗马帝国，我们必须设想在一个社会里，政府拥有或控制了铁、煤及铸币工业，所有的铸造厂、酒类、糖、烟草、火柴的生产，以及所有现在由卡特尔（Cartel）工业组合所生产的大量消费物资。除此之外，政府还有巨大的土地，拥有生产军需品、官僚生活物资的工场，拥有所有船只与铁路，并缔结条约以规范羊毛输入。我们还必须设想，整个网络是依照官僚组织的规则来运转，还有伴随着此一官僚制度的行会制度，以及繁复的、每一行动（包括学术及其他）皆需要的证明文件。如果我们可以设想到这些，再加上一个军事及王朝的背景，那么我们就总括了罗马帝国晚期统治下的国家事务。唯一不同的是，那时的技术基础远不如今日进步。

今天一般德国的资产阶级，已极少类似于其中古城邦联盟时代的前辈，正如同晚期罗马帝国治下的雅典人，已极不同于其曾经奋战于马拉松之役的祖先。德国资产阶级现在努力的目标是"秩序"，尽管他可能是个"社会民主党"党员。就此而言，德国社会官僚化的过程极可能有一天会扼杀资本主义制度，正如古代世界一样；而我们也将可享受到官僚"秩序"下的福利，而非自由企业下的"无政府"状态。这种秩序与曾经特质化的罗马帝国，甚至与埃及新王国、托勒密王朝的秩序也基本上是一样的。

再者，我们也不能奢望公民的征兵制可以提供一"制衡"的力量以对抗此一官僚化的过程。因为这些公民服役于一官僚化的军队中，由政府装备，提供食物、制服、训练及接受政府命令驻扎在军营中。现代王朝的征兵制仅仅是另一种形式的力役，与遥远记忆中、市民为其城市服兵役一事无丝毫的内在关联。

我并无意在此继续探讨此类对未来的预测。最后我想强调的是：从地中海欧洲的文明所经历过的、漫长而持续的历史经验中所显示的，既不是一"循环"，亦非一"直线"的发展，古文明的现象有时会整个消失，然后在一全新的情境下重现。从另一角度而言，晚古期的城市，特别是大希腊时代近东的城市，是中古工业组织的先驱，正如晚古期的庄园是中古大农庄的先驱。

这一点，以及在什么意义上此一说法是妥当的，将在别处再讨论。

第二十章
市民

本章译自韦伯《经济通史》第四章第七节。中译本所根据版本及页数如下：《社会经济史》，pp.330—354；*General Economic History*，pp.315—332，334—337；《一般社会经济史要论》（下），pp.173—206，209—213。

〔"市民"的概念〕就社会史而言，"市民"（Bürgertum）一词有三种不同的含意：首先，市民可包含有特殊性质之经济利害关系的各个阶级。准此，则市民并非一元的：富裕市民与贫困市民、企业家与手工艺者均同样可称为市民。其次，就政治意义而言，市民包括享有特定政治权利的所有国民（Staatsbürger）。最后，就身份的意义而言，市民是指官僚阶级与无产阶级以外**有财产与教养**的社会阶层，包括企业者，坐食者，有学院教养以及一般有文化、有一定阶级生活标准与一定社会威望的人。

第一种概念是经济性的，并且是西方文明所特有的。不论在何处，不论现在或过去，都有手工艺者与企业家，然而（除了西方外），从来没有一个地方把他们包括在一个单一的社会阶级内。

国家公民的概念，在古代及中世城市皆有其先驱，那个时代就有享有某种政治权利的市民。然而在西方以外，我们只见微弱的痕迹，例如巴比伦的贵族以及《旧约圣经》中行使完整权利的城市居民（jocherim）。而且愈往东方，其痕迹愈显模糊。例如伊斯兰教国家、印度及中国皆无国家公民的观念。最后，把市民当作一种阶级，既不同于贵族阶级，亦有别于无产阶级，而是指有财产、有教养（或仅有其一）的人，这种概念就像资产阶级（bourgeoisie）的概念一样，同样是近代西方特有的概念。的确，在西方古代与中世，"市民"（bürger）也是一身份概念，属于特定身份团体的成员才能成为市民。然而这些时代的市民特权尚有**积极**与**消极**之别：就积极方面而言，他有权经营特定的手工业（例如在中古的城市）；消极意义而言，他则不准享有某些特定的权利——如持有采邑的权利（Lehensfähigkeit）、出场比武的权利（Turnierfähigkeit），以及归依修院的权利（Stiftsfähigkeit）[1]。

具有身份性质的市民，经常是一个特定城市的市民，而这种性质的城市仅见之于西方，其他地方诸如美索不达米亚，则只有萌芽的阶段。

〔城市与文化〕　城市对于整个文化领域皆有极其广泛的贡献。城市产生了政党与政客。在整个历史上，我们固然到处均可发现朋党、贵族派系以及钻营官职者之间的斗争，然而除了西方的城

1　Turnier 指中世纪时武士较量武艺的竞技会，起初是在王侯的宴飨中举行，后来则行于以此为目的的社交团体中。只有拥有纯正祖谱的贵族武士才得出场比武。Stifter 是指拥有在以宗教为目的的独立处所中（如教会、修道院、会所等）从事独立活动之资格的人，不过此种捐资归依者的资格是有所限制的。亦即，他们直属于帝国，而不在任何领邦君主的支配之下，并且只限于因所谓直接王权而握有国会选举权者；更重要的是，如果要加入此种捐资归依者的行列，必须提出十六个贵族祖先的证明。——日注

市外，我们在别处从未发现有过现代意义的政党，也找不到担任政党领袖与谋取大臣位置的政治煽动家（demagogues）[1]。只有城市产生了艺术史上的独特现象。相对于迈锡尼（Mycaenean）与罗马艺术的希腊与哥德式艺术，就是城市艺术。城市产生了现代意义的科学。从希腊的城市文明中，发展出持续至今，能导致深远科学思考训练的数学。同样的，巴比伦的城市文化，建立了天文学的基础。城市也是一些宗教制度的基础，以色列人的宗教犹太教（Judaism），完全是城市的产物，相对于此，农民是无法履行其祭祀礼仪的。早期基督教与城市也有密切的关系——城市愈大，基督徒的比例就愈高。清教（Puritanism）与虔敬派（Pietism）亦如此。农民之能正式成为宗教团体的一分子，完全是近代的现象。在基督教早期，所谓的 paganus 即兼指异教徒与乡野之人，正如俘囚期后居住在城市的法利赛人蔑视不知律法的"乡民"（Amha-arez）一样。以此，就算是阿奎那（Thomas von Aquinus，1225—1274），

---

[1] 古希腊雅典自从伯里克里斯（Pericles，前440）于公元前429年过世，城邦政治顿失重心，后继诸人无一有其能力及威望，而社会矛盾及外患又日益严重，于是新的领袖崛起。此类新型领袖凭借的并非既有的家世及社会威望，他们了解群众，以直接诉诸群众（经常是在人民大会的场合）的方式，凭个人魅力赢得群众的信任，而取得权力。这些政治人物即被称为 demagogue，希腊原文为 demagogos，demos 即"人民"之意，agogos 则为"领导者"，故中文译为"群众领导者"或"群众煽动家"。这是因为他们经常要鼓起如簧之舌，激动群众情绪，再加以操纵利用，因此很早开始，雄辩家（orator）即被称为 demagogue。亚里士多德则认为"僭主"（tyrant）与 demagogue 有密切关系，都是领导平民对抗贵族及富人者。参见 *Encyclopaedia Britannica*, 8, p.357；李宗侗译，《希腊罗马古代社会史》（二），pp.304—305, p.312。一般史家以克里昂（Cleon）为第一个群众领导者，韦伯则从权威基础的分析出发，而认为伯里克里斯先于克里昂："在伯里克里斯时代的雅典，经由成熟发展的民主制度所产生出来的真正政治领导者，即为群众领导者，通常形式上踞有军事指挥的职位。实际上，他的权力并非基于法律或官职，而是完全基于个人的影响力及'人民'（demos）的信任。因此，他的地位可说是不正当的，甚至是非法的；尽管整个民主制度的本质即为了配合此类人物的存在……"见《经济与社会》第二部，p.1314。——中注

在讨论各种身份阶级之社会意义及其价值时，对于农民还是极为轻蔑的。最后，只有城市产生出神学思考。另一方面，城市却也创造出不为僧侣所束缚的思想。以"我们应如何使人类成为有用的城市公民"为其思想主旨的柏拉图，离开城市即无法理解。

[城市的一般特征及西方所特有自治城市的起因] 一个地方应否视为城市，并非取决于其空间的大小[1]。从经济观点来看，无论在西方或其他各处，城市首先都是个工商业所在地，粮食要靠外界不断的供应。工商业者自何处取得粮食，以及用什么方法支付，这是可以用来分类广大地区的经济观点。不靠自己农业维生的广大地区，可以用自己的产品——特别是工业产品——来支付输入的货物；此外，亦可用商业收入、收益（薪俸或地租）或恩俸（Pension）来支付。靠恩俸为生的例子可见之于威斯巴登（Wiesbaden），当地的各种需要均由官吏或军人的恩俸来支付。一个广大地区可以根据其用以支付输入粮食的主要来源加以分类，不过这是遍及全世界的共同状况，只能用来说明广大地区的一个特性，并不能说明城市。

城市的另一个一般性特征是，它在过去大概都是个城堡。因此，有很长一段时期常认为城市就是城堡，或者是只有城堡才是城市。就此而言，城市通常是政治或宗教统治机构的所在地。在西方，civitas（城市）一词有时即被理解为主教治所。在中国，是否为官

1　否则在欧洲还没有任何具有城市性质的东西存在时，北京从一开始就被认为是个"城市"。但是北京形式上是被称为"五城"，而且在行政上也是作为五个大村庄来分别管理的（译按：指五城兵马司分掌京师五城），所以没有什么北京"市民"。——原注

吏的驻所是城市的一个决定性特征 [1]，而且城市也是依照官吏的等级来分类的。文艺复兴时代的意大利城市，也是以其官吏的等级及其贵族的品位来划分的。因此在西方以外，的确也有视城堡及政治、宗教治所为城市者。

然而在西方以外，从来没有过以一个自治团体 (Gemeindeverband) 形式存在的城市。这样的城市在中世纪时显见的特征是，有自己的法律与法庭，以及在某种范围内有自治的行政组织，中世纪的市民只有在接受这种法律的管辖，并参与推选行政官吏的条件下，才能算是市民。这种带有自治团体意义的城市之所以不见于西方以外的地区，其原因实值得我们深究。认为这是基于经济性因素的说法，颇难置信。同样我们也不能相信，这种结合是由于特殊的"日耳曼精神"所造成的，因为，在中国及印度还有比西方更强固的结合，然而并没有（像西方）那样的城市团体。因此，要探本溯源的话，就不能不追究一些更基本的事实。

我们不能根据中世纪封建的或政治的特权授予，或者是亚历山大远征印度时所建立的城市来解释。最早提到城市是一种自治的结合的有关记载，倒是可以显示出其所具有的革命性质。西方的城市源自一种带有兄弟会 (Verbrüderungsakt) 性质的团体——在古代即为"结盟"，在中世纪则为"同盟会"(coniuratio)。就此而言，一向联系于表面现象的法律形式（中世纪由此导致的冲突都掩盖在这种形式下），与藏于形式背后的事实，实不可分。霍亨

1　对照之下，日本的官吏和封建大名一直到明治维新时代还是住在城堡里，地区的等级是依面积大小来决定的。——原注

斯陶芬（Hohenstaufen）[1] 时代取缔城市的律令并非禁止市民权，而是禁止涉及篡夺政权的"同盟会"，也就是禁止武装的、具有攻守同盟性质的兄弟会。

　　中世纪最初的实例为 726 年的革命运动，以威尼斯为中心的这次革命使得意大利脱离东罗马帝国的支配。革命运动源起于反抗东罗马武力压迫下的禁止偶像崇拜的政策，因此宗教因素虽非唯一的因素，却是引起革命的契机。在革命以前，威尼斯的总督（dux，后来称为 doge）一直是由皇帝任命的，虽然在另一方面，军事护民官（tribun）或军区指挥官（Bezirkskommondeur）经常是由当地的豪族阶级所世袭。自革命运动时开始，护民官及总督就由服兵役的人，也就是能当骑士的人来推选。运动就这样发动起来，经过了四百年，到 1143 年，威尼斯自治市（Commune Venetiarurn）终告出现。古代的"结盟"也十分类似。例如尼赫迈亚（Nehemia）在耶路撒冷所行的办法：他使当地的豪族与一部分挑选出来的人民结合成一个负责城市管理及防御的誓约团体。我们不能不认定，所有古代城市的起源都有相同的背景。城邦（polis）通常就是这样一种结盟的产物，而不是由实际上的聚落所产生。它是一种由誓约结合起来的团体的产物，有一种共同的聚餐仪式，创设祭祀的仪式团体，规定只有在卫城（acropolis）上有墓地及居住在城市里的才能加入。

　　〔东方自治城市发展的障碍：兵制与巫术〕这种发展之所以只出现在西方，理由有二：（一）军事组织的特色。早期的西方城市

1　自 1152 至 1250 年出任神圣罗马帝国皇帝的家族。此一王朝在首位君主 Frederick Ⅰ（亦称为"红胡子"）时代曾大力介入北意大利城邦事务，企图控制这些城市。不过，自从 1176 年为北意城市联军大败之后，影响力即日渐衰落。——中注

一开始就是个防御团体（Wehrverband），也就是一个由有能力在经济上自行武装、自行训练的人所结合成的团体。军队组织之是否根据自给的基础，还是由一个军事领袖来提供马匹、武器与粮食，其间的区别，正如经济生产手段是为工人所有，还是为资本主义的企业者所有一样，是社会史上最根本的问题。西方以外的地区，君侯军队的出现都比城市来得早，因此阻碍了城市的发展。最早的中国史诗里，并没有像荷马史诗那样乘坐自备战车上场挑战的武士，而只有统率军队的军官。亚历山大在印度所遭遇的，也是由军官指挥的军队。在西方，由君侯来负担军队的装备，以致士兵与其战争手段（武器）分离，正如工人与其生产手段分离，同样都是近代的事。然而在亚洲，此种分离则早在历史的初期阶段即已发生。巴比伦、亚述及埃及的军队，与荷马史诗里的兵团、西方的骑士军队、古代城邦的城市军队、中世纪的行会军队完全不同。

之所以会有这些差异是因为在埃及、西亚、印度与中国等地，灌溉对文明的发展是极具关键性的。水利问题决定了官僚政治、臣属的赋役、臣属对国王官僚系统的依赖等现象的存在。国王的权力也是通过垄断武力的形式显现出来，这正是亚洲与西方在军事组织上差异的基础。在亚洲，皇家官吏与军官从一开始便是这种发展的中心人物；而在西方，原先是没有这两种人物的。由于宗教性的兄弟友谊的结合与军事的自给，（西方）城市才有出现与存在的可能。的确，在亚洲亦有类似的萌芽，印度曾经有过接近西方意义的城市，也就是自行武装与市民权的结合。例如能以一匹象提供军用的,在梵沙利(Vaicali)[1]自由城内就是一个正式市民。古代的美索不达米亚,骑士彼此争战,并且建立拥有自治权的城市。然而在这些地方,跟其他地方一样,这些萌芽皆随着建立在水利统治基础上的大王国的兴起,而化为乌有。所以只有在西方,这种发展才到成熟的阶段。

　　在东方,阻碍城市发展的第二个障碍是与巫术有关的各种观念和制度。在印度,种姓不可能形成一个行共同祭祀的团体,因此也就不能形成一个城市,因为他们在宗教习俗上是疏离的。同样的事实亦可说明中世纪时犹太人的特殊地位:教堂与圣餐都是城市团结的象征,然而犹太人既不能上教堂祈祷,也不能参加圣餐仪式,因此必须另外组织犹太团体。相反的,西方城市之能创设,是因为在古代对于祭司的资格即无太多限制,换言之,与神的交涉并不像亚洲那样为祭司所垄断。古代西方城市的官员负责处理与神的交涉,因此城市支配着神的资产与祭司的俸禄,甚至用拍卖的方式来补充祭司的职位,这是因为西方并没有像印度那样的巫术限制。在西方以后的发展中,下述三件大事是极具关键性的:(1)犹太人的预言将犹太教里的巫术消除掉,巫术事实上虽仍存在,但是已被视为邪魔外道,而非神圣性质之物。(2)圣灵降临的奇迹(Pfingstwunder),亦即基督降灵于信徒的仪式。这点对于古代基督教信仰的迅速传布,实具有决定性意义[2]。在安提奥克(Antioch)大会中,保罗(Paul)反对彼得(Peter)而允许未受割礼的信徒

1　Vaicali 是佛陀时代印度的十六国之一,离车人(Lichavi)的首都。位于恒河以北肯塔克河以东,现今之 Besarh 即其旧址。——日注
2　Pfingst 即五旬节(Pentecost)之意,亦即基督复活的第五十天后,由于圣灵降下而使其门徒被圣灵充满(参见《新约·使徒行传》第二章)。——日注

共同祭祀[1]。因此而撤除了当时尚残存于古代城市的氏族、部落与民族间的巫术性的藩篱，这就使得西方城市的建立成为可能。

〔城市的类型——古代城市与中古城市〕就其严格的定义言之，城市虽为西方特有的一种制度，然而自其发展视之，则在古代与中世、南欧与北欧之间尚有根本的差异。

在城市团体发展的初期，古代城市与中古城市是极为类似的。无论在古代或中世，都有生于骑士之家、过骑士生活的豪族，只有他们才是城市团体的积极分子，其他人则只有从顺之义务。骑士豪族之所以成为城市居民，完全是为了分享贸易机会的缘故。在意大利革命推翻了东罗马帝国的统治之后，一部分的威尼斯豪族即聚居于里阿尔托岛（Lialto），因为这里是与东方通商的中心。应该记住的是，威尼斯虽然在政治上已告独立，然而在海外贸易与海战上仍为东罗马帝国的一部分。同样，古代的豪族也不自行经营贸易，而是以船东或放款者的身份来参与的。在古代，重要的城市距离海岸皆在一日的行程内，这是极为突出的现象；也只有在政治上或地理上能拥有特殊机会以参与贸易的城市，才能繁荣。以故，桑巴特所说的"土地之收益为城市与商业之母"，实在是错误的；情况恰好相反，正因为商人能够并且也有利用土地收益的意图，才导致定居于城市。因此，对于最初城市的形成，贸易实有决定性的影响。

---

1 与异邦人共食是违反犹太教律法的。在安提阿，彼得曾与异邦人共食，后来遭到犹太人的指责，为免后患，彼得遂与异邦人断交。对此，保罗提出救赎乃基于信仰而非依赖律法的行为之说："在此并不分希利尼人、犹太人、受割礼的、未受割礼的、化外人、西古提人，为奴的、自主的。唯有基督是包括一切，又住在各人之内。"（《新约·哥林多书》第三章第十一节）——日注

中世纪初期威尼斯商人发迹的过程大抵如下：他先是个小商人，也就是以零售商的身份开始经营，然后向豪族借贷（货币或商品）到海外发展，在地中海东岸从事贸易，返乡后再与贷款者分配利润。成功的话，则几年内他就可以在威尼斯购买不动产或船舶，而一直到 1297 年"大议会"的封锁以前[1]，凡是拥有船舶或不动产者，即可晋身为贵族。以地租及资金利息收入——两者均由贸易利润而来——为生的豪族，在意大利通常称之为 Scioperato，德语则为 ehrsamer Müssiggänger，即"富贵闲人"之意。威尼斯的贵族中虽然也有一些是以经商为业，正如在改革时期[2]，破落的贵族也有经商而过着市民生活的，然而一般言之，具有完整资格的市民与城市贵族，都有土地与商业资本，他们靠收益为生，而不自营工商业。

到此为止，中世纪的发展与古代的发展是一致的；不过随着民主制度的建立，它们即告分道扬镳。当然，即使在这方面，刚开始时也有类似之处：希腊的 demos，罗马的 plebs，意大利的

1　如前所述，自 1032 年以来威尼斯的总督（doge）之支配权即已受限制，其后此一倾向愈演愈烈，终于在 1072 年成立了由 480 人所组成的"大议会"（maggior consiglo）来作为威尼斯的最高决议机构。此后，威尼斯逐渐完全掌握东地中海的制海权，并且在对十字军与热那亚的战争中获胜，然而贵族阶层却因此种一连串政治、经济上的成功而强化了势力，最终则实现了史上少见的极强固的贵族寡头政治。此一划时代的史实即"大议会的封锁"（serrata del maggior consiglio），据此封锁，大议会的成员仅限于被登录在黄金文书上的贵族世家。然而此种由一部分贵族独占的政权，套个 A. Doren 在《意大利经济史》（*Italienische Wirtschaf tsgeschichte*, 1934, p.181）中的说法——大商贾与船东之家的贵族寡头政治（Aristokratie von Groph-ändlerund Reederfamilien），当然会引起不满意的贵族（特别是老贵族）与一般市民的反抗。实际上此种反抗曾数度而起（例如 1300 年由 Bocconio，1310 年由 Tiepolo 所发起的），不过皆功败垂成，只使得大议会的实权落入其中十人之手（所谓十人议会 consiglio dei dieci），更加强化了贵族寡头政治的形态。——日注
2　即前注所言贵族强化寡头统治的动乱时期。——日注

popolo 以及日耳曼的 Bürgerschaft 等名词皆代表了民主主义的侵入，它们是用来指不过骑士生活的市民大众。贵族——具有骑士身份及受封资格的人——被置于严密监视下，他们的选举权及其他权利皆被剥夺，正如（革命后）列宁对付俄国资产阶级的措施。

民主化的基础无论哪儿都是纯粹军事性质的，它是奠基于经过长期一致化训练的步兵之出现——例如古希腊的重甲兵（hoplites）以及中世纪的行会军队。于此，决定性的事实是，在实战中划一的军事训练证明要比单枪匹马的格斗来得优越[1]。划一的军事训练意味着民主主义的胜利，因为它显示出国家需要非贵族阶级的民众服兵役，交给他们武器的同时也就将政治权力给予了他们。

此外，无论是在古代还是中世纪，金钱的力量也发挥了作用。

在实现民主政治的方式中，亦有一致的地方。就像在早期的城市一样，公民以拥有自己官吏的独立团体（Sonderbund）的方式来进行斗争。对抗君主而代表民主主义的官员有：斯巴达的"长官"（Ephor），罗马的"护民官"（Tribunus Plebis），中世纪意大利城市中的"人民首长"（Capitano del popolo）及 della mercadanzo 等[2]。这些官员的共同特质是，原先皆为"非正当性"的（illegitim）。意大利诸城市的"执政官"（Konsal）在其称号前尚冠有 dei gratia（圣宠）的字眼，"人民首长"即不再冠有。"护民官"的权力来源也是"非正当性的"；他之所以神圣不可侵犯（sacrosanctus），正因

---

1 虽然根据亚历山大时期留下来的最古老的希腊资料，印度军队已有战术性的部队与组织，不过也可算是英雄间的格斗。在蒙兀儿帝国的军队中，自行装备的骑士不但和军事领主所招募及装备的战士并驾齐驱，而且享有更高的社会威望。——原注
2 有关这些名词，参见《支配的类型》，p.400。——中注

为他不是个具有"正当性"权威的官员，所以只能由神明的护佑（或公民的复仇）来保护。

就其目的而言，这两条路线的发展过程亦自相同。具有决定性的是身份阶级而非经济阶级的利害关系；主要的问题是防范贵族的侵犯。市民知道自己是富裕的，曾与贵族一起参与城市的大斗争，并且取得胜利；他们已经武装起来，又感觉到自己受歧视，因此不再甘心于过去所接受的那种从属阶级的身份。最后，（市民的）独立团体的非正当性官员所采取的手段亦有类似之处。无论何处，他们都在争取介入平民对贵族诉讼的权利。为此一目的，罗马的"护民官"有承办权（Interzessionsrecht），佛罗伦萨的"人民首长"亦有类似的权利，他们或用"取消判决"（Kassation）[1]，或用私刑（Lynchjustiz）的方式来执行此一权利[2]。独立团体提出城市的法令非经平民同意否则不能生效的要求，最后终于奠定了只有平民所议决者才能成为法律的原则。罗马法的根本原则在"各族人民所决定的一切，可约束全体人民"（utquod tributim plebs iussisset populum tenerit），在佛罗伦萨的法典《正义之章程》（Ordinamenti della giustizia），以及列宁的劳工专政排斥一切非劳动者的政策上得到实现。

为了确立民主制的支配地位，另一个手段就是强制（贵族）加入平民阶级。在古代，贵族须加入部落（tribus）；在中世纪则须加入行会，虽然在很多场合此事的根本重要性都没有得到充分的

---

[1] 诸如毁弃判决，罢免被任命的官员等。总之，使合法的官方决定成为"无效的"（ungültig）。——日注

[2] 1918年德国革命时，士兵委员会要求有副署司法判决的权力（译按：即非经他们副署，否则判决无效），与此有相同的作用。——原注

认识。最后，各地的官职都有急遽的、大规模的膨胀，因为得胜的政党必须要酬佣其党羽，于是官僚有过剩的现象。

以上所言皆为古代与中世纪民主政治的雷同之处。不过，同时也有些根本上的差异。首先，在城市所包含的部门方面就有极大的不同：中世纪的城市是由行会所构成的，古代的城市却从未有过行会的特色。

从这个观点来考虑中世纪的行会，我们就可以注意到各个不同的行会阶层如何相继掌握支配。在佛罗伦萨这个古典的行会城市里，这些阶层中渐渐形成有别于"小"职工（arti minori）的最早的一个"大"职工（arti maggiori）团体。大职工团体包括了商人、兑换商、珠宝商以及需要大量资金来经营的一般企业主，此外也还包括法律家、医生、药剂师等具有现代资产阶级意义的"有财产与教养的人"。那些由企业者所组成的行会，我们可以假定至少有一半的成员是靠收益（rente）或不久就可靠收益为生的人。这一类有财产有教养的人被称为 popolo grasso，也就是"脑满肠肥者"（dos fette Volk）。《旧约》的《诗篇》也有相同的用语，《诗篇》实在就是虔信教徒对靠收益生活的上层阶级或"脑满肠肥者"表示特殊怨恨（Ressentiment）的诗歌[1]，这种上层阶级的人物在诗歌中一再被称为"脑满肠肥者"。

小资本家也属于大职工团体，而屠夫、面包师、织工等则包括在小职工团体内；后者至少在意大利都处于劳动阶级边缘，虽然在日耳曼他们之中的一部分亦曾上升为大企业主。此外，纯粹

1　有关"怨恨"（Ressentiment）在神义论扮演的角色，参见《宗教与世界》。——中注

的劳动者，如佛罗伦萨的人民党（Ciompi）[1]，则难得具有重要的地位，通常只有当贵族为了要对抗中层阶级而与下层阶级结合时，他们始能获得权力。

在行会支配下，中世纪城市实行了一种特殊的政策，即所谓城市经济政策。此一政策的第一目的是维持传统的就业与生活机会；其次为利用禁制权（Bannrecht）及强迫（外地商人）使用城市市场，从而使四周的农村尽量从属于城市的利益。此外，它也努力阻止竞争，防止大企业的发展，尽管如此，仍然出现了商人资本与手工艺行会劳动者的对立，由此而孕育出代工制及近代无产阶级先驱的职工阶级。在民主政治支配时期的古代却完全没有此种现象。的确，在古代早期也有过这类情形的痕迹。例如罗马塞弗拉斯军队组织里的工匠、手工艺工人和铁匠等，或许是这类残余。然而到了民主政治充分发展的时代，就毫无任何有关的记录，一直到晚期罗马才又有踪迹可寻。由此可知，在古代是没有支配城市的行会及行会政策的，也谈不到劳资对立的问题，那是要到中世纪晚期才出现的。

西洋古代虽无劳资的对立，却有地主与无土地者之间的对立。无产阶级（Proletarius）一词并非如蒙森（Mommsen）所说的，意指只能为国家生小孩的人，而是指拥有土地者或拥有完整资格之公民（assiduns）的、被剥夺继承权的后代。古代国家的一切政策都在防止这种无产阶级的产生；为了此一目的，故限制因债务而

1　Ciompi 原指持棒梳理粗羊毛的劳动者，不过一般用来指广大的 popolo minut，这些人在佛罗伦萨是地位很低的劳动者，他们没有自己的行会组织，因此也未能有代表进入市政府。虽然他们于 1378 年以著名的 tumulto dei chompi（人民党暴动）掌握了约三年的政权，不过在此期间他们也只不过拥有自己的 cooperazione 罢了。——日注

沦为隶属民，并缓和债权的压迫。古代所谓的对立，通常是城市债主与农民债务人之间的对立，放债贵族居住在城市里，而借钱的小民则住在乡间。在古代的债务法之下，这样的一种情况是不难导致债务者丧失土地及无产化的。由于这些因素，古代城市并没有像中世纪那样的生计政策，而只有确保份地，即一个战士能赖以为生兼且武装自己的土地的军事政策。因此格拉古兄弟的大改革绝非近代所谓的阶级斗争的一种政策，它们的目的是纯军事性的，代表了企图维持公民军队免为佣兵所取代的最后努力[1]。在中世纪，反对贵族的一方面是企业主，另一方面则为手工艺者；而在古代，则是农民。相应于不同之对立关系者，为古代城市与中古城市不同的分类。在中古城市，贵族被迫加入行会；在古代则被迫加入村落或部落，即农村土地持有者所构成的区域；在此区域中，贵族与自耕农享有同等的权利。换言之，在中世纪，贵族须劳工化，在古代则为农民化。

　　古代民主政治之发展过程的另一个特征是，民主政治内的各阶层相继掌权。首先崛起的掌权者为武士阶级（classis）——即能够自备甲胄矛盾等全副武装而立于前线者。其后因海军政策的缘故，古代的一些地区（特别是在雅典），由于必需全体人民参加始能组成舰队，无产阶级曾掌握过支配权。雅典的军国主义政策，使得水手在公民大会中取得优势。在罗马，由于辛白列人（Cimbri）

1　格拉古兄弟为公元前二世纪罗马的"护民官"，他们相继推动土地改革，限制土地兼并，企图保障小自耕农，亦即保障罗马的公民军队。参见《支配的类型》，p.400。——中注

.

及条顿人（Teutones）[1]的入侵，开始出现同样的发展过程；然而此一发展并没有导致士兵享有公民权，反而出现了以统帅（Imperator）为首领的职业军队。

这些差异之外，在古代与中世纪的发展过程中，还有身份关系的差异。中世纪行会城市的典型市民为商人或手工艺者；如果他还拥有房屋，那么他就是一个有充分资格的市民。反之，在古代则土地所有者即为典型的充分市民。因此，在行会城市中，最初是有身份上之不平等的。非土地所有者如想取得土地，就必须先有个土地持有者作他的"经手人"（Salmann）。再说，他在法律上居于不利的地位，此种从属的法律地位是逐步才获得解放的，而且也不是各处都达到完全的平等。然而在人身关系上，中古城市的市民是自由的。根据"城市的空气使一切自由"的原则，一个农奴逃亡只要超过一年零一天，他的领主即无权要求带回。虽然这个原则并非到处皆被认可，而且更受到霍亨斯陶芬王朝法令的限制，它却是与城市市民阶级的法律观念相配合的。城市市民就是以此原则为基础，去追求他的军事及租税的利益。因此，阶级之平等化以及自由束缚之解放，成为中世纪城市发展的一个主要倾向。

相形之下，在早期古代也有跟中世纪一样的身份差别。古代曾有"恩主"（patron）与"客"（kliens）的区别，所谓的"客"

1　Cimbri 为日耳曼民族的一支，最初居住在北欧，于公元前二世纪时南下，转徙各处后，于公元前 101 年在意大利北部平原被罗马名将马里乌斯全部歼灭。条顿人于公元前二世纪左右由北欧南下，与辛白列人合流转徙各处，于公元前 102 年亦为马里乌斯所败。

——日注。

是从属于前者的扈从骑士[1]；此外也承认隶属关系与奴隶。但是随着城市权力的扩大与民主政治的发展，身份阶级的差异却日益尖锐：奴隶被大量购买进来或秘密输入，加上被解放的奴隶，大城市里出现日益膨胀的下层阶级。因此，同中古城市相较之下，古代城市之身份的不平等反有渐见扩大的趋势。此外，中古城市里行会垄断的现象，在古代是连痕迹都找不到的。在民主制在雅典居有支配地位的时期，从有关树立雅典守护神庙石柱的文献中可以发现，雅典的自由人与奴隶在同一个承办团体（Akkordgruppe）里一起工作，而且还以奴隶担任自由人的工头；在中世纪，由于有一个强而有力的自由工业阶级的存在，此种状态实为不可思议之事。

　　总括以上所述，可作如下结论：此即古代城市的民主政治，实为一种政治行会。它固然有特定的且垄断了的经济利益，却还是受到军事利益的支配，贡纳、战利品及同盟城市缴纳的盟金只分配给市民。所以古代的民主市民行会同中世纪末期的手工业行会一样，也不喜欢有太多的人参加，从而限制市民人数，这正是希腊城邦衰亡的原因之一。政治行会的垄断权也包括将"海外驻防土地"（kleruchie）[2]、征服土地及战利品分配给市民；城市更以其政治利得来支付剧场费、发放粮食、人民法庭、陪审费及参加人民集会的费用。故经常的战争，在希腊的充分资格市民看来，实

1　"主"与"客"的关系，见《支配的类型》，p.322。——中注
2　伯里克里斯一方面为了防卫雅典帝国的战略要地，一方面也为了处理雅典人口过剩的问题，遂将下层市民送往殖民地，并将当地农场分配给他们，要他们负起屯田兵的义务。此一制度及此种土地即称为 kleruchie。——日注

为常态。群众煽动家克里昂（Cleon）[1]，正是因为意识到了这一点，所以才鼓动战争的。战争能使城市富裕，故市民无法忍受长期的和平。凡是以和平手段追求利得者，都被排除于这些分配的机会之外，包括被解放的奴隶与外侨。这些人虽然没有土地，但是从他们身上，我们首次看到类似近代富裕的资产阶级的类型。

军事的理由可以解释为何古代城邦，只要仍保持其独特的形式，就发展不出手工业行会或任何类似的组织；反之，它建立了由市民阶级构成的军事政治的垄断，并且演变成一个战士行会。古代城市代表了当时军事技术最高程度的发展，没有任何武力可以对抗希腊的重甲兵或罗马的军团（Legion）。由此可知古代营利的方向完全是着眼于战争利得或其他以纯粹政治手段所获取的利得。相对于市民者为"贱民"（Banause），凡是追求（今日意义上）和平营利机会者皆列为贱民。相形之下，中世纪早期的军事技术重心，却是在居住在城市以外的骑士身上。装甲的骑士是所向无敌的，因此市民行会的军队常采取守势，而不敢采取攻势行动，唯一的例外是 1302 年库尔特里（Courtray）之役[2]。以此，中世纪的市民兵实无法如古代的重甲兵或军团那样，发挥营利的

1　克里昂是雅典面对斯巴达之敌对时的主战派急先锋，在伯里克里斯死后（前 429）即主掌雅典对斯巴达的战事，结果战死于媾和前的阿姆非波利斯战役。剧作家亚里斯多芬（Aristophanēs）在其著名的喜剧《骑士》中，对克里昂有辛辣的批判。——日注

2　位于比利时西法兰德斯而濒临法国边境上的库尔特里——又称为 Kortrijk——于 1302 年 7 月爆发战争，这是在法兰德斯地区英法百年战争（1337—1453）一连串的前哨战之一。当时法兰德斯的毛纺织工业非常发达，诸多自由城市，如 Bruges、Ypres 等自十一世纪以来即繁荣兴盛。其时掌握城市支配权的是组成商人行会的大贸易商（所谓的 majores），他们与从事直接生产的小市民（所谓 minore，行会即由他们组成）之间不断地发生冲突。而法兰德斯地区实际上是法国封臣法兰德斯伯爵的领地，在富商与小市民的冲突中，前者寻求伯爵领主的支持，而伯爵又寻求法王美男子腓力四世的保护，小市民则寻求英国的

行会功能……

〔城市与资本主义的关系〕我们想了解上述这种关系对资本主义之发展有何影响，则须观察古代与中世纪在工业上的差异，以及资本主义本身的类别。

无论任何地方、任何时代，我们都可以发现各式各样非理性的资本主义(nichtrationale Kapitalismus)。例如为了包税目的(西方、中国及近东)，以及为了融通战费的目的（战国时代的中国与印度）而成立的资本主义企业。此外还有与商人投机贸易有关的资本主义，因为无论哪一段历史时期，商人几乎总是存在的。最后还有乘他人之危贷款以行压榨的高利贷资本主义。所有这些形态的资本主义，都着眼于战利品、租税、利用职权的盘剥、官方高利贷，例如恺撒向克拉苏（Crassus）[1]贷款，然后再利用职权以筹还；或者是以贡纳、现实的需要状况为目标的。不过，所有这些形式的资本主义均属于非理性且出于偶然性的经济活动，由此是无法发展出劳动体制的合理组织的。

反之，合理的资本主义则是以市场机会——亦即狭义的经济机会——为目标而进行的。资本主义愈是合理，它同大量需求与大量供应的关系就愈密切。然而这种资本主义的组织与发展，还

（接上页注）保护——英国出口羊毛到法兰德斯再进口成衣，英王因此可同时征收羊毛出口税与成衣进口税，为维护此种利益而与小市民的利益与共，故而支持他们，图谋此地支配权而与法国起冲突。在法兰德斯伯爵可能被推翻之虞下，法国进军此地。布鲁日的手工业者蜂起反抗，引来大屠杀（所谓Matin de Bruge），为此，以布鲁日为中心而团结起来的法兰德斯诸城市军队在库尔特里大败法国的骑士军队。然而此一城市军队却于1304年被法军全数歼灭于Moss-en-Puell。虽然城市军队的中心分子不是Majores而是minore，然而他们因库尔特里之战而获得的城市支配却在不久后即土崩瓦解了。——日注

1 公元前一世纪罗马政治人物，与庞培（Pompey）、恺撒并称"前三雄"，极为有钱。公元前53年死于远征Parthia之役。——中注

得等到中世纪末期及近代西方。在整个古代，只有一个资产阶级，其理性主义堪与近代资本主义相比拟，此即罗马的骑士阶级(Ritter)。当一个希腊城市需要资金、出租公地或任何发包事务时，就得招徕各地资本家互相竞标。相反的，罗马从格拉古兄弟的时代开始，就有一个合理的资产阶级，而且扮演了极重要的角色。此一阶级的资本主义完全是以国家及政治的机会为其标的，换言之，即以公地、征服地与直辖地的租佃、包税以及对战争及政治家的资金融通为目的。此一阶级有时对罗马的政治发挥了决定性的影响，虽然也得顾及官僚贵族的阻挠。

中世纪末期的资本主义已开始以市场机会为目标，这是它与古代资本主义之间的差异，此一差异也影响到城市丧失自由以后的发展方向。这也是古代的发展与中世纪、近代的发展间一个基本的差异。古代城市的自由，由于官僚组织的世界帝国之出现，已告消失；新国家内已无资本主义的立足余地。最初皇帝还得依赖骑士阶级的金融资本，然而我们看到他逐渐不让骑士阶级承办租税——这是最有利可图的财源——从而使自己逐步脱离依赖关系，正与埃及的国王使国家的政治、军事需求脱离资本家的权力而独立，使包税人成为税吏如出一辙。罗马帝国时代，各处都因世袭继承的占有以致直辖地的租佃日益衰微。国家的经济需求逐渐由贡纳制度与强制劳役来供应，而不再像以往一样由竞争性的契约来提供。人民按其职业来划分阶级，国家的需求则课之于这些新成立的职业阶级，同阶级的人皆负有连带责任。这种发展意味着古代资本主义的窒息[1]……

---

1 详见《古代城市》一章。——中注

近代城市的命运与此完全不同，虽然它的自治权也逐渐被剥夺。十七八世纪的英国城市已经成为一个仅具有财政及社会阶级意义的行会团体（clique）。同时的日耳曼城市，除帝国城市（Reichsstadt）外，其他都只是一些凡事听命于上级的领邦城市（Landstadt）而已[1]。此种发展在法国城市中出现得甚至更早；西班牙的城市自治权也在城市暴动时为神圣罗马帝国皇帝查理五世（1519—1556）所剥夺；意大利的城市落入市政门阀（signorie）掌握中；俄国的城市则从来就没有过西方意义的自由。无论哪儿，城市的军事、司法、工业等权力都被剥夺了。形式上，旧有的权力似乎都照常不变；实际上，则近代城市正如罗马确立其支配权以后的古代城市一样，其自由已完全被剥夺。不同的是，近代城市常落入不断在和平与战争中争取权力的民族国家的掌握中。此种竞争性的斗争为近代资本主义创造出极大的机会。各独立的民族国家必须竞相争取自由流动的资本，而这些自由流动的资本——由于它们可协助国家获得权力——乃得以向国家提出种种有利于自己的条件。在这种国家迫于需要乃不得不与资本结盟的情况下，产生了民族市民阶层——也就是近代意义的资产阶级。因此，正是这种狭隘封闭的民族国家，提供了资本主义发展的机会，而且只要民族国家不为世界帝国所取代，资本主义就会持续下去。

1　直属于皇帝的都市称为帝国城市（Reichsstadt），相对于此，在领邦君主支配之下的都市则称为领邦城市。——日注

译名对照表

Alkibiad　阿尔西比亚德斯

Appropriation　占有，处分

artificia　手工艺匠

arti maggiori　大职工

arti minori　小职工

Assurbanipal　亚述巴尼拔

Aussemoral　对外道德

Banja　（印度）商贾

Banjari　梵查利

Bannrecht　禁制权

Bhaniya　梵尼雅

beneficium　俸禄

Berufsgliederung　职业编制

Berufsmensch　职业人

Binnemoral　对内道德

Bürgertum　市民

Caracalla　卡拉卡拉

Carthusian　卡尔特教团

caveat emptor　顾客自当心

Cleisthenes　克莱斯提尼

commenda　康曼达

Cortez　科尔特兹

demiurgische　圣役

Demosthenes　狄摩西尼

Diocletian　戴克里先

Eigenwirtschaft　家计自给经济

Entfremdung　异化

Ephialtes　埃菲阿尔特斯

Erbzins　免役租

Ergasterion　作坊

Erwerb　营利

ethnische Gruppe　习俗团体

familia rustica　佃户家

Frauenhaus　女子集会所

Fronhofwirtschaft　领地经济

索　引

支配的类型

康乐 编译

本书译序

康　乐

　　本书第一版于 1985 年由允晨公司发行，1989 年经局部修订后由远流公司发行。此一译本基本上以 Guenther Roth 及 Claus Wittich 编的英译本 *Economy and Society*（pp. 212—301）为底本，另外参考德文原著 *Wirtschaft und Gesellschaft. Grundriss der Verstehenden Soziologie*（pp. 122—176），以及世良晃志郎的日译本《支配の诸类型》，《导言》则译自莫姆森（Wolfgang J. Mommsen）的 "The Theory of the 'Three Pure Types of Legitmate Domination' and the Concept of Plebiscitarian Democracy", *The Age of Bureaucracy: Perspectives on the Political Sociology of Max Weber*（New York, 1974），pp. 72—94；各章节译注者如次：简惠美（导言）；吴乃德、康乐（正文）；康乐、胡昌智、张炎宪（译注）。全书并经张茂桂、康乐校订一次。

　　为了配合新版著作权法的规定，此次修订版尽可能回复到德文原著，除了修正此前译本的一些错误外，章节的划分与标题悉以德文本为准。此外，由于无法取得莫姆森文章的翻译授权，《导言》不得不予以删除，日注、英注与德注亦经大幅删订，并将注释移至本文同页，以方便读者阅读。

1995 年 8 月 1 日

第一章

正当性的基础

一、支配的定义、条件与种类，正当性

在《经济与社会》一书中（第一部第一章第十六节），我们将
"支配"（Herrschaft）定义为：一群人会服从某些特定的（或所有的）
命令的可能性。因此这个定义并没有统括所有行使"权力"（Macht）
或"影响力"（Einfluβ）的形态[1]。根据这样的定义，支配或"权威"
（Autorität）[2] 可能会基于非常不同的服从动机：由最单纯的习惯性

---

[1] 韦伯界定"权力"为：在社会关系内，行动者具有可以排除各种抗拒以贯彻其意志的可
    能性（Chance），不论此一可能性基础为何。"支配"与"权力"不同之处在于："支配"
    一词在社会学概念上必段更严密，它仅意味着一个命令受到服从的可能性而已。

[2] 韦伯在 Autorität 一词用了引号并加括号放在 Herrschaft 之后，表示这是可以互换的一个
    口语词，不过此句文意清楚指出尚未涉及服从的基础。此章主要在讨论正当性支配的类
    型。Herrschaft 一词，我们经过仔细的考虑之后，决定不采用《经济与社会》一书的英
    文版编者 Roth 和 Wittich 的译法，而根据 Raymond Aron 和 W. G. Runciman，将之译
    为"支配"（domination），认为这才是最妥当的。较之于"domination"，Roth 和 Wittich
    所用的"权威"（authority）一词就显得意义狭窄得多，因为它主要指的只是特定的人物
    在权力当中的地位。对 Roth 和 Wittich 这种折中用法更不利的是，这样一来就会模糊了韦
    伯之系统化的严密本质与精致的匀形性。我们必须承认韦伯是试图以一人格化的形式来处
    理支配与领导的问题。正如我们下面会看到的：就此而言，"权威"一词的确是合适的。

服从，到最纯粹理性的利益计算。因此每一种真正的支配形式都包含着最起码的自愿服从之成分[1]。也就是对服从的**利害关系**的考虑，而这种考虑可能是因为别有用心，也可能是基于真心的诚服。

并非所有的支配皆使用经济手段，更少是以经济利益为其标的。可是一般而言，如果被统治者为数颇众，支配的行使便须借助**管理干部**（Verwaltungsstab，参见《经济与社会》第一部第一章第十二节）。这个特别的团体通常受委托执行一般性的政策和特殊指令。管理干部的成员对支配者（Herr）的服从，可能是基于习惯，可能是由于感情的联系，可能由于物质利益，也可能由于理想性（wertrational）的动机[2]。这些不同的动机决定了不同的支配形式。如果管理干部和支配者之间的结合，是以**纯粹**的物质利益或利害考虑为基础，这个结合必然十分不稳固。通常还会有其他的因素，如感情的、理想的因素，以补充物质利益考虑的不足。在某些特殊非日常性的情况下，光是物质利益本身就可能有决定性的作用。在日常生活中，这些关系，正如其他人际关系，受**习惯**和**物质**利益的考虑所决定。可是作为支配的基础，单靠习惯、个人利益、纯感情或理想等动机来结合仍不够坚实。除了这些之外，

（接上页注）但在另一方面来说，"正当支配的三个纯粹类型"理论，乃是要就政治体系全貌及其各自的意识形态的基础来研究，而不只是政府之权威的问题而已。"统治"（rule）一词也不错，然而它还是太狭隘了，只能照顾到统治的行动这一方面，虽然它已相当适合于正确地显现出支配者（Herrscher）与被支配者（die Beherrschten）之间的关系来。基于上述理由，本书在大多数场合将 Herrschaft 一词译为"支配"，"权威"则偶尔用之。

1　每个追求长期存在的政权，它们的领袖都需要被统治者（至少是那些有社会影响力的阶层）的认可，参阅 *Gesammelte Politische Schriften*（3rd ed. 1971，以下简写为 GPS），p. 339。

2　Wertrationalität 有时亦译为"价值理性"，韦伯认为社会行为的取向取决于下列四种态度：1. 工具理性，或译目的理性（Zweckrationalität）；2. 价值理性；3. 情感，特别是情绪性；4. 传统，亦即习性。

通常还需要另一个因素，那就是**正当性**的信念。

　　经验显示，从来没有任何支配关系自动将其延续的基础，限制于物质、情感和理想的动机上。每一个支配系统都企图培养及开发其"正当性"。而由于正当性基础的不同，连带地也导致了不同的服从形态、不同的行政系统，以及不同的支配方式。而其效果当然也有基本的差异。因此，我们可以拿**正当性的类型**来适当地分为不同的支配形式分类。我们将从近代，也是我们较熟悉的类型着手。

　　1. 我们以正当性的类型做标准，而不选择其他的标准来分类支配形态的理由，将可由其结果来说明。目前我们暂时搁置以另外**某些**标准所做的分类方式，这将不至于对我们的讨论造成太大的困难。任何控制系统，只要和**财产**处理牵扯上确定的关系，那么这个控制系统之"正当性"的重要性就要远超过"理念"的重要性了。

　　2. 并非每一个由习律（Konvent）或法律保障的"要求权"都涉及支配关系（Herrschaftsverhältnis）。否则向雇主要求给付工资的劳工，如果受到法庭的支持，也可说是能支配其雇主的了[1]。事实上这位劳工的真正法律地位不过是契约关系中的一方，对作为另一方的雇主有要求给付工资的"权利"。另

---

[1]　加入（营利事业的）支配关系社会中，形式上是自由的。但是，解雇一事形式上也同样是"自由"的；因此，被治者与被雇者通常在接受劳工市场条件的同时，也屈服于营利事业的规范之下。加入某一企业的自由，并未改变企业的支配特性。基于"契约"受到重视这样的基础上，使得资本主义企业变成非常典型的"法律式"的"支配关系"。详见 *Wissenschaftslehre* (4th ed.)，pp.476—477。

一方面，支配关系这个概念也没有排除它可能**来自**自由契约的例子。例如雇主在生产过程中制定各种规定、下达命令也是一种支配。封建贵族和其封臣之间的关系，虽然此一封臣是自愿纳入效忠的关系，也是一种**支配**。尽管服从于工厂的纪律是"自愿性"的，不若服从于军队纪律之"非自愿性"，但这并不改变它也是一种**支配关系**这个事实。行政官员的身份根据自由契约订立，可以自由地辞职。有时甚至"子民"（Untertanen）的身份都可以自由取得或放弃。这都无妨于其牵涉一种支配关系。只有在非常有限的情形下，如奴隶制，对支配的臣服才是绝对非自愿性的。

另一方面，如果一个人因垄断而握有经济"力量"，对经济交易的对方可以下达"指令"，我们将不称之为正式的"支配"关系。正如依靠其他某种优越性而来的"影响力"，如性爱的吸引力、高度的运动技巧及迷人的口才等，这些都不构成"支配"。甚至一家大银行凭其优越地位而迫使其他小银行加入垄断式的卡特尔（Kartell）组织，这仍不足以称为"支配"关系。可是如果有某种直接的**号令**和服从关系，那又是另外一回事了。例如大银行对其他小银行下达命令，不论内容是什么，都可能受到后者的遵从，并且前者对后者是否忠实执行这些命令有着监督权。当然，支配关系和非支配关系的分野并不十分明显。两者的分野只是程度上的渐进，而非截然的分割，正如单纯的负债和成为债务奴隶之间的差别。甚至一个"俱乐部"（Salon）[1] 的地位都可能极接近权威性支配，却

1　意指由名人（如文学家、艺术家、政府要员等）私自在家中组成的团体。

不构成"支配"关系。将两者在具体事实中做**截然的**划分是不可能的。可是也正因如此，在**概念**分析层次上对它们做清楚的分辨更显重要。

3. 自然，对支配体系之"正当性"的社会学讨论，只将其视为受支配者的某种心理态度，以及因此而引发的某种实际行为。然而，并非每一项对掌权者的臣服都含有正当性的信念。一个人或一个团体对掌权者的忠诚，可能因投机心理或物质利益的动机而伪装出来。人们也可能因个人的软弱或无助，在别无选择的情况下而臣服。可是以上这些考虑在分类支配的类型时，并不是决定性的。重要的是下列事实：(1)在某些情况下，支配者对正当性的**坚持**达到某种显著的程度，同时这些坚持，根据它的支配类型，是"妥当的"(gilt, valid)；(2)如果确实妥当，那就肯定了那些自称拥有权威之支配者的地位；同时，也决定了支配者行使支配的可能方式。

而且，正如许多实际例子显示的，一个支配系统可能由于支配者及其行政干部（例如保镖、古罗马的御林军、"红"卫队或"白"卫队）的共同利益，以及被支配者的无助，根本无须假意诉诸"正当性"。然而即使在这种情况下，支配者和他的行政干部之间的关系，由于支配基础的不同，仍可能导致不同类型的正当性。而这不同的正当性类型对支配结构有十足的重要性。

4. "服从"(Gehorsam, obedience)的定义是指服从者的行为方向，基本上由命令的内容本身所决定。我们的定义只牵涉正式的义务，而不管服从者对命令内容的价值判断。

5. 从主观而言，命令与行为间的因果次序可能有所不同，尤其是有的服从是因为服从者的"直觉"（Eingebung），而有的则是因为双方"所见一同"（Einfühlung）之故。然而这项分野对目前所讨论的支配类型之分类并不重要。

6. 支配关系对各种社会关系和文化现象的决定性作用，远比我们初步所了解的来得广泛。例如，学校中的**支配**关系对所谓的正统的语言和文字（国语）的形式有很大的决定作用。某些自治（autokephal）[1] 区及其政治领袖使用自治区的方言作为官方语言，经常会使它成为正统的语文形式。有时甚至造成分立的"民族"，如荷兰之与德国分离。父母和学校所定的规则不只决定了似乎只在外观上非常形式化的文化模式；它同时对年轻人，以及全人类的培养也具有决定性的作用。

7. 支配者及其行政干部表面上看起来只是被支配者的公仆或代理人，这个事实当然不足以否定支配的本质。往后我们将讨论所谓"民主政治"的实质构成要素[2]。无论如何，任何我们可以想象到的制度，都不能没有权力——即使是最有限

1　"自治"（Autokephalie）意指一个团体的首领及干部系依该团体自身之规律来指派。韦伯认为除了全然"自治"与"自律"（Autonomie）的团体外，有些团体在不同的情境下可兼具"自治"与"他治"（Heterokephalie），"自律"与"他律"（Heteronomie）的性格。

2　民主政治的实质构成要素——这一点，韦伯在理论的层面上曾不断地加以典范式说明；并且于其政治论文中，以假说的方式，强烈地表现出其中的价值问题。在他的社会学里，他很形式地讨论民主政治的理论，并且举出这种政体的各种变型及变化的可能性（见 *WuG*, p.130）；在这个部分里，有关民主政治之实质要素这方面的理论，他只做了范围极广的重点式呈现，一方面是由于第一次世界大战后不到几年他便过世了，另一方面则是因为这样的问题也很难以"毫无价值立场"的方式加以陈述。不过，他还是认为有说明清楚的可能，这点可见于《学术作为一种志业》（"Wissenschaft als Beruf"，见《韦伯作品集（一）：学术与政治》中的论述。按照韦伯的意思，关于民主政治的实质要素该置于他作品的后半部，亦即在他构思中的《国家社会学》中加以讨论。

的——来发号施令，因此，就有支配。

二、支配的三个纯粹类型

正当性支配有三个纯粹类型。对正当性的主张之是否妥当，必须建立于：

1. **理性**的基础——确信法令、规章必须合于法律，以及行使支配者在这些法律规定之下有发号施令之权力（法制型支配，legale Herrschaft）。

2. **传统**的基础——确信渊源悠久的传统之神圣性，以及根据传统行使支配者的正当性（传统型支配，traditionale Herrschaft）。

3. **卡理斯玛的**（charisma）基础——对个人及其所启示或制定的道德规范或社会秩序之超凡、神圣性、英雄气概或非凡特质的献身和效忠（卡理斯玛支配，charismatische Herrschaft）。

在法制型支配中，一个人之所以服从是由于他服膺依法制定的一些客观的、**非个人性的**秩序。他也因此服从因正式法律而占据某项职位、行使支配的人。但服从范围只限于该职位的管辖权。在传统型支配中，**支配者个人**因踞有传统所认可的支配地位而得到他人的服从。不过支配者的支配范围亦由传统所限制。在这个情况下，服从是在传统习惯所规定的服从义务范围内对个人的恭顺[1]。在卡理斯玛支配中，具有卡理斯玛特质的**领袖**，受到所有相信

---

1 "家"，是恭顺（Pietät）与支配的原始基础，也是其他许多团体的基础。就"支配"而言，家是（1）较强者，以及（2）较富经验与知识者支配的基础，因此是男子对妇孺，有体力者对能力较小者，大人对小孩，长老对年轻人支配的基础。再就**恭顺**而言，家是臣属者对拥有权威者之恭顺的基础，也是他们彼此间相互恭顺的基础。由于对祖先的恭顺，

其卡理斯玛禀赋者的服从，因为人们确信其启示、英雄气概以及
其非凡的禀赋。

　　1. 上述分类是否有用，端视其能否有助于我们对政治现
象的系统性分析而定。"卡理斯玛"，即"天赐恩宠"(Gnadengabe,
the gift of grace) 的概念，来自早期基督教的词汇。索姆（ Rudolf
Sohm ）在他有关基督教教权制的研究《教会法》(*Kirchenrecht*)
一书中[1]，首先澄清这个概念的本质，虽然他使用的是另一个
名词。另外一些学者，例如贺尔（ K. Holl ）[2] 在《狂热与忏悔》
(*Enthusiasmus und Bussgewalt*, 1898) 一书中，曾经讨论这个
现象的某些重要作用。因此它并不是个新的东西。
　　2. 下面详细讨论的这三个理想类型通常并不是以"纯粹"
的形式出现在历史中。这个事实当然不能作为反对我们所要
在概念上尽可能清楚地分辨它们的一个理由。就此而言，这
个问题并不别于其他。后文将讨论到卡理斯玛支配的例行化

（接上页注）恭顺乃渗透入宗教。又因为家产制下的官吏、随从、封臣的恭顺，而渗入这
些原具有家之性格的诸种关系内。就经济与人际关系而言，"家"，就其纯粹的形式——
不一定是原始的形式——实具有一种团结性，它处理不管是对外、财产共有，以及家
族内共产制下的共同消费的问题（*Economy and Society* Vol. I, p.359）。Pietät，此处译
为"恭顺"，在中文或较近韦伯原意。韦伯所谓的"恭顺"，大致而言可说是一种骨肉
之情，对长上孝悌恭顺，对手足则发挥兄弟爱、骨肉爱，而与所谓的客观性、就事论事
(Sachlichkeit)、计算（Rechenhaftigkeit）等一般说来是相对立的。**恭顺**虽是以**家**为其原
始母胎，但逐渐会渗透到原有的**家**之外，而成为许多其他人际关系的基础。见本书第三
章《传统型支配》。

1　Rudolf Sohm（1841—1917），德国人，法制史学者，历任哥丁根、弗莱堡、莱比锡等校教授，
　　专攻德国法、罗马法，晚年从事教会法之研究。
2　K. Holl（1866—1926），德国人，基督新教神学家、教会史家。曾任柏林大学教授及校长，
　　为研究马丁·路德之重要学者。

（Veralltäglichung, routinization）。于此我们会看**到**，这个概念将如何地增进我们对各种实际的支配形式的了解。但即使如此，我们仍可以说每一个有关支配的历史现象 并非如"一本摊开的书"那样清楚。与纯粹的历史研究相较，我们不该轻视以社会学的类型来分析的好处 [1]。也就是说，我们可以用社会学的类型来决定某一具体的支配形式是否符合或接近某种类型的支配，如"卡理斯玛""世袭性卡理斯玛"（Erbcharisma，第十、十一节）"职位性卡理斯玛"（Amtscharisma）"家父长制"（Patriarchalismus，第七节）"官僚制"（Bürokratie，第四节）以及"身份制"（Stände）的支配等。这些清晰的概念将有助于我们的讨论和分析。然而本书作者也绝不认为，下文所要发展的这些概念架构，可以涵盖整个具体的历史事实。

1　韦伯在"具有官僚式管理机构的法制支配关系"的标题里说得很清楚，处理法制型的支配类型问题，并不直接就是处理官僚政治的支配关系，而是处理含有官僚行政组织的支配关系类型。

第二章

具有官僚制管理干部的法制型支配

　　　　　　　注：为了以后比较之方便，本章有意地从现代的特殊管
理机构开始讨论[1]。

三、法制型支配：纯粹类型

　　法制型支配的基础在于下列几个互相依存的想法，能被接受
为妥当：

　　1. 任何一个法律规范都可以根据目的理性或价值理性（或两
者并立）的基础，经由协议或强制的手段来**建立**[2]，并且至少可以要

1　"管理机构"（Verwaltung, administration）绝不是仅存在于公共法的概念。我们也必须认
　　识到私有管理机构的存在，例如在**家**或企业中，同样也存在着类似由国家或其他公共机
　　构(亦即国家本身机构或由国家授权的他律性机构)所运使的管理机构。就其最广义而言，
　　"公共行政"不只包括立法与司法，而且也包括其他剩余的活动——我们称之为"统治"
　　（Regierung, government），详见 *WuG*, p.389。日译本径译 Verwaltung 为"行政"，虽然
　　其译者亦承认如此译法不免损害其原有横跨**公**、**私**两个领域的意义。《支配の诸类型》，
　　pp.17—18。中文基本上译为"管理"，然而有时视文意亦译为"行政"。
2　有关法律规范建立的问题，参见 *Economy and Society*, Vol. I, p.37。

求该组织的成员对它服从。然而它经常延伸至所有受其权力笼罩的人——就领域团体而言，即是包括居住于某领土之上的所有人[1]。这些人之间的社会关系，或其社会行动的诸种形式，受到该组织的规则所管辖。

2. 任何法律体系基本上都是由一些抽象**规则**依首尾一贯的系统所构成。一般而言，它是由人们有意加以创立的[2]。而且，司法乃这些抽象规则之运用于具体的事例；为满足组织的成员理性地追求其利益而设的行政程序，由规范组织的基本原则详细规定。它不得逾越法令对施行程序所设限制，并且必须遵循某些一般化的原则，这些行政程序必须受到组织规范的认可，或至少不反对。

3. 准此，典型的支配者，即"上级"，自身也得服从于一套无私的法令和程序。他的决定和对下属的命令，都受到这项秩序的指引。

不但那些一般称之为"官员"的法律执行者如此，另外一类人，如民选的总统亦须如此。

4. 服从支配的人是以组织的"成员"的身份而服从的，他所服从的，也只是该组织的"法律"。

1　参见 *Economy and Society*, Vol. I, pp. 50—51。

2　法制型支配中的"法"是（1）抽象的；（2）一种制定的规则。传统型支配中的"法"既非制定规则，在纯粹家父长制结构的支配下，又因掌权者的**专断**，使"法"的规制性极度缩小，乃至根本不存在——例如在苏丹式支配下。相反的，在身份制结构的支配下，"法"成为各种具体的特权的总和，而非抽象的规则。至于卡理斯玛支配，就其本质而言，是与"规则"不兼容的。

此处所说的成员可以是一个自愿性社团（Verein）[1]、一个共同体（Gemeinde）[2]或一个教会的一分子，也可以是一个国家的**公民**。

5. 与以上第三点相应一致的是，组织的成员之所以服从一个支配者，并非服从他个人，而是服从一个无私的秩序。因此，成员对掌握权威者服从的义务，只限于这项秩序所给予的、为理性所界定的、切实的**管辖权**范围之内。

以下可以说是理性的法制型支配的基本类别：

（1）有持续不断受规则所约束的行为与正式经营（Betrieb）[3]。

（2）有明显范围的**权限**（管辖权，Zuständigkeit）。这包括：

a. 执行因为系统分工而分化出来的特定功能的义务。

b. 赋予在职者某些必要的权力。

c. 有明确规定的必要强制手段；以及使用这些强制手段的明确限制。

一个根据这种原则而进行的经营，我们称之为"机关"（Behörde）。

1　"社团"，依韦伯定义可分为"自愿性社团"与"强制性社团"，德文分别是 Verein 与 Anstalt。

2　韦伯在本书第四章《卡理斯玛支配》中，用 Gemeinde 一词来称呼"卡理斯玛共同体"，因此也包括了军事等非宗教性卡理斯玛的情况。然而此处主要讨论的是法制型支配，显然与上述含意无涉。Gemeinde 一语，通常指：（1）自治公共团体，特别是"地方公共团体"；（2）具有共同信仰的"宗教性团体"。韦伯在本书他处也多遵从此一用法。

3　某种特殊的且具持续性的理性行为，我们称之为"经营"。见 *Economy and Society*, Vol. I, p. 52, 英译 enterprise 或 business。故在企业有经营外，亦可能有行政事务的经营，外交的经营及学问的经营等。

就此意义而言，"机关"存在于许多大规模的私人企业、政党与军队之中，"国家"与"教会"也一样。民选的总统、内阁的部长或民选的"人民代表"，在这个意义上也可以视为"机关"。然而此处不是讨论这些概念的地方。并非每一个管理机关都具备**强制权**。可是这项分别对目前的讨论并不是顶重要。

（3）各种职位的组织是依照**官职层级制**（Amtshierarchie）的原则。亦即，每一个较低的职位都在其上级的控制和监督之下。下属有权利对上级申诉其不满。这些抱怨能否，以及在什么情况下，引发高阶层的"纠正"措施；或者由成为抱怨对象的低阶层者自行加以改变，各个层级组织对以上这个问题可各有不同的处理方式。

（4）节制一个职位行为的原则，可能是：

a. 技术性的法规。

b. 规范[1]。

无论是何种情况，这些原则的运用与实施必须有**专业的训练**，

---

[1] 在法制型支配下，发号施令者自己也应服从于一个规则，亦即服从于法律或行政规则。正文中所谓的"技术性的法规"与"规范"，或即相当于此处之"行政规则"与"法律"。然而所谓的"行政规则"，此种规范只具体呈现在对国家官员职责的指示，而不能建立任何个人的**权利**。因此此处若视"所有受到保护的私人利益，不能被视为保证了的权利，而只不过是单纯地反映出这些行政规则的妥当性而已"时（*Economy and Society*, Vol. II, p.644），则正文里的"规范"当意指由法律强制并予以保障的，一如赋予了请求权利的客观的法。对此一区分韦伯并没有解释。当用"技术性法规"一词时，他也许意指一规定的处理事务的程序，其颁布主要是基于直接职务执行的效率的考虑；当用"规范"一词时，他可能意指有些限制处理方式的法规是基于效率以外的一些考虑。当然，在某个意义上，所有法规皆为规范，因为它们是处理事务的准则；但是否受到服从，却不一定。

才可能达到完全理性的地步。因此一般而言，仅当一个人具备了适当的专业训练之后，才有资格成为这个组织化团体的一员，才有资格接受正式职位的任命。因此，无论这个组织是政治性的、宗教性的、经济性的——特别是资本主义式的——或其他的性质，任何一个理性化组织的行政干部，都是由"官员"（Beamte）组成的。

（5）就理性的组织而言，原则上行政干部的成员必须绝对地和生产工具的所有权，或管理的所有权分离。属于行政干部的官员、雇员和工人自己并不拥有那些物质的生产工具或管理机关。他们只是使用这些工具，接受金钱或其他形式的报酬。官员有义务提出使用它们的会计报告。原则上，组织（也就是经营）的财产（资本）必须和官员的家计（Haushalt）分开。因此，经营的场所（办公室，Büro）也必须和起居场所分离。

（6）在理性类型的组织中，在职者也不可能占有（Appropriation）该正式职位。某些特殊情况下，在职者有"权利"据有某项"职位"，如法官或是最近愈来愈多的事务官及劳工。可是这并不意味着他们可据该职位为私有，而是为了使他们能保障行使职权的纯粹客观性和"独立性"，使其符合相关的规范而已。

（7）行政措施、决议和规令都以**文字的形式**提出及记录。甚至在某些必须以口头讨论的例子中亦如此。这个原则至少适用于初步讨论、提案、最终决议，以及所有各种的命令和法规。见之于**文字的资料**和**官员**的持续管理，两者共同构成"办公室"（Büro）。这是现代任何有组织行动（Verbandshandeln）的核心焦点[1]。

1　"有组织行动"意指（a）为贯彻组织秩序，由管理干部本身凭借其执政权或代表权之正当性而遂行的行动；（b）组织成员们接受管理干部依据规章所指导的（和组织有关的）行动，有时亦译为"团体行动"。详见韦伯，《社会学的基本概念》（台北，1993），p.84。

（8）法制型支配的实施可以有许多种不同的方式。后文将再区分及讨论。下文对理念型的分析暂限于一个最清楚可辨的**支配结构**，"官吏制度"（Beamtentum）或"官僚制"（Bürokratie）。

在上述提纲式的讨论中，我们不曾言及什么样的首长最适合法制型的支配系统。在下个阶段的讨论中，我们将清楚何以要将这个问题暂时搁置的理由。许多重要的理性支配形式，其最终权威的源泉来自其他的类型。如世袭性卡理斯玛支配（世袭的君主制是一例）和由全民投票产生的总统之纯粹卡理斯玛支配即是。其他又如内阁制的行政形态，在许多关键处也会涉及理性的成分，可是却是由官僚型支配和卡理斯玛支配共同组成。而更有一些组织，不论是官僚型或卡理斯玛型，都受命于其他组织的首长之支配。如一个内阁制政府的部会首长，其之所以成为部长，乃因他在政党中的支配地位。此种理性的、法制的官僚系统，在任何情况、任何背景底下都能施行。它是日常事务的行政管理中，最为重要的机能。因为所谓的**管理**（Verwaltung），正是支配在**日常生活**中的运用和执行。

四、法制型支配：纯粹类型（续）

法制型支配的最纯粹执行方式，是通过一个**官僚制的管理干部**。只有组织的最高行政首长是由占有、选举或继承的方式而享有支配地位（Herrenstellung）。而即使是他的支配亦只限于法律规定的管辖和权限。在最高权威底下的整个管理干部，以最纯粹型而言，乃由个别任命的官员组成。他们组成一个"一元制"
（Monokratie）而非"合议制"（Kollegialität）的组织，下文将再讨论。
这些官员依以下标准行事：

1. 他们在私人生活方面是自由的；唯有在**公共领域**里，才有
服从支配的义务。

2. 他们以清楚界定的职位**阶层制**组织起来。

3. 每一个职位的**权限**都由法令清楚规定。

4. 职位基于契约。因此原则上它是自由选择的。

5. 人员的选择根据**专业的资格**。在大多数理性组织中，它由
考试或证明技术资格的学位证书加以检定。这些行政人员是任命
的，而非民选的。

6. 他们的报酬是**货币**形式的固定薪资。大多数并且享有领取
退休金的权利。只有在某些情况下，尤其是私人企业中，负责雇
用的支配当局才有权终止这项任命。可是被雇者永远有权自由辞
职。薪资依个人在阶层中的地位决定。可是除了职位等之标准外，
职位所负的责任以及在职者的"社会地位"，也可能决定薪资的多
寡。（参见《经济与社会》第四章）

7. 职位是在职者唯一，或至少是最重要的**职业**。

8. 职位即前途。"升迁"制度是由上级依据年资与业绩，或是
两个标准一起而决定的。

9. 官员与行政工具的所有权完全分离，而且不得据该项职位
为己有。

10. 在办理公事时，他必须遵从组织严格、有系统的**纪律**和
控制。

此类组织原则上可以同样简单地应用于许多不同的领域。它

可以应用于营利的私人企业或慈善机构，或任何各式各样、以物质利益或精神理想为目标的私人组织。它可以同样应用于政治或宗教组织。它们与上述理念型或有距离，然而确曾存在于各种领域中。

　　1. 例如，不论是私人诊所，还是由慈善基金会或宗教团体支持的医院，都存在着官僚组织。而现代（天主）教会内助理司祭（Kaplanokratie）[1] 的行政角色可以说明官僚的组织结构。以前教会的俸禄在很大的程度上是由私人支配的；如今则受教会组织的管理。此外，普世教区（Universalepiskopat，即教皇）的观念也显示这点。教皇这个职位就等于对宗教事务法定的普遍"管辖权"。"教皇无误论"（Infallibilität）这个观念意指教皇普遍无所不在的管辖权。但是此一无误的权威却只限于在职务范围内"来自圣座的"（ex cathedra）行为。

1　所谓"助理司祭"，乃是在教区甚大或有其他特殊情况下，为辅佐主任司祭而常设的代理司祭。此种助理司祭自中世纪初期即已存在，惟当时是由主任司祭所任免。特伦特（Trent）大公会议亦未能就此点做任何改革。到了十九世纪初，任免权习惯上由主教掌握，助理司祭对主任司祭的独立性乃得以增强。根据现行教会法典，主教于任免助理司祭时，应征询主任司祭的意见。韦伯说过：天主教会对各种中介权力的清除，最初乃针对封建力量，其次又扩展到所有独立的地方性中介力量。清除运动自教宗格列高利七世（Gregory VII）开始，经特伦特大公会议及梵蒂冈大公会议，最后在庇护十世（Pius X）的诏令下宣告结束。这些中介力量就这样被转化为罗马教廷的纯粹职员，而形式上原本完全从属性的"助理司祭"（监督世俗组织的辅助性教士），在此过程中不断扩大其实际的影响力（此一过程主要是基于天主教会政治性的组织）。这个过程因此也代表官僚制的进展。*Economy and Society*, Vol. II, pp.985-986.

这就表示在职者的私人事务和公务之间,有明显的区分[1]。同样的现象存在于大规模的资本主义企业中。而且企业的规模愈大，官僚的角色愈重要。**政党**的情况亦如此，这将留待以后再论。最后，现代军队基本上也是一个官僚组织，其行政业务由一种称为"军官"的特殊军事人员负责执行。

2. 如果使用人员的主要原则是以**任命**的方式，那么这个组织将最接近官僚支配的理念型。由民选官员构成的阶层组织不可能存在，因为每一个下属都可能通过选举独立自存，而其观点则无复仰赖上司的判断。(有关民选官员的讨论，见以下第十四节)

3. 以契约来任用行政人员，使得自由选择成为可能。这对现代官僚组织非常重要。如果一个层级化的组织对管辖和权限有着无私的规定，可是却由**非自由**的行政人员组成——如奴隶或"家士"(ministeriales)[2]，即使他们依官僚系统的方式办事，我们仍称此类组织为"家产官僚制"(Patrimonialbrokratie)。

---

1 根据韦伯所说，罗马主教自古以来就取得不同于其他地区主教的特殊权威。但是，此一权威纯粹来自卡理斯玛。"绝非近代意义的首位权之义；诸如具有明确的教义上的权威。也非普遍管辖权——就上诉的职权或甚至与地方权力竞争时的主教管辖权而言……只有在经过官僚化及智性化过程的近代教会，才将管辖权转化为一种'职位性卡理斯玛'，并开始区分职务('来自圣座的')与在职者，此种区别乃所有的官僚制之特征。"*Economy and Society*, Vol. II, p.1140. 众所周知，天主教会中**来自圣座**的行为（即**依据职权**的行为）是与单纯个人的行为有明确的区分。教皇所发有关信仰、伦理教义之"教皇谕令"(locutio ex cathedra) 是正确无误的。但当他仅以一种学者身份发表意见时，却非如此。教皇首位权的确立虽有长久历史，但要到 1869—1870 年的梵蒂冈大公会议才予以确定，"教皇无误"也在这次会议中宣告为教义。

2 所谓"家士"，是指非自由人出身而被其主人用来担任重要家职或军事职务者。他们因为工作的性质，无法参与直接的生产劳动，原则上从主人接受土地（"服务领地"，Dienstland），由之得到收入。因本非自由人，他们的任免或领地的收还，理论上主人可

4. 专业能力在官僚组织内所扮演的角色，日渐重要。甚至政党的党工或工会的干部都需要**专门的**知识，虽然此类知识的来源通常是经验，而非正式的训练。在现代国家中，唯一不需要具备专业资格的"职位"是部长和总统。这只显示，他们只是形式上而非实质上的"官员"[1]，正如大型企业的总经理或总裁。资本主义中企业家的"职位"正如以前的君主一般，为私人所占据，此点毫无疑问。因此在官僚组织之最顶端，必然有一**非纯粹**官僚化的因子。由此方面看来，官僚系统这种组织类型，只是利用某种特殊的**管理干部**（Verwaltungsstab）来施行支配的手段。

5. 行政官员通常获得定额的、**常规的**薪资（Gehalt）。相对于此，我们称那些因私人占有职位而来的收入为"俸禄"（Pfründe, benefice）[2]。（有关此概念的讨论，参见以下第八节）官僚薪资的给付方式，一般而言是货币。虽然这与官僚组织这个概念的本质无关，不过这种给付方式却最适合纯粹型。以其他实物作为薪资易于接近俸禄性质。而接受俸禄作为报酬，一般而言，是意味着在职者有机会据该项职位为私有，

（接上页注）自由为之。此点——与独立性强而出身自由人的封建家臣不同——是他们会被任命为某些官吏的因素。无论如何，他们既被授予土地，即具有领主的地位。当他们的主人是一国之君时，他们所担任的家职也可能包括"宫宰"等最高的官职，因此地位逐渐升到一般自由人之上。到了十三世纪左右，他们更明确地占有下层"贵族"的地位，所谓"骑士"大部分便来自此一阶层。

1 参见本书第十一章《代表制》。
2 我们称所有下列的情形为"**俸禄**"（Pfründe）与"**俸禄的**"官职组织：将来自财货的固定收入，包括土地与其他基本上为经济用益权的收入，赐给官吏享用终生，以酬谢其履行（不管是真实的还是虚拟的）官职义务，这些财货被君主永远地赐予官吏以提供他们经济的保障。

并赚取收益[1]。然而这两种给俸形态间,有着许多不同类别的过渡型。将职位出租或出售,或利用职位获取各种利益和收入,这些在理念型的官僚组织中是没有的。(参看第七 a 节第 3 点)

6. 那些不构成在职者主要职业的"职位",特别是一些"荣誉"性质的职位,属于其他范畴,留待以后讨论(参见第十九节 f)。典型的"官僚制"之官员以其职位作为其主要职业。

7. 至于官员与行政工具所有权两者之间的分离,不管在公共行政机构及私人行政组织,如大规模的资本主义企业,都是如此。

8. **合议制**的"机关"将在底下分开讨论(参见第十五节)。目前它们正处于急速地消失中。取而代之的是,不论在形式上或实质上都服从于一元的首长支配的组织形态。例如普鲁士的合议制"政府"组织,早就由一元的"地区首长"(Regierungspräsident)取而代之。促成此项发展的决定性因素是,对迅速而明确的决定之需要,以及为了避免不同意见之间必要的妥协和善变的多数表决。

9. 现代军队里的军官,是一种任命的官员。他具有某些身份上的特征。这将在《经济与社会》一书第四章中讨论。就此而言,现代军队的军官与其他的类型,如民选的军事领袖、卡理斯玛型的佣兵领袖(condottiere,参见第十 a 节)、其他资本主义式佣兵的军官,以及用金钱换来军职的军官(参见第

1　有关"俸禄"之各种类型,参见本书第三章《传统型支配》。

七a节）等，有显著的不同[1]。在这诸种不同类型间，有渐进的歧义性。在家产制政体下，与行政工具分离的"仆人"（Diener），为资本主义目的而召集佣兵的**老板**，以及资本主义制度下的私人企业家，这些都是现代行政官僚组织的先驱者。下面将对它们做详细的讨论。

五、一元化领导的官僚制

来自各方面的经验都显示，纯粹官僚型的行政组织——即一元化领导的官僚制——由纯技术的观点来看，可能会获得最高的效率。就此意义而言，它乃是对人类行使支配的已知方式中，最为理性者。在明确性、稳定性、纪律的严格性以及可赖性诸方面，它都比其他形式的组织优越。因此，不论是组织的领导者或其他涉及组织的人，都能计算组织的行动后果。最后，在**纯技术的**、高效率及运作范围之广泛性方面，它亦优于其他类型的组织。其形式并且可以应用于所有种类的管理工作。

在所有领域中，"现代的"组织形式之发展即是**官僚制**行政组织之发展与不断的扩散。教会、国家、军队、政党、营利企业、利益团体、基金会、俱乐部等，均为如此。拿最显著的例子来说，官僚组织的发展是现代西方国家的根源。不论与此形态不相合的

---

[1] 关于"民选的军事领袖"，如塔西图斯（Tacitus）时代选举制下的将军，以及罗马由军队欢呼赞同而任命的政务官，都属此类。所谓"卡理斯玛型的佣兵领袖"与"资本主义企业式召来的领导佣兵的军官"，其间区别不太清楚。韦伯通常将佣兵领袖定义为"资本主义式的军队企业家"（即：为资本主义式目的而拥有佣兵者）。佣兵领袖或兼有卡理斯玛和企业家的性格。

组织形式有多少，如合议制的代议机构、国会中的各种委员会、苏维埃、荣誉职位、业余法官等；不论人们对"官僚的形式主义"有多少抱怨，在任何领域中，要想象一个没有**专业人员**的**持续性**行政工作，几乎是一种幻觉。我们调整日常生活的整个形态以适应这个组织架构。在其他条件不变的情况下，如果说官僚制的管理系统由技术观点来看是最理性的，那么处理**大量**行政的需要，使它在今天变得格外的不可或缺。就行政范畴而言，除了"官僚制化"及"外行主义"（Dilettantismus）外，我们别无选择。

官僚行政系统之所以优越，主要是因为**专业知识**在其中所扮演的角色。在现代科技以及经济生产企业技术的发展下，专业知识在近代已成为绝对的不可或缺。准此，经济生产到底是以资本主义方式或社会主义方式来组织，实质上并无多大差别。实际上，如果社会主义式的经济组织在技术和效率方面要达到**类似**资本主义下的水平，专业官僚更是格外重要。

如果为官僚系统所控制的人们，企图逃避现存官僚组织的影响力，则一般而言，只有建立另外一个组织才有可能。然而这个组织也将同样地官僚化。相同地，现存官僚组织的继续运作，乃由一些最强而有力的利益所驱使。这些利益的性质是物质的、客观的，但同时也是理念的。缺乏它，像我们目前这种将官员、雇员、工人与行政工具的所有权**分离**、同时却又深深依赖**纪律**和技术**训练**的社会，是不可能继续运作的。唯有的例外是那些仍保有谋生工具的团体，如农民。甚至在武力革命或外敌占领的情况下，一般而言官僚机器仍将继续运行，一如它在前任的合法政府底下。

问题永远是：**谁掌握了**现存的官僚机器？非技术专家控制官僚机器的可能性非常有限。一般而言，最高阶层的专业行政人员的意见，至终将克服其名义上的上级——即内阁部长。后者经常不是专家。

官僚系统发展的原因绝不止一端。可是不可否认地，资本主义制度扮演着一个非常重要的角色。没有了官僚制度，资本主义确实不可能发展。而任何**理性型**的社会主义将只是接收这个官僚制度，并增加其重要性。在资本主义的卵翼下，其发展造成了稳定的、严格的、密集的、**可计算的**行政系统之迫切需要。对**任何种类**的大规模行政组织而言，上述需要具有无比的重要性。不论是在政治、宗教或经济领域，唯有缩小行政组织至较小的规模，才有可能较大程度地摆脱其影响。另一方面，资本主义在近代阶段的发展需要官僚系统，虽然两者的发展各有不同的**历史**根源。而资本主义反过来也为官僚化的管理组织提供了最理性的经济基础，并使后者发展成最理性的形式。特别是从财政的观点而言，资本主义提供了必要的**货币**形式的基础[1]。

高度效率的官僚化行政组织除了需要这个财政条件之外，在交通和运输方面，另外还需要某些极为重要的条件。官僚组织运作的确切性有赖于铁路、电报和电话。并且它对这些服务的依赖性愈来愈大。社会主义的组织并不能改变这个事实。社会主义制度是否能如资本主义秩序般提供严格的官僚组织以某些必要的条件，这是一个问题（参见《经济与社会》第二章第十二节）[2]。事实上，社会主义比资本主义可能需要更高程度的形式官僚化。如果在社

1　它（资本主义）是经济的基础，在这基础上**官僚政治**可以开展，*Economy and Society*, Vol. I, p.224。

2　韦伯在《经济与社会》第二章第十二节讨论的是没有"货币"的经济在技术上的困难。韦伯认为想通过完全社会主义化的过程而取消所有的价格一事，基本上是不可能的。

会主义下，没有官僚化的制度，那么这将暴露出另一个根本的非理性因素——即社会学经常遇到的，形式理性和实质理性之间的冲突。

官僚化的行政系统意味着基本上是通过**知识**来支配。它之所以那么理性化，乃来自这项特征。一方面，**专业性**的知识本身即足以保证非常的权力地位。另一方面，官僚组织，或利用官僚组织的支配者，又可能以处理政治事务所累积的经验和知识，来增强其权力。他们通过其职位的运作可了解许多事件的真相，并且得以接近许多只对他们开放的资料。"职务机密"的概念虽非官僚组织所特有，却是它运作的典型作风。它和专业性知识的关系，有几分类似商业机密和技术知识的关系。它是追逐权力的产物。

只有资本主义下的资本家，才能在技术知识及事实认知方面，超越官僚组织，不过只限于前者感兴趣的范围之内。**只有此类人**才有能力多多少少避免受到理性的官僚知识之控制。在**大规模**的组织下，其他所有人都不可避免地受制于官僚系统的控制，正如他们受制于大规模生产的精确机械。

一般而言，官僚化支配有下列的社会影响：

1. 它对专业能力的重视使人才甄选范围尽可能的扩大，因此有**平等化**（Nivellierung, levelling）的倾向。

2. 由于**专业**训练倾向尽可能延长——目前通常持续到三十岁，它因此有金权政治的倾向。

3. 形式化的、**不受私人因素影响**（Unpersönlichkeit）的精神取得主导地位：所谓的 Sine ira et studio，即无恨亦无爱。因此也没有"感情"或"狂热"。与私人考虑无关的直率责任观成为主导的规范。"不问对象为谁"，每一个人都获得形式上的平等对待；

亦即每一个人都被视为处于相同的情况中。这是理想的行政官员处理其公务的精神。

官僚体系的发展大大有助于身份地位的平等，这是历史上一般性的趋势。另一方面，每一个社会平等化的过程，都因排除那些借特权地位，或借掌握行政工具及行政权力而统治的人，而为官僚体系的发展创造了有利的条件。由于"平等"的原则，它也排除了那些借**财富**以取得"荣誉性"或"玩票性"职位的人。官僚系统的发展到处都成为群众民主的前兆。关于群众民主，将在他处与另外的问题合并讨论[1]。

理性官僚制的"精神"，一般而言，有下列几个通性：

1. 形式主义。此一现象之所以盛行，是由于人对其自身处境的安全之考虑(姑不论其内容为何)。否则，武断裁量权之门将大开。形式主义因此至少也是一道防线。

2. 另外与上述的精神明显相反——有时确实也相反——的趋势。此即，行政官员倾向于从一种实质上是功利主义的观点，也就是从被支配者的福利观点，来看待其**行政功能**。可是这种功利主义的倾向，一般是以形式的、规律性的措施表达出来，因此也具有形式主义的精神（这点将于《法律社会学》中讨论）。这种**实**

1　参见本书第十章《非支配性的团体行政与代表制行政》。

质理性之趋势[1]，受到所有被支配者——不过并不属于上述第一点中所提到的想要保护既得利益之团体——的支持。由此而引发的诸问题，属于"民主"理论的范围。

1　实质理性的趋势——韦伯在他的社会学中，一贯的使用思想上两极的形式理性与实质理性这个对称观念作为分析的范畴，并且在其经济社会学、法律社会学及支配社会学中一致如此使用。其中，特别是有关市民社会发展的过程之分析，韦伯认为发展的动力是建立在这个（两极观念的）紧张性之上；他处处表示，以社会主义国家方式所组成的现代群众民主政治之特色，即在于具有实质理性化的趋势。想要用具体经验的分析将各个有合理结构的社会整体说明清楚，就必须把上述这个理性化的趋势，以及与它同时存在的相反趋势（特别是推动此一趋势的阶层），提出来加以清楚地分说。此处亦显示出，对韦伯而言，任何过程的开展，都包含有人在社会的约束与社会冲突中所表现出来的反复性与间歇性的社会行为（如行动、忍耐、放弃）。所有祭祀的理性化趋势都可以确定为是实质的理性化。在俗世的支配关系的范畴里，实质层面的理性化首先在家父长制官僚体系中生根，并且在开明专制时期达到高峰；然后在纯粹竞争的资本主义时代，由于受到形式性、合法性的民主政治的革命性突破的压力，这个实质的理性化有了退缩的趋势；然而，在现代的社会主义国家中，它又再度强而有力地找到了立足点：社会性的市场经济被当作目标，而且实质性的法律理想——奠基于相称的社会政治学的基础上——不断地把纯粹的法律形式主义压低，而回转到行政管理与法院判决的实质层面。同样的，我们也可以察觉到（就在北美合众国里）实质的正当性原则也增强了。在此，值得我们思虑的问题是：只要理性化的整体趋势还不断存在的话，而且在没有受到非理性化的反动及扬弃的情形下，那么，无论何种实质的理性化追求——在实际上对某一特定目标（具体目的）之合理性的追求——都有逐渐被形式性的目的（亦即工具理性）超越的趋势。

第三章
传统型支配

六、纯粹类型

如果某一支配的正当性是来自其所宣称、同时也为旁人所信服的、"历代相传"的规则及权力的神圣性，则我们称此种支配为**传统型支配**。支配者的产生是依传统性的惯例，而人们之所以服从也是由于他们因袭的身份。此种支配团体（Herrschaftsverband），就其最简单的例子而言，奠基于经由共同培养出来的个人恭顺上。支配者并非工作的"上级"，而是个人的**主人**。他的管理干部主要并非"官吏"，而是"随从"。至于被统治者或是他"传统的伙伴"（参看第七 a 节），或是他的"子民"（Untertanen），而非一个结合体的"成员"。管理干部与主子间的关系取决于个人的忠诚，而非官吏无私的职责观念。

听命行事并非格于明文规定，而是由于某个经由传统——或由传统的支配者所指定——而踞有支配地位的个人。这个人的命令由下列两种方式之一而获得正当性：

　　a.部分由于直接限定了命令**内容**的某种传统[1],而且只有在某个限度之内被认为妥当。越过此一限度，则将危及支配者的传统性地位。

　　b. 部分由于**传统**在某个程度内给予支配者恣意而行的自由。

　　此一传统的特权主要是基于下列事实：个人的服从义务在本质上倾向无限大[2]。

　　从而导致双重的层面：

　　a. 受特殊传统所约束的行为层面。

　　b. 不受特殊规则限定的行为层面。

　　就后一层面而言，支配者可以自由依其个人喜好而施惠，特别是为了得到礼物回报——这是"规费"(Gebühren)的历史根源。只要他是完全照原则行事，那么这些礼物与回报是基于道德常识及公平的考虑，或是基于利害权宜的考虑。但与法制型支配的情况不同，这些原则皆非形式化的原则[3]。权力的**实际**运行是基于如下的考虑：支配者及其干部必须观察被统治者习惯上的顺从程度，

1　命令的内容——任何一种支配关系的正当性类型中，那些由合乎正当性的立法机构发布的规条，在它们规条的内容上，都必须受到当时现行的正当性原则认可；并且证明，它与正当性基础的内容：传统、理性、对天赋的信仰，相和谐一致。在合理—正当（合法规章下的）支配关系范围中，正当性是受到实质方面及形式—合理方面理性之原则的支持而产生。

2　家父长制的**家**中权力原本是无所限制的。

3　在所有上述这些地方，家父长家产制对生活态度的影响，几乎都与封建制有异。不管哪种形态的封建制，一向都是少数拥有武装能力者的支配。家父长家产制则是一人之下的大众支配，这种支配需要"官吏"；反之，封建制则尽量减低官吏的必要性。家父长家产制除非有由外族所组成的家产制军队的支持，否则无法摆脱对子民之"好感"的依赖。封建制基本上则可不管这些。家父长制在对抗特权身份团体之危险野心时，常动员群众，而群众经常是家父长制的自然追随者。民间神话中所理想化了的，不是英雄，而是"明君"。以此，家父长家产制不论对自己或对子民，都必须正当化其自己为子民之"福祉"的监

并且在不致引起他们反抗的程度内行使。当反抗爆发时，其目标是针对支配者个人或他的官员，理由是他无视于自身权力的传统限制。反抗并非针对制度本身——这是个"传统主义革命"的典型[1]。

就纯粹类型的传统型支配而言，法律或行政法规不可能经由立法程序制定。就算实际上是新创的法规，也只有在宣称其为"古已有之"（valid of yore）——如今只不过是经由"睿智"（wisdom，古日耳曼律例中的 Weistum）**再度发现**——的情况下才能取得正当性[2]。此种"律例的发现"（Rechtsfindung）的立法方式只能求诸传统文献；换句话说，必须假先例及较早的判例行之。

（接上页注）护者。"福利国家"是家产制的迷思；它并非源自那种宣誓互相忠诚的自由的同志关系，而系根基于父子之间权威主义的关系。"君父"（Landesvater）乃家产制国家的理想。因此，家父长制乃成为特殊的"社会政策"的担纲者，而当它有充分理由必须要确保子民大众对其保有好感时，它实际上也经常推行社会福利政策。例如在近代英国，当斯图亚特王朝（1603—1649）与清教徒市民阶层及半封建的名门望族斗争时，劳德（Laud，坎特伯利大主教，死于 1643 年）的基督教社会福利政策，即带有半教会与半家产制的动机。韦伯，《支配社会学》，pp.257—258。

1　此处所谓的"革命"乃是指要求恢复"固有良法"（传统秩序）之行动。而受到反抗的支配者，通常也是承诺要恢复"朕之父及祖先时代之法"。

2　日耳曼民族将存在于日耳曼古代以至中世的律例之发现手续，以及经由此一手续而发现之律例，统称作 Weistum。在律例的发现有其必要时，属于该律例之共同体中所有成年男子原则上应集合起来，然后由集会之主席（通常为该团体之贵族）向与会者之一（即"律例发现人"或"判决发现人"）要求"律例的发现"（即所谓"判决质问"）。被要求发现律例的人，必须发现律例并提出（即"律例的宣示"，Rechtsweisen；或"判决提案"）。该提案若经所有与会者同意，即由主席宣告，完成律例之发现手续。此一手续，形式上看来乃是"既存法"（由我等之父祖时代传下之法）的发现手续，而非"新法之创造"。但实际上当然也有借**发现**既存法之名而行**创造**新法之实的可能。

七、纯粹类型（续）

支配者依赖其干部来统治，但有时也不需要，后一情况见第七 a 节第 1 点。

典型的行政干部来自下列渠道。

a. 与支配者已有传统性恭顺关系结合的人，我们称此为"家产制的拔举"（patrimonial rekrutiert）。这些人可能是：

(a) 族亲；

(b) 奴隶；

(c) 家臣性质的附庸，特别是"家士"；

(d) "客"（Klienten）[1]；

---

1 "客"（client，复数为 clientele）一词，实源自于拉丁语中的 cliens，乃隶属民之意。虽然同样是"客"，罗马初期、共和末期与帝制期的特征各不相同。初期（王制及共和初）的"客"乃是隶属于贵族（patricius）的半自由民。他们究竟是被征服的土著，或是与贵族、平民（plebs）属同一种族？至今尚未能究明。韦伯在讨论"客"时，特别强调要与农奴、债务奴仆区分开。"他们形成主人的扈从团，并且与主人保持着一种忠诚关系，也由于此种忠诚关系，使得主人与客之间在法律上的事端成为宗教性的违犯。他们与债务奴隶相反的是，若主人将此种客属关系加以经济性的利用，就会被认为有失身份尊严。他们乃是主人个人的、政治的权势手段，而非经济手段。客与其主子的关系是由诚实信义（fides）的原则来规制，而此一原则并非由法官来监督，而是由习俗法典，违反者要受宗教性的惩罚（被称为 infamis）。客源自于骑士战争与贵族支配的时代，原本是主人的侍从，随侍主人上战场，有义务要贡献礼物，主人有需要时得以支持，有时或许还包括服劳役，而主人则提供给他土地，以及在法庭上代表他辩护（译按：非罗马公民无权在法庭上为自己辩护）。大部分情况下，此种恩护关系是从祖先那儿世袭下来的。以上是恩护关系的古代意义。正如同中世纪的贵族支配时代之产生被保护民（Muntmannen）的现象一样，古代也在同样的机缘下，导致大量的自由小农民步入恩护关系——为的是在法庭上有贵族为其代理人……恩护关系可能从未在法律上被废止过。不过，随着重装步兵战术的胜利，客在罗马便丧失了军事上的意义，到后期，恩护关系只不过是作为确保恩主之社会势力的一种制度而存在。相反的，希腊的民主制则将此种制度完全消灭"，详见韦伯，《非正当性的支配——城市类型学》，pp.206—208。法国史家古朗士

（e）"部曲"（Kolonen）[1]；

（f）解放的奴隶。

b. 选拔也可能来自"外家产制"（extrapatrimonial）的，包括：

（a）纯粹靠个人忠诚，例如各式各类的"宠幸"（Günstlinge）；

（b）对领主有忠诚关系的人，如封臣；

（c）自愿投入此一基于个人恭顺的网络中为**官吏**的自由人。

　　a（a）传统主义的支配形态下，最重要的职位大多为支配者家族成员所掌握，此种情况极普遍。

　　a（b）家产制行政体制下，奴隶或解放后的奴隶上升至最高地位的情况颇为常见。奥斯曼土耳其帝国的"大相"（Groβveziere）出自奴隶的不乏其人[2]。

　　a（c）典型的家臣有下列几种：司库（Seneschall）、司马（Marschall）、侍从长（Kämmerer）、司厨（Truchseβ）、宫宰

（接上页注）（N. D .Fustel de Coulanges, 1830—1889）认为"客"不仅存在于罗马，而且也普遍存在于古希腊各邦。不过，我们今天了解的主客关系以罗马时期为主，这大概是留下的资料较多的缘故。古朗士亦强调古罗马主客关系基本上是宗教性的，因此古罗马法说：主人对他的"客人"有过，他就受责骂，他若责骂"客人"，他就死。在法律上，一人可作证不利于其女系亲属，但不得作证以不利其"客人"（p.102）。不过，这当然是理想及原则上的，由于有宗教性关系束缚，"客"不能任意弃其主人，主人对他有管理权，亦有司法权。主人压迫"客人"之事亦不罕见，遂有反抗，关系亦渐发生变化。详见李宗侗译《希腊罗马古代社会史》（台北，1955），pp.101—102, 242—253。

1　"部曲"起于晚期罗马帝国，其身份介于自由农与农奴之间。惟关于其确切性格，至今仍为西洋上古史学争论重点。参见 A. H. M. Jones, *The Later Roman Empire*, A.D.284—602 (Oxford, 1964) Vol.II, pp.795—803。类似身份之农民亦普遍见于中国中古时期（东汉至南北朝），当时称为部曲或佃客。参见唐长儒，《魏晋南北朝时的客和部曲》，《魏晋南北朝史论拾遗》，p.124。

2　在某些伊斯兰教国家之中，高级官员被称为 Veziere，此字来自阿拉伯文的 Wazir，意思是"有负担者"。

（major domo, Hausmeier），宫宰是所有执事者——有时还包括封臣——的首脑[1]。这些例子在欧洲随处皆可发现。东方国家，除了上述人员外，专门负责帝王内宫的宦官首领地位特别重要。在非洲王国，刽子手则有特殊地位。另外，统治者的御医、卜算者及类似的人也有其重要性。

a（d）中国与埃及，家产制官员的主要来源是君主的"客"。

a（e）"部曲"军在东方世界普遍存在，同时也常见于罗马贵族。（即使在近代，奴隶军也还存在于伊斯兰教世界）

b（a）宠幸政治的存在为所有家产制政体的特色，这也常常是传统主义革命的肇因。

b（b）封臣的情况将分别讨论。

b（c）官僚制首先是在一家产制国家中由一些来自家产制外的官员所发展出来[2]。但是，正如我们即将讨论的，这些官员在开始时也只不过是支配者个人的随从。

纯粹类型的传统型统治下，缺乏下述这些官僚制下管理干部的特质：

a. 依秉公的原则，对"权限"有清楚的界定。

b. 依理性原则建立的层级结构。

1　所有这些官职皆为欧洲中世纪法兰克王国及日耳曼帝国的皇室官吏。Seneschall 原有"奴隶长老"乃至"奴隶长"之义，与 Truchseß, major domo 同为宫廷长官称号。Marschall 是"管马奴隶"，"厩舍长"，逐渐演变为"骑兵队长"，"将军"。major domo 在梅洛林王朝时身兼宫廷长官与禁军首长。到王朝末期，"宫宰"的势力凌驾王权，王位继承实际上由"宫宰"做决定。最后，"宫宰"终于取而代之，是为卡洛林王朝，此后不再置"宫宰"一职。这些职位都是帝国的高阶层官职，由重要贵族出任。

2　由外家产制出身的家产制政府官员，成了一种私人性的属下关系。

c. 依自由契约的规律化任用制度，以及有秩序的升迁。

d. 专业训练为正式的任用资格。

e.（通常）有固定的薪俸，以货币支付。

就 a 项而言：因无一明确的职权范围，最初支配者往往随其喜好，任意委任及授予一些互相冲突的职务及权力。这些职权逐渐成为永久性而且经常在传统上固定下来。他们之间的相互竞争主要是来自对收益资源的争夺，而这些资源是由支配者及其代表所支配的。经常是在第一种情况下，由于这种利益的冲突，明确固定的职权范围首次划分开来，而最雏形的"机关"（Behüörde）逐渐成型。

最初，有固定性职务的人只是家臣。他们非家务的行政（外家产制）职务，经常是在行动层面上，与家务内的职位有相对而言较为表面的类似。或者这些职位是源自支配者个人的命令，稍后则在传统上固定下来。除了家臣以外，其他人**主要**只是些临时性任务的人员。

只要细察任何古代东方国家的职官表，我们即可证实这些职位缺乏明确定义的"权限"。除极少数例外，我们实无法将这些职官与一组合理界定，而且可**持续**一段较长时间的职位联想在一起。

界定清楚而较持续的职位要到中世纪才清楚可见，这是由于各种争宠、争利及其他利益争夺、妥协的情况下所得到的结果。此一现象有其重要的结果。在英国，强大的皇家法庭及专业律师的财务利益，是遏制或削减罗马法及教会法影响力的主要力量。在所有时期内，因为规费及业务津贴的既成权利之存在，不合理的官职权限的划分乃得以固定化。

就 b 项而言：到底谁负责做决定？谁处理上诉案件？是否委托一代理人？由谁来代理？或者支配者保留自行决定的权力？此一问题或者是（a）依照传统处理——有时是考虑某些法律习俗的起源，以及外来的先例（母法法庭制，Oberhof）[1]；或者（b）完全由支配者独断，在后面情况下，所有代理人必须接受支配者的干涉[2]。

与传统主义制度下"母法法庭"外来先例相并行的、有日耳曼法律的原则，这是源自统治者的政治特权。当统治者出席时，任何法庭的法权皆暂停行使。所谓"移管请求权"（ius

---

1 欧洲中世纪时，每建设一新城市，照例将原有城市之城市法（母法）整个授与此一新城市（所谓"城市法的授予"，Stadtrechtsbewidmung）。因此，各城市之间——通过"母法城市"与"子法城市"的关系——出现所谓"城市法家族"（Stadtrechtsfamilie）的关系。在此情况下，母法城市本身或其法庭即称为 Oberhof，子法城市及其法庭则称为 Unterhof。当法律上发生疑问时，Unterhof 即向 Oberhof 要求"法的教示"（Rechtsbelehrung），或请求直接判决。有时 Unterhof 则向 Oberhof 提起上诉。就此而言，根据"母法法庭制"（Oberhof），对地方法庭判决的上诉，并不向各地诸侯的法庭提出，而是向某一主要独立城市的法庭提出上诉。这些城市的法制系统最早是由其统治者所赠予。日耳曼大部分地区及斯拉夫东欧某些地区，此一类型重要的"母法法庭"有弗莱堡（Freiburg）、卢比克（Lübeck）、马德堡（Magdeburg）及其他市镇的法庭。参见 H. Mittieis, *Deutsche Rechtsgeschichte*, (5th ed. München, 1958) , pp.159, 190。

2 此一原则在中世纪日耳曼法中被广泛承认。巴黎法院（Parlement）之"君主亲临"（lit de justice）即为一例。当君主亲临法院时，得以最高法官的身份做判决，亦能强制敕法之登记。

　巴黎法院为法国大革命前的高等法庭，其前身为 Curia Regis（御前会议），原为讨论一般政务的地方，自十二世纪开始，专业人员开始加入，法律事务乃逐渐独立，最后（路易九世时），乃有巴黎法院的出现。

vocandi[1]）及其近代的衍生物——"王室裁判"（Kabinettsjustiz[2]），来自同一源头及统治者的自由裁定。特别是中世纪时，"母法法庭"经常是代理者，其令状可宣告及解释法律，它因此也是某一地区的法律输入的来源。

就 c 项而言，家臣及宠幸经常是以纯粹的家产制形态拔擢出来。他们原为统治者的奴隶或家士，如果选拔是外家产制的，这些人也可能是持有俸禄者（Pfründner），其主子可以轻易更换他们，准此，自由的封臣与经由忠诚契约而获得官职的人的出现，为此种情况带来了根本的改变。然而，由于采邑绝非基于职务上功能的考虑而决定，这种改变并不影响有关 a 及 b 项的一些陈述（即：缺乏明确的权限概念及清楚界定的层级关系）。除非在某些情况下，管理干部在一俸禄的基础（präbendale Struktur）上组织起来[3]，否则"升迁"是完全取决于支配者的好恶。

就 d 项而言，家臣与宠幸的官职资格，极少需要理性的专业训练。不过，当官职的任用开始需要技术的专业训练时，不管此一训练内容为何，行政管理都发生了根本上的变化。

就某些职位而言，从极早的时代就开始需要某种程度的实际训练。特别是"读"与"写"，这两项技术刚开始时确实是罕见的"技术"。这一点——在中国犹然——经常通过其塑造士大夫生活模式

1　对尚未判决的一切事项，君主得命令将之移入皇家法庭辖下，此乃君主之权利。此一"移管请求权"到了十三世纪左右，因为有许多诸侯被赋予"不移管的特权"（Privilegium de non evocando）而崩溃。

2　Kabinett 一词，大概要到十七世纪才用来指独立于原有之中央各部门而直属于君主的顾问团。在此含义下的 Kabinett 所执行的判决称为"王室裁判"，乃是一种"谕旨判决"。

3　有关"俸禄"，参见第二章 p.311 注 2。

的过程而对整个文化的发展具有决定性影响。它排除了家产制**内部**（intrapatrimonial）选拔官员的途径，并且因为有这种"身份团体"与其对抗，从而**限制**了统治的权力（参见第七 a 节第 3 点）。

就 e 项而言，家臣及宠幸通常是在其主子的家中取得生活所需。一般而言，当他们脱离对领主的饭桌的依赖时，即表示俸禄给付的出现，最初，俸禄通常是以实物支付。这种俸禄的数额及实物的种类很容易成为传统上的定制。此外（或代替此一方式），不住在领主家中的官吏，以及领主自己，要靠种类繁多的规费来维持。这些规费的收取并无任何固定的比例或范围，完全取决于那些企求"恩惠"的人的个案（关于俸禄，参看第八节）。

七 a、长老制、家父长制与家产制

1. 传统型支配中最基本的类型如下，在此类型里，支配者**没有自己的管理干部**。

a. 长老制（Gerontokratie）。

b. 原始的家父长制（primärer Patriarchalismus）。

"长老制"一词用来指涉下述情况：只要对团体的支配是有组织的，而且统治权是掌握在长者手中——此处长者最早的确是指年龄最老者，因为他们最熟悉神圣的传统。此一现象普遍存在于基本上非经济性或亲属性的团体。"家父长制"则是：在一（通常）以经济及亲属为基础的团体（家）中，有一特殊的个人——经由固定的继承规则产生——来统治。长老制及家父长制经常是并存的。这两种类型的统治，其主要特征是：尽管支配者有其传统继承权，团体中的被支配者（"伙伴"）认为统治权仍必须以一共有权利的方式行使，而照顾到所有成员的**利益**，因此不能随便为在职者据为己有。为了维持此种权益，在上述两种类型的统治中，关键点在支配者没有**个人**（"家产制"）的干部。因此支配者仍须大力依靠团体成员的乐意执行其命令，因为他没有机构可以取代。以是，团体成员仍维持"伙伴"（Genossen）的身份，而不致完全沦为"子民"（Untertanen）。

他们的成员资格是来自**传统**，而非**法令**。服从是针对**支配者**，而非任何成文的**规则**。即使是针对支配者也只是因为支配者所拥有的传统身份。因此，支配者自身是**严格**为传统束缚住的。

不同形式的长老制稍后将讨论，原始的家父长制与长老制有关的部分是，家父长的支配只有在自己家内才能拥有要求严格服从义务的约束力，除此之外——就像阿拉伯的"薛客"（Scheich）[1]——家父长支配只有典范作用，就像卡理斯玛型的支配，或者必须诉诸劝告及其他近似的方式以发生影响力。

2. 当传统型支配开始发展出特别的行政机构及武装力量，而这两者成为支配者个人的工具时，**家产制**即可能发生——在最高度发展情况下，例如伊斯兰教的"苏丹制"（Sultanismus）[2]。

只有到这时，团体中的"伙伴"才会被视为"子民"。原先

---

1 Scheich 在阿拉伯语中原有"老人""长老"之义。除家族、氏族、部族之首长外，亦用以称呼村落首长和教团首长。

2 韦伯认为奥斯曼土耳其皇帝——苏丹（Sultan）——的统治可视为家产制支配最高发展的典范。有关土耳其的苏丹制，参见刘景辉译，《西洋文化史（三）》（台北，1975），pp.365—371。

支配者的权威明显的是属于团体所共有，现在则成为个人的权利，他把此一权威窃为己有，正如他占有其他事务一样。原则上，他可以利用其威权，正如同他可以处分任何经济资产——出卖、典当或因继承而予以分割。家产制权力的主要外在支柱是奴隶（经常是打了烙印的）、"部曲"及征发来的人民，以及雇来的贴身侍卫及佣兵（家产制军队），后一措施是为了尽可能强化支配者及其干部间利益的稳固性。借着控制这些工具，支配者可以扩展其独断独行的权力，破坏家父长制及长老制结构的传统拘束而得以任意赏赐恩惠。当支配形态基本上还是传统型时，尽管权力是依支配者个人意志行使，我们称此种支配为**家产制支配**；如果此种支配基本上是基于支配者的独断独行，我们称之为**苏丹制**。其间转换无疑是连续不可分割的。这两种支配类型与**原始**的家父长制主要的区别是个人**管理干部**的存在。

有时像苏丹制，从表面上看来，似乎可以完全不受传统的约束，可是实情并非如此。因为非传统的因素并没有理性化成为**无私切事**的关系，而只是表现于支配者个人独断独行权力的极度发展，这一点是它和所有理性化支配的分别。

3. **身份制支配**（ständische Herrschaft, estate type domination）[1]

---

1 英译者在此有如下的解释：正如帕森斯（T. Parsons）所云："Stand 一词及其衍生义可能是韦伯著作中最麻烦的单词。它指的是一个社会团体，其成员具有一种相对而言清楚界定的共同身份，特别是指涉社会阶层化的情况，虽然此一指涉并不一定重要。除了共同身份外，还有其他的标准，此即一个 Stand 的成员有共同的生活方式及一般而言多多少少清楚界定的行为模式（Parsons, ed. *The Theory of Social and Economic Organization*,

是家产制支配类型之一。在此类型中，**管理干部**得以**处分**（appropriiert）特定权力及与其相应的经济利益。（参见《经济与社会》第二章第十九节）就像在所有其他类似的场合，此种处分以下列数种方式为之：

a. 有时处分权是由一个有组织的团体，或具有某些特性的一群特定的人控制。

b. 也可能由个人所控制，或者因世袭而终身享有，或者以自由所有权形式存在。

身份制支配因此有下列特点：

a. 支配者选择其管理干部的权力受到限制，因为职位或领主权力已被：（甲）一个团体，（乙）身份团体（参见《经济与社会》第四章）所占有。

b. 经常——也是最"典型的"——由**个别**管理人员来处分。处分的范围有：（甲）职位，包括一般性与此职位相应的经济利益，（乙）**物质的行政手段**，（丙）命令权。

这些控制处分权地位的官员，就**历史渊源**而言，来自（1）行政官僚，它原先并非一独立的身份团体，或（2）在拥有处分权以前，他们也许连官僚都不是。

当支配权力被有身份者所占有时，**行政机构的费用**一概由在

（接上页注）1964, p.347）。"帕森斯不用"身份制支配"（estate type domination），而采用"分权式权威"（decentralized authority），因为管理干部成员独立于其支配者。然而，由于 ständisch 一词源自特殊的历史背景，尽管韦伯用此词时含意是一般性的，采用英文同义词"身份"（estate）似乎更契合，因为此一名词可以涵摄中古的门阀及高社会品位。至于 Stand 一词单独使用的场合时多半译为"身份团体"（status group）或"社会特权团体"（socially privileged group）。

职者从自己以及他所占有的资源来支付。掌握军权者及**身份**制军队（standisches Heer）的领导人得负责**装备自己个人的**军队，有时可能还包括家产制或封建隶属的部队。同时，行政机构及其人员的费用也可能被视为营利企业的对象——因为有固定的来自支配者仓储或金库的贡纳——而被占有。这点在十六及十七世纪欧洲雇佣兵一事表现最突出——"资本主义式军队"的例子。

在完全占有的情况下，（1）所有的政府权力都是由支配者与其管理干部所共享，双方各有其**固有权利**（Eigenrecht）的依据;（2）或者出现自主的权利，由支配者颁发特别的命令予以规范，或由支配者与占有权利者之间的特殊妥协来规范。

就第（1）项而言，例如，朝廷中官职可能会被其持有者据为采邑。第（2）项的例子如，庄园领主依赖其特权地位或篡夺方式占有权力，借特权合法化其篡夺行为。

由**个人**进行的占有，有如下几种方式：

1. 租用；

2. 质押；

3. 售卖；

4. 特权授予，这也许是个人的、世袭的或自由占用的，它们可能是无条件的或必须奉行某些职务，此类特权来自：

（a）因为服务而获得之报酬或"收买"其顺从。

（b）也许只是正式承认实际已被篡夺的权力。

5. 由一个有组织的团体或身份集团所占有，通常这是支配者与其行政官僚间妥协的结果，此一妥协也有可能是支配者与一个无组织的身份团体达成的。这种妥协可能：

（甲）给予支配者以完全或相当的自由，以**选拔**某些人出任一些职位。

（乙）为在职官员的选拔制定严格的规则。

6.**采邑**（Lehen），这必须个别讨论。

　　1. 在长老制或纯粹家父长制的情形里，只要有清楚的关于臣属的看法，管理机构通常会成为整个集团（或参与的家庭）所共同占有的工具。管理的功能是为了整个集团而行使。由支配者个人来处分管理权，可视为家产制的现象之一。其程度变化极大，可以极端化到支配者可能会要求对土地的完全占有（Bodenregal）[1]，以及视其子民为可转让买卖的奴隶[2]。身份制的占有通常意味着至少有部分的管理机构工具是为其干部所占有。在纯粹家产制里，官员及执行其职务的行政工具是完全划分开的。但就身份式的家产制而言，情况正好相反。执有管理权力的人控制着管理机构的工具——如果不是全部，至少是重要的部分。能**完全处分**这些工具的有：（a）封建骑士，他得供应自己的装备。（b）领主，因持有采邑而把法庭规费及其他额外收入据为己有，而从他自己的资源（包括占有的一份）来支付其封建义务。（c）印度的"查吉达"

1　Bodenregal 在欧洲史上指的是君主对"无主地"的处分权，但此处韦伯所说的，主要是指存在于东方的君主对所有土地的占有权。

2　即韦伯所谓的子民在整体上、人格上之家产制的隶属关系，或者是所有住民的被纳入保护。

（Jagirdar）¹则以其税收供养维持一支军队。另一方面，佣兵领袖自己负担佣兵费用，不过也从王室国库接受某些补助，其差额则由缩短服务期限、战利品或征发来弥补——他只能占有**部分的**管理工具，同时也要服从某些规则。相反的，埃及法老（Pharaoh）则建立由奴隶（或"部曲"）组成的军队，派他的"客"指挥此一军队，由自己库藏中提供装备，维持此一军队。他就像个家产制支配者，**完全控制**了管理工具。这种正式的组织形态并不永远具有决定性，伊斯兰教国家的"马木路克"（Mameluken）²原先在形式上是"买来"的奴隶。事实上，他们垄断了政府权力，其完整程度较之任何垄断了服务采邑的家士团体都毫不逊色。

有些例子是服务采邑（Dienstlehen）由一闭锁性团体所控制，其间并无个人占有的情形。当此一情况出现时，支配者可以自由地把土地赠予个人，只要受者是此一团体成员（参看本节 3:a: 甲），或者，此一赠与是受某些限定资格的规则所约束（参看本节 3:a: 乙）。准此，候选人必须具备军事或者（可能）参与祭典的资格。不过一旦他们得到土地之后，血缘联系的紧密性即为优先考虑的条件。此一情况类似于庄园、手

1　Jagirdar 一词来自 Jagir，Jagir 在印度意指给某人特定地区的租税收入（译按：即中国之"食封"）。Jagirdar 即为"食封者"——拥有 Jagir 的人。他们原为资本家，在接受 Jagir 的同时，也承担了提供定额军队给君主的义务，但后来他们逐渐有转化为大庄园领主的倾向。

2　Mameluke 在阿拉伯语中意指"被所有者"，主要指土耳其或亚美尼亚的白人奴隶，他们被买来后原本组为奴隶军，后来从上级将领处获赠土地及人民，而逐渐转化为领主。最后，土耳其奴隶出身的 Izz al-Din Aybak 推翻了 Ayyüb 王朝（1169—1251）建立前曼勒克王朝（1252—1390）。接着，亚美尼亚奴隶出身的 Al-zähir Barqüq 建立了后曼勒克王朝（1382—1517），而目前曼勒克王朝独立。

工业行会工匠以及农民的情形，他们的服务都是为了配合军事或行政的目的。

　　2.假租借之名而行占有，特别是包税制。质押或售卖，都曾流行于西方，但也可在东方及印度等地发现。在古代世界，祭司职位在拍卖场出售一事并不罕见。就租借之例而言，其目的有一部分是为了实际财政需要：特别是应付因战争导致的财政窘境。也有部分原因是财政的一个措施：掌握固定的货币收入以应付预算需要。质押及售卖一般而言是为了第一个目的而筹募。但在教皇国,其另一目的则在为教皇的"亲族"取得收入[1]。一直到十八世纪,在法国经由质押而占有的情形仍相当普遍，它用来填补"法院"（Parlamente）内法官的职位。经由制度化的购买来支配军官的任命，在英国军队一直持续到十九世纪。特权的授予或篡夺的追认，作为对政治服务的报酬或鼓励，在中世纪欧洲以及其他地方皆极普遍。

八、长老制、家父长制与家产制（续）

家产制的随从大致是从下列任一方式取得其生活资源：

a.居住领主家中以维生。

b.从领主的仓库或账房支领其配给（通常是实物）。

c.使用某块土地的权利，其条件则为服务——"服务采邑"。

1　在宗教改革以前，教会职司的生计是靠随职位而领取的土地俸禄或职务俸禄来维持的。在任命教会职司时，任命者常会不正当地优待自己亲属，这在十世纪以及文艺复兴时代的教皇特别显著，正文中所谓教皇为其"亲族"筹取收入即指此。

d. 占有某些财产收入、规费或税入[1]。

e. 采邑。

只要维持生计的方式是从 b 项到 d 项（其总额或地区）都是根据传统模式而产生的，同时只要这些都是可为私人所占有（尽管不能世袭），我们称之为"**俸禄**"（Pfründe）。管理干部如果**基本上**是以此种方式来支持的，我们称之为"俸禄制"（Präbendalismus）[2]。在此情况下，可能有一升迁制度，基于年资或经客观测定的特定成就；某种社会身份以及由此而来的身份**荣誉感**（Ständesehre）也可能成为资格的一项要求标准（关于身份团体的概念——Stand——参看《经济与社会》第四章）。

占有支配者权力的情况，我们称之为"采邑"，如果这些采邑**主要**是通过契约关系赠予特定合乎资格的个人，同时如果此种互相的权利与义务主要取向为身份**荣誉**的传统标准——特别是具有**军事色彩**的。如果管理干部**主要**是依赖采邑支持，我们称之为"**采邑封建制**"（Lehensfeudalismus）。

"采邑"与**军事性**"俸禄"之间的转换过程是渐进的，有时我们几乎无法分辨清楚（这点在《经济与社会》第四章再讨论）。

在 d 项及 e 项，有时在 c 项的例子里，能处分支配权力的个人得采用上面所列的方式支付其管理机构的费用（或者军事装备），由其俸禄或采邑的收入拨付。他自己的支配也许会转化为家产制

1　原文 Rente，英译为"租金"（rent）或"财产收入"（property income），其意为所有定期收入的总称，不管是地租、股票利息、资本利息或其他任何收入。不过如薪俸等需要靠实际劳动才能取得的收入，不得称为 Rente。所谓"坐食者"（Rentner）即指依靠此种收入生活的人，因此接近"不劳而获者"之意。"名门望族"是受到特别优遇的坐食者。

2　Präbend 与 Pfründe 的概念完全相同，韦伯通常将 Pfründe 作为名词使用；形容词则用 prübendal 一词。

（由此而出现：世袭可以让渡，可以因继承而分割）。

　　1. 最早维持王室随从、家臣、祭司及其他形式的家产制（例如庄园），随从的方式是养在主子家中，或由其库藏支付。"男子集会所"[1]（Männerhaus）——最初职业军队组织（稍后再论及）——经常带有"统治阶层的消费性家计共产制"（herrschaftlichen Konsumhaushalts–Kommunismus）的性格。想从支配者（或者神殿、教会）的饭桌分离出来而由配给或采邑方式来取代，绝非一件容易的事。它多半是因为独立家庭的出现而发展出来。对神殿祭司及官员的实物配给，即为近东地区最早的官员维持生计的方式。它同时也存在于中国、印度。西方经常也有。以土地为军事服务的报酬自从上古开始即普遍存在于东方，以及中古日耳曼，这是维持家士、庄园官吏及其他在职者之生计的一种方式。土耳其的"希帕士"（Sipahi）[2]、日本"武士"（Samurai）及类似的东方国家种种的

1　根据韦伯，为了防卫或进行掠夺而行使的武力，如果逐渐由临时性而发展为持续性的组织时，"具有武装者只有将其他亦具有军事能力者，在政治上给予平等对待。其他未接受军事训练者或无力从军者，都被视为女性，实际上在许多原始语言中，的确也明白称之为'女人'。在这种战士组合（Vergesellschaftung der Krieger）中，自由与武装同义。舒兹（Heinrich Schurtz）曾深入研究过，以各种形式存在于世界各处的'男子集会所'，就是源自上述的这种战士组合——舒兹称之为'男子联盟'（Männerbund）——的一个构成物。当战士专业性高度发展时，'男子集会所'在政治行为的领域里，扮演着几乎与宗教领域内修道院的僧侣组合完全相似的角色。只有那些证明具有军事能力，完成修炼而被接受加入战士团体的人，才属于'男子集会所'。未通过试炼者，则被视为'女人'而留在女子与小孩之间，失去军事能力的人亦一样……属于战士团体的人，从妻子或家中分离出，过着共产制度的团体生活。借着战利品或对外界的人——特别是女性（女性提供农业劳动）——所课租税过活"。参见 *Economy and Society*, p.906。
2　"希帕士"乃波斯语"军队"之义，是一种军事俸禄的"食封者"，具有特权地位。

随从及武士的收入，以此处所用词汇而言，是"俸禄"而非"采邑"，这在稍后会再说明[1]。某些情况下，这些收入来自地租，或者来自某些行政区税入，以后例而言，这些收入一般是与该区行政管理的处分权力相结合的。"采邑"的概念只有在涉及"国家"的关系时再进一步讨论。其对象可能是庄园——家产制支配形式之一——或者是各式各样对财产收入及规费的要求。

2. 对于财产收入、规费权利以及税收等之处分权，普遍以各种俸禄及采邑形式出现。特别是在印度，它成为一独立而高度发展的行业——通常的安排是将这些收入来源的权利赠予他人，以交换供应军队及管理机构的支出。

九、身份制支配与家产制支配

就其纯粹型而言，家产制支配——特别是身份制——认为所有支配权力及伴随的经济权利均为私人所占有的经济利益。这并不表示这些权力在本质上无任何差异。某些重要的权力虽由私人

---

1 "采邑也可以从法律的角度与'俸禄'区分开来，只是其界线全然变动不拘。俸禄是一种终身的——而非世袭性的——报酬，以交换其持有者之真正（或虚拟）的服务；报酬是基于官职，而非在职者之故。因此，在西欧中古初期，俸禄并不像采邑一样（如史图兹所强调的），必须在封君死亡时归还，而是在俸禄持有者死亡时归还。在西欧中古盛期，非世袭的采邑并不被视为真正的采邑。俸禄所得属于'职务'，而非个人，可以'使用'，但不能被占有……至于采邑，在采邑关系尚存期间，则是封臣个人的财产；然而，这份财产是不能转让的，因为它紧密联系于一种高度个人性的关系，也不能被分割，因为它是用来维持封臣负担服务的能力。俸禄持有者通常（有时则为普遍地）可以不必负担职务的费用，或者由其俸禄的部分所得来支出。至于（采邑）封臣则往往得自行负担（授予）其职务所需的费用。"详见《支配社会学》，pp.204—205。

占有，形式上仍受特别规则约束。特别是，相对于纯粹经济利益的占有（如从领地、税收或业务津贴所得收入）而言，这些有特殊经济权利的人，都有司法以及军事的处分权，形成他们占有经济利益的法律基础[1]。再者，就纯经济利益的占有而言，那些基本上是家产制的与另一些基本上是外家产制的（国库的），其占有的模式仍有区别。就我们此处的用语而言，有关身份制支配，一项决定性的事实——不论其内容为何——就是支配权及与其有关的报酬都被当成私人之权利。

冯贝罗（von Below）在《中世纪德意志国家论》（*der Deutsche Staat des Mittelalters*）一书中曾正确地指出：欧洲中古时期对司法权的占有很特别地成为身份特权的源泉。因此，无法证明中古政治组织的性质到底是**纯粹**家产制或**纯粹**封建制。尽管如此，只要司法权及其他类似纯粹源自政治的权利被视为私人利益，为了目前讨论的方便起见，在用语上称其为家产制支配应当是正确的。如众所知，哈勒（Haller）在《国家研究的复兴》（*Restauration der Staatswissenschaften*）一书

---

1 占有司法权力在欧洲中世史上有其特别的意义，所谓"司法领主制"（Gerichtsherrschaft, Gerichtsherrlichkeit）与根据土地所有权的支配（Grundherrschaft），或根据个人的人身隶属关系的支配（Leibherrschaft）不同，乃是根据"司法权"（即政治权力）的支配。拥有此种支配权的人即称为"司法领主"（Gerichtsherr）。因此，司法领主的支配权亦及于他人的土地或与自己无隶属关系的个人。Dorfherr 或 Landesherr，是典型的"司法领主"，他们的支配权与土地所有权或人身的隶属关系无关，原则上是遍及一村或一地之全体。因此，司法领主权的出现同时也说明了权力集中过程的开始，Grundherr（土地领主）或 Leibherr（人身领主）的支配权力因之而多少被否定，之所以将其称为"司法"领主制，乃是基于中古欧洲社会的一种独特结构，亦即一切政治权力原则上都必须以"司法权力"的形式出现。基于此一原则，司法领主权的垄断超越了仅有土地支配权或经济性的垄断，而构成一卓越的特权地位的基础。

中, 已给予这个概念最系统性的阐释[1]。历史上从来就没有出现过一个**纯粹的**"家产制"国家。

4. 当一个有组织的**团体**, 其成员的特权是来自支配者所赐予的权力, 并且与其支配者达成**妥协**时, 我们称此种类型为**身份制权力分划**（ständische Gewaltenteilung）。由于情况之差异, 此种妥协的主题可能是政治或行政规则, 也可能是具体的行政指令或监督的措施。有时此一团体的成员也许会直接运用自身权威, 或者与他们的干部一起行使。

1. 在某些情况下, 一些并未享有社会特权地位的团体（如农民）, 也会被包括在内[2]。尽管如此, 这个事实并不改变上述之概念。因为决定性的关键, 是在于特权团体的成员有其固有的权力, 假使社会特权团体并不存在, 这显然是属于另一种类型。

2. 这种类型只有在西方有其长足发展[3], 我们得个别讨论其特征及其发展的原因。

---

1 哈勒在上述书中定义那些被君主视为私人的世袭财产（Patrimonium）的国家为"家产制国家"（Patrimonialstaat）, 并企求实现这样的国家理念。他对法国大革命持反对态度, 而为家父长式、正统的国家思想辩护。"家产制"（Patrimonialismus）一词即他首先使用的。韦伯接受此词, 又从别的观点将之砌筑成一明确的社会科学的概念。冯贝罗对哈勒的家产国家论提出不同的看法。他认为中世纪国家并非纯粹的家产国家, 因为彼时已有公的**国家概念**, 超越了纯为君主**家产**的概念。他在上述书中主要通过对司法权的分析来强调此点, 但因太过偏重对司法权的描述, 他笔下的"中世纪"国家, 不免有太过"近代"之嫌。不过韦伯在本文中所做摘要相当谨慎, 仅就韦伯所说意思而言, 冯贝罗的意见应当是完全正确的。
2 例如瑞士、德国等地的农民。
3 与政治结合的身份性结构只在西方有完全的发展。

3. 照理，这样的身份团体并没有属于自己的管理干部，特别是缺乏一群有独立管理权力的官僚。

九 a、传统型支配与经济

传统型支配对**经济行为**的主要影响通常是以非常概括的方式来强化传统态度。在长老制及纯粹家父长制支配下，此一情况最为明显，因为这两种政权无法利用管理机构来对抗其他的成员，也因此必须大力依赖自身的正当性，而此一正当性不管在哪方面又是必须牢牢地附着在传统之上。

1. 除此之外，支持一个传统型结构支配的财政的典型措施会影响经济（参见《经济与社会》第一部第二章第三十八节）。就此点而言，家产制也许会用各种的方法，下面一些是特别重要的：

a. 统治者维持一自给自足的"庄宅"（Oikos）[1]，其需要则以"赋役制"（Leiturgie）为基础[2]，全然或主要是以实物来满足，如贡纳

---

[1] "庄宅"，根据韦伯所说，Karl Rodbertus（1805—1875）是最早用此名词来称呼古代"大规模家计"的学者。在"庄宅"中，"需求基本上是以自给自足为一主要标准，其方式则通过'家'之成员或附属劳动力的服役，生产的物质手段无须通过交换方式即可获得。例如古代世界的庄园及皇室的家计——特别是新王国时代的埃及（前1400—前1000），家计需要的物资大部分皆由徭役或实物贡纳的方式来提供，这是附属的家计单位的义务……同样的现象亦曾存在于中国与印度，中世纪欧洲亦曾有过，即查理曼时代宣布的《庄园管理条例》（Capitulare de villis），只是程度较浅"。Economy and Society, p.124.

[2] Leiturgie 一词在古希腊雅典时代（公元前四五世纪），指的是由富人（自愿或强制性的）提供金钱或劳役来支持一些公共事务的制度。例如"trierarchy"，是由富裕的市民提供资金来建造三层桨的战舰（trireme），并须负担此一战舰的一切开销（包括水手、修补等）；另如"choregia"则是提供酒神祭典所需的合唱团、戏剧等。此外还有其他许多。被提名的市民如果觉得还有人更有能力负担，则可提出抗辩，对方可以接下此一职务，也可以拒绝，条件是必须与原被提名人交换财产，要不然就得诉诸法庭。此一制度后来为罗马所承袭，例如被选为"市议员"（decuriones）者即需负担当地的公共支出，

及徭役的方式。在此情况下，经济关系倾向受传统的严格束缚。市场的发展受到阻挠，货币的利用主要是消费性，而资本主义制度不可能发展。

b. 为身份制的特权团体提供服务也有非常近似的影响，虽然其程度不一定完全一样，市场发展在此情形下亦受限制，因为个别经济单位的财产及生产力正大大地为支配团体的需要所支配[1]。

c. 再者，家产制可借诸垄断性的需求满足方式，有一部分是依赖追求利润的企业，收取规费或是税收。在此情况下，市场的发展——按其垄断的形式——或多或少受到非理性因素的严重限制。重要的利润之门是掌握在支配者及其管理干部手中。其结果则是：（甲）资本主义以是直接受到阻挠（如果支配者维持其自己的管理机构），或者（乙）被导向政治资本主义（如果有包税制、

（接上页注）并负责税收，不足须补齐。古埃及亦有类似制度。中文辞典一般皆译为"圣礼崇拜"，此为后出之义，此处译为"赋役制"。参见 *Oxford Classical Dictionary*, p.613。

　　韦伯借用此一名词来说明古代团体——包括"家"、氏族、家产制国家或者像雅典那样的古代城邦——解决其公共事务（即国家财政）所采取的手段。其特点为实物贡赋及徭役，然而不同职业、不同身份的人，其义务也各自不同。"此种'赋役'通常是为了统治当局的预算所需，或是为了互助的目的。当这种农民、工匠及商人所必须负担的徭役及实物贡赋是为了满足个人统治下的家计时，我们称此为'庄宅实物赋役'；如果是为了整个团体，则称之为'互助实物赋役'。以此种方式来提供介入经济活动的团体的预算所需，其原则即称为'赋役式供应'……在政治组织中，此一制度扮演了近代所谓'财政'的角色；在经济团体中，由于将主要的家计分摊给一些早已不受共同体维持及利用的人去负担，这就使得主要的'家'有了可以分散的可能性。每一小单位有其自营生计，但负有提供中央单位所需的义务，就此程度而言，他们还是从属于此一中央单位。例如负担各种徭役及贡赋的农民或农奴，附属于庄园的工匠以及其他各式各样的负担者。"

1　韦伯曾论及一个经济性团体为满足其需求所采取的五种方式：1."庄宅"，2.市场取向的摊派，3.营利经济，4."赞助型"（mäzenatisch）的捐赠，5.特权化的负担分配，可分为：(a) 优势特权的负担分配；(b) 劣势特权的负担分配。参见康乐编译，《经济与历史》，pp.42—44。

租赁或出售官职，以及资本主义式军队维持及管理机构的情况出现）。(参看《经济与社会》第一部第二章第三十一节)

即使上述这些措施是通过货币的形式来运作，基于下列因素，家产制（苏丹制则更甚）的财政会有不合理性的影响：

(1) 传统仍然限制有关**直接**税的义务，不管是它的数量或种类。同时统治者有完全的自由——因此专断——来决定：(a) 规费，(b) 增加新的负担，(c) 组成独占性机构。这种专断又被视为**权利**。从历史上来看，这种专断对于 (a) 项的情形是最有效的，因为一般人必须向其领主及官员请求经营的"特许"，(b) 项就不太有效，至于 (c) 项的效果依情况而有甚大的变化。

(2) 完全缺少经济行为所赖以合理化的两个基础：(a) 负担的可估量性，以及 (b) 私人企业可拥有的自由的幅度。

d. 就个别例子而言，家产制的财政政策（国库本位主义）或许也可以通过有系统地开拓税收来源以及**合理**地组织独占机构而产生理性化的效果。但这只能算是"偶然"，而且是有赖于特殊的历史环境。类似的环境曾在西方出现过。

如果有**身份制的权力**划分情形出现，则财政措施经常是协调后的结果。在此情况下，各单位**较能估算**自己的负担。它同时也消除或至少有力地限制支配者强加新负担。更重要的，它也能避免垄断权力的创造。至于由此而形成的财政措施是会增进或妨碍合理性的经济行为，则主要视统治集团的形态而定。基本上，要视其是否为 (a) 封建的阶层或 (b) 城市豪族的阶层而定。

由于封建政府的权力结构通常是家产制的，封建阶层的支配因此倾向严格限制获利行为的自由度以及市场的发展。它甚至可能有意地压制此类行为以保障封建阶层的权力。城市豪族阶层的支配则常有相反的影响。

1. 就现阶段讨论而言，上面所述当已够清楚。当然在不同的相关讨论中，我们还得再回到这些问题上。

2. 实例可在下述政体中发现，1a：古埃及、印度的自给自足式"庄宅"；1b：大希腊世界的大部分地区、晚期罗马帝国、中国、印度、某种程度下的俄国及伊斯兰教国家；1c：托勒密埃及、某种程度下的拜占庭帝国，以及在不同方式下的英国斯图亚特王朝；1d：西方在"开明专制"时期的家产制国家，特别是科尔伯特（Colbert）的政策[1]。

2. 除了大多数家产制政体的财政措施之外，重要的是他们管理执行的一般性格，更限制了理性经济行为的发展。特别从下面几点而言：

a. 传统主义（Traditionalismus）对**形式的**理性规则造成严重的障碍。这种理性规则有维持稳定的作用，因此对经济的影响及利用是可以估量的。

b. 缺乏受过正式专业训练的官僚群。

此一官僚群之所以能在西方家产制国家中发展出来，如我们即将说明的，是基于其独特的条件。此一阶层的发展原因，绝大部分是完全不同于家产制的结构原则的。

---

1 科尔伯特（1619—1683），路易十四时代之法国财相，在任期间（1662—1683）提倡工商业，致力于农业技术改善、交通建设及税捐征收，使法国成为当时欧洲最富强国家。

　　c.支配者及其行政部门的成员，他们实际专断的程度，以及纯粹个人好恶的发挥，可以有很大差异。他们对于贿赂及贪污的允许，只不过是原无规定的规费制度的瓦解。而且只要贿赂能维持在一固定数量，它实际上就可以计算，影响也最不严重。但这经常是得按照每个官员的情况来决定，因此变化相当大。假使此一职位是**贷款租来**的，则在职者的眼前兴趣是取回对此一职位的投资，不管是用任何手段——甚至非理性的——来压榨。

　　d.家父长制及家产制具有一内在的倾向：此即用功利、福利或绝对性价值等名目来规范经济行为。此一倾向源自其所宣称正当性的特质，以及必须满足被统治者的利害关系。这点摧毁了**形式上**（formal）的合理性，而此一合理性是导向专业法律秩序的。这种情形对教权制取向的家产制而言，有决定性的影响。但是在纯粹苏丹制下，财政上的专断经常是影响最重大的。

　　由于上述这些原因，在一个家产制的支配下，只有某几种形式的资本主义制度可以发展：[1]

　　a.商业资本主义；

　　b.包税制、出租或贩卖官职的资本主义制度；

1　资本主义取向的营利行为之各种不同性质的形式有：

　　1.在自由交换的基础上，于市场做持续的买卖（贸易），以谋求利润机会的取向……

　　2.不同货币的交易及投机，承办各种支付业务，支付手段的创新，以求取利润机会的取向，专业信用制度的扩大——不管其目的是为了消费或利润——也属此类。

　　3.也可能倾向于借政治组织，或与政治有关系的个人，以谋取掠夺式利润的机会。这包括资助战争或革命，以及提供政党领袖资金。

　　4.借着实力支配，或由政治当局保障的权力地位，以进行持续的企业活动而从中谋取利润的机会。包括两种主要的形式：（a）殖民性的利润，借强制分配或劳动方式经营的大农作，或借垄断及强制性贸易；（b）财政利润，由包税及官职买卖而来，不管是在其母国或殖民地。

　　5.与政治单位进行特殊交易而获取利润机会的取向。

c. 提供国家所需资金，或支持战争费用的资本主义制度；

d. 在某些环境下，大农经营制（plantation）及其他殖民式经营的资本主义制度。

所有这些类型都必然出现于家产制政权，而且经常有相当高度的发展。然而，对于追求利润的企业而言，这就不然了；此种企业有**固定**密集的**投资**，合理化的**自由劳动力组织**，其取向为私人消费者市场购买力。这种类型的资本主义制度对于所有法令、管理及税收上的不合理性皆太敏感，因为这些不合理的制度会摧毁了**可估量性**（Kalkulierbarkeit）的基础。[1]

只有在一种情况下，此种形势才会有基本上的改变，那就是家产制君主，为了其自身的权力及财政的利益，发展出一套**合理**的管理制度，以及随之而兴的**专业技术**的官僚。要如此做，必须（a）可以提供**专业训练**，（b）必须有强烈的诱因足以推动这种政策——通常是因为有**两个以上**激烈竞争的家产制政权，同时存在于一个**文化区**之内；（c）还需要一个非常特殊而必要的因素，也就是在家产制政权彼此的竞争当中，必须能引入城市自治体（städtischer Gemeindeverbände）给予财政上的支持。

（接上页注）6. 还有下列一些获取利润的取向：（a）利用标准化商品从事十足的投机贸易，或利用企业有价证券从事投机贸易；（b）处理政治体持续性的财政业务；（c）出售有价证券予投资者，以募集新企业所需资金；（d）对各种资本主义式企业或经济组织进行投机性融资，其目的则在促成有利可图的市场规则，或获取权力。

照韦伯所说，第 1、6 项大致只存在于近代西方世界，其他类型则散见于从古至今的世界各地区。他特别指出当广大区域经长期统一后（例如中国及罗马帝国晚期），所有这些资本主义取向的营利行为都日趋衰微，而只有贸易、货币兑换及借贷还能残留下来。*Economy and Society*, pp.164-165.

1　可估量性是合理性经营的基础之一。

1. 近代——特别是西方式——资本主义制度的先驱，可以从欧洲有组织的城市自治体，以及与其相对应的相当理性化的管理制度内发现[1]。其主要发展是从十六到十八世纪，其温床则是荷兰及英国阶级结构及政治组织（ständischen politischen Verbände）。此两国显著的特点即是其中产阶级有异乎寻常的力量以及压倒性的经济利益。当时欧陆的纯家产制或是封建制国家，曾有过这种财务以及功利的现象。此种现象与斯图亚特王朝时独占工业的制度有一共同特色[2]，就是他们与后来自主性资本主义制度的发展并不连续，属于不同的脉络中。

无论特殊的农业及工业措施，或是英国、荷兰，还是稍后法国的模式，就创造一些为以后资本主义制度发展所必备的条件而言，都很重要，但是上述这个论点还是对的。所有这些将在稍后再讨论。

2. 中世纪家产制国家曾在某些部门发展出一种**形式**理性化的行政阶层，包括特别是受过民法以及宗教法训练的人员，此一行政阶层根本上与其他任何时代、任何地区政治体的行政阶层皆不同。稍后我们必须更深入有关此一发展及其意义的资料。就目前而言，除了上述非常概括性的观察外，我们实无可能更进一步讨论。

---

1 韦伯认为近代资本主义制度及"国家"皆不是从古代城市的基础上发展出来，至于中世纪的城市，虽非促成近代资本主义及"国家"发展的唯一决定性阶段，其本身更非这些发展的"担纲者"（Träger, carrier），但对于此两种现象的出现，仍为最具关键性的因子。韦伯，《非正当性的支配——城市类型学》，pp.161—162。

2 有关斯图亚特王朝时的独占制度，参见韦伯，《支配社会学》，pp.243—246。

第四章

卡理斯玛支配

十、卡理斯玛支配和卡理斯玛共同体

"**卡理斯玛**"（Charisma）[1]，这个字眼在此用来表示某种人格特质；某些人因具有这个特质而被认为是超凡的，禀赋着超自然以及超人的，或至少是特殊的力量或品质。这是普通人所不能具有的。它们具有神圣或至少表率的特性。某些人因具有这些特质而被视为"**领袖**"（Führer）。在较为原始的社会中，这些特质是来自巫术，如先知、号称具有医治或律法智能的人、狩猎活动的领袖及战争英雄等。我们应根据什么伦理学、美学或其他任何的标准来衡量这些特质，都与"卡理斯玛"的定义无关。最重要的是服从卡理斯玛支配的人，例如"**皈依者**"（Anhängern），他们是如何真诚地看待具有这些特质的领袖人物。

1　崇拜英雄——即具有卡理斯玛特质的人——实为人类自古以来的习惯。卡莱尔（T. Carlyle, 1795—1881）的《英雄与英雄崇拜》（何欣译，台北，1977），或许有助于读者了解此一现象。特别是第 2 讲《作为先知的英雄》，pp.56—95；与第 6 讲《作为帝王的英雄》，pp.261—312。

　　目前我们必须分辨卡理斯玛的各种不同形态。第一种是"暴虎之勇"（Berserker）[1]。有些人曾误以为这种狂热是来自药物的使用。中古拜占庭时期，统治者经常维持一支由具有此种格斗之勇的卡理斯玛的人所组成的队伍，作为统治的武器。第二种是"萨满之魔"（Shaman）[2]，具有此种魔力的人经常通过癫痫性的举止坠入昏迷的恍惚忘我状态[3]。第三种形态的代表者是摩门教（Mormonism）的创立者史密斯（Joseph Smith）[4]。此人是一个非常灵巧聪明的骗子（虽然这一点我们并不能完全确定）。最后是文人型（litterateur）[5]，如埃思纳（Kurt

---

1　Berserker 是北欧神话中的勇士。原意为可变幻为熊的人（Berserk=Bärenhaut），后转为具有异常力量，发怒时常不着铠甲即迎向战斗的勇士。

2　"萨满"是可与神灵直接沟通的宗教性人物（如日本的"巫女"即为一种）。萨满的资格通常是世袭的，但并非仅以地位的世袭，确切地说是一种由精神病而来的巫病遗传的结果。因此，真正的萨满必须是神经质的、感受性强、容易做梦、有癫痫狂。他具有一些巫病的特征，如极度的食欲减退、孤僻、在雪中睡眠或发狂、在山野中狂奔等。"萨满信仰"普遍存在于世界各文明区，而以北亚地区最盛、最为典型，"萨满"一词即来自中国东北地区。古代中国亦有类似人物。文献中称之为"巫"。参见 M. Eliade, *Shamanism: Archaic Techniques of Ecstasy*（Princeton, 1964）。

3　亦可译作忘我、夺魂等，意指因感情之异常高昂以致对外界的刺激失去正常反应，且充满内在喜悦的意识状态。它是"很能体验并媒介卡理斯玛的一种状态"。萨满随时都能表现出这种状态，可以说把忘我或恍惚当作是一种经营的对象，业余者则只能偶尔进入这种状态。

4　发源自美国的宗教团体。史密斯宣称他获得天使的通知：在他住处附近山丘上藏有数枚黄金叶，上面以象形文字记载了救世福音全文。数年后，他寻得这些金叶，以及记有解读方法的石块，因此得以翻译出所谓的《摩门经》（*Book of Mormon*）。1830 年，他创摩门教于纽约州。稍后，Brigham Young 重新组织该教派，并率众远徙至犹他州，创立盐湖城（Salt Lake City），以为该教大本营。摩门教最引人注意的是赞成一夫多妻制，故此引起当时社会普遍的反感，1890 年以后，终于放弃此一制度。

5　法文 litterateur 有贬义，如罗曼·罗兰说：托尔斯泰是所有作家中最不像文人者（the least litterateur）。

Eisner）[1]他几乎为自己成功的煽动技巧所淹没。价值中立式的社会分析，将以上诸种形态与其他的卡理斯玛型人物，如一般认为的"最伟大的"英雄、先知、救世主，放在同一层次来考虑。

1. 被支配者对卡理斯玛之承认与否，是卡理斯玛是否妥当的决定性因素。此种**承认**是由被支配者自由给予，并须由具体事实——起初通常是一项奇迹——来**保证**。此种承认乃是对某些启示、对英雄崇拜、对领袖绝对信任的完全献身。然而，当卡理斯玛真正存在时，正当性就不再以此种承认为基础。这时正当性的**基础**在于以下的观念：人民将承认卡理斯玛的真实性及听从其召命（Berufung）而行动，当成是自己的**职责**。由心理层面而言，这项"承认"是个人对拥有这些特质者的完全效忠和献身。它来自狂热、绝望或希望。

> 没有任何先知认为其特殊禀赋得依赖群众对他的意见的。任何被推举出来的国王或军事领袖都会用叛离职守的名义，对付那些抗拒他或故意忽视他的人。即使在形式上都是自愿从军，但如不能跟随此种领袖从事军事讨伐，仍经常被视为一桩耻辱。

---

1 埃思纳（1867—1919），马克思主义的新闻工作者，政治家。以独立社会民主党党魁身份领导了慕尼黑革命。他曾在 1918 年 11 月宣布成立巴伐利亚共和国，并出任首相。后因选举失败，欲由革命政府引退，然在赴议会发表声明的途中被刺杀。凶手 Arco 伯爵原被判死刑，随后于 1920 年 1 月减为无期徒刑。韦伯在一个演讲开头曾说明：基于实质及实际的立场，他赞成处死 Arco。结果在下一次演讲时，一群右翼分子的示威与喧哗使得韦伯中止其讲论。

2. 如果领袖在很长一段时间中无法创造奇迹和成功；如果神或魔性及英雄性的力量似乎抛弃了领袖；最重要的，**如果领袖无法继续使跟随者受益**，他的卡理斯玛支配很可能因此丧失。这是"君权神授"的真正意义。

> 甚至古代的日耳曼君主有时都遭到被统治者的谴责和拒斥。在所谓的原始民族中，类似的现象非常普遍。在中国，君主的卡理斯玛特质由于继承代代相传，不过都受到严格的规范。只要有任何不幸发生，不论是战败、旱灾、水灾或不吉祥的天体现象，君主都必须公开下诏罪己，有时甚至因而退位。如果这些天灾人祸发生，这表示君主并不拥有卡理斯玛美德，因此不是一个正当的"天子"。

3. 一个臣服于卡理斯玛的支配团体，我们称之为"卡理斯玛共同体"(Gemeinde)，以感情性的"共同体关系"(Vergemeinschaftung)为基础[1]。一个卡理斯玛领袖的**管理干部**并非"官员"。他们也绝少具有技术上的训练。这些干部的甄选，并不以社会地位为依据，也不从家族内或私人的隶属关系来决定，其基础在于管理干部本身的卡理斯玛禀赋。"先知"有其"使徒"；"军阀"有其"侍卫"；"领袖"则有其"心腹"(Vertrauensmänner)。无所谓"任命"或"解

---

[1] 所谓"共同体关系"指的是，社会行为的取向——不管是在个别的、一般的、或"纯粹"类型上——是基于参与者主观地感觉到他们属于一体，不管此一感觉是情绪性或传统性的。相对而言则有所谓的"结合体关系"(Vergesellschaftung)，在此种关系里，社会行为的取向是依据理性动机下的利益安排或协调，不管此一理性判断是基于绝对的价值（价值理性）或权宜之计（工具理性）。

职"。行政官职不是一项终身事业，也没有"升迁"这类事。其中只有领袖对追随者的召唤，而其甄选的基础是后者的卡理斯玛资格。其中没有"阶层系统"。只有领袖对一般事务或个别事件的干预，当领袖认为其追随者的卡理斯玛不足以完成某项任务时。其中没有明确的"权责"；也没有因社会地位而享有政治权力。卡理斯玛权力及个人的"使命"，当然也有可能受地域或功能性的限制。可是却没有"薪资"或"俸禄"这类东西。

门徒或追随者倾向于靠志愿的奉献为生，与其支配者形成一种共产主义式的关系[1]。其中没有行政组织（"机关"）的存在，只有许多支配者的代理人。他们的卡理斯玛支配若非由支配者提供，即是自己拥有某种程度的卡理斯玛。其中没有正式的规则，或抽象的法律原则，因此也没有任何以此为取向的理性的判决过程，同样的也没有导向判决先例的"睿智"[2]。具体的判决因个别案例而有所不同，并且被视为神圣的判决或启示。由实质的观点而言，每一个卡理斯玛支配都必须诉诸如下的训示："法书上如是说……可是我告诉你们……"每一个真正的先知，正如每一个军事领袖，以及卡理斯玛领袖，都训示、创造或要求新的义务，其所凭借的，典型而言是启示、神谕、灵感或其意志——这些通常为宗教、军事或政治团体的成员所承认。因后者亦来自相同的背景，承认是

1　共产主义式的共同体或结合体的组织，如果不计较利害是否可以衡量，就不是根据对于可达成最佳结果的工具的考虑（Versorgungsoptima）；而是根据一种直接感受到的相互凝聚力。因此在历史上此种社会关系——一直到现在——主要都是基于非经济取向的共同价值态度发展出来的。包括有三种类型：1. 家计共产制，基于传统以及感情的基础；2. 军中同志间的军事共产制；3. 存在于宗教性共同体而基于爱与慈悲的共产制。第2及第3类型主要是基于特殊情态或卡理斯玛的基础上。

2　此处指的是在传统型支配下，"律例再发现"的过程，详见本书第三章，p.321 注 2。

一项义务。当这种支配和其他同类的支配发生冲突和竞争时，唯一的解决方式是领袖之间魔法或武力的竞争。原则上只能有一方是对的，另一方则必须因错误而受罚。

由于卡理斯玛支配是"**超凡的**"（Außeralltägliche），因此它与理性的、特别是官僚型的支配呈尖锐的对立。它也和传统型支配对立，不论是家父长制、家产制或身份制的，以上诸种支配皆属**日常的**支配形式，卡理斯玛支配则与此完全相反。官僚支配受到理智可解之规则的限制，在这层意义上，官僚支配特别理性；而卡理斯玛支配则在这层意义上特别非理性，因他不受任何规则的限制。传统型支配则受到前代所流传下来的先例拘束，在这层意义上，传统型支配也受到规则的限制。可是卡理斯玛支配在其所宣示的领域中，根本弃绝传统。因此在这层意义上，卡理斯玛支配是一特别革命性的力量。它不承认基于财富而占有的权力地位，不论是领袖个人或享有社会特权的团体。权力正当性的唯一基础是个人的卡理斯玛，只要其存在受到证实；亦即，只要它能被承认，只要跟随者及信徒卡理斯玛式的证明他们的"足堪重任"。

以上所言已无须再加以深入讨论。上面所说的同时也适用于那些纯粹的"直接诉诸民意的"支配者（如拿破仑的"天才型统治"，使出身卑贱的人爬升至皇帝及军事将领的高位），正如它适用于宗教先知或战争英雄一样。

4. 纯粹的卡理斯玛与**经济考虑**尤其无关。当卡理斯玛存在时，它构成一项"召唤"（Beruf），一项"使命"（Sendung, mission），或一项宗教性的"任务"（Aufgabe）。对于利用神赐禀赋（恩宠，

Gnadengaben），以取得经济收入，卡理斯玛支配轻视并谴责这种做法。当然这只是一个理想，而非一个事实。卡理斯玛并不必然永远弃绝财富或经济收入。有些先知在某些情况下并不如此。战争英雄及其追随者热切地寻求战利品；民选的统治者及政党的卡理斯玛领袖也需要权力的物质手段。前者尤其需要战利品来展示其权威，夸耀其尊荣。卡理斯玛支配，尤其是真正的纯粹类型，所轻视的只是如传统型支配中**日常的**经济运作，以及由持续性的经济活动中取得固定的"收入"。卡理斯玛支配依赖自愿的奉献来维持，如大规模的献金、捐款、贿赂及谢礼，或是募捐。卡理斯玛支配用以供给其所需的、典型的物质来源是"战利品"及没收物，不论是以武力或其他方式获得。由**理性的**经济观点来看，卡理斯玛支配满足其物质需要的方式正是典型的**反经济的**力量。它拒绝与**例行的日常生活**世界有任何关联。它只能以全然的冷漠容许毫无规律、毫无制度的掠夺行为——换言之，"拿了就走"。以"坐食者的生活"方式来解除经济负担，对某些团体而言，可以是卡理斯玛生活方式的经济基础。可是对于典型的卡理斯玛式的"革命分子"而言，这到底并不常见。

　　凡是在教会中据有教职者，都不得成为耶稣会员[1]。这是"使徒信条"（Jünger-Prinzips）的理性化运用。所有苦行僧、

1　耶稣会为天主教修道会，1534年——即宗教革命后——由西班牙教士罗耀拉（Ignatius de Loyola）所创，1540年获教廷认可。他们认为，如要光耀上帝之荣光，会士应成为耶稣基督旗下勇猛善战的士兵。他们对基督新教诸派、自由主义、启蒙主义等皆采取猛烈攻击态度，为天主教诸修会中最具战斗性格者。其活动主要是对异教徒的布教及学问传播，明末天主教之传入中国即由耶稣会士首开其端。耶稣会章禁止会士任教职及拥有财产。

托钵僧及信仰的斗士都属于这个类别。这是一桩极为明显的
事实。几乎所有的先知都靠自愿性的奉献为生。圣保罗的名
言"不作不食"，乃针对一群寄生的卡理斯玛传教士而说的，
这显然不是针对为经济而经济的活动，予以正面的评价。它
只是说，每个人都有责任以某种方式维持自己。圣保罗之所
以这样说，乃是因为他体认到，像"野地里的百合花"那样
纯卡理斯玛性的寓言，不能单就字面的意义去实践。而顶多
只能做到"不为明天操心"[1]。而另一方面，就艺术型的卡理斯
玛门徒而言，完全不从事经济活动就意味着，只有"在经济
上能自立者"，亦即能过坐食者之生活的人，才能进入那个
圈子，而真正够格的人反而会被排除于外。格奥尔格（Stefan
George）就是如此，至少其主要意图确系如此[2]。

1　"野地里的百合花"乃来自《圣经》的譬喻。《新约·马太福音》第 6 章第 25 节以下："所
　　以我告诉你们，不要为生命忧虑，吃什么，喝什么；为身体忧虑，穿什么；生命不胜于
　　饮食吗？身体不胜于衣裳吗？你们看那天上的飞鸟，也不种，也不收，也不积蓄在仓里，
　　你们的天父尚且养活它；你们不比天上飞鸟贵重得多吗？……何必为衣裳忧虑呢？你想
　　野地里的百合花，怎么长起来；它也不劳苦，也不纺线。然而我告诉你们，就是所罗门
　　极荣华的时候，他所穿戴的，还不如这花一朵呢！你们这小信的人哪！野地里的草，今
　　天还在，明天就丢在炉里，神还给它这样的妆饰，何况你们呢？所以不要忧虑，吃什么？
　　喝什么？穿什么？……你们要先求他的国，和他的义；这些东西都要加给你们了。所以
　　不要为明天忧虑；因为明天自有明天的忧虑；一天的难处一天当够了。"
2　Stefan George（1868—1933），德国诗人，散文家及翻译家。对**唯物**的近代资本主义社会
　　采取激烈反抗态度，而主张建设一个超越世俗、唯美的世界。拥有甚多信徒。韦伯知道
　　他相当早，不过两人一直到 1910 年才正式会面。在韦伯遗孀所写的《韦伯传》中留下
　　不少关于此一诗人的记载。韦伯及其夫人甚为尊敬欣赏格奥尔格，但双方的根本立场完
　　全相反。"在与 Gundolf（格奥尔格的信徒）的辩论中，我们立刻确认了彼此立场间的鸿沟。
　　格奥尔格他们一伙人拒绝接受伦理自律为一教育理想，并拒绝承认个人灵魂的价值。他
　　们的'信念'是服从英雄的权威，至于女人，则须服从男性的权威。格奥尔格要求，较
　　卑微的人必须根本地服从于较伟大的人，而所谓较伟大的人，指的是因有伟大的**文化上**

5. 在传统型支配的鼎盛时期，卡理斯玛乃是一个伟大的革命力量，"理性"是另一个革命力量。后者由**外部**造成影响：它改变人们生活的情境及难题，终至而改变了人类对其生活及其难题的整个态度。它赋予个人以智性。而卡理斯玛，由于人们的苦难、冲突或狂热，却**可能**在主观上或从**内部**改变人的心理取向。它可能因此导致人在基本的态度及行为方向上的激烈变动，使人们对"世界"种种不同的难题有着全新的心理取向[1]。在先理性时期中，人们的行为取向几乎全由传统和卡理斯玛决定。

（接上页注）的成就而卓越出群者……然而我们坚信个人应有发展可能的权力；并且深信灵魂的成长将受到妨碍，如果他听任一个会犯错的人为他制定律法……我们认为，宗教信仰深的人可以服从**神**的旨意，并因此而变得伟大。但如果他只是从根本上使其意志服从一个'英雄'，他就不可能如此；因为此一'英雄'，无论多么伟大，究竟只是个地上的存在，因此注定会犯错，更遑论其他普通凡人。"Marianne Weber, *Max Weber, A Biography* (New York, 1975)，pp.461-462.

1 韦伯在此处 Welt（世界）一词用上引号，说明他的主要意义是在一宗教性的情况下，"世俗的"事务与关怀的范围是与超越性宗教的关怀区分开的。

第五章

卡理斯玛的例行化

十一、卡理斯玛的例行化及其影响

就其纯粹类型而言，卡理斯玛的支配具有一种特殊的**非日常的**（auβeralltäglichen）性格。卡理斯玛支配的社会关系全然是私人性的，是以个人人格的卡理斯玛特质的妥当性和**实证**为基础。如果卡理斯玛支配希望维持一个**持久性**的关系，一个由门徒、战士或跟随者组成的"共同体"，或一个政治性的教权制团体，而不只是一个过渡中的现象，那么，卡理斯玛支配的基本特质必须加以改变。我们可以肯定地说：卡理斯玛支配只能存在于初始阶段（in statu nascendi），它无法长久维持稳定。它终究会被传统化或法制化，或两者的联结所转化。以下是几个引发这项改变的动因：

（a）维持追随者的精神力量和物质利益，同时使共同体不断地再生；

（b）为了强化**管理干部**——追随者、门徒、党工或其他人——之间的关系所需的、更强的精神力量和物质利益。不仅如此，无论由精神力量或物质利益观点来考虑，这些人都希望能在继续拥

有他们稳定的、**日常的**基础上，去维持这种关系。这意味着使他
们能参与正常的**家庭关系**，或至少享有安定的社会地位，而非如
负有"使命"的使徒般地割断和世俗的关联——特别是在家庭和
经济关系方面。

随着卡理斯玛领袖的消失以及**继承问题**的发生，这种利益的
考量特别明显。这些难题以何种方式加以解决——如果它们真被
解决，而卡理斯玛共同体因而产生或继续存在，这对后来社会关
系的发展具有无比的重要性。以下是几个较有可能的解决方法：

（a）**寻找**一个新的卡理斯玛领袖。选择的标准是视其人格特
质是否合乎该支配地位。

　　　　新达赖喇嘛的甄选，乃是此种解决方法的比较纯粹的形
　　式。其过程是选择一个具有活佛转世之特质的孩童为继任者[1]。
　　这颇似阿庇斯圣牛的选择[2]。

在这种情况下，新的卡理斯玛领袖的正当性将受到某种**标志**
的限制。这种标志将变成"规则"，传统因以形成。结果就是一个
传统化的过程。在这个过程中，领导的**纯**个人性格将被减弱，传
统的拘束力将会加强。

1　此即喇嘛教的活佛转世。即依照指示，寻找出生于前一达赖喇嘛卒日的神童，以其为继
　任之达赖喇嘛。
2　阿庇斯圣牛（bull of Apis）在古埃及——特别是孟菲斯（Memphis）——被视为欧希里
　斯（Osiris）的化身。这种牡牛必须是黑色，前额有一三角形的白斑，在右侧有一弦月形
　的白斑，舌下还有一肿瘤。发现这样的黑牡牛后，首先在朝东建筑的屋中养四个月，然
　后趁新月之日运到 Heliopolis，养四十天再送到孟菲斯神殿，奉之为神。活到 25 岁时即
　杀掉，尸体经防腐后埋葬，然后再重新寻找新的黑牡牛，其间往往需要数年的岁月。

（b）以**神意**来选择新领导者，如神谕、抽签、神示或其他技巧。在这种情况下，新领袖的正当性来自选择**技巧**的正当性[1]。这是一种法制化的形式。

据说古代以色列"士师"（Shofetim）有时具有这个特性[2]。据说扫罗王（Saul）就是由原有战争神谕选择出来的[3]。

（c）由原来的卡理斯玛领袖指定继承人，并由其追随者加以承认。

这是一种很普通的形式。古罗马的政务官（magistracy）

1　选择技巧的正当性——精确的说法应当是：借赋予正当性的技巧而得到的正当。在这里明白显示出，这种借用赋予正当性技术（巧）而得到正当性，是一种引申出的、与自成的卡理斯玛的原始特性相对的、通俗化了及形式化了的正当形式。这些技术在正文中有系统性的说明。这样的说明仍然不足。当天启的神圣性及传统中最原始的神圣力量逐渐淡去，以致它原来赋予正当性的力量逐渐失去的时候，剩下的只有卡理斯玛以及理性这两种正当化形式。然而，就如同卡理斯玛一样，理性章程的正当性也受形式化、庸俗化过程的侵蚀。（现代的）圣宠的角色，以及立法机构功能性的合法主义——参阅比较"正式意识下的法律"这一名词——这两者都是原始正当性标准的日常形式化的外形：形式化的是，有正当性（通常是）王朝的、传统、自成的卡理斯玛，以及自己具有说服力，因而具有正当性的理性。（这个浅薄化）功能化的命运，可以侵蚀到所有正当性的形式，历史的经验证明这点；但是，在三种正当性的纯粹类型中，赋予正当性的特殊力量及特殊理性，都各在其不同的原则中，以及其展现那些原则的人身上：族长、救赎者或英雄、理性的团体。实际社会上各关系变迁的过程，以及——经由利益导向的机会主义影响造成的——思想方式的庸俗化，两者都导致原初状态失真的现象。
2　Shofetim 在希伯来文里有"审判者""统治者"之意，中文一般译为"士师"，《旧约·士师记》即记载他们的事迹。一般认为他们实际活动的时间是在公元前1230—前1030年之间，亦即以色列人出埃及后直到定居迦南期间的指导者。
3　扫罗为以色列最早国王，在位期间为公元前1030—前1010年。虽名义上为王，其职权似乎仅限于军事指挥，有关其政治成就我们一无所知。有关神谕之事，参见《旧约·撒母耳记上》第9章。

本来就是完全根据这个方式任命。这个制度，后来出现在"狄克推多"（dictator）的任命及"摄政王"（interrex）制度[1]。

在这种情形下，正当性**来自**领袖的指定。

(d) 由具有卡理斯玛特质的管理干部推举继承者，并由共同体加以承认。就其典型形式而言，这个过程确实不应被视为"选举""提名"或类似的形式。它并非一项自由的选择过程，而是一个由客观的责任所限定的行为。领袖的选定根据的不只是多数表决。它的目标在于决定**正确的**人选。选出真正具有卡理斯玛的人物。在这种选择过程中，少数人的意见极可能比多数人的更为正确。最终的决定经常需要全体一致的同意。承认错误是一项义务，坚持错误是一项极严重的罪恶。"错误的"选择是一个必须纠正的真实罪行；最早，这是一项亵渎神明的行为。

尽管如此，在这种情况下，正当性容易具有"获得的权利"的特性，此种权利可依获得该地位的过程之正确性而得以正当化，同时也需视其是否合乎某种形式，如加冕（Inthronisation）。

---

1 "狄克推多"，古罗马在国家非常状态时（战争、内乱等）任命之具有独裁权力的官员。他不由人民大会选举，其任命过程是由元老院（Senate）决定有设置之必要，然后由执政官（Consuls）提名，再由"部族议会"（curia）通过。产生后，所有政务官即在其治下，集军事、司法、行政大权于一身，但任期最长不得超过六个月。"狄克推多制"在罗马与迦太基之间的第二次布匿克战争后（Punic Wars，前216）已不再出现。等到苏拉（Sulla）、恺撒等人再出任"狄克推多"时，此一制度已有大幅改变。

　　所谓"摄政王制度"源自古罗马王政时期，当国王未及指定继承人即死亡时，王之权限即自动移转至元老院，元老院以抽签方式由元老轮流以摄政王（interrex）的身份行使王权，在此期间决定继任者。稍后，在共和时期，当两名执政官同时空缺时，元老仍以上述方式代行职务，直到新执政官选出为止。此一制度一直持续到帝制时期前夕。

这是西方世界中，主教或国王必须在共同体的"同意"下，由教士或高阶层贵族为其加冕的原始意义，与此类似的现象存在于全世界各个地方。事实上这正是"选举"这个现代观念的本源。这个事实所引发的诸难题必须在以后才能加以讨论。

(e) 卡理斯玛可通过**血缘**而继承的观念。因此，它可由拥有卡理斯玛者的族人——通常是其最亲密的亲人——共同拥有。这就是"**世袭性卡理斯玛**"。在此情况下，世袭继承的次序不必一定和占有权利的实际继承次序一致，事实上两者可能有所不同。即使在世袭继承的制度下，有时也必须根据前面所述的一些方法，从亲族中选择适当的继承人。

因此在某些非洲国家中，兄弟必须互相争斗以获得继承权。在中国，继承必须不扰及生者和远祖之间的关系。在东方，由年长者继承或由追随者共同决定的方式颇为平常[1]。因此在奥斯曼土耳其王室中，杀掉所有其他可能的继承者，通常是个"义务"。

长子继承之支配承袭的原则，只有在中古欧洲和日本才清楚地确立。其他地区都只偶尔出现而已。它可避免同一卡理斯玛家族间各个继承候选人之间的斗争，大大有助于政治团体的团结。

---

1 长者继承（seniority）与长子继承（primogeniture）不同。"长者继承"意指一家族中最年长者为继承人，不论此人来自哪一家系或与被继承人的关系如何。与此接近的有所谓 majorat 继承制，乃以最亲近血族中最年长者为继承人。至于"长子继承制"则长子及其家系之人有无条件的优先权。

在世袭性卡理斯玛支配中，追随者所承认的，不再是领导者个人的卡理斯玛特质，而是他由世袭继承所获得的该职位的正当性。这可能导致传统化或法制化之方向。"君权神授"的观念乃从基本上被改变，而成为个人对支配的权利。这项权利之取得，**无须仰赖被支配者之认可**。个人卡理斯玛可能因之而荡然无存。

世袭的君主制是一个明显的例子。在亚洲，许多圣职是世袭继承的。亲族团体的卡理斯玛遗传也经常被用作评断社会阶层的标准。它同时也被用来判别是否具有接受采邑和俸禄的资格。

(f) 卡理斯玛可以通过某种仪式，由持有者传给另外一个人，或可以用某种仪式在一个人身上创造出来。这个观念本来非常神异，它意味着卡理斯玛可以和个人分离，成为一客观、可传送的实体。特别是它可能变成**职位性卡理斯玛**[1]。在这种情况下，对正当性的信念不再以个人为对象，而是以某些仪式行为的妥当性，以及个人通过这些仪式所获得的卡理斯玛禀赋为对象。

最重要的例子是以涂油[2]、圣职任命礼、按手礼[3]等来传送宗教卡理斯玛，以及用涂油、加冕等仪式来传送君王的权威。经由此一过程，接受此种仪式者即可获得"不可磨灭的印记"

[1] 职位性卡理斯玛最佳的例子莫过于天主教教皇职位的观念，参见本书第二章，p.310 注1。
[2] 对人或物涂油的仪式，可见诸许多宗教。基督教洗礼、献堂、祭坛辞灵、加冕、临终涂油等诸圣礼仪式中皆有此项。其目的在注神圣之力于人，驱除邪恶或疾病。
[3] 基督教仪式，即行圣职任命礼时，圣职长老将手按在新任者头上的仪式。

（character indelebilis）[1]。这意味着职位性卡理斯玛权威和力量与教士个人分离。从多纳突斯教派（Donatist）[2]、孟塔尼斯异端（Montanist）以降[3]，一直到清教徒（Puritan）革命[4]，这个问题都成为不断的宗教冲突的主题。教友派（Quakers）之"仆人"

1　根据基督教教义，七大圣礼中的浸礼、坚信礼、品级礼都赋予灵魂以"不可磨灭的印记"，接受这些圣礼的人将永远保有此一印记，因此这些圣礼只行一次。

2　多纳突斯教派，四五世纪出现于北非，由 Casea Nigrae 的主教多纳突斯（Donatus）所领导的基督教异端。他们坚持，由有罪的圣礼授予者所授予的圣礼是无效的，因此拒绝承认迦太基（Carthage）主教 Caecilianus 的任命，因为他是在罗马皇帝戴克里先迫害教会时所任命的。罗马皇帝与教皇始终支持 Caecilianus，因此 Donatists 被视为异端，然而其争执持续甚久，其观点也影响到十七世纪的卡尔文教派。

3　孟塔尼斯派，172年左右出现于小亚细亚，由 Phrygia 人孟塔努斯（Montnus）所创的基督教异端。此一教派为一先知性或预言性的运动，他们预言新耶路撒冷即将出现在 Phrygia 附近，世界末日即将来临，因此人应悔过，严格禁欲。虽然受到正统教派的排斥，此一教派影响力日益扩大，拥有自己的组织与教阶，并扩张势力于北非、意大利及法国南部，一直持续到八世纪。从某个角度来看，此一运动可视为对当时日趋制度化、形式化的基督教的一种反抗，代表真正的卡理斯玛对例行化的教会团体的攻击。

4　韦伯此处所提到的清教徒指的是：主张唯有对获得内在自觉的信徒所施的洗礼才有效，因此它是认为幼儿受洗并无实效的一派。韦伯认为相对而言，从再洗礼派教义产生出来的诸教派，如洗礼派（Baptists）、孟诺派（Mennonites）以及教友派（Quakers），在历史上可说扮演了更为重要的意义。其最重要的观念，在韦伯看来就是"信徒的教会"（Believers' Church）。根据此一观念，"宗教共同体——以改革派教会说法，即是看得到的教会——已不再被视为……一个必须包含义者与不义者的机构……而只是一个属于再生的个别信徒（也只有他们）的共同体。换言之，它并非一个**教会**（Church），而只被视为一个**教派**（Sect）"。再洗礼派之所以坚持，只有通过个人努力而得信的成年人才能受洗，也只不过是为了象征此一观念。参见 *The Protestant Ethic and the Spirit of Capitalism*, pp.144—145；再洗礼派的这种观念，自然会导致教会的职位性卡理斯玛受到排斥。

（hireling），则是持有职位性卡理斯玛的牧师[1]。

十二、卡理斯玛的例行化及其影响（续）

卡理斯玛支配为了保证适当的继承而导致例行化，卡理斯玛型的干部则从例行化中保证利益之获得。唯有在初始阶段，而且卡理斯玛的领袖行为是独立于日常社会组织之外的情况下，他的追随者才可能共同生活于一个以信仰及狂热为基础的共同体中，借奉献、战利品或不定期的收获为生。只有由狂热的门徒和追随者组成的小团体，才可能随时准备为其"召唤"（Beruf, calling）的"理想"奉献生命。然而，大多数的门徒和追随者终究也得在**物质层面上**借其"召唤"（职业）来"维持生计"。确实，如果整个运动要免于崩解，情况必然如此。

因此，卡理斯玛支配的例行化除了表现在继承形式上之外，同时也表现在追随者或门徒对权力及经济利益的**占有**，以及对甄选新进人员的规定上。这个传统化或法制化的过程——其方向视此过程是否包括理性的立法而定，其形式可能为下列诸典型之一：

1. 甄选人员的基础原本可能是基于个人的卡理斯玛，然而，

---

1 "与'教权制'相反，'教派'反对教会职位性卡理斯玛。他们认为个人只能借其自身的卡理斯玛以行使教权制的权力，就如同他只能由一公认的资格审定才能成为教派成员一样，最清楚的象征即为洗礼教派的再洗礼（rebaptism）——实际上是对合格的成年人的洗礼。"韦伯接着举教友派的礼拜仪式为例，说明基本上并无专职的说道者，每个教友都有可能接受圣灵降身，因此成为那一礼拜的讲道人。*Economy and Society*, Vol. II, pp.1207-1208. 因此，在基督新教的再洗礼诸教派，圣职者原则上并非仆人。他有时被当作一种名誉职，接受众人主动赠予代表尊敬的礼物，有时则被视为一种副业，接受实际费用的补偿。布教组织基本上只是一巡回牧师团，牧师参与活动，但随时有被罢免的可能。

随着例行化的过程，追随者或门徒可能建立某些甄选人员的**规范**，特别是在训练及资格鉴定方面。卡理斯玛只能"唤起"（geweckt）或"试炼"（erprobt），而不能"学习"（erlernt）或"教导"（eingeprägt）。而魔法师与英雄所实行的、所有类型的神异苦行修炼，以及所有的修道行为，都属于这个类别。这些都非常接近（甄选）管理干部的方式（有关卡理斯玛型的教育，请参阅《经济与社会》第四章）。

新进的门徒或追随者只有在证明其卡理斯玛能力之后，才得行使支配。一个**真正的**卡理斯玛领袖，可能凭其地位反对这些对新进成员的要求。可是继承者却没有能力这么做，至少那些由管理干部推举出来的领袖的确是如此。

> 这个类型可以用"年龄团体"[1]，以及有某些入会仪式的"男子集会所"所从事的、魔法的和战士般的苦修来说明。一个无法成功地通过入会考验的人，仍然只能算是一个"女人"，亦即，他被排除于卡理斯玛团体之外。

2. 卡理斯玛规范（在世袭的卡理斯玛基础上）很容易转变成界定传统的、**身份地位**的规范。如果领袖的选拔是以世袭为基础，那么在管理干部及追随者的选拔上，很可能发生同样的情形。当一个政治体的组织方式全然根据世袭性的卡理斯玛原则，我们将

1　所谓"年龄团体"者，乃在部族社会中将男子按年龄分成几个集团，例如少年（成年仪式以前），青年（成年仪式以后，未婚），中年（已婚），老年等，而对各集团分派特定之生活模式与社会功能（例如军事、政治、宗教）之制度。严格说来，"年龄团体"与"男子联盟"所依据的原则并不相同。"男子集会所"有与"年龄团体制"结合者，亦有与"男子联盟"结合者。

使用"氏族国家"（Geschlechterstaat, clan state）这个名词来描述。在这种政治体中，对统治权力、对封地、对俸禄以及所有经济利益的占有，都根据相同的形式。结果，所有的权力以及各式各样的利益都传统化了。家族的领袖——他们是不具个人卡理斯玛正当性的传统性长老或家父长——节制着这些不能由家族中分离的权力的行使。并非一个人所据有的职位决定他或他的家族的"位阶"；而是他的家族在世袭性卡理斯玛结构中的地位，决定他所可能占据的职位。

日本在官僚系统未发展之前[1]，即是根据这个原则而组织。古代中国无疑也是如此，在领土国家的理性化过程发生前，支配是在"世家"之手[2]。另外不同形态的例子是印度的种姓制度（caste system）及"品位秩序制度"（Mjestnitschestwo）建立以前的俄国[3]。确实，所有享有既得特权、世袭不断的社会阶级都属于同一类别。

1　指七世纪"大化革新"以前。

2　此处所谓"领土国家的理性化过程"当指战国时期实行中央集权下的郡县制，促使世袭身份秩序的崩溃。

3　彼得大帝（Peter I, the Great, 1682—1725）改革前的俄国，原有一批贵族，包括传统的"包亚贵族"（Boyars）及武士贵族（Gentry），他们皆拥有土地及农奴，其世袭的政治社会身份是依据韦伯称之为"旧的品位秩序"为准则的。彼得于1722年颁布"官阶表"（Table of Ranks），将全国官职分为三类，即军事、行政及宫廷，每类又划分为十四级。所有公民，不论贵族平民，一律自最低级做起，视其表现擢升，凡升至八级以上，即可获封地、农奴、免税及世袭的特权，换言之，即成为新贵族。韦伯认为：由于"品位秩序"制度的订定，而导致的旧领主贵族地位的崩溃，以及由之而来（在彼得大帝时代）旧贵族与官僚贵族的融合，是官僚制发展中极具特色的转承现象。详见 *Economy and Society*, Vol. II, p.985, pp.1066—1067。

3. 管理干部可能为其成员寻求、创设或占有**个人性**的职位，并且享有相应的经济利益。在这种情况下，传统化或法制化的不同趋势，可能发展出（a）俸禄、（b）官职、或（c）采邑等。第一种情况将导致给俸组织。第二种情况将导致家产制或官僚体系。第三种情况则是封建制度。这些收入来源为干部个人专有，用以取代如贡献、战利品之类与日常经济结构没有固定关系的收入。

（a）种情况，即俸禄，可能包括捐募、实物给付、税金或规费。捐募或实物给付可能以理性化组织或财政之方式来节制，于是本为自愿性的献礼与"战利品"即转变成税金或规费。

> 规律化的捐募可见于佛教中。在中国及日本，以"禄米"为实物给付。税金则大多行于理性化的征服国家。最后一类在所有地区都非常普遍，特别是对教士和法官。在印度甚至连军事当局都以此种形式给付。

（b）种情况，即卡理斯玛的使命转变成"官职"，具有较多的家产制或官僚制的特质。而家产制则比官僚制更为普遍。后者主要存于古典时期及近代的西方世界。其他地方若有，则是例外。

在（c）种情况中，只有土地能成为采邑，为管理干部所占有。至于如此的职位则保存其原有的卡理斯玛性格，要不然则是权力和支配如采邑般完全被干部所据有。这两种情形很难截然划分。无论如何，职位所带有的卡理斯玛性格都不易消失。这在中世纪时期亦然。

十二 a、卡理斯玛的例行化及其影响（续）

如果卡理斯玛要转变为日常现象，则其反经济的特质必须改变。它必须适应某种财政组织的形式，以供给团体的物质需求。它因此必须适应能够征税及收取贡俸的经济条件。当一个卡理斯玛运动朝着给俸制的方向发展时，"普通信徒"（Laien）将与"圣职者"（Klerus）分别开来。后者来自希腊文，有"分享一份"（Anteil）之意[1]，亦即成为已经例行化的卡理斯玛管理干部的一分子。他们是发展中的"教会"（Kirche）的教士[2]。相对地，在一个发展的政治体中——如果这个政治体是理性化的，那么它就是"国家"（Staats）——封臣、食俸者、官员及党官（而非"心腹"），也会与"纳税的子民"分别开来。

> 在佛教及印度教中，这个过程即非常明显（参见《宗教社会学》）。所有经过理性化而形成永久性结构的征服国家，以及政党和其他原本为卡理斯玛结构的组织，也有类似的情形。

因此在例行化的过程中，借卡理斯玛而统治的组织大幅度转变成日常性的支配：家产制、（特别是）身份制或变型的官僚制。

---

1 "圣职者"一词源自于希腊文 klérikos 及 kléros，原意为"签"。一般说法认为最初的共同体是以抽签来分配其所有土地，引申而指希腊公民世袭的私有地。拥有 kléros，乃是成为完全公民的重要资格。Klerus 之原意，也就是具有完全资格而参与使命者。
2 按韦伯在此处所用"教会"一词是相对于"教派"而言，所谓教会是例行化了的职位性卡理斯玛的制度，而教派则为纯粹由以个人资格组成的卡理斯玛集团。

其原本的特性则倾向于保留下来：有人可因世袭或官职而获得卡理斯玛式的身份**荣誉**。这种情况发生在所有参与占有者的身上，包括领导人及其干部成员。它乃是由统治团体享有的权贵地位。一个地位来自"神授"的世袭君主不单纯只是一个家产制的领袖、家父长或"薛客"；一个封臣也不单只是一个家臣或官员。更详细的讨论必须移后至我们对身份团体的分析。

　　一般而言，例行化的过程无法免于冲突。领袖早期对其个人卡理斯玛的宣示很难被轻易忘记。职位性卡理斯玛或世袭的身份和个人卡理斯玛之间的冲突，在许多历史情况下乃成为一极典型的过程。

　　1. 赦免权——亦即赦免宗教性原罪（Todsünden）的权力——本来只是具个人卡理斯玛的殉道者或苦修者才享有，后来则成为主教或教士的职权。这个过程在东方远比西方进行得缓慢。因为在西方，它受到罗马人对"职位"观念的影响。由卡理斯玛领袖所领导，针对世袭性的卡理斯玛权力或职位权力的革命，在任何形式的组织中，从国家至工会都可以发现（在目前 [1918–1920] 的工会中，这尤其明显）。在货币经济中，不同经济单元之间的互相依赖度愈高，日常需求对卡理斯玛运动的追随者的压力就愈大。其效果就是加强了卡理斯玛支配例行化的趋势。这个趋势正到处蔓延；并且，一般而言，迅速地得势。卡理斯玛乃是先知运动或征服性的政治运动的**早期**典型现象。但当它成功地建立支配，同时更重要的，当广大的**群众**被它控制时，它就开始让步给日常生活例行化的趋势。

2. 卡理斯玛支配例行化最主要的决定性动力之一，当然是对安定的需求。一方面这意味着，对支配地位以及社会特权的正当化；另一方面则意味着，领袖的追随者及同情者对经济利益的享有。另外一个动力来自以下的客观需求：使秩序和干部组织适应日常生活及行政管理的需要。以上两者都使得行政措施与司法判决可能因袭某些传统。这是管理干部及被支配者同感需要的。甚且，管理干部的组织也有必要引进某些确定的秩序。最后，正如下文即将讨论的，管理干部及其所有的行政措施都必须适应日常的经济情况。永久的、例行的行政管理，不可能如纯粹型的军事及先知卡理斯玛那样，以跟随者的战利品、贡献、献礼及慷慨和好客来支付其花费。

3. 例行化的过程因此不限于继承问题。当继承问题获得解决，例行化的过程也不因此停止。相反的，最基本的问题其实是：卡理斯玛型的管理干部及相应的行政原则，如何过渡成一个能适应日常生活情况的行政组织。然而继承问题仍是最具决定性的，因为造成整个结构的卡理斯玛中心之例行化的，正是这个继承问题。当继承问题发生的时候，领袖本身的特质及他所宣示的正当性，都产生了变化。这个过程涉及了一些特殊的以及独特性的观念。只有在这个背景之下，我们才可能理解这些观念。它们和卡理斯玛支配之过渡到传统型或法制型的秩序与行政组织毫无关联。解决这个问题的最重要的两个模式是：根据卡理斯玛的运作原则指定继承人，以及世袭性卡理斯玛。

4. 如前所述，由卡理斯玛领袖指定自己的继承人的最显著史例是罗马时期。就"国王"（rex）的继承而言，安排早由传统加以肯定。至于元首制（Prinzipat）中，"狄克推多""共同统治者"及其继承者的任命而言，此项继承原则确曾存在。所有高级政务官被赋予统帅权（imperium）的方式，也清楚显示他们是由军队司令官指定的继承者，并由具有公民权的军人认可。候选人则由在职的政务官来加以鉴定。他们可以根据任何独断性的理由，拒绝某些候选人。这个事实清楚地说明了这项发展的性质[1]。

5. 继承人由领袖的卡理斯玛扈从加以推举的重要事例，可见于主教、特别是教皇的选举。后者由教士推举，并由信徒共同体加以认可。史图兹（U. Stutz）的研究已指出，日耳曼国王的选举可能是根据主教选举的模式[2]。他由一群具备选举资格的王子共同推举，并受到"人民"的认可。所谓"人民"，指的是那些佩带武器的人。类似的安排非常普遍。

6. 世袭性卡理斯玛发展的古典例子是印度的种姓制度。所有的职业资格，特别是所有权力及支配地位的资格，都被视为来自卡理斯玛的遗传。有资格领受封地以及因此而享有

1　古罗马帝制时期最普遍的惯例是，在指定共同统治者或继承人的同时，将之收为养子，由此以确定其继承权。至于共和时期有关政务官的任命是采用下列程序：欲出任政务官者，向主管人民选举大会的执政官申请，受理的执政官可单独审查并决定其资格，其他执政官不得否决，资格认定后，即向人民大会提出，此时，人民大会只能同意或否决，因为最初经常只有与应选出政务官数目相等的候选人被提出（同额竞选），人民大会并无太多选举权。

2　新的国王、教皇、主教或教士的"选举"经由：（1）信徒及追随者任命（designation）；（2）人民的喝彩通过。因此，以现代的总统或议会选举的意义而言，并非"选举"，本质上完全不同；换言之，对资格的承认或接受要比选举的发生更早，因此，对于有超凡能力的人，他们之所以被接受，乃是因为他们的能力如此的"卡理斯玛"，而不是因为"选举"的结果。

统治权的人，只限于皇族的成员。封地由族中最长者颁发。
各种各类的宗教职位，包括具有特殊的重要性以及影响力的
"导师"（Guru）——"精神指导者"（directeur de l'ame）[1]——
都只有具备世袭性卡理斯玛特质的人才能出任。对于各种传
统的行业，以及村庄组织中所有的职位，例如僧侣、理发师、
洗衣人、更夫等，情况亦如此。一个教派（sect）的创基经常
意味世袭阶层制的发展，就像中国的道教。日本在引进中国
式家产官僚制——此制后来导致给俸制及新的封建化——之
前，其"氏族国家"里的社会组织，纯粹以世袭性卡理斯玛
为基础。

此类因世袭性卡理斯玛而享有要求支配地位之权力的情况，
世界各地都有类似的发展。家世资格取代个人成就的资格。这在
世界各处都是世袭贵族制度发展的基础：罗马的新贵族[2]，塔西图斯
（Tacitus）所描述的日耳曼人"皇族家系"（stirps regia）的观念，
中世纪晚期对参与骑士比武及修道院参事会员资格限制[3]，以及甚
至在美国许多暴发户贵族所做的祖谱研究都可归入此类。在世袭
性的特权团体地位已经巩固的地方，我们确实都可发现这个原则。

1　Guru 在梵语中有"重"之意，引申为可尊敬的人、教师，特别用来指青年的精神指导者。
2　nobility（L. nobilitas）是指公元前三世纪，由大地主逐渐形成的贵族层。他们独占了以
　　元老院为核心的官职，其出身包括旧门阀贵族（patricius）和平民（plebs）。另一方面，
　　从事工商金融等事业的富有阶层则被称为骑士阶级（equites），以与贵族区别。
3　这些资格以"祖谱测试"（Ahnenprobe）为前提，亦即他们必须提出祖谱，并得到两名
　　具有相当身份的证人，证明自己的祖先中有一定数目（4、8，有时 16 或 16 名以上）的
　　贵族，且他们的婚姻都是正统的，由之证明自己的贵族资格。

与经济的关系：由每一重要层面来看，卡理斯玛例行化的过程都是对经济条件的适应。因为经济乃是日常生活中最主要的、绵绵不息的运作力量。因此经济条件扮演着一个领导变动的角色，而不只是一个函数。由个人卡理斯玛至世袭性卡理斯玛或职位性卡理斯玛的过渡，在很大程度上乃是一项手段，**正当化**了对经济财货既有的或新获得的控制权。除了对上位者必须效忠这个意识形态之外（它当然不是毫不重要），影响人对世袭君主效忠的是下述的观念：如果人们不再承认世袭君主之地位，那么所有形式的财产继承权岂不也将受到挑战？因此世袭君主制较适合财富阶级而非无产阶级，这点毫不令人感到意外。

除以上所论之外，我们很难对卡理斯玛支配适应经济秩序的诸种可能模式，提出概括性而又实质的、有价值的分析。这有待更精细的讨论如俸禄结构、封建制度，以及以各式各样的世袭性卡理斯玛为基础的利益占有，这些制度的发展都有可能对经济秩序造成相同的效果，如果它们都以卡理斯玛支配为发展起点，就如它们都以早期的家产或官僚阶段为出发点。在经济层面上，卡理斯玛的革命性效果经常是非常巨大的。在起初阶段，它经常是"破坏性"的；因为它意味着新的、"无前提性"的取向模式。可是例行化却使结局完全相反。

卡理斯玛革命的经济学，将分开讨论。因为那是完全不同的问题。

第六章

封建制度

十二 b、采邑封建制

在第十二节3（c）内提到有关采邑的问题必须个别讨论。这是因为采邑制度下可能发展出一种与家产制、纯正的或世袭的卡理斯玛制不同的支配结构来，而有其重要之历史意义。此即**封建制**（Feudalismus）。此处我们得区分两种类型的封建制：一种是基于采邑（**采邑**封建制，Lehensfeudalismus），另一种则是基于俸禄（**俸禄**封建制，Pfründenfeudalismus）。所有其他赠予土地以交换军事服务的制度，实际上都有家产制的特征，因此在此不拟分开讨论。至于不同形式的**俸禄**稍后将详细讨论。

A. 下列诸因素与采邑有关：

（a）执行支配的权力及对权利的占有。采邑式的支配形式与内容，也许仅只限于支配者家内相关的权力，但是也有可能延伸到政治组合内的权力，后者的权利也许仅只于经济（财政）方面，但也可能及于政治方面。采邑的赠予通常是为了交换特别服务，主要是关于**军事方面**的，但也可能包括行政职务。采邑的赠予以一极特殊的方式行之。行之如下：

（b）原则上是基于纯粹**个人关系**，限于领主及受领采邑者（封臣）有生之年。

（c）基于**契约关系**，因此，我们假定封臣为一自由人。

（d）如果此一封建制是奠基于采邑，则持邑者的生活样式是属于骑士**身份团体**。

（e）效忠的契约并非普通的"商业契约"，它能建立坚固的**兄弟关系**，彼此有**相互效忠**的义务。但得强调的是，这种义务是建立在不平等的法律基础上[1]。维持此种义务是靠（1）骑士身份的荣誉，以及（2）明确限定的义务关系。

第十二节结尾所提到的转换过程（从单纯的对土地支配到对权力的完全支配），出现在下列场合：（甲）当采邑的占有成为**世袭**，只要履行一个条件，即每一新的世袭封臣必须具有必要的资格，同时得对原有领主行效忠礼[2]；或是目前的封臣得向新的

1　韦伯将契约关系划分为"目的契约"（Zweckkontrakt）与"身份契约"（Status-kontrakt）。目的契约是财货交易——亦即是市场取向的社会关系——里最典型的契约类型。至于身份契约指的是通过某种巫术性仪式，改变人与人之间原有法律地位的关系，而成为例如父子、夫妻、兄弟、保护者—被保护人，以及同志等关系。此种契约意味着签约人"将变成在本质（或身份）上不同于前"的人。中国传统社会中所谓"歃血为盟"即类似此种契约行为。正文里韦伯所谓"兄弟关系"即属于此种身份契约。

2　封建的主从关系，乃是存在于特定的个人与个人间，而具有高度的个人专属性的关系。因此，当领主或封臣死亡时，此种关系即随之消失，采邑又回到领主或其继承人的手中。因领主（Herr）之死而导致采邑的归还，称为 Herrenfall；因封臣（Mann）之死而导致者则称为 Mannfall。将财产归还原出处（如因妻之死而还嫁妆于娘家），一般称为（heim-）fallen; Herrenfall 与 Mannfall 即源出于此。西欧封建制下，领主对归还的采邑原本可以自由处理，后来逐渐转变为只要封臣对新领主（在 Herrenfall 的场合），或封臣的继承人对原领主（在 Mannfall 的场合），于一定期限内举行正式的臣属礼——包括受封（homage, Mannschaft）及宣誓效忠（fealty, Hulde）两种仪式——后，领主必须承认新主从关系的成立，而再封与采邑，此即所谓"强制授封"。

继承领主行效忠礼。(乙)当封建管理干部**强制授封**每一个空缺
(Leihezwang)[1],因为所有采邑皆被视为维持骑士身份团体成员生活
的基金。

第一阶段在中古期出现较早,第二阶段则稍晚。因为这
种原则阻碍了家产制"家门势力"(Hausmacht)的兴起,国王、
公侯与他们封臣间的斗争主要多是为了要除去这种原则而引
起的;虽然并不一定很明显。

B. 如果行政机构是完全基于土地的赠予基础——采邑封建
制[2],在历史上就如同纯粹的家产制一样,从未以纯粹型出现过——
则会包含下列特征:

(a)领主的支配将被缩减到只希望其封臣能维持他们有关效
忠的誓言。

(b)政治团体完全由纯粹基于个人效忠关系的制度所取代,
此种忠诚关系存在于领主与其封臣、上级封臣与其所拥有的下级
封臣(subinfeudiert)之间。只有领主自己的封臣才必须效忠于他;

---

1 "强制授封"(Leihezwang)有两种情况:(1)在 Herrenfall 及 Mannfall 的场合(见前注)。
(2)在采邑因没收或封臣家之灭绝而归还领主时,领主必须在一定期间内,将此采邑再
授给具有相同身份的封臣,而不得收归己有。此处正文所说强制授封当指第二种情况。
值得注意的是第二种情况的强制授封只存在于日耳曼帝国,且只限于帝国皇帝与帝国诸
侯(Reichsfürsten)——即与皇帝有直接主从关系之封臣——之间。日耳曼皇帝对归还
到自己手中的诸侯采邑(即所谓 Fahnlehen)必须在一年又一日之内,再授封给另一诸侯。
此一制度大约出现于十二世纪末。不过,如前所述,除日耳曼外,其他君主并不受此一
规则限制,即使在日耳曼境内,诸侯与其自己的封臣之间亦不受此一限制。
2 采邑封建制的来源可有两个不同的基础:一方面它可以从家产制中产生出来,另一方面
也可以从卡理斯玛制度的例行化现象中发展出来。在这两种情况之下,采邑封建制都表
现出"既与家产制,又与自发的世袭性卡理斯玛制"相异的支配关系结合的结构。

至于封臣自己也可以再向下级封臣要求效忠，等等[1]。

(c) 只有在"违反效忠誓言"（Felonie）的场合，领主才有权剥夺其封臣的采邑，同样的情况也适用于封臣对其自己的下级封臣。当此种情形出现时，为了行使其权力以对付不守效忠誓言的封臣，领主必须依赖其他封臣的支持，或者是此一被控告的封臣的下级封臣的消极服从。不管支持来自哪一方，领主只有在有关的团体认定被告确实违反效忠誓言时，才能有效依靠这种支持。即使在此情况下，领主也无法保证被告所属的下级封臣就不会干涉，除非领主能够让对方接受下述的原则：此即，对抗最高领主的斗争实为极端的特例。领主总是企图建立这种原则，然而并不一定成功[2]。

(d) 通过再分封的过程，出现一个符合采邑层级结构的社会品位层级结构。好比可见诸《萨克森律鉴》（*Sachsenspiegel*）[3] 中的

1　十三世纪时，法国法学家 Durandus 即以为："我的封臣的封臣不是我的封臣（homo vassali mei non est homo meus）。"

2　在授封契约中，封臣对领主照例宣誓如下："以进言与助力支持（领主）对抗万人（consilium et auxilium contra omnes）。"因此即使敌方是领主的领主，封臣亦应助之领主。但有时有所谓"忠诚义务的保留"，特别当大领主是国王时。誓言中常会插入类似"保留对国王陛下应有之效忠（salva fidelitate debita domino regi）"的字句。有了此项的保留，封臣即不会冒直接对抗国王的危险，而且照理说，他还应该支持国王。可是，如果国王与其封臣间的争执，是因为国王自己破坏了对封臣的契约义务，则封臣之反抗成为正当，Felonie 不成立，下级封臣自应援助自己领主。究竟如何取舍，还得看下级封臣自己的判断。

3　*Sachsenspiegel* 乃 Eike von Repgow 私人编纂成的日耳曼法律文书，成于 1215—1235 年间。内容是有关 Ostfalen 一地法律记录。此书虽成于私人之手，但一般公认具有甚高权威，几乎被视为法典。

授封权（Herrschild）制度[1]。然而，它并非法律或行政的"层级结构"。因为一个命令或判决是否可被怀疑，到底要向哪个层级申诉，等等诸如此类的问题，原则上是依个别的上诉法庭（Oberhof）决定[2]，而不是靠封建关系的层级结构（理论上，上诉法庭的支配是可以转移给一个具有相同身份的、地方上有裁判权的领主，但实际上并不如此）。

（e）无法从拥有家产制支配权力或团体支配权力者手中得到采邑的人则为"隶属民"（Hintersassen）；也就是说，他们是家产制下的**依附者**（Unterworfene）。他们依附于采邑持有者的程度，是取决于自身传统的身份，或者要看军事采邑持有者的强制力量能迫使他们服从到什么程度，因为这些依附者几乎是无抵抗能力的。由于最高领主有义务赐赠土地以为采邑，那些没有采邑者永远在领主权威控制下，不管在哪一种情况，原则上是："没有无封主的土地（nulle terre sans seigneur）[3]。"早期直属统治者的支配权力至此仅剩下一个原则（而且是几乎普遍为众所承认的原则），那

1　根据 *Sachsenspiegel*，国王有第一授封权（Heerschild），教会诸侯第二，俗世诸侯第三，自由贵绅（Freie Herren）第四，参审自由人（Schöffen barfreie）与自由贵绅的家臣第五，第五者的家臣则有第六授封权。是否有第七授封权，*Sachsenspiegel* 表示存疑。1275 年左右，奥古斯堡（Augsburg）一位修道士所作的 *Schwabenspiegel* 对授封权的界定，与此稍有不同。授封权一方面固然如正文所言，用以表现采邑制下的身份秩序；另一方面，更意味着采邑制下，有资格受封者的一览表，除表列诸人外，其他人没有受封的资格。因此在计算对封臣授封采邑的次数时，将由国王的授封算作第一次，最多不得超过四次或五次。最后要说明的是，授封权制度也是用以界定"相对的授封资格"的制度。换言之，领主必须具有较自己的封臣为高的授封权。

2　有关 Oberhof 参见本书第三章，p.326 注 1。此处不指"母法城市"的法庭，而有"上诉法庭"或"上级司法权"之意。

3　按此乃十三世纪左右法国的谚语。事实上，当时尚存在有"无封主的土地"，亦即所谓自由领地（alleu），此一谚语意味着要求将此种土地视为不合原则的例外之物。此一谚语与所谓"强制授封"有关。

就是**统治者本人出现时**，支配权力，特别是司法权，立刻得转移到他的手中[1]。

(f) 掌管家计（包括领地、奴隶及农奴）的权力，政治集团对税收及征取贡纳的财政权力，以及特殊的掌管司法及强制兵役的政治权力（控制"自由人"的权力）等，所有这些权力皆可以同样方式成为封建授封的内容。然而，原则上，纯粹的政治权力还是得受特别的规则所限制。

> 古代中国，以采邑方式赐予经济收益及领地的权柄，在名义上及事实上往往都有差别的[2]。这种名义上的区分不曾出现于中古欧洲，但是他们对持有者的身份及其他许多方面，都有清楚的区分。

通常政治权力无法像采邑的财产权一样被完全占有。其间有无数过渡类型及不规则的例子。一个显著的差异是：那些享有经济与财政权力，与那些只享有纯粹政治权力——例如司法领主权（流血禁制权，Blutbann）[3] 及军事支配权（军事采邑，

1　此处意指，由于封臣只服从其领主，所有在采邑内的人民亦只服从其领主，因此，采邑制的发展完成，即意味着王权的丧失。

2　参见简惠美译，《中国的宗教》。韦伯在此处讨论秦汉时期采邑制（"关内侯"）与俸禄制（"列侯"）的实施情况，而认为秦及汉初为从封建制到官僚制的过渡期。

3　西欧封建社会一直到十二世纪为止，所谓的"司法权"原则上都只课以人命金、赎罪金而已——虽然判以死刑或肉刑的案例并非全无。换言之，直到此时，司法权在原则上为"赎罪司法权"（Sühnegerichtsbarkeit），而非"实刑司法权"。这个时代的司法权也可说是一种收入的来源。然而，自十二世纪起，伴随着"境内和平运动"（Landfriede）的发展，刑罚体系渐渐转化为实刑主义，"高级司法权"的概念也转变成判决与执行死刑的司法权（即所谓的"流血司法权"，Blutgerichtsbarkeit）的意思，本文所说的"流血禁制权"即是如此的流血司法权，或成为其基础而由国王所授予的"禁制权"（Bann）。有关"境内和平运动"与"禁制权"，参见《支配社会学》。

Fahnlehen）[1]——的人，彼此有身份区别存在。只有后者可视为政治封臣。

毋庸说，当"采邑封建制"发展到最高峰时，封君的支配是不稳定的。因为其权威极需依赖管理干部的**自愿**服从，以及从而发生的纯粹个人忠诚。这些干部，由于封建结构，本身即拥**有行政工具**。以是，潜藏于领主与封臣间为争夺支配而导致的斗争反复不息，而理想的封建支配的扩展从未能有效贯彻，或有效地持续。

（g）封建领主或许会诉诸下列方法来加强他的地位：

（1）他可以不依赖其封臣个人的忠诚，而经由限制或禁止再分封来保障他的地位。

　　这常见于西方封建制，不过经常是因为管理干部为了自己权力的利益而开始的。同样的事情可见诸公元前 630 年中国诸侯的结盟[2]。

（2）他也可以试图建立此一原则：亦即，下级封臣对其直属领主的忠诚誓言无效，如果这个领主与比其更高的封君发生战争的话。

1　军事权当指 Fahnlehen——即君主授予世俗诸侯的采邑。Fahn 指"旗"，因为授封时以旗为象征。至于授予教会诸侯的则称为 Szepterlehen，以"笏"（Szepter）为象征。
2　公元前 632 年，晋文公率领诸侯朝周天子于践土，史称"践土之盟"。问题是在此次盟会中并没有任何有关再分封的约束。公元前 651 年齐桓公率领的"葵丘之会"，照孟子书中记载，倒有类似的盟誓："四命曰，士无世官，官事无摄，取士必得，无专杀大夫。五命曰，无曲防，无遏籴，无有封而不告。"《孟子译注》之《告子章句下》（台北，1977），p.287。韦伯认为这是官僚制管理行政的萌芽，参见《中国的宗教》，pp.52—53。

（3）如果可能的话，则使下级封臣直接效忠于他——封君[1]。

（h）封建统治者会以种种方式寻求实现其对政治权力管理机构的**控制**。

（1）他可以赐予所有隶属民，直接向他或其法庭申诉的权利。

（2）他可以在其**政治**封臣的宫廷派驻监督。

（3）他也许会试图坚持直接向所有他的封臣的人民课税的权力。

（4）最后，他也许试图坚持此一原则：

当他亲临时，所有的支配权力必须交还给他；或更进一步，交给他指派的任何代表，而他——作为最高领主——有权在**自己**法庭依其意志审判任何案件。

（i）只有当一个封君能新创或再建直接受他控制且以适当方式组成的行政机构的情况下，他才可能获得并保持其权力以对抗其封臣，以及对抗其他类型占有支配权力的人。这种行政机构有三种主要的可能性：

（1）它可能是一个家产制的官僚群。

中古欧洲的情况大抵即是如此。日本将军（Shogun）的幕府（Bakufu）亦然，他能够有效地控制"大名"（Daimyos）。

（2）它也可能是个外家产制的官僚群，从受过文字教育的身份**团体**中拔举。

1　此即所谓"保障宣誓"（Sicherheitseid）的出现。当甲、乙、丙为领主、封臣、下级封臣的关系时，丙对甲应作如下之宣誓："我承诺，如果我的领主乙未能好好忠诚地服务甲，则我将以从乙所得到的一切采邑，一反乙之利益而为甲效力。"

　　主要的例子有（基督教或婆罗门教）的圣职者；kayasths
（僧侣、喇嘛或伊斯兰教教士）[1]；或人文学者，例如中国的儒士。
（有关这些团体的特殊性，以及他们对文化发展巨大的影响力，
参见《经济与社会》第四章）

（3）或者，这是一群受过专业训练的官僚，特别是法律及军
事专家。

　　十一世纪时的中国，王安石曾建议此一措施，但未得实现。
在当时，这是用来对付经典学者而非封建大公[2]。在西方，这种
官僚系统是为了建立文治政府而从大学训练的人才里拔举出
来的。在教会，主要的训练是教会法，国家则为罗马法。在英国，
则为习惯法（Common Law），英国习惯法在罗马思想模式影
响下，已经合理化了。在这个发展过程中，潜伏着近代西方
国家崛起的某些因子。西方军事组织的发展，则取另一不同
途径：封建组织首先为**资本主义**军事企业家——所谓佣兵领
袖——所取代。这些组织自十七世纪开始，随着王室财政**合
理化**过程的发展，为君侯所占有。在英法两国，这个发展过
程还要早些。

在西方世界——日本则不然——封君与其采邑行政干部的斗

1　kayasth 为孟加拉及印度其他地区律法学者阶级。
2　韦伯对王安石变法的理解，参见《中国的宗教》，韦伯曾说：专门官吏制度的创设，特
　　别是训练有素的法学家的养成，改革在技术上才有可能成功。

争，大致即为他与这种**身份制的特权团体**（Stände Korporationen）的权力斗争。**在近代**，不管哪里都显示出统治者获得胜利，而这意味着**官僚制管理**的胜利。这个现象首先出现在西方，接着在日本；在印度（以及可能在中国），此一现象发生在外来统治之后。除了纯粹历史的权力集中外，经济条件在西方世界的此一过程中也扮演着重要角色。最重要的，它是受到城镇中**市民阶级**兴起的影响，市民阶级是欧洲独有的一种组织。除此，不同国家之间权力的竞争（经由**理性化**——也就是官僚化——的**管理过程**）也有助于此一发展。这一点导致了——从财政动机而言——它与资本主义利益关系者的重要结合。关于此点稍后将再讨论。

十二 c、俸禄封建制及其他变型

就西方世界的意义而言，并非每一种"封建制度"皆牵涉**采邑**。此外，尚有最重要的：

A. 俸禄封建制，这种封建制有其财政上的缘故。

伊斯兰教近东及蒙兀儿统治下的印度可说是最典型的。另一方面，秦始皇以前的**古代**中国封建制至少有部分是采邑型的结构，虽然也有俸禄。日本的封建制亦有采邑，不过在"大名"的例子，这些采邑多少是受到封君——幕府——的直接控制，至于"武士"及"侍"（Buke）的采邑则实际上可算是"家士"的俸禄（虽然这些采邑常被占有），那是按照其"年贡米"

（kokudaka）的收获数额登记的 [1]。

俸禄封建制成立的情况如下：

（a）**俸禄**依其**收益**，由领主估计及赐赠后而被占有。

（b）原则上——虽然并不一定能有效执行——占有只是行之于个人服务（非世袭）的基础上，相应于其业绩，因此牵涉**升迁**的可能性。

　　至少从法律的观点而言，土耳其的"希帕士"所持有的俸禄是具有此种特质的。

　　最后，也是最重要的：

1　直属天皇的封臣中的第一人（primus inter pares）——幕府将军（Shogun），亦即"宫宰"（major domo）——直接控制了家门势力的管辖区，以及封臣诸侯的行政。在封建层级结构中，存在于各种品位的诸侯（"大名"，Daimyo）及"武士"（Samurai）间有明显的鸿沟。"大名"是拥有与"将军"同样完整的统治权的诸侯，亦为天皇之直接封臣。"武士"则为"将军"及"大名"的封臣。在各种类品位的诸侯中，负军事任务的骑士品位较高，而徒步的家臣（"下士"，Kasi）则只是官僚贵族，经常负责日常行政工作。只有"武士"拥有武装权和受封权，他们与农民，以及在封建习俗下较农民身份更低的商人及手工业者，严格区分开来。"武士"是自由人。"武士"世袭的采邑（"藩"）也可能因"违反封建义务"（Felonie），或重大的失职，而被封建法庭判决没收，或黜其封等。为了决定各"藩"所应提供战士，采邑是以传统所负担的"年贡米额"（kokudaka）予以登记，"年贡米额"也决定了采邑持有者的品位。所有这些特点使得日本的采邑非常接近典型亚细亚式（印度）军事俸禄制……不过，封臣的主要义务，在日本，除了传统表示敬意的礼物外，仍为个人忠诚以及军事义务。以"年贡米额"的高低来决定品位——甚至包括"大名"的身份——当然是违反原有的氏族性卡理斯玛……照氏族原则，"亲族"（sib）内部传统的品位，提供了要求受封官职的品位——以及传统上随之而来的威权——的先决条件……"幕府"控制了"大名"的政治，或与政治有关的私人行为，例如婚姻，须先获得同意，而"大名"则控制自己封臣的上述事项……高龄封臣或被判决不适合继续服务的封臣，必须退隐。继承人则须重新受封（investiture），领主死亡的情况——Herrenfall——也一样。采邑是不可转让的，只能做限期质押。参见 M. Weber, *The Religion of India*, p.270。

（c）这种制度主要并非一种兄弟契约式的、个人效忠的自由关系（来自个人对领主的效忠契约以作为赠予采邑的基础），而是基于**财政**的考虑。否则，财政制度就会形成家产制——经常是苏丹制的。因为俸禄是依其税收价值而估价的，我们因此可以证明这一点。

采邑封建制的起源通常是政治团体利用服务的方式（包括个人服务及军事服务），在自然经济的基础上，为满足其欲望而产生的一种体系。主要的动机是要以训练装备良好且基于个人荣誉的因素而结合于其首领的骑士，来取代训练不足的平民征兵，这些平民不再有力量购置武装，而且又是经济上所需要的劳动力。另一方面，**俸禄封建**制则通常是源于货币经济"逆转"至实物经济的过程中，导致此一政策的主要原因如下：

（1）将不稳定的收入风险转嫁给**企业家**：换言之，某种包税制（Steuerpacht, tax farming）。

（甲）对此种收入的权利可以转让，以交换对方提供某种特殊的军队，例如骑兵，有时则为战车、装甲武士，或为一家产制军队提供辎重或枪炮。

这点在中世纪的中国是很普遍的，每一地区皆定有配额提供不同种类的士兵 [1]。

除此之外（这点不一定包括），俸禄封建制可能作为一手段来

---

[1] 《管子·小匡》言及："制国以为二十一乡……士农之乡十五……三分齐国，以为三军。"不过并没有提到军队的种类是否有所不同。汉代根据各地环境，征兵时有"轻车"（车兵）、"骑士"（骑兵）、"材官"（步兵）、"楼船"（水兵）等种种类别，韦伯所言，大概指此。

达到以下目的：

（乙）支付文治政府的费用；

（丙）保证国库税入。

　　这一点在印度是很普遍的。

　　（丁）为了交换上述各式各样的服务，首先必须让那些人有能力负担其义务，因此他们可以占有不同程度及类型的统治权力。此类占有通常有一期限，而且可以被购回。但是当资金不足时，占有经常或为**既定**之事实。

　　那些分到这种**既定**权力的人，至少即成为**庄园领主**（Grundherr），但不同于纯粹的地主，因为他还经常可以拥有广泛的政治力量。

　　此一过程的典型范例出现在印度，所谓"查吉达""查米达"（Zamindars）以及"吐鲁达"（Tulukdars）等阶级，他们因此而拥有控制土地的权力[1]。近东许多地区也曾发现此例，这点贝克（C. H. Becker）已曾清楚指出[2]，他可说是最早了解此一制度与欧洲采邑不同的学者。这种制度**最初的**根据是来自税收的出租，接着转换发展为一种"庄园制度"（Grundherrschaft）。

1　有关"查米达""查吉达"及"吐鲁达"等所谓"食封者"阶层与政府关系，参看本书第三章，p.334 注 1。基本上，他们接受俸禄（有时包括采邑），而有提供相对数目的士兵及租税的义务。

2　Carl Heinrich Becker（1876—1933），德国东方学者，有关此处的讨论可参考 *Islamstudien*（Leipzig: Luelle und Meger, 1924）。

罗马尼亚的"波亚阶级"(Bojaren)[1]——世上有史以来最异质性的社会的后裔,由犹太人、日耳曼人、希腊人以及其他的人种混合而成——也是包税商,他们在此基础上能处分统治权柄。

(2)无法**支付家产制军队的费用**可能会导致此一军队攘夺税收的资源,而且此一攘夺自然会合法化。其结果是军队的军官及成员得以支配土地及人民。

> 哈里发(Caliphs)帝国有名的大汗即是如此[2]。这可以说是东方国家各种类型的支配的起源或典型,包括"马木路克"军队,此一军队原先是由奴隶组成。

此一情形并不必然会导致有系统的登记制度,作为授予俸禄的基础。不过它到底是个可以容易采纳的方向,并且实际上也经常有人遵行。

> 我们还无法了解土耳其"希帕士"的"采邑"到底有多少程度可算真正的采邑,或者更近似俸禄制度。从一**法律观点**而言,按照"业绩"而"升迁"是可能的。

显然地,采邑与俸禄这两种封建制是由渐进的不可察觉的转

---

1 Bojaren 是罗马尼亚封建社会中的上层阶级,形成于十三至十四世纪,后来,商人及官僚也加入此一阶级,到二十世纪时,已成为这个国家的统治阶级。

2 穆罕默德死后,阿拉伯帝国的元首称为哈里发(Khalifa, Caliph),意为穆罕默德继承人。

换过程联结起来，因此不太可能完全清楚地将这些个案划分为此一类或另一型。再者，俸禄封建制与**纯粹**俸禄制的组织有密切关系，其间亦有逐渐的转换过程。

就一不精确的词而言，除了基于与领主之自由契约的采邑封建制，以及基于财政考量的俸禄封建制之外，尚有：

B. 所谓"城邦"（polis）封建制，基于现实的或虚构的庄园领主的"聚居"（Synoikismus）。这些封建领主在纯粹军事生活样式（具有高度身份荣誉）上享有相互平等的权利。就经济方面而言，"克利娄"（Kleros）指的是土地分割，这些土地为有资格分享的人所支配，支配是基于这个个人，而且可以个别世袭方式继承[1]。土地由不自由民耕种——他们被当作财产分配给身份团体——而且构成提供军事装备的基础。

　　此一类型仅出现在希腊，而只有在斯巴达才有成熟的发展。它起源于"男子集会所"。其之所以被称为"封建制度"，是因为土地领主集团受一些身份荣誉习俗的规范，以及因为他们骑士的**生活样式**（Lebensführung）。这几乎不能算是正统的"封建制度"一词的用法。罗马的"伙伴权"（fundus），即为希腊的"克利娄"，然而，对于（罗马的）curia 组织，我们一无所知（co-viria 即希腊文的 andreion，意指"男子集会所"，

1　Kleros 参见本书第五章，p.368 注 1。下面引文提到罗马的 fundus，韦伯认为其观念原来是与 Kleros 相关的。

因此无法得知其间到底有多少相似之处）[1]。

"封建"一词常泛指所有的**军事**阶层、制度及惯例——只要它们牵扯到任何身份特权。此处将避免此一用法，因为整个说来，它太过含混。

C. 第二种疑似封建制度的类型，是由于相反的缘故。这种制度的确有采邑存在，然而：

（1）一方面，它并非经由一自由契约的程序获得（即与领主或身份伙伴之间的兄弟契约），而是由家产制君王下令赐予。

（2）此外，它也许并非以骑士的**生活样式为基础**。

（3）最后，上述两种条件可能都缺乏。因此，

（甲）一方面有从属骑士拥有的服务采邑。

（乙）或者相反的，采邑可以自由取得，但其持有者不需服从骑士律。

（丙）最后，采邑可能会赠予"客""部曲"或奴隶，他们受雇从军。

所有这些例子在此都被视为**俸禄**，而非采邑。

从属骑士的例子可见之于东西方世界的"家士"，日本的"武士"。自由征募来的士兵，而不必遵从于骑士律的例子可见之于东方国家，可能就是埃及托勒密（Ptolemaic，前

1　curia 是罗马"部落"（tribe）的下层组织，相当于希腊的 phratriai。一般说法是：罗马的各个部落是由 10 个 curia 所组成。curia 一词源自 co-viria，后者又源自 vir，意为"男子"。因此，curia 原意本指"男子团体"。另一有关名词是 Quiris（复数为 Quirites），意指"罗马公民"，亦由 co-virite 而来，意为"男子团体的成员"。

332—前 30）王朝军事组织的起源。如果服务采邑的世袭支配
进一步导致军事职务的支配，结果就是典型的"赋役国家"
（Leiturgiestaat）。第三种类型也就是非自由人的军事武力的使
用，例如古代埃及的"武士阶级"（Kriegerkaste）[1]，中世纪埃
及的"马木路克"，以及其他近东国家与中国的打有烙印的战
士，这些可说都是典型。这些人并不一定都有受赠土地的权利，
不过类似如此的安排是很普遍的。

上述这些例子，称之为"封建制度"是不精确的，因为它们
牵涉军事**身份团体**，至少从一形式上的观点而言，这些军事团体
是属于一种劣势的特权地位（这将在《经济与社会》第四章讨论）。

十三、不同支配类型的混合

从上节讨论中可以清楚地看出，只单纯属于某一种"纯粹"
型的支配团体（Herrschaftsverband）是非常罕见的。再者，当特
别牵涉法制型或者传统型的支配时，某些重要的类型，例如"合
议制"（Kollegialität）以及封建制的某些层面，或是完全没有论
及，或是只有简单的介绍。基本上，我们得了解，所有支配的基

1　此处所谓古埃及的"武士阶级"，当指新王国时期（前 1400—前 1100）的武士阶级，韦
伯认为即托勒密王朝时代的 machimoi。他们从统治者接受小块土地，但除了兵役外，不
需负担其他义务。此处所以译 Kaste（种姓）为"阶级"的原因是韦伯根本否定古埃及
有种姓制存在，因为职业的世袭主要是为了"赋役"或租税义务与土地或技艺结合而产
生的。而且，职业并未与宗教性的"不净"（impure）观念结合，外婚也不受禁止，职业
团体也不形成闭锁式组织，所有这些都说明种姓制度实质上并不存在。详见 M. Weber,
The Agrarian Sociology of Ancient Civilzations, pp.119, 123。

础，以及所有服从意愿所对应的，都是一种**信仰**（Glaube）；因为须借着此一信仰力量，支配的行使实际上就像是借来的"威望"（Prestige）一样。此种信仰的形成极少是很单纯的。在"法制型支配"的例子中，**从来就没有**纯粹法制的信仰。对法制的信仰的建立及成为习惯，这就意味着它有一部分是传统的。违反传统可能会失败。再者，法制型支配也含有卡理斯玛的成分（至少从消极性意义来看）。因为政府若是持续地或显著地缺乏成就，就足以造成政府的毁灭，摧毁其威望，而为卡理斯玛的革命铺路。因此，对王朝而言，战败是危险的，因为那就显示其卡理斯玛不再真实。另一方面，对一个共和政体而言，惊人的胜利也许是危险的，因为胜利的将军会居于一种有利的地位，宣称其为天纵圣雄。

近似**纯粹**传统型的团体当然确曾存在过，但他们从不可能有永久的稳定。就像官僚型支配的领袖，他或由于继承，或由于职位，多半具有个人卡理斯玛身份。在某些情况下，这种卡理斯玛领袖可以与传统型领袖不同。**日常**经济所需，可以在传统型支配下满足；而某些特别的场合，像打猎以及在战争中夺取战利品，则可以由一个卡理斯玛领袖来领导。有关"立法"的可能性的概念，也相当古老，虽然大半是经由神谕达成其正当性。然而更重要的是，当行政干部是由外家产制形式选拔时，由此产生的官僚形态与法制型官僚形态的唯一的不同，只是因为他们的支配的最**根本基础**不同，而不是因为形式上的身份。

同样的，**全然纯粹**的卡理斯玛支配，包括世袭性卡理斯玛以及其他类型，是极罕见的。直接从卡理斯玛运动中产生最严密的官僚制并非不可能，例如拿破仑；就算不如此，官僚制也可以源自各种俸禄式及封建制的组织形态。因此，上述所用的词汇及分类，绝非已尽善尽美，或者想把所有历史上的事实局限在一严密的架构中。实际上，这是不可能的。理念型的用途，就是让我们可以分别某个特定的团体组织，是否可以合理地将之认定属于或大致接近于这些类属中的一个。就某种目的而言，这无疑是个重要的优点。

不管是哪一种类型的支配，一个管理干部群的存在及**持续运作**是极其关键性的。因为如果没有有组织的行动来指导命令的施用及执行，服从的习惯是无法维持的。实际上，此种行动的存在，就是通常"组织"（Organisation）[1] 此一名词所指涉的。为了让此种行动存在，反过来，行政干部与支配者之间——不管在理想上或物质层面上——必须要有相当程度的利害一致的关系。只要此种一致性存在，当我们在了解支配者与其行政干部间的关系时，要把握的最基本要点便是：支配者的力量要强于任何个别的官员，但比他们整体又要弱些。然而为了成功地阻挠或甚至有意地对抗支配者，使其领导权无能为力，行政阶层的官僚无论如何必须达成有计划且有**组织性的结合**。相同的，任何个人想要摧毁一个领导权而自己又能掌握权力位置，他就必须建立自己的行政干部群，除非他必须依赖现存官僚的默认及合作以对抗他们原有的领导者。

当官员身份的正当性及他们经济需求的供应有赖于其支配者

---

[1]　英译者在此有如下说明："有关'组织'一词旧有定义，参见《经济与社会》第二部第十一章第三节。韦伯所界定的 Organisation 一词指的是行政干部或官僚层的行为，包括与'支配者'——元首、首领——执行权力的分享。此一定义接近《经济与社会》第一部第一章第十二节中有关'团体行动'（Verbandshandeln）的定义。Verband 一词——'团体'——定义更为广泛，因为法规也许可由统治者个人强制实施。虽然一个 Verband 通常有一行政干部层，而韦伯用此一名词时几乎都含有此意。因此，Verband 及 organization 两词词义的歧义在大部分情况下可以略过……韦伯较常用 Verband 一词，而非 Organisation。"

自己地位的维持时，官僚与支配者间的利害联结关系即可达到**最强化**的程度。对任何个人而言，脱离此一连带关系的可能性主要得视（支配的）结构而定。如果是在干部与管理工具**完全分离**的结构情况下，任何人想逃离这种连带关系，都非常困难：例如在纯粹传统的家父长制结构，纯粹家产制及基于形式规则的官僚组织。而在采邑或俸禄结构中，管理工具已为社会特权团体所占有的情况下，却最容易。

最后，也是最重要的，是要认识到历史的真相是一种持续地——虽然大多数情况下也是隐伏的——存在于统治者与其行政干部间，为了占有权（Appropriation）与处分权（Expropriation）而起的冲突。几乎在所有文化发展中，最关键性的问题是：

1. 此种斗争会以何种形式解决？

2. 依附于统治者的官员阶层的特质为何？这个阶层又曾如何地帮助统治者**赢得**与封建阶级或其他占有权力的团体的斗争？依照不同的个例，这些官员有习礼的“士”（literati）[1]、教士、纯世俗的“客”、家臣、受过法学训练的专家，特殊专业训练的财政官员，或是私人身份的“名门望族”（Honoratioren[2]，关于这些稍后将再讨论）。

为何这些斗争的本质及其结果如此重要？不仅是对上述所提的行政史为然，而且对一般文化史亦然。其中一个原因是：**教育**的方式是由斗争的结果所决定，而教育方式又为塑成**身份团体**的决定性力量。

1　习礼的“士”，参见《中国的宗教》，pp.163—206，韦伯有关中国之“士”的讨论。

2　Honoratioren 的拉丁文原意为“那些有名望者”（those of higher honor），德文此词用来称呼——带点友善的嘲弄——城市较受尊敬的市民。

1. 行政干部与支配者间的关系，其密切的程度及方式主要是依照下列情况而变化：他们是否支薪、获得有利可图的机会、津贴或采邑。所有这些都有一共同点：任何危及支配者权威**正当性**的事，由于支配者赐予且保护这些利益，所以同时也会危及这些利益的**正当性**，以及行政干部的权力与威望。这是为何正当性（此点在分析这些现象时，常被忽视）扮演一极关键性而且实际性角色的原因之一。

2. 一直到 1918 年为止，尚具有正当性的德国固有支配体系的崩溃，对我们这里所说的，具有其启发性。一方面，欧战摧毁了传统的权威，德国的战败则使得政府的威望锐失。这些因素再配合上习惯性的、有组织的非法行为，摧毁了军队及工厂中的服从纪律，为推翻旧有的支配铺平了道路。然而在同时，原先的管理干部在新的领导权威下运作如常。这极值得注意，因为这表示在理性化的官僚体制的制约下，个别的官僚无可避免地被束缚在其专业职务上。正如我们上面指出的，这个事实绝不能只由这些官僚个人经济利益（职位、薪资与退休金）来考虑，尽管对大多数的官员而言，这些考虑毋庸说是重要的。虽然如此，**切事的**意识形态的因素还是极具关键性的。因为在当时情况下，管理组织的崩溃意味着对所有人民——当然包括那些官吏在内——供应的崩溃，甚至是维持生活最基本的必需品。结果这种情形有效地唤醒了官吏们对职务的责任感。事实上，官员此种客观态度的必要性，即使是以前的掌权者及其支持者也都有所体认。

3. 德国革命之后，工人及士兵所组成的苏维埃（Soviet）出现了一个新的管理干部。他们首先需要发展出一套技术以组织这些新干部。再者，他们的发展主要是依赖欧战，特别是要由革命分子来掌握武器。没有这些因素，革命根本就不可能（有关此点及其历史的分析，稍后将再讨论）。只有当卡理斯玛的领导者出现与其合法的上级相抗衡，以及各种卡理斯玛扈从团体成长之后，才有可能从固有支配那儿夺过权力来。再者，也只有维持旧的官僚制组织，新到手的权力才能保有。在此以前所有近代世界曾经试过的革命企图可说都完全失败，因为他们既不能不要受过训练的官僚，而又没有自己的有组织的干部。至于以前革命可以成功的条件，是完全不同的（参照革命理论部分）。

4. 在许多很不同的情形下，曾发生过由行政干部起而推翻当局的行动。某种形式的干部的结合永远是个必要条件。按照不同环境，此种结合也许倾向于小的阴谋圈，也可能倾向于全体参与的、兄弟契约的团结组织。在目前官吏所面临的情势下，这种结合的形式特别困难，但正如俄国例子所显示的，并非完全不可能。一般说来，此种结合和那些经由普通的罢工途径而组成的工人团体相比起来，不会更有发展。

5. 官吏的组合内也有家产制的特征。最明显的是当官吏的录用牵涉人的依附关系的时候。如在卡洛林王朝制度下，官吏必须成为 puer regis[1]；在英国金雀花（Angevins）王朝，则成为 familiaris[2]。这种制度的残余还持续了非常长的一段时期。

---

1 直属君主的非自由人以至半自由人，在君主身旁服侍，亦可被任命为官吏。

2 Angevin，即英国史上之金雀花王朝（Plantagenet, 1154—1399），建立朝代者 Geoffrey 为来自法国安如省（Anjou，在罗尔河谷）贵族。Angevin 一词即来自 Anjou。familiaris 在欧洲中古期，一般用法指"从属民"或"隶属民"，这些人在当时亦被视为广义的"家人"。

第七章

非支配——卡理斯玛的再诠释

十四、非支配——卡理斯玛的再诠释

　　基本上属于权威主义的卡理斯玛支配，似乎也可以从一种反权威主义的角度来诠释：因为卡理斯玛支配的妥当性完全奠基于被治者的**承认**，基于呈现在他们眼前的"证据"（来证明统治者确为天纵英明）。实际上，对一个具有卡理斯玛禀赋——因此也是具有正当性——的人而言，上述的承认应被视为当然**义务**。然而，当卡理斯玛组织转向理性化的过程时，此种承认极可能不再被视为正当性的一个理所当然的结果，而转变成其正当性的**依据**：此即**民主的正当性**。在此情况下，接班人的决定过程，在行政干部方面是经由"预选"，在现任领导者方面则为"提名"，至于整个团体则借由"选举"予以承认。原先自行取得正当性的卡理斯玛领导者，现在变成得依靠其追随者的善意的领导人：因为现在追随者在形式上可以自由地选举他，甚至罢黜他，就像当卡理斯玛领袖失去其卡理斯玛禀赋及能力一样会使他丧失真正的正当性。现在他是**自由选举出来的领袖**。

　　同样地，整个共同体原先对卡理斯玛领导者的法令及其司法判决的承认[1]，现在转变成相信共同体本身有权就其自由意志来制定、承认或复决法律，不管是一般性还是个别的案件。另一方面，在一真正的卡理斯玛支配下，对正当法律的争执也有可能在实际过程中经由团体投票来决定，但这只有在大家感觉到只可能有一个正确的决定，而且有一种义务的心理压力、感到必须达成此一决定，才可能发生。不过，在新的诠释下，此一处理法律的方式接近**法制型**支配的情况。最重要的过渡类型是，支配的正当性取决于群众的授权：此即，**直接诉诸民意的支配**（plebiszitäre Herrschaft）。现代的"政党领袖制"可说是最常见的例子。但是如果领导者觉得自己的一切作为都是为了人民，而实际上也为人民所承认，这种情形一定会出现。好比拿破仑一世及三世可说是最典型的例子，尽管他们的正当性实际上是在已用武力攫取了权力后才经由公民表决。拿破仑三世在威望极端低落时也曾诉之于民意[2]。不管直接诉诸民意的公民表决就表现公众意志而言，到底有多少意义，此种方式的确极为独特：虽说此种自愿性的信赖只是形式上的或虚假的，通过它，支配者从**被支配者**的信赖里取得支配的正当性。

1　在本书第三章 p.321 注 2 曾说明古日耳曼"律例之再发现"（Weistum）的过程，基本上这是属于传统型支配的范畴，然而其间亦有卡理斯玛的成分，所谓"律例发现人"最初皆为具有卡理斯玛的人。至于共同体则只能接受或拒绝其发现的律例。

2　拿破仑一世（1769—1821）在 1802 年和 1804 年曾两度利用公民投票，第一次使他成为终身执政，第二次则成为皇帝。拿破仑三世（拿破仑一世之侄，1808—1873）总共举行过四次公民投票：1848 年的表决使他成为总统；1851 年则将总统任期延长为十年；1853 年的投票使他成为皇帝；最后一次为 1870 年，这次表决算是对人民的一个妥协，承认半议会制度、自由主义式的改革。不过，四个月后，普鲁士军队击败法军，拿破仑三世被迫退位。

"选举"的原则，一旦经过对卡理斯玛的再诠释而使用于领导者，也将扩大及于行政干部。选举产生的**官员**，由于他们的正当性是来自被治者的信赖，因此也可以被罢免。这是某些"民主制度"——如美国——的典型。他们不属于"官僚制"的类型：因为他们的正当性有其独立的来源，他们并不构成一个强而整合的层级结构。在相当程度内，他们的"升迁"与职务不受"上级"影响。（有些情况下，也有类似的现象，好比几个本质上并不相同的卡理斯玛结构并存的情形，像达赖喇嘛与班禅喇嘛之间的关系[1]。）这样的一种行政结构（选举制），与**任命制**的官僚结构相比，从作为一个"精密机械"的角度而言，是大为逊色的。

1. "直接诉诸民意的民主制"是"领袖民主制"（Führer–Demokratie）最重要的类型，也是卡理斯玛支配的一种变型。此种卡理斯玛支配的正当性，来自被支配者的意志[2]。"群众煽

1　达赖喇嘛为全藏最高政教合一的领袖，班禅次之，不过达赖负责前藏政教事务，后藏则由班禅负责。

2　韦伯对所谓"直接诉诸民意的支配"有一简要叙述："所谓的'积极的大众民主化过程'（active mass democratization）意指政治领导人之所以成为候选人，并不因为他在'名门望族'圈内被承认，然后再凭借他在议会中的表现成为一个领导人；反之，他以煽动群众的方式取得群众的信任与信仰，以及权力。实质上，这意味着选举已转向'恺撒型'（caesarist）模式。实际上，所有民主制皆有此趋向。因为，恺撒式最特殊的技术，乃是在诉诸民意，但这并非一普通票决或选举，而是针对某人是否蒙受召唤，做信任与否的表示；因为这个人命令要这种承认。"*Economy and Society*, Vol. II, p.1451.

动者"（Demagoge）[1] 的统治力量是来自追随者对他个人的归依
与信赖。起初，他的权力只及于追随者，但如果这些追随者
可以设法把政府交给他，那么他就控制了整个政府。最好的
例子是古代及近代从革命崛起的独裁者：古希腊的"仲裁者"
（aisymnetai）[2]，"僭主"（tyrant）[3] 及"群众领导者"；罗马的格拉

---

1 古希腊雅典自从伯里克里斯（Pericles, 前 440）于公元前 429 年过世，城邦政治顿失重
  心，后继诸人无一有其能力及威望，而社会矛盾及外患又日益严重，于是新的领袖崛起。
  此类新型领袖凭借的并非既有的家世及社会威望，他们了解群众，以直接诉诸群众（经
  常是在人民大会的场合）的方式，凭个人魅力赢得群众的信任，而取得权力。这些政治
  人物即被称为 Demagoge，希腊原文为 demagogos，demos 即"人民"之意，agogos 则
  为"领导者"，故中文译为"群众领导者"，或"群众煽动家"。这是因为他们经常要鼓
  起如簧之舌，激发群众情绪，再加以操纵利用，因此很早开始，雄辩家（orator）即被称
  为 Demagoge。亚里士多德则认为"僭主"（tyrant, 见后注）与 Demagoge 有密切关系，
  都是领导平民对抗贵族及富人者。一般史家以克里昂（Cleon）为第一个群众领导者，韦
  伯则从权威基础的分析出发，而认为伯里克里斯先于克里昂："在伯里克里斯时代的雅
  典，经由成熟发展的民主制度所产生出来的真正政治领导者，即为群众领导者，通常形
  式上踞有军事指挥的职位。实际上，他的权力并非基于法律或官职，而是完全基于个人
  的影响力及'人民'（demos）的信任。因此，他的地位可说是不正当的，甚至是非法的；
  尽管整个民主制度的本质即为了配合此类人物的存在……"*Economy and Society*, Vol. II,
  p.1314. 除了古希腊时期外，人类历史上不断有此类群众领导者存在，韦伯对此类型的
  政治人物寄予甚高期望，认为他们才能领导政治自例行化毫无生气的官僚制度控制下解
  放出来；因此此类领导与韦伯的卡理斯玛、直接诉诸民意的民主制等概念实不可分。
2 aisymnetai，根据亚里士多德的说法，出现在希腊早期的城邦，当国家内部有危难时，就
  指派一名"仲裁者"，给予其最高权力以解决问题，任期不定，亦有终身者。亚里士多
  德认为这是选举式的"僭主"，狄奥尼修斯（Dionysius）则将此比为罗马的"狄克推多"。
  所谓"仲裁者"与早期希腊的"立法者"（lawgiver）如梭伦（Solon）等有密切关系。
3 tyrant，目前一般皆译为"暴君"，意指一独裁或高压政权的领袖，有贬义。不过韦伯此
  处所指的是公元前六七世纪时，崛起于古希腊各城邦的政治领袖，他们利用当时国王或
  贵族与平民斗争的机会崭颖而出，以直接诉诸民意的方式取得绝对权力。其统治并非一
  定是暴政或恐怖政治。一直要到公元前五世纪，随着民主城邦的出现，tyranny 渐有指暴
  政的意思。柏拉图即认为 tyranny 是最糟的政治形式。早期"僭主"皆崛起自下层阶级，
  他们的崛起开展了日后民主政治道路，对经济发展亦有贡献。

古兄弟(Gracchus)及其后继追随者¹;意大利城邦的"人民首长"
(capitano del popolo)² 以及市长;日耳曼城市某些类型的政治
领袖,例如从苏黎世（Zürich）民主集中制下产生的领袖³。就

---

1 格拉古兄弟,公元前二世纪罗马的"护民官"(Tribunus Plebis)。"护民官"起源甚早,
其产生是由平民大会推举,作用在保障平民权利以对抗贵族压迫。罗马经公元前三至前
二世纪的对外扩张,领土虽急速增加,却也造成许多社会经济问题,例如以奴隶耕作的
大庄园的出现,由属地进口粮食,所有这些皆导致意大利本土土地兼并以及小自耕农丧
失土地的现象。公元前133年 Tiberius Sempronius Gracchus(前163—前133)出任护民官,
提出土地改革法案,限制每一家族占田最高额度,并将多余土地分配给一般意大利农民,
贵族虽极力反对,法案终告通过;不过 Tiberius 在其任满后企图打破定例,再竞选护民官,
结果在选举日被暗杀。其弟 Gaius Sempronius Gracchus（前153—前121）于公元前123
年出任护民官,继续其改革,并削弱元老院势力,公元前122年再度当选护民官,次
年欲求三度连任失败而自杀。到了公元前104年,护民官菲力普（Marcus PhiliPus）亦
曾再度提出土地改革法案。
2 capitano del popolo,一直到十三世纪为止,意大利（主要是在北部）的城市一直还控制
在封建贵族手中,然而当时意北工商业已日渐发达,为了保障自己的利益,富商及企业
家乃联合起来组织称为 popolo 的团体,以对抗贵族。popolo 在意大利文即"人民"之意。
到了十三世纪末叶,他们已成功控制了一些城市。popolo 的组织原则有二:1.以地域为
选举代表的单位;2.以行会（guild）为单位;或者两种方式皆有,佛罗伦萨即为著名的
例子。popolo 有自己的行政官员,其中 capitano del popolo（即"人民首长"）是最重要
的,掌握军事及司法权,不过通常皆由外地人担任此一职务,因此实际控制 popolo 的
人是地方代表——anziani（即"长老"）。popolo 跟今日议会尚有距离,当时有两种阶级
存在:popolo grasso——即"富裕市民",意指富有的中产阶级,包括富商及企业家等人,
他们控制了城市的经济与政治;popolo minato——"小人"或"平民",包括小商人或甚
至靠工资维生的无产者,他们没有参政权。韦伯认为 popolo 是非正当性（nichtlegitime）
政治团体的典型。
3 由各行会所组成的誓约共同体,为了确保与门阀斗争所获得的成果,往往指定一个人担
任运动的首领。例如苏黎世,在1336年将顽抗的门阀赶出城市之后,即由骑士鲁道夫·布
伦（Rudolph Brun）与议会来统治,而议会的组成则为对等的两部分,其一为滞留在城
市里的骑士与厮舍者,以及商人、布商、盐商、金匠等企业家的行会,其二为小手工业
者的行会;在此种统治方式下,苏黎世市得以对抗神圣罗马帝国军队的包围。《非正当性的支配——
城市类型学》,pp.129—130。

近代国家而言,最好的例子是克伦威尔的独裁[1],以及法国大革命及第一、第二帝国时期的领导人[2]。不论哪里,只要这些革命领袖想使其权力的行使正当化,经过公民表决以取得至高无上的人民的承认,是他们主要的途径。至于领导者个人的行政干部,在卡理斯玛制下,通常是选拔自出身卑微而有能力的人。克伦威尔当政时,宗教信仰是个考虑的标准。罗伯斯庇尔(Robespierre)时[3],除了个人的可靠性外,还有某些"道德"要求。拿破仑除了考虑个人能力外,只注意此人是否能适合其帝制"天才型统治"的需求。

革命独裁达到最高潮时,行政干部的地位,就像那些委派到临时机构内担任特别事务的人一样,是可以随时被撤换的,例如"公安委员会"中代表的角色[4]。当美国城市的改革运

1　Oliver Cromwell(1599—1658),英国国会领袖,在1644—1648年的清教徒革命中,他领导国会军队击败效忠英王查理一世(Charles I)的军队,并将之送上断头台。他接着宣布废除王制,实行共和,并获选为"国家枢密院"(Council of State)的第一主席;1653年,他解散国会自任"护国主"(Lord Protector),成为英国的独裁者。他执政期间曾征服爱尔兰、苏格兰,击败荷兰,奖励工商并扩张英国海外势力。克伦威尔在1658年去世,葬于西敏寺,但1661年——即查理二世复辟次年——他的尸体被掘出,吊于Tyburn断头台上,后来把他的头砍下来,置于西敏寺柱上。关于他的历史功过,史家见仁见智。

2　第一帝国指拿破仑一世帝国,第二帝国则指拿破仑三世帝国。

3　Maximilien de Robespierre(1758—1794),法国大革命时期雅各宾党(Jacobin)领袖,为人正直清廉,因此而博得"无可腐化者"(the Incorruptible)的美誉。1793年,他成为公安委员会(Committee of Public Safety)主要掌权者。执政期间,采取了激烈的经济控制政策,并将大批"革命之敌"送上断头台;在宗教上则企图排除基督教,并致力于建设一"美德共和国",这一段时期在法国大革命史上被称为"恐怖时期"。1794年,他的政权被推翻,他本人则以独裁者的罪名被处死。

4　公安委员会(Comité de salut public),1793年4月6日由国民公会设置。法律上,国民公会为最高主权机构,事实上,公安委员会掌握一切实权。委员会的委员由国民公会派任,任期一个月,期满得连任。

动把一些地方自治的"独裁者"拥上权力的宝座时，他们多半得以有权自行任命干部[1]。因此，不管是传统的正当性还是正规的法律，都同样为革命的独裁者所蔑视。家父长制的支配在司法及行政上的措施，是基于实质的公道的考量（materialen Gerechtigkeitsgründen, substantive ideas of justice），加上功利目的的考虑以及为"国家理由"（Staatsnutzen, reasons of state）[2]。所有这些现象，皆类似于古代世界与近代社会主义运动下，激进民主制的革命法庭所主张实质上自明的公道原则（参看《法律社会学》第八章第七节）[3]。革命卡理斯玛因例行化过程所引致的变动，类似在其他领域内相对应的过程所带来的改变。因此英国职业兵制的发展可以上溯至克伦威尔时代有宗教信仰的自愿兵制；而法国的地方首长（préfet）制则沿袭自

---

1 "在美国大都会里，基于改革者的要求，而产生行政管理的大变动，基本上是落实在选举出来的市长以及由他所任命的官员阶层。这些改革因此带有'恺撒型'色彩。从一技术观点而言，这是一种有组织的支配形式。恺撒制（Caesarism）经常是民主制度下的结果。一般而言，是因为这个人能像'恺撒'一样得到群众（军队或公民）的信任，他不受传统限制。此一'恺撒'因此是一不受约束的主人，领导一群高水平的军官及官员，这些人由他个人自由选拔，而无须顾到传统或任何其他阻碍。此种个人天才的统治（rule of the personal genius），是与原来普选官吏的正式的民主原则相互冲突的。"*Economy and Society*, Vol. II, pp.961-962.

2 国家理由，马基雅维利以及某些政治理论家认为，政治自有其政治性的目的，而不是为了其他诸如宗教、道德等非政治性的目的。因此，政治家应该考虑的是权力，而非正义；国家的行为应以本身权力的维持、增强为着眼点，而无须引用道德的规范。易言之，国家在考虑自身的活动时，应该以本身为理由。

3 当韦伯提到所谓"革命法庭"时，多半用 Kadi 的审判为代表。Kadi 是伊斯兰教国家的法官，特别负责有关宗教法的裁决。所谓"革命法庭"的审判，基本上重视实质上的公道、平等或某些实际的目标，而漠视法律或行政在程序上的合理性审判。下文提及的古雅典的"人民法庭"（heliaia），以及所有其他的革命法庭，近代陪审制，英国"治安长官"（Justice of Peace）的审判，集权君主的"王室裁判"（Kabinettsjustiz），神权政治或家产制君主的审判，都具有此种性格。

革命时期民主集中制下的卡理斯玛型行政机构[1]。

2. 选举公职制（Wahlbeamte）的引用必然会导致卡理斯玛领袖地位的剧烈转变：他是那些在他统治下人民的"公仆"。选举的公职人员，在一个技术型理性化的官僚组织内，是无法占一席之地的。这是由于他的职位是来自被统治者的投票，而非"上级"所任命及提拔，因此一般而言他不太关心自己是否正确及严格地遵照纪律行事，虽然如此做是很可以赢得上级的青睐。相反的，经由选举的公职反而可能逐渐转变成支配体系内的一个"自治的"（autokephal）领域。经由选举而产生的官僚群通常是不可能达到高度的技术管理效率。（这只要比较美国各州选举制的官吏与联邦政府任命的官吏即可了然；拿选举产生的地方自治的官吏与改革形态的市长及其所任命的官吏作一比较亦可得出同样的结果。）在此，我们得就直接诉诸民意制（领袖民主制），与另一种企图完全废除领导的（民主）制度作一区分，后者的要点在**尽可能减少人对人的支配**[2]。

领袖民主制的特色一般说来，是必须对领导者有高度的信赖及归依的**情绪**。这说明了为什么当在竞争领导权时，那些最引人注目而又最敢承诺或是最能有效运用宣传工具的人，最能占上风的理由。这是所有革命皆有的乌托邦色彩的天然

1　法国的地方首长是由内务大臣推荐，再由大总统任命的。韦伯所指大概即此一由元首任命的特色。
2　韦伯从领导的观点区分民主制度为两种：1."领袖民主制"，亦即由一卡理斯玛型的人物来领导民众，所谓"直接诉诸民意制"亦指此；2."无领袖的民主制"（Führerlos-Demokratie），即由一般官僚型的政客来充当领导阶层。韦伯认为近代的民主制度只能在此两者中择其一。

基础。这种倾向同时也限定了近代社会的行政体系所能达到
的理性化的程度。即在美国，理性化的程度也并不**永远**如所
期望的一般。

与经济的关系：1. 卡理斯玛制的转化过程中的反权威主义取
向，通常会导向理性化的方向，如果统治者的地位必须依靠公民
投票的承认，通常他会企图通过一个能迅速有效运作的官僚组织，
来稳固其政权，他会争取战争胜利的荣耀，或者是提高他们的生
活水准，或者——在某些条件下——设法两者皆做到，以巩固被
统治者的忠诚。这方面的成功将可"证明"其确为天纵英明。他
的首要目标是摧毁传统式、封建式、家产式及任何其他形式的支
配力量及特权。他的次要目标是创造出经济利益，与其政权紧密
结合，以为其正当性的根据。在追求这些目标时，如果他能使法
律程序化及立法化，那么，对经济活动的"形式"理性化将大有
裨益。

2. 然而，直接诉诸民意制下的政权，也很可能采取某些会削
弱经济活动形式理性化的措施。由于他们的正当性是基于群众的
信赖与归依，迫使他们在经济领域内强加上**实质的**公道观念，因
此而导致司法部门独立于正式程序的规范，例如革命法庭、战时
配给制以及在其他场合对生产与消费的限制及控制。这种倾向绝
非只限于近代社会主义政体，实际上，只要其领导人是个"社会
主义独裁者"，此一倾向在其政权就会居于主导地位。此处无法细
论此种类型产生的因素及其影响。

3. 选举公职制的出现对经济生活的形式理性化是种干扰。第
一，因为这些官员主要是依照政党运作关系选举出来，而非靠其

专业性的技术。其次，被罢免或下次落选的顾虑，使得他们不可能追求严正客观的决策及行政管理，而毫不考虑上述后果。不过，在一个特殊的情形下，此种制度对经济活动理性化的负面影响并不显著。那就是说，如果有机会可以将一个旧文化的经济与技术成就，移植到一个**新地区**的话：那儿的生产工具尚未完全被控制，兼之又有足够的广阔边疆，因此选举公职制度下几乎必然发生的官吏贪黩，可以被当成一种成本因素，而大规模的利润仍然是可以达成的。

　　有关第一项。对经济理性化会发生有利影响的范例，就是拿破仑一世及三世的政权。拿破仑一世颁布《拿破仑法典》（*Code Napoléon*），用继承方式强迫分割大庄园，又全面地摧毁传统型支配。当然，为了酬劳有功的追随者，他的政权封赠了几乎与以前同样数额的采邑，军人得到几乎所有的好处，而市民则一无所得。不过他们可由**国家荣光**（gloire）里取得慰藉。整个说来，小资产阶级的生活大致还可以。在拿破仑三世的统治下，路易·菲力普（Louis Philippe）时代的口号[1]："求富"（enrichissez-vous），仍继续遵行；豪华壮丽的建筑、"动产信托银行"（Crédit Mobilier）的设置，以及其所带来众所周

1　1830 年 7 月，路易·菲力普领导推翻法王查理十世的政权，被人民推为"公民国王"（The Citizen King），在位时采取自由主义政策，后来渐趋保守专制，1848 年 2 月革命爆发，亡命英国。enrichissez-vous（get rich）一语是他的部长 Francois Guizot 提出的口号。

知的结果[1]。

　　有关第二项。"社会主义式独裁制"的典型范例是伯里克里斯（Pericles）时代及稍后的希腊"民主制"。在古罗马，法官审判案件必须接受主审官（praetor）的指示，其判决则必须遵照正式的律令。然而在希腊的"人民法庭"（heliaia）[2]，判决表面上是以"实质的"公道为依据——实际上，则是基于情绪、阿谀奉承以及煽动性的嬉笑怒骂等。这些都清楚地表现在雅典雄辩家的"法庭演说"中。在古罗马，类似的现象仅在政治审判中出现——例如西塞罗（Cicero）参加的那种场合[3]。其结果则使得罗马的形式法及其法学体系无法在希腊发展起来。因为"赫里亚"（heliaia）是个"人民法庭"，类似于法国大革命或德国苏维埃革命时的"革命法庭"。这些外行法官的审

1　Crédit Mobilier 是法国第一家大规模投资银行，创于拿破仑三世统治时期。按：拿破仑三世统治时期（1852—1870）世界经济空前景气，他又极力提倡工商业，因此，此一时期法国经济成长创下有史以来的高峰。此外，他大事整顿建设巴黎，终于使巴黎成为当时最壮丽的都城。

2　雅典民主时期的法院称为 heliaia，每年以抽签决定 600 名陪审员，再由其中抽签决定应出席某案件的陪审员。出席陪审员数目视案件重要性而定，通常为 400—500 名，政治案件则有时超过 1000 名。

3　西塞罗（前 106—前 43），罗马律师、政治家。虽然如此，西塞罗之所以在史上留名还是得归功于他的散文造诣，他在拉丁文上的成就可说是前无古人，后无来者，堪称拉丁散文的全盛时期，特别是他在法庭上或政治场合的演讲词。这也是韦伯在此处所特别强调的。根据西塞罗自己的分析，演讲的技巧有：一、热烈地提出问题，二、以幽默和轶事来取悦听众，三、无情地揭露敌手的隐私或张扬对手的过错，四、对自己不利之处，则要巧妙地转移听众注意力，五、布下修辞学方面的陷阱，使对方无招架之力，六、以掉尾句来加重语气和吸引听众注意力。这些演说有许多都是有意地中伤对方，滥用自由，这种情形在舞台上不被允许，然而在法庭或政治讲台上却屡见不鲜。西塞罗毫不犹豫地选择像"猪罗""毒虫"和"卑鄙"等字眼来谩骂对手，听众和陪审团对这种辱骂诋毁觉得很有趣，也不把它当一回事，结果往往就被他的言辞所煽动，西塞罗也因此赢得雄辩口才举世无双的美誉。

判，也绝不会只限于政治性案件而已。另外，英国的革命运动，除了有重要政治意义的案件外，从未干涉过司法。当然，在英国，平民身份的"治安长官"（Justice of Peace）的判决中[1]，确有相当程度的专断，但这只发生在不影响到有产者利益的纯粹"警察"（police）案件中。

有关第三项。美利坚合众国是个典型的例子。在二十世纪九十年代早期，笔者曾问过英裔美国劳工：为何他们愿意接受党棍的摆布，那些党棍经常是明目张胆地贪污的。答案是：第一，在如此辽阔的国家，即使数以百万计的金元被吞入私囊，留下的还足够给每个人；第二，这些职业政客是一群即使是工人也可以不把他们放在眼里的人，而德国型的技术官僚则是一个"高居"劳工之上的团体。

有关经济活动的个别详细论述，得留待第二部分。

1　英国的"治安长官"，他们拥有部分司法权，韦伯认为其审判性质——虽然不那么强烈——带有"革命法庭"或"人民法庭"的色彩。

第八章
合议制与权力划分

十五、合议制与权力划分

不管是基于传统的或理性的基础，支配可能都会受到某些**特殊**方式的局限与控制。

此处所要探讨的，并非支配如何受到传统或法律的限制。这已经讨论过了（参见第三节）。现在所谈的是另一个问题：就是关于一些对支配有限制作用的**特殊**的社会**关系**及团体。

1. 一般而言，家产制与封建制政权的统治常会受制于身份集团的特权。**当身份制的权力划分**形态存在时，此种限制会发展到最高峰。（参见第九节）

2. 官僚组织则可能（实际上也必须如此）受制于其他的政府机构。这些机构与官僚制的层级结构并行，而且依其自身的固有法则运作。凡是发展成熟的法制型支配，都具有这种限制的本质，因此可以使得官僚组织的行政措施，必须符合在一定的规范内。

类似的制衡机构有下列主要功能：

（a）监督官僚组织是否遵照法规，必要的时候，有权力直接进行调查。

（b）垄断制定法规的权力。这些法规完全控制了官吏的举动，或至少能界定官吏独立处置的权限。

（c）最重要的，它们垄断了授予行政手段的权力（参看第十六节有关这些制衡的分别讨论）。

3. 任何形式的支配里，其一元化特性，都有可能因为**合议制的**原则（Kollegialitätsprinzip）而被剥夺，尽管此种原则有不同的面貌，其重要性亦不相等。下面是一些主要的类型：

（a）与掌握支配权力的独裁者**平行的**，还存在着别种一元化的支配。而此种支配经由传统或法制，可以搁置或否决前者的法令。我们称这一种类型为"否决式合议制"（Kassationskollegialität, veto collegiality）。

　　古代世界最重要的例子如罗马的"护民官"（tribune）以及其所源自的斯巴达的"长官"（ephor）[1]，中古欧洲的"人民首长"[2]，以及崛起于1918年11月9日的德国革命"劳兵委员会"，一直到正规的行政机关脱离此一控制为止，其官员的法

---

[1] 古罗马之所以设立"护民官"，是为了保护平民（plebs）的权利。"护民官"具有宗教及法律上的神圣不可侵犯性。在他面前，任何人——包括"执政官"（consul）、元老及贵族——皆须俯首听命。不过，他的权威离开罗马即无效。韦伯认为斯巴达的"长官"（ephor）基本性质是跟罗马的"护民官"一样的。

[2] 参见本书第七章，p.400 注 2。

令必须得到委员会"代表"的"副署"（Gegenzeichnung）[1]。

（b）第二种类型恰好与上述相反：此即一个非一元性支配的**机关**，其法令只有在经过事前的协商及表决等过程后，才可以生效。换言之，法令因此必须有大多数人的合作，才得以生效。我们称此一类型为"功能性合议制"（Leistungskollegialität, functional collegiality）。这种合作可能遵照：

（甲）无异议的原则。

（乙）多数表决的原则。

（c）此型实际上与（a）型密切相关。为了减弱统治权力的一元化，拥有独裁权力的官员不止一个，每人皆拥有同等的权威，但其职务并没有专业化。同一职务发生冲突时，解决办法或者诉诸机械式手段，如抽签、轮流及神谕；或者负责监督的机构——如上述 2（a）——必须介入。此一类型实际上是让合议体中每一成员皆有力量制衡他人。

最重要的例子如罗马的行政长官——执政官（consul）及总督（praetor）——所组成的合议制[2]。

1　1918 年 10 月，德国战局已经绝望，帝国政府仍下令继续作战，基尔(Kiel)海军乃发动叛变，与工人合组"劳兵委员会"，控制当地政权。此一叛变迅即蔓延各地，柏林于 11 月 9 日组成劳兵委员会，迫使德皇威廉一世出亡荷兰。韦伯在本书所提到的"德国苏维埃式革命"即指此。此一事件不久即为艾伯特（F. Ebert, 1871—1925）领导的临时政府所平定。

2　"执政官"为古罗马最重要官员，有两名。最初称作 praetor。两名"执政官"的职权并未划分，或交替执政，或在不同战场分别指挥军队。另外，罗马派往征服地执政的官员亦称 praetor，中文译为"总督"。

(d) 此类型与 (b) 型密切相关。虽然是个**实际上**一元化支配的 "同侪中第一人"(primus inter pares),他的法令通常仍须与其**表面上**平等的同侪谘商。如果在重要事务上意见有出入,有可能会因同僚的辞职而导致合议体的瓦解,因此而危及一元式支配者的地位。我们也许可以称此类型为 "有最高元首的功能合议制" (Leistungs–Kollegialität mit präeminentem Leiter)。

　　最重要的例子如英国 "首相" 的地位与其 "内阁" 的关系。此一组织,如众所周知,在其历史发展过程中有相当大的变动。然而就内阁统治的时代而言,本文所述大致还算正确。

咨询性质的合议体不一定会削弱专制支配者的权力,但极有可能会调整支配的运行,使其导向理性化的方向。而在实际情况里,顾问也有可能会占上风而压倒支配者,特别如果他们是既得利益的**身份集团**的代表的话。下面是些较重要的类型:

(e) 此型与 (d) 型中指出的现象密切相关。某一团体其功能在形式上是附属于一元式的支配者的咨询机构,尽管在表面上而言,此一支配者只需聆听,而没有一定的接受这些建议的约束,但是万一他的政策**失败**,人们可能会归咎于他忽略了这些建议。

　　最重要的例子是罗马元老院,它是当时行政长官的咨询机构。罗马元老院——主要是通过对财政的控制——发展出其对行政长官的实际支配力量。早期的元老院或许真正只是个咨询机构,但由于控制财政,更由于元老院以及形式上选出的行政长官是属于同一身份集团,结果演变为行政长官实际上须受元老院决议案的**束缚**。"si eis placeret"，此一拉丁文套头语等于我们的"如果您不介意"，其后才接着类似命令的词句。然而从此一套头语的引用可以知道，传统上元老院的议决缺乏正式的约束力。

（f）此型多少有些不同。此类型的合议体是由各特殊职务的个人所组成的。而某个议题的准备与提出，是指派给在此组织内某个特别擅长此一领域的**专家**负责，或者，也可能交给几个专家，每人负责此领域的某一部分，至于决策则由全体表决达成。

　　大多数的"国务院"（Staatsräten），以及过去历史上类似的组织多少是较接近此一类型，例如内阁制度发展前的英国枢密院（Privy Council）。虽然在当时，这些组织拥有极大权力，但从未能有效地剥夺王权。相反的，在某些情况下，因为内阁是由政党领袖组成的，国王曾企图获得枢密院的支持，以摆脱内阁的控制；例如英国就曾尝试过，只是没能成功。此外，由专才官员组成的部会首长与内阁阁员，大致也是属于此一类型——世袭君主或美式选举所产生的总统为了巩固对自己的支持，而任命他们的。

（g）合议体的成员有其特定的职务，此一合议体也可能只是一个纯粹备咨询的机构，在此情况下——就如（e）型的例子——**支配者**可以自由决定接受或驳回他们的建议。

　　（g）型较（e）型唯一不同的是它在**职务上**有彻底专业化

的功能。威廉一世（Frederich William I）治下的普鲁士组织接近此一类型，而此一情况通常有利于君主巩固其权力[1]。

(h) 与理性专业化合议制对立最为尖锐的，是一种包含有"长老"（Aeltesten）在内的**传统性**合议组织。他们合议的作用主要在保证所行的法律的确是符合传统的。有时这类组织有否决权力，以维护纯正的传统、并防止不合传统的**立法**。

例如普遍存在于古代世界许多地区的长老会议（Gerousia），至于拥有否决权力的，如雅典 Areopagus 及罗马的"元老院"（patres），后者主要属于下述的（1）型[2]。

(i) 削弱统治力量的一个办法，是把合议制的原则应用到最高当局，不管其至尊权是形式上的或实质的。此一类型有几个变型，大致如从（d）至（g）的形态。此类组织内个别成员可能是轮流执掌权力，也可能就一个固定基础来分配权力。此类组织，只要在形式上规定：合法的命令必须由所有成员来参与决定，就可说是合议制的。

1　威廉一世（1713—1740），普鲁士国王，在位期间集中权力于君主手中，奠定下后来腓特烈大帝改革的基础。他设置总务、外交、司法三个中央部门——皆为合议制机构，使中央行政合理化，而取代原由全体大臣出席的枢密院。到 1730 年，枢密院会议虽仍召开，但只有形式上意义，所有权力皆在国王手中，他根据上述三部门的报告决定政策。

2　雅典的 Areopagus 相当于罗马的元老院，王政时期为君主的咨询机构，贵族制时期，由曾任"执政官"（Archon）者——皆出身贵族——担任此一机构的终身成员，因此成为保守势力的大本营。到公元前五世纪中叶，在 Ephialtes 及其他人努力下，将此一机构权力转移到五百人的会议、人民法庭及人民大会。Patres 为 Pater 的复数型，指元老院议员，原意为氏族长（pater familias），因罗马王政时期，元老院实际即为氏族长会议。

最重要的例子之一是瑞士的"联邦委员会",其中的成员并没有清楚界定的专业职务,也有某个程度的轮流原则[1]。另外一个例子为俄国、匈牙利以及德国一个短时期的革命"人民代表"委员会。在过去历史上,威尼斯的"十一人委员会"(Rat der Elf)[2],以及意大利其他城邦的"长老"(Anziani)合议体都属于此一类型。[3]

(j) **家产制**或封建组织内的合议体,有一大部分是属于下列诸类型:

(1) 身份团体的权力划分——身份团体的管理 BG 干部或身份团体占有者的合议制。

(2) 由家产制官员构成的合议组织。支配者之所以要建立此一机构,是为了**制衡**那些有组织的特权集团的力量。这多半是我们在(f)型所述"国务院"的例子。

(3) 咨询机构,有时是由支配者领衔而有执行权力的组织,有时则为支配者列席或至少听取报告的会议。此类组织,一般而言是由技术专家组成,或由拥有高度社会声望的人组成,或者两类人兼有。由于政府功能的逐渐专业化,支配者也许希望——通

---

1 瑞士联邦政府是由上下两院的联席会议选出,共七名委员,组成合议体机构。这七人兼任政务、内务、司法警察、军事、财政、经济、交通等七部首长,每年自此七人中选一人为主席。

2 此处"十一人委员会",恐为"十人委员会"之误。威尼斯自十四世纪后,设置一个政治调查法庭——"十人委员会";最早(1310)只是设来调查一件煽动案,结果成为一永久性机构,负责审理政治事件,最后则发展成监视贵族政治及个人行动的机构,并拥有类似"护民官"的权力,因此成为平民对抗贵族的有力工具。

3 参见本书第七章,p.400 注 2。

过此类组织的意见——能收集足够的消息，使他得以超越一纯粹外行人的水准，而能做出较明智的决策。参见（g）型。

就第（3）类型而言，支配者自然希望组成合议体的分子是异质性或甚至互相对立的，不管此种异质性是来自专门技术上的意见或彼此的利害冲突。因为如此的话：（甲）他可以得到最多的消息；（乙）他可以处于一有利地位以操纵不同的利益互相对抗。

就第（2）类型而言，相反的，支配者经常——虽然并非永远——希望合议体意见及立场的一致。这是所谓立宪国家或其他有效分权的国家里"连带责任制"内阁的起源。

就第（1）类型而言，代表占有利益集团的合议体自然会强调意见的一致及彼此的团结。但是由于通过社会特权而得到的占有形态都会导致利益的互相冲突，此一和谐实无可能永远维持。

第（1）型最明显的例子是"身份制会议"（Ständeversammlungen, assemblies of estates）以及在其之前——不只在欧洲，也在其他地区如中国——出现的"诸侯会盟"。第（2）型最佳例子是行政组织，主要是合议制组织。此类组织形成于近代欧洲王朝的早期阶段，主要是由法律及财政专家构成。第（3）型的范例可见诸出现在近代欧洲王朝早期以及其他地区的"国务院"[1]。迟至十八世纪，如众所周知，英国主教在"内阁"中

1　试以英国为例，英国在都铎王朝（Tudor, 1485—1603）时设有枢密院，由国王指派人员组成，权力完全来自国王，国王可随时予以免职。政府各部门首长，皆为枢密院之成员。枢密院之下设有若干委员会，从事政务之研究，向国王提出建议，有时更经国王授权而执行政务，皇家法庭及其他直属国王的特权法庭，皆受枢密院节制。日后英国的内阁（Cabinet）或内阁会议（Cabinet Council）即假此发展出来。

还有席次。这类合议体基本上是由显贵如"宫廷外的顾问"组成[1]，本质上是"名门望族"及专业官吏构成的混合体。

（k）当身份集团间发生利害冲突时，支配者经由与不同集团的谈判与斗争，也许可能获取有利的结果。因为由利益互相冲突的集团代表所组成的组织，不管其间冲突是基于理想、权力或经济利益，至少在外表形式上它是个合议体，那么此一合议体所该做的就是通过**协调**来整合相互冲突的利益，此即所谓"妥协的合议制"（Kompromiβ–Kollegialität）——对应于官吏或议会形式的"票决合议制"（Abstimmungs–Kollegialität）。

此一类型的胚型如下。如果"身份制的"权力划分使得任何的决定都只能经由特权集团间的妥协来达成，而其较高度理性化的形式则为：合议体的成员是依他们的固有身份、阶级地位或所代表的特殊利益选拔而来的。在此类组织内，除非其本质有剧烈改变，否则，行动的采取基本上只是妥协的结果，而非经由一正常意义的"表决"方式达成。此一妥协或者是经由利益关系者的**谈判协调**，或者是由支配者在**考虑**过每一团体的情况后所做的强制决定。

"身份制国家"（Ständestaat）的特殊结构将会在《经济与社会》第八章讨论。上述也可说明为何在某些情况下，代表

1　日耳曼君侯自十三世纪开始，偶尔会召集封建诸侯及教会要人商议。由于这些顾问只是暂时来到朝廷，他们被称为"宫廷外顾问"（Räte von Haus aus），有时也被称为familiares domestici, consiliarii 等，"宫廷外的顾问"一词是与"常驻宫廷顾问"（Wesentliche Räte）相对的，指那些居住在自己的领地，偶尔才召到宫廷里备咨询的贵族。

不同社会集团的组织是各自独立的，例如在英国，上院（House of Lords）与下院（House of Commons）是分开的，而教会则完全不参与议院，但有其自己的"教士会议"（Convocations）；法国则有贵族、教士与平民（tiers état）的区分[1]；日耳曼的区分则更为复杂[2]。此种分离状态使得决议的达成必须通过协调，首先在一个阶级内，然后是阶级与阶级间。决议达成后再送呈国王作为一个建议案，不过此一建议案对国王并无约束力。目前的"职业团体代表"的理论还是太含混[3]。提倡此一理论者一般说来还无法洞识到即使此一方案可行，协调——而非多数表决——仍将是唯一可行的途径（参看第二十二节）。只要牵涉"自由劳工委员会"[4]，照目前的趋势看来，问题还是得取决于不同团体所拥有的相对的经济力量，而非多数表决。

(1) 另外一个相关的类型是"票决合议制"——由原本即为自治及自律的团体所组成的合议体。此类合议体最初是以投票来决定事务，而构成的团体则拥有（大小不等）的决定权，然而此一权力逐渐被这些团体的领袖或代表**据为己有**，以确保他们对决策的影响力，此即"兼并合议制"（Verschmelzungs–Kollegialität）。

实例如下：古希腊城邦统治体的"部落"（phylai）代

---

1 tier état 指第三阶级，即平民阶级。韦伯此处所提即法国在大革命前的"三级会议"（或译"等级会议"，états-généraux）。
2 德国"等级会议"的结构，原则上是由教士、骑士（即贵族）及城市代表构成。此外，还有"高级贵族会议"（Herrenbank），偶尔也有农民代表参加的会议。
3 意指主张以职业团体为基础以产生代表参政的理论。
4 指劳工苏维埃，1917 年在苏联成立，1918 年德国共产革命时亦曾出现。

表，"姓族"（phratriai）代表及"氏族"（clans）代表[1]。中古
意大利 consules 执政时代的门阀团体[2]；行会的"商人团体"
（mercadanza）[3]，及工会联盟执行委员会内的"工匠"（fachráte）
代表。联邦政府内的联邦委员会或国会，以及联合内阁中阁
员职位的分配。瑞典可说是最后一种情况的范例：其内阁职
位是按照每一政党得票数来分配。

（m）此外，还有一种特别的类型是选举制议会组织的"票决
合议制"。此一类型得个别讨论。其组成基于下列两种基础之一：

（1）基于领导制，其成员以领导者的扈从方式存在；

（2）或者由各政治团体以合议方式组成，而不隶属于任一特
别的领袖，此即"无领袖议会制"（führerloser Parlamentarismus）。
为了解此点，必须再讨论政党的结构（参看第十八节）。

合议制——除了"否决式"合议制的一元化统治类型外——
几乎无可避免地会妨碍**正确、清楚**的决策。更重要的是，它还会
妨害迅速的决策。某些不合理的类型里，合议制也会妨碍技术专

---

1 古希腊城邦分为数个 phylai，phyali 再分为数个 phratriai，phratriai 则由数个 clan 构成。
   韦伯认为 phratriai 并非最早的血缘性共同体，而是人为形成基本上属于军事性的团体。
   至于 phylai 的历史更短，是政治性的部落团体。

2 十二世纪左右，在意大利北部及中部出现了一些城市自治体（urban commune）。城市发
   展过程中，有如下几个阶段：1.consule 制度；2. podesta 制度；3.popolo 制度；4.signoria
   制度——亦即"市政门阀"专政。到了十六世纪，这些"市政门阀"转化为世袭君主，
   自治体的时代遂告结束。consul 是支薪的市民团官员，任期一年，由市民议会或由市民
   产生之选举人团体选出。不过他们的权力还是受到少数贵族门第的控制。

3 mercadanza 其实并不只限商人，还包括经营其他企业者，此一组织本非政治性的团体，
   不过等到 popolo 起而控制城市行政时，由于 popolo 由各行会代表组成，mercadanza
   自然成为 popolo 的前身，mercadanza 之首长（podesta mercatorum）往往成为最初的
   capitano del popolo。

才的引用。不过，由于国王在引进专业官员时，常发现其结果并不那么受排斥，于是，随着决断与行动迅速化的要求，这些类型合议制的重要性遂逐渐地降低。

一般而言，当合议体拥有执行的权威时，其领导成员的地位趋向实质化，甚至在形式上也突出化。实例如教会中主教与教皇，以及内阁中首相的地位。任何想在实际执行功能里恢复合议制原则的企图，通常是旨在削弱拥有支配的个人的权力。这一点，反过来说，也源自对一元统治的领导方式的不信任与猜忌，此种不信任与猜忌主要并非来自被支配者，因为——比起行政阶层的成员——他们多半期望有一个"领袖"。这一点不仅表现在劣势特权团体（negativ privilegierende Belastung），此外那些优势特权团体（positiv privilegierende Belastung）更是如此[1]。合议制**绝不**特别意味着"民主"。为了要保障其特权及对付那些被排除在外的团体，特权集团必然会企图防止权力的一元化。实际上，他们非得如此不可，因为此种一元化权力可以奠基于享受特权较少的人的支持。因此，一方面特权集团成员企图在集团内部严格维持**平等**的权力，另一方面则企图设置并维持一合议体制，以监督乃至控制权力。

1　在本书第三章，p.342 注 1 中曾提到一个经济体满足其经济需求的五种手段，其第五项为"通过优势或劣势特权团体之捐献或服务"，亦即此处正文所言之劣势、优势特权团体。所谓优势特权团体之捐献或服务，即给某团体以某种意义的积极特权，然后向他们要求代价——财富或服役，借此以满足需求。例如在封建制或家产制政权，封建家臣或"家士"因其身份必须服兵役，并且以自己费用支付职位的需要。在重商主义时代（十七八世纪盛行于西欧），此种方式亦扮演相当重要的角色，例如君主可以授予某种货物独占权，而从中取得大量税收。所谓劣势特权团体的捐献或服务，与前项不同的是，此一团体并没有得到任何积极的特权，只因为他们具有某种程度财富、或特殊技能，因此被迫必须负担某种税额，或服某种特定徭役，例如戴克里先（Diocletian, 284—305）以后的罗马帝国，因此可说是一种赋役式（Leiturgie）的满足需求法。

　　实例如：斯巴达、威尼斯、格拉古兄弟以前及苏拉（Sulla）执政时的罗马元老院[1]；十八世纪的英国；伯恩（Berne）及其他瑞士的"州"（canton）[2]；中世纪意大利门阀城镇及其联合执政长官，还有"商人团体"——此一组织包括商人行会，但不包括技匠行会。技匠很快即沦为"贵族"（nobili）及"市政门阀"（signori）剥削的对象。

　　合议制有利于对行政决策做比较"彻底"的衡量。就这个特点而言，它要比精确性及速度更为重要；因此，连同前面讨论过的，这是为什么合议制至今仍会被采用的原因。再者，个人所负的责任在合议制下**分散掉**；实际上，在大的合议组织内，个人的责任几乎完全不存在。反过来说，在一元支配的组织内，责任该由谁负是清楚到毋庸置疑的地步。因此一般而言，大规模而又需要迅速且一致性解决的问题——基于纯技术因素——倾向落入"独裁者"的掌握，**他个人**负起了所有的责任。

　　大国的内政与对外政策是不可能在一种合议制的基础上得到有力且一致性的推动。为了推动社会主义，无产阶级专政需要一个群众可以信赖的"独裁者"。这些"群众"不一定会反对此种独裁，然而议会、政党或其他类似的组织——如

1　Sulla（前138—前78）罗马贵族，曾任执政官（前88），公元前84年以武力强迫元老院任命他为狄克推多，任内虽然做了不少改革，包括分配土地给退伍士兵，然而由于他成功地以武力迫使元老院屈服，因此树立了日后军人武力干政的先例，一般史家即以他的时代为元老院——以及共和制度——衰微的开始。
2　伯恩为瑞士首都，地方行政区则称canton。瑞士政治组织见本章，p.414注4。

苏维埃——就不能忍受有权力的人。此类独裁政权仅出现在俄国，奠基于**军队**及**农民**的支持，农民之所以支持此一政权是为了要巩固对新近获得的土地的控制权。

最后，再提出几个要点，一则总括上面所述，再者做若干补充。从一个历史的角度来看，**合议制**有两层主要的意义：

（a）合议制里，同一职务有几个任职者，或者是由一群权限范围是直接竞争，而每一个又都拥有彼此否决权力的官员所组成。此型合议制主要是借技术上的分权，而达到尽可能缩小支配的目的。最典型的例子是罗马执政长官的合议制。其制度最重要意义在于：每个政务官的法令会受制于拥有同等权限的官员，因此大大限制了任何个别政务官的权力。政务官的职位仍然只是一个，只不过是同时有数人出任此职。

（b）第二种主要类型是关系到合议式的决策的。在此类型中，行政法令只有依照无异议或多数表决的原则——由大多数人合作通过的才有正当性。此型合议制目前最盛行，虽然古代世界也曾经有过。它可以划分为三种：1.领袖支配的合议制；2.行政机构的合议制；3.咨询组织的合议制。

就第1项而言，领导式的合议制可能是基于下列因素而产生的：

（甲）它可能基于此一事实："支配团体"（Herrschaftsverband）源自于自主性团体的"共同体关系"或"结合体关系"（Vergesellschaftung），而参与的每一个团体皆要求权力的分享。例如古代城邦的"聚居"（synoikismos）[1] 以及基于"氏族"
"姓族"与"部落"组织起来的委员会；中古城镇的委员会代
表了重要的贵族门第；中古的行会联盟，"商人团体"里由"长
老"或行会代表组成的委员会；另外，例如现代联邦国家里
代表各州的联邦议会，以及基于政党联合运作的部长合议结
构（请参照日益重要的瑞典的按得票率分配内阁职位的制度）。
此种合议制是一特殊的例子，代表了不同的身份或地域性的
团体。

（乙）合议制的出现可能是由于缺乏领导人，当然也可能
是由于争夺领导权的人互相妒忌，或者是企图尽可能缩小任
何个人支配的结果。大部分革命出现的合议制皆混合有上述
因素，其形式则有革命军官或甚至士兵组成的委员会、公安
委员会或人代会。在和平时期，通常是由于后一动机——即
反对"强人"的掌握——而导致合议制的登场。例如瑞典及
1919 年巴登（Baden）的新宪制。就巴登一例而言，社会主义
者表现出最强烈反对强人掌权的意向，由于担心出现一个"民
选君主"（Wahlmonarch），他们宁可牺牲严密而一致的行政系
统，尽管此种一致性对国家能否统一成功是极具关键性的。

1　根据传说，许多希腊城邦曾有过被称为 synoikismos（亦即聚居）的建城过程。在某些地
　区，这可能是个事实；然而在其他地区，根据传说，在一次合并或隶属的过程里，某个
　原先分属于数个城邦或其他政治团体的地域逐渐统合在一个单一的核心之下。被归功于
　传说中的英雄 Theseus 所完成的阿提喀的 synoikismos，显然即这样的一个过程。根据韦
　伯的说法："一个自行解体或被敌人所瓦解的城市，即'散居'（dioikisiert）成村落。反
　之，城市则源自一种真正的或虚构的'聚居'（synoikismos）——在国王的命令或自由
　的协议下，贵族门阀'集合居住'在一个城堡之内或其邻近地区。"《非正当性的支配——
　城市类型学》，p.110。

在此例中，最具决定性的影响因素是工会、地方团体及政党总部内行政干部的态度，而他们对领导阶层的权力都抱持着猜疑。

（丙）合议制产生的第三个因素也可能是来自那些具有独立社会地位的身份团体的要求，因为他们是最重要能获得并垄断权力的团体。换言之，在此情况下，合议制是一种贵族政权的产物。所有的社会特权阶级都恐惧那些可以从群众情绪性归依中得到支持的领导者，其恐惧程度正如排斥领导人的民主政体之担心"群众煽动者"的崛起。罗马元老院政权曾多方尝试想借着闭锁式的议政会来统治；威尼斯及其他类似的宪制政体皆属于此类型。

（丁）合议制产生的第四个因素，可能是由于君主企图对抗**专业技术官僚**日益扩大的夺权行动。在目前西方国家，近代的行政组织是随着合议制的建立由最高阶层发展出来的。类似情况亦发生在近东、中国、波斯、哈里发及奥斯曼土耳其等家产制帝国，所有这些皆为欧洲树立典范。君主不只害怕特殊的个人掌握权力，同时更希望自己能处于有利地位——通过合议制投票及制衡投票的过程——来维持权力的平衡。再者，由于对行政事务愈来愈外行，君主也希望经由此一方式，比起他完全地授权给某一个别的官吏而言，对行政细节可以有较佳的了解。一般而言，最高阶层合议体的机能是谘议性质与执行性质的中间产物，只有在财政范围内，君主的专断有其特别不合理的影响，此所以马克西米连皇帝在 1495 年到 1497 年的改革运动里，王权会立即为专业化官僚所削弱，这是因为有强力的因素迫使君主让步 [1]。

（戊）合议制出现的最后一个因素，是因为须要通过合议的方式来调停不同技术专家的意见及相互冲突的利害关系，不管这些意见及冲突是基于物质的或个人的因素。换言之，由于合议制的存在，使得妥协成为可能。特别是地方自治性的组织，因为这类组织一方面牵涉必须以当地的角度来估量的高度技术问题；另一方面又极依赖地方物质利害关系间的协调。至少只要特权阶层还可以通过财产及教育来控制群众时，此种情况大致无误。内阁合议制——从技术观点而言——也是奠基于类似的基础上。在俄国以及 1918 年以前的帝制德国（情况较不显著），由于缺乏合议制，政府的不同部门间不太可能有效地联结起来，从而导致不同机构间冲突的尖锐化。

上述（甲）、（丙）及（丁）的因素是纯粹历史性的。然而近代官僚组织的发展——不管哪里，只要在一个**大规模**的组合，如国家或大都市——削弱了合议制实际有效控制的角色，因为合议制无可避免地会妨碍了：1. 决断的迅速性，2. 政策的一致性，3. 个人明确的责任，并导致对外的排斥与团体内部纪律的维持。由于上述这些以及其他经济技术的因素，在世界政坛上所有大国——那些还维持合议制的国家——的

---

1 Maximilian I（1459—1519，神圣罗马帝国皇帝，1493—1519 年在位），被称为"最后的骑士"（The Last Knight）。在位时推行多项改革，为了对抗境内诸侯，设置自己财政机构，希望能如当时法国一样走上中央集权。不过，他的财税计划及征兵政策受到诸侯阻挠，成效并不太大。有关马克西米连改革的成败，史家意见不一，不过大致都同意他奠定了十六至十八世纪哈布斯堡王朝称雄欧洲的基础。韦伯认为他改革的动机是为了对抗土耳其的入侵。实际上，一直到 1526 年莫哈兹（Mohacz, 匈牙利地名）一役为止，土耳其对哈布斯堡的威胁并不大，马克西米连当时最重要的敌人，应该是法国。

合议制已被削弱以利于政治**领导者**（例如首相）地位的突出。类似的过程同样发生在几乎每一个大规模的家产制组织，特别是那些标准苏丹制的国家。这些国家经常觉得，除了君主之外，还得有个领导人物，例如土耳其的"大相"，除非"宠幸政治"已取而代之。总得要有**一个人**来**担负起责任**，因为从**法律观点**是不可能要求君主来承担的。

就第 2 项而言，在更高权威指导下的行政机构内的合议制，目的则在提高行政的公正性与廉洁性，借此以限制个人的权力。基于同样的理由，各地的最高统治当局几乎都把权力过渡给技术上较优越的一元支配型组织。普鲁士地方政府（Regierung）的发展过程可说是一最佳范例[1]。

第 3 项，就纯粹**谘议**性质的合议制而言，不管在哪一时代皆曾出现，而且可能还会继续存在。此型合议制曾在历史上扮演过极重要的角色，特别是在权力结构上，当谘议团体呈给执政官或君主的"意见"只限于实用的目的时。关于这些目前尚无须做太多分析。

此处所讨论的合议制只限于拥有**支配**力量的合议制。因为它是一个有组织形式，本身即为行政部门或可以通过谘议方式，直接影响行政机构。至于代表身份集团的会议及议会制的活动方式将在稍后论及（本书第十节）。

就一个历史的观点而言，"机关"的概念是经由合议制而首

1　Regierung 一词原指十五六世纪时，德国各邦的"顾问会议"（Hofrat），其后则指各地方政府。地方政府由一名 Regierungskanzler 主持，并有数名 Regierungsrat 协助。

次得以成熟发展的。这是因为合议制的发展**永远**与下列范畴的**区分**有关：1. 其成员的公务与私事，2. 政府与个人的幕僚，3. 个人财产与行政资源。因此西方世界近代行政史，自技术专家组成的合议组织的发展开始，绝非偶然。同样的，虽然方式不同，合议制行政组织也是所有家产制、封建制或其他传统政治结构永久性组织的发端。因为只有通过合议组织，官吏才可以团结起来逐渐剥夺已变成政治"外行人"（Dilettanten）的西方君主的权力。如果官吏仅仅是个个别的雇员，那么，由于个人服从义务，持续性反抗君主非理性的决定将变得远为困难。当行政制度转向专门官僚的统治已无可避免时，君主通常会企图以国务院的方式来扩大咨询合议体制，那么，尽管他缺乏技术能力，借着操纵这些组织内部的互相倾轧，他还可以维持主宰的地位。只有在理性的专才官僚制已取得最后决定性的优势时，才会感觉到有必要——特别是在与议会对抗的局面下——通过首相一元化的领导来团结最高阶层的合议体。此类合议体与支配者互为奥援。晚近在行政组织内一元化统治以及由此而来的官僚制，已取得决定性的胜利。

1. 合议制在近代行政组织早期发展阶段中的重要意义，可从马克西米连皇帝与其财政机构的斗争看出。此种财政机构是为了应付土耳其入侵的危机而设置的。结果这些财政官吏持续地反对皇帝不经过他们而直接发号施令的企图，以及随他个人一时兴起用证券抵押来贷款。就在**财政范围**内，王权开始被剥夺；因为在**这个领域**里，君主首先表现出他的专业能力的**不足**。随着商业组织的会计化，此一发展最早始于意大利城邦，接着发展于勃艮第（Burgundian）及法兰西王国、日耳曼小邦、西西里的诺曼人王国以及英国。近来土耳其的"国务院"（Divan）[1]，正如中国的"衙门"[2] 以及日本的"幕府"[3]，扮演类似的角色。然而在这些地区，由于欠缺**合理化**训练出来的有能力的官吏群，因此须求诸有实际经验的"老练"的官吏，这是为何这些地区未能出现一个理性化官僚制度的因素。罗马的元老院也扮演一个多少雷同的角色。

2. 合议制所导致私人家计与公职范围的划分，类似于大规模自主性商业公司所导致的家计与营利事业的区分，以及个人财产与营业资本的划分。

十六、特殊化的权力划分

支配权力也有可能受制于**特殊化的权力划分**（spezifizierte Gewaltenteilung）。换言之，将特殊功能的"职务"以及其所附有的权力赋予不同的人。在严格的法制类型——例如**立宪制下的权力划分**——这些不同功能的"职务"是依**合理方式**规定的。如果

1　在"苏丹"（奥斯曼土耳其皇帝）或"大相"主持下召开的政治会议。

2　即总理衙门，创于清朝咸丰十年（1860），掌管对外交涉有关事宜，包括关税贸易等。并负责公使、领事之任命，成员无定额，多由亲王领衔，处理事务概经由会议。

3　幕府，日本自十二世纪末开始，天皇势力日衰，政治中心移于武士之首——"将军"——的手中，将军开府以统治全国，是为"幕府"。先后有镰仓幕府（1186—1333），室町幕府（1337—1573），中间经丰臣秀吉时代（1585—1598），然后为江户幕府（1603—1867）——即德川幕府。幕府的组织各代不一，试以江户幕府为例：府中设"大老"一人，"老中"四人，"若年寄"四人。"大老"遇必要才设，以代理"将军"之职；"老中"总揽一般政务，统制天皇及"大名"，合议政策，决定之事交每月轮值之"月番老中"执行；"若年寄"则受"老中"指挥，统制幕府臣属。

发生的问题牵涉两个或更多的主管单位，那么只有经由他们之间的协调才可能采取正当性的措施。

（1）"特殊化"的权力划分与基于"身份制"的权力划分不同，是因为前者的权力是依其功能性客观的特点来划分的。这种情况会导致某种形式"宪法"的产生，不过并不一定要正式制定或写下。一般的情形，是把不同性质的措施交由不同的主管单位来处理，或者把同性质的措施通过机构内大多数成员间非正式的协调，以便取得合作。这不仅仅是依照能力来划分的问题，而且是根本权力划分的问题。

（2）特殊化的权力划分**并不必然**是个近代的现象。（中古时期以前）的政教合一与神权政治，也曾演变成具有一个独立的政治权威与一个同样独立的教权的情形，可说正是这种权力划分的情形。同样的，就某种意义而言，古罗马不同执政间特定领域所各具有的权力，也可以视为一种"权力划分"。同样例子亦适用于喇嘛教的特殊化的卡理斯玛[1]。中国儒士的翰林院及谏官的地位，就其与皇帝关系而言，是十分独立的[2]。绝大多数的家产制政体，以及罗马帝制时期，司法与涉及民政的财务通常是与军政划分开的，至少在较低的层次。不过，

1　指西藏喇嘛教的达赖及班禅两位政教领袖。

2　韦伯认为唐朝首次在七世纪时建立学校以教育士人，并规定了士人的地位，又创置了翰林院，负责编纂实录，主要是为了从往事来规范君主的行为。就韦伯而言，谏官及翰林院为中国士人——他们是有文化教养的身份团体——的代表，对抗君权（包括宦官等在内）以维护传统文化。韦伯认为由于灾异的观念，这些士人最后总能获胜，虽然他们也有不少牺牲，而当灾异出现时，谏官及翰林院士人会被允许自由发言。《中国的宗教》，pp.202—204。译按：中国至迟在东汉即已有正式学校——太学——的设立。

如果把这些例子都算上，那么所谓"权力划分"的概念就要失去其全部的精确性，所以我们最好还是限制在最高支配权力的划分。如果接受此一限制，那么理性的、正式通过立宪程序的权力划分——立宪制的权力划分——可说完全是个近代的现象。在一个"立宪"而非议会政治的国家，预算只有经过法定的统治权威——如国王——与一个或更多的立法会议协调后，才可能通过。

　　历史上，欧洲的权力划分，是从旧有的**身份制**的权力划分发展出来的，其理论基础——如英国所奉行的——首先是由孟德斯鸠提出，然后是伯克（Burke）[1]。再溯远些，权力划分始于特权阶级攘夺统治权力及行政机构的过程中。另一个因素则来自君主日渐增加的财政需要：来自社会及经济发展的一般性财政需要，而战争也会增加额外的支出。这些费用如没有特权阶级同意是无法应付的，虽然他们经常又是最先坚持必须支付这些费用的人。在此情况下，身份阶级间必须达成妥协，此即有关预算及立法的协调的历史渊源[2]。不过，有关立法协调的现象，并不属于身份阶级间权力划分范畴，而是属于立宪类型的权力划分。

　　（3）立宪制的权力划分（Konstitutionelle Gewaltenteilung）是一种特别不稳定的结构。如果一个宪政上需要达成的协调

1　孟德斯鸠（1689—1755），著《法意》一书，强调三权分立（即立法、司法、行政）的原则。埃德蒙·伯克（1729—1797），英国议员（1766—1794），亦鼓吹三权分立，在任期间致力于限制英王——时为乔治三世——的权力，以及确立议会政治的运作。

2　中世纪晚期普遍出现于欧陆的"等级会议"（the Estate），即是由各"等级"派代表组成，其目的在协调各方利益，特别是有关国家财政负担的分配问题。如法国的 Estate General，俄国的 Zemsky Sobor。

无法得到时，如预算，会有什么变化？此一问题的答案只能从决定实际权力结构的因素中去发掘，英国国王如果在今日还想不依靠预算来统治，那么他就得冒着失去王冠的危险；而在革命前德国的普鲁士王则不然，因为在德国制度中，**王朝**的地位是居于支配性的[1]。

十七、政治权力划分与经济的关系

1.法制**各机关的合议制**，因有理性界定的功能，可能有利于管理行为的客观性，并减少个人影响力。即使此种合议制有其负面的作用——运作不够精确；一般而言，它是有利于经济行为的合理化的。另一方面，现代大资本家的利益，跟过去一样，不管

---

[1]　英国近代宪政史的发展可视为最佳典范。按英国自 1215 年制定 "大宪章"（Magna Carta）后，即规定非经议会（当时皆为贵族控制）同意，国王无权征税。这在平时尚无关紧要，因为国王有自己收入，足以应付日常开支；问题是如果遇到战争，军费庞大，非得特别筹措财源时，就必须召集议会，得议会同意后，才可以向人民征税。此一规定之所以可以发挥作用，跟英国传统的税收制度有关；英国并没有像当时法国及普鲁士的一套由中央政府的代表直接向人民收税的制度，也没有私人的包税制，英国的税收是根据纳税人财产的估算，决定税额，然后由纳税人自动缴付；如其拒付，再由法庭强制。由于英王对地方行政当局及普通法院并无绝对控制权，因此要强迫纳税人（主要为资产阶级）缴付未经议会同意的税款，就会遭到困难。都铎王朝（1485—1603）时代，国王皆相当精明，善于操纵议会，因此未遭遇太大的问题，到了斯图亚特王朝（Stuart, 1603—1649）时，其君主相信君权神授的理论，拒绝接受议会的制约，冲突遂起。因此出现 1628 年的 "权利请愿书"（Petition of Right），1641 年的 "大谏章"（Grand Remonstrance），最后终于导致 1641 至 1649 年的内战，英王查理一世（Charles I）被处死。接着历经共和时期（1649—1660）与复辟时期，到 1688 年光荣革命发生，英王詹姆士二世（James II）被迫出亡，威廉三世（William III）经议会邀请，由荷兰入主英国。1689 年威廉三世接受议会提出的 "权利法案"（Bill of Rights），其中明确规定未经议会授权，国王不得征税；平时不得设置常备兵，议员有自由发言权等条款。奠定此后英国为一君主立宪国家的基础。

是政党或所有其他对资本家有重要关系的团体，都在政治生活上，倾向于偏好一元化的统治。因为从他们的观点，一元化的统治比较"小心"（diskretere）。一元统治的支配者较易受个人影响，也较容易被操纵，因此较有可能影响司法部门及其他政治活动，以符合这些有力人士的利益。德国过去的经验亦复如此。

反过来说，有相互否决权力的合议制，或者合议制的机关是源自传统式行政官僚不合理的权力分配，对经济也许会有不合理性的影响。财政组织的合议制——此种合议制发展出专业官职——整体而言，确实有助于经济行为的形式合理化。

> 在美国，一些大的捐赠人，比较喜欢的是一元化统治的"党老大"（partei-Boβ）[1]，而非正式的党组织（经常是合议制的）。这也是"党老大"重要性之所在。同样因素，德国"重工业"部门也喜欢受官僚制的支配，而不喜欢议会政府及其合议体系[2]。

2. 就像各种类型的支配，权力的划分确定了支配的范围，尽管这种支配也许还未理性化，它仍为行政阶层的功能引入了"可估量性"的因子。因此，权力划分一般而言有利于经济行为的形式合理化。而一些运动，例如苏维埃、法国革命会议以及公安委

1　"老大"的制度，是十九世纪美国政党政治的特色之一。随着新移民的到来，地方上的"老大"即对他们提供种种协助，借此以控制他们的投票，这些人即成为"老大"政治经营的资源。

2　韦伯对于德国的议会政治及其与重工业资本家关系的意见，可参见 *Economy and Society*, Vol. II, pp.1415—1416。

员会等，因为他们非常关心经济分配的"公正性"，目的则在取消合议制的权力划分，这些运动自然阻挠了形式合理化的过程。

（所有细节还有待更详尽分析。）

第九章
政党

十八、定义及特质

"政党"此一名词将用来指涉某种组合，其成员形式上是自由募选而来的（结合体关系）；其行为的目的则是在组织内巩固领导者之权力，以便为其活跃的成员获取精神或物质的利益。这些利益也许可经由实现某些客观政策，或达成个人利益（或两途皆可）而获得。政党也许是短暂性的组合，但也有可能着眼于持久性的行动。它们可能出现在各种类型的团体，本身可能组成的方式也有很大的变化。它的成员可以是卡理斯玛的扈从团体、传统型的随从，或是坚信目的或价值理性的归依者。它们的取向基本上可能是个人利益，但也有可能是客观的政策。不管是公开承认还是仅仅事实如此，它们可能只着重于领袖的掌权及其成员在行政机构中地位的巩固。在此种情况下，我们称之为"恩护型政党"（Patronage—Partei）[1]。此外，它们也可能集中力量，有意识地为身

---

1 十九世纪的美国政党，用韦伯观点来看，可说是典型的恩护型政党。

份集团、阶级谋取利益（身份政党与阶级政党），或为某些客观的政策或抽象的原则而努力（"世界观的政党"，Weltanschauungs–Partei）。不过，为其成员在行政阶层内谋一职位至少还是个次要的目标，而客观的"纲领"经常也是一个用来劝诱外人加入的手段。

根据政党一词的意义，为了要能影响一个团体的政策或是控制这个团体，它必得存在于这个团体**之内**不可。跨越数个不同团体的政党联盟，亦不罕见。

一个政党会利用任何可理解的手段以求掌握权力。如果政府是由形式上自由的**选举**产生，**立法**也是由投票制定，那么基本上政党即是一个吸引选票的组织。当投票是依照法制的要求进行时，这些政党即为法制型的政党。由于政治的基础根本上是个**自愿的结合**，因此法制型政党的存在意味着政治经营乃是一种**利益的经营**。（值得注意的是，在此处"利益"绝不只是**经济**上的。首先是**政治**的利益，此一利益或者是基于意识形态的基础，或者是对权力的兴趣）。

在此情况下，政治经营是在下列等人的掌握中：

（a）政党领袖及其干部。

（b）至于那些活跃的成员，在多数情况下，只有拥戴领袖的作用。不过在某些情况下，他们也可能有某种形式的控制力量：如参加讨论，发言抱怨，或甚至在党内发起决议。

（c）沉默的选民群众（"跑龙套者"，Mitläufer），则只不过是在选举期间争取选票的对象。只有在为了要动摇其他足以匹敌的党派情况下，选民的心意才会受到重视。

（d）政党基金后援者通常**隐身**幕后。

除了在一个政体内正式组成的法制型政党这一类以外，还有下列一些主要类型：

(a) 卡理斯玛型政党 (charismatische Partei)，源自对领袖的卡理斯玛本质的不同意，或者是依据卡理斯玛本质特性来争论到底谁才是真正的领袖。这就导致分裂。

(b) 传统主义的政党 (traditionalistische Partei)，源自对支配者，依其独断的意志及恩宠应该如何行使其传统型支配的争执。此型政党以运动方式崛起，阻挠"革新"，或以公然叛乱的方式来反对革新。

(c) 由信仰因素而组成的党（"信念政党"，Glaubenspartei）。通常——并非绝对——与 (a) 型被划为同类。此型政党通常起自对教义内容或信仰宣告的不满。它们采取异端的形式，这种情形即使是在理性的政党内——例如社会主义的党派——也可以发现。

(d) 纯粹的"占有型政党"（Appropriations–Partei），起自就派任行政机构中职位问题与领导人及其行政干部发生的冲突。此一类型经常——虽非绝对——可与 (b) 型划为同类。

在结构上，政党也许可以跟其他任何的团体一样有着同样的形态。因此，政党也许会为某个领导者奉献——经由公民表决的方式来表示信任——而成为卡理斯玛取向。它们也可能是传统型取向，其凝聚力是基于支配者或杰出同仁的社会**威望**。它们也有可能为理性化取向，经由"宪政过程"的选举而紧紧跟随其支配者及干部。这种差异不管是就党员或行政干部的服从基础而言，皆可适用。更进一步的推敲得等到论及《国家社会学》时（按：

韦伯此一部分尚未及完成）[1]。

　　支持政党活动的**财政基础**为何？此一问题不管是就权力分配的经济层面，或政党政策的制定而言，皆极端重要。可能的捐赠者包括有：党员及支持群众的小额款项；赞同政党理念的捐赠者；与利益党派的直接或间接的"买卖"；或者是与政党有关系者——包括党员——所交的义务党费；或是被击败的对手所交的规费（相关细节亦将在《国家社会学》中讨论）。

　　　　1. 正如前面所指出，政党依其定义只存在于一个团体内，不管是政治团体或其他团体；同时只有在控制此一团体的斗争发生时，它才存在。政党之内，通常可能有派系，例如，就一短暂性存在的结构而言，美国政党总统候选人的提名竞选活动，可说是极典型的。至于基于较持久的基础，德国的"青年自由党"（Jungliberalen）则为一例[2]。延伸至几个不同政治体的政党则有十三世纪意大利以身份制为基础的"教皇党"

1　这里所处理的是近代合理化的机构性国家的社会学，在这以前"还说不上有现代意义上的国家"。韦伯1918年在维也纳大学以及1920年在慕尼黑大学有关《国家社会学》的演讲课，都是在这个意义范围内进行的。该书的第二部分第九章第八节刊有编者（译按：即Winckelmann）借着遗稿重新整理出一部分韦伯在政治社会学结尾部分想讲的国家社会学。关于韦伯当初这个构想，在他原来的讲授大纲里有清楚的陈述。在这样的情况下，韦伯就必须放弃把现代国家及现代政党两方面问题分开来处理的计划。因为他深信，现代形式的政党是在有代议宪法的法制国家的基础上才展开的；因此，政党问题该在国家社会学的范围里讨论。然而，另一方面，现代议会的代议制也正是合理—合法的现代政治结社的标准性格，议会代议制功能的说明又不能不借政党问题来进行。现代的国家机构、政党及议会的结构分析，因此必须以整体的方式来呈现。
2　十九世纪时，德国原有国家自由党（National Liberal Party），采取自由主义路线，反对俾斯麦的政策。后来在政策上日趋保守，与俾斯麦合作，支持殖民主义，以及大地主（Junker）的农业政策，因此在十九世纪九十年代末期，由此党分离出青年自由党。

（Guelfen）及"皇帝党"（Ghibellinen）[1]，以及近代以阶级为基础的社会主义政党。

2. 一个政党生存所依赖的团体纪律，关于形式的自愿吸收与效忠的标准，在此被当成决定性的关键。此种（自愿）规范，与所有其他由政体限定及控制的组合，有重要的社会学上的区别。即使政体秩序着眼于政党的存在，例如美国与德国的比率代议制，政党的自愿成分仍然存在。就算有人企图想规范党的组合方式，此种自愿性仍然存在。不过当一个政党变成封闭团体，同时通过法律与行政阶层并合时，例如十四世纪佛罗伦萨（Florence）法规中的"教皇党"，那么它就不再是个"政党"，而成为政体的一部分[2]。

3. 在纯正的卡理斯玛统治下，政党必然是各自分裂的派系。因为这种冲突在本质上是针对信仰的问题，所以基本上无从调解。这与在严格意义上的家父长制政体内的情况，多少有点类似。此类政党，至少就其理念型而言，与近代意义的政党迥然不同。在一般世袭及身份制的政体内，经常会有期盼采邑及官职的人所组成的家臣集团，他们聚集起来拥戴某一个企图染指王位者登上宝座。这种对私人的追随，在"名门望族"的政体里——例如贵族制的城邦——也是司空见惯的。即使在某些民主制度下，这类人也相当显著。近代类型

---

1 十三世纪时，由于日耳曼皇帝（即神圣罗马帝国皇帝）与教皇的冲突日趋激烈，意大利出现了两个党派：Guelfen 及 Ghibellinen；前者为"教皇党"，支持者多半是已经获得自治权力的城市，他们希望摆脱日耳曼皇帝的控制；后者为"皇帝党"，支持者多为城市中失去特权的贵族。

2 为了保障对城市的控制，Guelf 的党规成为城市法规的一部分。

的政党，除非是在一个有代议宪法制的法制国家，否则是不可能出现的。这也将在《国家社会学》一章中讨论。

4. 近代国家里，依赖"恩护"为基本原则组成的政党，最典型的是上一代(十九世纪末)美国的两大党。基本上为"世界观"取向的政党有旧式的保守党及自由党、资产阶级的民主党、稍后的社民党，以及基督教中央党[1]。

简言之，除了最后的一个外，其他党派皆有非常强烈的阶级利益的色彩。基督教中央党在达成其原有党纲主要目标后，大致也成为一个纯粹恩护型政党。在所有这些类型中，即使那些表现出最纯粹阶级利益取向的政党，政党领袖及其在职掌权与有薪干部的利益仍然永远居于重要地位。通常只有当漠视选民、会危及选举前景的情况下，选民的利益才会被考虑。这是大众为何会反对此类政党的因素之一。

5. 政党内部的各种形式，将在适当章节分别讨论。不过所有这些形式都有一共同之处，就是由个人组成的核心团体，会掌握政党事务的主要动向，包括制作"标语"(制定党纲)及推举候选人。其次是"党员"的集团，他们的角色显然较为被动。最后是公民群众,他们扮演的是各式政党吸引的对象。他们只能在不同的政党所提出的各式候选人及党纲中做抉择。当我们考虑到入党的自愿特质，此种结构实无法避免，当我们称政党活动是一种"利益的经营"时，这句话所指的正是此种情况(如前所述，此处所言为"政治"利益，而非"经济"利益)。在此种情形下，利益的角色成为对政党攻击的第二个

1　皆为当时德国的政党。

重点。就此角度而言，政党制度与资本主义企业制度有其形式上相近之处，后者是基于对形式上自由的劳动力的募选而形成。

6. 捐献资金的大户，在政党财政扮演的角色绝不仅限于"资产阶级"政党。以是，辛格（Paul Singer）[1]是社民党的最主要捐助者（顺便提一下，他是为了人道主义，这是就目前所知最无私心的动机）。他之所以成为党主席，完全是基于此一缘故。再者，克伦斯基（Kerensky）的俄国革命政党[2]，有部分财源是来自莫斯科企业界的巨额利润。其他德国的"右翼"政党曾接受重工业界的资助。而基督教中央党也不时会收到百万富豪教徒的大笔捐款。

基于明显易解的原因，政党财政此一问题，尽管是政党制度中极其重要的一环，却极难掌握到可靠的资料。在某些特殊的个例中，一个（政党）"机器"（machine）[3]真正被"卖掉"的情况确实是很可能发生的。除了捐赠大户个别的角色外，另有两种基本的变换型：一方面，如英国的制度，候选人得负担起选举的费用，结果造成金权基础的候选人。另一方面，竞选费用由（政党）"机器"来负担，在此情况下，候选人就必须依赖党组织。永久性的政党组织，永远徘徊于此两种基

1　社会民主党领袖，1884 年起任帝国国会议员，创办柏林的《社会民主党日报》（*Vorwäts*），任党决策委员及社会民主党大会主席。

2　克伦斯基（A. F. Kerensky, 1881—1970），俄国革命家、律师，1917 年 2 月革命后，出任临时政府总理（1917 年 7 月），由于坚持继续对德战争，引起民众反感。1917 年 11 月，列宁领导十月革命成功，克伦斯基亡命海外，1940 年转往美国，1970 年死于纽约。

3　韦伯有时亦用 caucus 一词，按韦伯用 machine 或 caucus 指称政党机构时，有其特殊的美国式涵义，基本上意味着在议会之外的超越议员的政党官僚机构。

本形态间。十四世纪的意大利即是如此，正如今日。这些事实不该以美好辞藻来粉饰。当然，政党财政的力量亦有其限制，只要"市场"存在，它就只能发挥一些影响作用。但正如资本主义企业的例子，比起消费者而言，厂家的力量经由广告的提示，已有惊人的增长。这一点，对"激进"的党派而言，尤为真确，不管他们是左翼政党或右翼政党。

第十章

非支配性的团体行政与代表制行政

十九、非支配性的团体行政与代表制行政

虽然在政策及法令的执行上，某些起码的支配权力是不可或缺的，有些组织仍可能尝试将之减至最低的程度。这意味着，支配者的任何行动必须符合成员的意志。他必须使用成员所赋予他的权力，来为他们"服务"。在所有成员都能集合于一处，所有成员都互相认识，所有成员的地位都平等的小团体中，上述的目标极易达成。然而有些大团体也曾经实现这个理想。较显著的例子如城市团体及古代城邦，和某些地区性团体。

以下是达成这项目标的主要技术方法：

（a）简短的任期，如果可能的话，将任期限定于前后两届成员大会之间。

（b）随时可予以罢免。

（c）任职以轮流或抽签方式决定，使每一个人都有机会担任公职。这可以避免受到特殊技术训练的人，或久居其位及掌握官方机密的人，享有过度的权力。

（d）由会员大会严格规定担任公职者的行事规则，使其管辖权限**清楚且具体**，而非笼统一般性的。

（e）担任公职者负有向大会提交报告的严格义务。

（f）对于大会不曾预见的不寻常问题，公职人员有将它们提交大会或代表大会的委员会议决的义务。

（g）将权力分配于众多的职位之间，每一职位有其特殊的功能。

（h）使公职成为一项**副业**，而非专职。

如果行政官员由抽签方式选出，则此项程序在会员大会中进行。行政主要以口头形式推行。只有在某些权力必须得有清楚记载的情况下，方有文字的记录。所有重要决定都必须提交大会。

只要会员大会具有这些功能，则诸如此类的行政都将称为"**直接民主制**"（unmittelbare Demokratie）。

　　1. 北美的"市镇"[1]以及瑞士的州，如格拉鲁斯（Glarus）、席威兹（Schwyz）及阿奔杰尔（Appenzell），因为领域狭小，都颇为接近直接民主[2]。雅典的直接民主事实上远超过上述范畴。中古意大利市镇的"市民大会"（parlamentum）则更远为超越。自愿性结社、行会以及各式各样的科学、学术、运动协会，也都具备这项形式。某些"贵族"团体的内部组织同时也具

1　美国新英格兰地区为地方自治体最发达的地区，市民大会（town meeting）控制市镇，大会由符合资格（多半为财产限制）的居民组成，以多数表决的方式决定政策或立法，因此不另设代表制的市议会。市民大会在早期经常召开，后改为每年至少召开一次。

2　瑞士联邦由22个州（canton）组成，各州除了联邦宪法所限制事项外，握有完全主权。州的立法权，或由州议会行使，或由州民大会（Landsgemeinde）行使。州民大会每年召开，以举手表决方式通过法案或预算案，并任命州政府。不过此种直接民主制仅能行之于人口较少的农业州或森林州。

有这个特性。这些贵族极不愿任何人有凌驾其上的权威。

2. 直接民主制的主要条件，除了领域狭小及人口稀少之外（当然最好的是两者得兼），是它无须应付某些只能由专业性的人员处理的事务。一旦组织中有专业人员的存在，不论使用多么强烈的努力想将他们置于附属的地位，官僚化的种子仍将萌芽。最重要的是，这类专家无法以"直接民主制"的方式加以任命或解职。

3. 与直接民主制的理性形式有密切关联的是长老政治，或家父长式团体。这是因为在这些团体中，成员希望支配者以其权力来为他们"服务"。然而此类团体和直接民主制却有两个主要的不同之处：(a) 行政工具一般而言是由支配者私人所占有，(b) 同时支配者的行动被传统严格地限制着。而直接民主制要不是一个**理性**团体的组织形式，就是可能成为一个理性团体的形式。目前我们将讨论过渡型。

二十、"名门望族"的行政

"名门望族"（Honoratioren）是具有下列特征的人：

1. 其经济地位允许他们在组织中继续把持行政或决策的地位，但除了某些象征性的给付之外，不收受报酬。

2. 他们享有高度的社会威望，不论其来源为何，因此受成员的信任而享有公职；这些信任本来由成员自动赋予，后来演变为一项传统。

首先，"名门望族"的地位意味着他可以**为**政治而活（für die Politik leben），而无须**赖**政治而活（von die Politik leben）。

他因此必须有某个程度的私人经济来源，而能享有经济"余暇"（Abkömmlichkeit）。最有可能具备这个条件的是"坐食者"（Rentner），如地主、奴隶主以及拥有牲畜、房地产或有价证券的人。除了这些人之外，某些拥有固定职业的人也占着有利条件。如果他们的职业允许他们自由地参与政治活动，将政治作为一项副业。这对从事以下行业的人尤其如此：如从事季节性的经营，特别是农业；如律师，他们有事务所的职员来协助；以及其他的自由业者。此外，贵族商人在很大程度上亦是如此。他们无须经常性地投注大部分精力于商业活动。最不利的是工业企业家和劳工。任何一种形式的直接民主制都有转变为"望族行政"的倾向。由理想的观点来看，这是因为以上这些人特别具备经验及客观性的资格。由物质观点来看，这是因为此种形式的政府所费最低。有时甚至无需任何花费。此类人部分而言自己拥有行政工具，或者以自己私有的资源供养行政机器；另一部分而言，则是团体将行政工具置于其支配之下。

1."名门望族"归类为身份团体的讨论将留待以后（《经济与社会》第四章）。在所有的原始社会中，其主要基础都是财富。财富经常足够使一个人成为"首领"。除此之外，视不同的情况而定，世袭的卡理斯玛或经济余暇可能更重要。

2.美国市镇的趋势是倾向于以自然权利做基础，对公职做实质的轮替。与此相对立的是，瑞士各州直接民主制的特性则在于，相同的名字，尤其是相同的家族，继续不断地出现于官吏的名单中。有些人比别人拥有更多的经济余暇，这个事实在日耳曼的"司法集会人团体"（Dinggemeinden）中也是非常重要的[1]。而北日耳曼的严格民主制中，在起初时候，至少在某些例子，经济余暇也是"律法望族"（meliores）[2]以及因此而产生的贵族阶级（patriciate）兴起的资源之一。后者垄断了市镇议会。

3. "望族行政"可见诸所有种类的组织中。例如未曾高度官僚化的政党就是一个典型。它经常意味着，疏放的（extensive）而非密集的（intensive）行政方式。当迫切的经济或行政问题出现，需要以正确的行动来处理的时候，虽然"望族行政"对组织而言"免费"，对个人成员而言，却代价"昂贵"。

一方面当团体庞大超过一个限度，多于数千正式的成员，另一方面当团体的功能涉及某些需要技术训练或持续性的政策时，由技术层面而言，这两种情况都使得"名门望族"主导的直接民主制和政府，变得非常不适当。在这种情况下，如果由团体所任命的固定技术官员与经常更换的领导者并列，那么一般而言，实际的权力将有落入前者之掌握的倾向，负责实际工作的将是前者，而后者将停留在一知半解的阶段。

1　本书第三章，p.321 注 2 曾提到日耳曼在"律例的发现"（Weistum）过程中，须召集共同体的成年男子集会。参加集会的团体即称为"司法集会人团体"。原先的"律例发现"，至少在形式上，似乎从未曾限定过律例发现人的资格，后来逐渐改为特定的常设律例发现人。下文所谓的 meliores 即指"常设律例发现人"，因此也有"律法望族"的意义。查理曼在位时，将"律例发现人"规定为"审判人"（Schöffe），审判人以外的司法集会人则一年内只需出席三次审判即可。逐渐演变为只有定期审判集会才由司法集会人全体出席，临时性的审判集会只由审判人出席。

2　除了"律法望族"的身份外，meliores 在十二三世纪时，通常用来指当时城市自治体中，具有参事会成员资格的家族。

一个典型的例子是德国大学每年改选的校长（Rektor）。他们较诸大学评审委员（Syndikus），有时甚至较诸学校行政中工作较久的职员，也常只不过是跑龙套者。只有美国式的具有自主地位又长久任职的校长——除了极少数例外——才可能创建真正独立的大学"自治政府"，而非只是空谈及自夸其重要性。然而在德国，不论是学术界人士的虚荣，或国家官僚体系的利益，都阻碍了这个方向的进展。到处都可发现类似的情形，当然特殊环境可能导致某些歧义。

只有在政团之间互相竞争，而不发展出长久占有职位的情况下，非支配性的直接民主制与"望族行政"才可能真正地存在。如果他们发展出对职位长久占有的现象，胜利一方的**领导者**及其干部，不论他们以何种方式获得这项权力，不论他们是否保持先前的行政方式，就形成了**支配的**结构。

（这确实是一个比较常见的破坏"旧习的"形式。）

第十一章

代表制

二十一、本质和主要形式

关于代表制的一个主要事实是：一个组织中的某些成员——"代表"——的行动，对其他成员有约束力，或为其他成员视为正当的及义务的，而加以接受（参见《经济与社会》第一部第一章第十一节）。在支配的结构中，代表制有几种不同的典型形式：

1. "占有型代表制"（Appropriierte Repräsentation），在这种形态的制度中，支配者或行政干部中的一员，（因占有处分权）而成为必然的代表。此种类型非常古老。它可见诸所有种类的家父长制团体及卡理斯玛团体中。在传统里能代表的权力范围则相当有限。

此类型包括各氏族的首长及部落的酋长，印度种姓制度的头领，各教派世袭的祭司，印度村庄的村长（Dorf-patels），共同体首领（Obermärker），世袭君主，以及所有类似部落或家族式团体的领袖。除非是在过于原始的社会中，如澳大利亚土著，否则这些支配者具有权威，以代表其团体与邻近部落订立契约，以及议定如何处理双方关系的约束性协议。

2. 与占有型代表制相类似的是"身份型代表制"（ständische Repräsentation）。如果主要只是关于代表及强制行使身份团体所占有的权力或特权，则它不算是一种"代表制"。可是如果这些持有身份者的决定，其影响**超越**了他们的特权，而达于其他无特权团体，则它具备了代表制的特性，因此应该将它认定为一项代表制。这种情形并不限于直接持有身份或家产的人，有时也包括其他不享有社会特权的人。这些人经常地为其代表的行动所拘束，不论这个代表行动是被视为理所当然，或者是经由公开宣示代表权威的方法。

　　所有封建制的御前会议和特权身份团体的议会均为如此，这也包括中世纪末日耳曼以及近代的许多"等级会议"[1]。在古代及欧洲以外的地区，这种制度只不过偶尔出现，而不曾发展为普遍性阶段。

3. 与此尖锐对立的是"约束性代表制"（gebundene Repräsentation）。在这种类型的代表制中，代表或由成员选出，或轮替，或以抽签决定，或其他任何方式。他们得以使用的代表权力，

---

[1] 中古西欧封建制中，封臣有应领主之召，赴其宫廷，予以"助言与助力"（consilium et auxilium）的义务。封臣集合在领主之前时，即组成"御前会议"（Lehenshof），同时也是个司法会议。此种会议即为"等级会议"（Estates）的前身。中古后期，欧陆各国皆有等级会议，法国的"三级会议"即为其一。

受到以下两类的严格限制：来自团体的必须服从的指令，以及团体将其罢免的权力。在这种类型的代表制中，"代表"只不过是其所代表者的"代理人"（Diener）而已。

　　此类必须服从的指令，在大多数各式各样的组织中，早有一席之地，例如法国地方自治体选出的代表，经常要受"陈情书"（cahiers de doléance）的约束 [1]。在现代，此类代表制在苏维埃型的共和组织中最为明显，这是直接民主制的代替品，因为直接民主在大规模团体中是不可能的。不论是中世纪或现代，约束性代表制亦曾存在于西方世界以外的各种组织中。然而除了西方之外，它们不具有太大的历史意义。

　　4. "自由代表制"（Freie Repräsentation），此类制度中的代表，一般而言经由选举产生（并且可能必须轮替）。可是他们并不受指令的约束，可以自己做决定。他唯一的义务是表达自己的信念，而且确信自己的**客观公正**（Sachlichkeit），因此无须考虑此举是否有助于选举人的利益。

　　自由代表制就此意义而言，经常是指令之不完整或缺乏指令之不可避免的结果。可是在某些情况下，它却是有意的选择。在后一情形中，代表经由当选而对选民行使支配权，并非仅是其"代理人"而已。此类型中最显著的例子是现代的议会代表制。它和法制型支配有着共同的一般性趋势：倾向于非个人性，同时有服

---

[1]　等级会议乃法国在大革命之前提供国王咨询的民意组织。在每次开会时有一习惯，即由每一等级提出一份"陈情书"，列出该等级的抱怨及要求改革的建议。

从抽象的政治或伦理规范的义务。

议会最能够清楚地显现出这种特质：它是现代政治团体的代议机构。如果无视于政党在议会自动性的干涉，则议会的功能将变得无法理解。将候选人及政纲提交政治被动的公民之前的组织，正是政党。它们同时也通过在议会中的妥协和投票，创设了支配行政过程的政治规范。当他们超过半数，有能力这么做的时候，他们可将行政置于其控制之下，以其信任票支持行政；或以不信任票推倒行政。

党魁和他所任命的管理干部，这包括部长、大臣（有时包括次长），构成了国家的"政治"管理团体。也就是说，其职位有赖于他们在选举中的胜利。失败的选举将迫使他们辞职。在政党政治完全发展的地方，这个行政组织由国会中的多数派强加于国家的名义元首——国王——之上。国王被剥夺了事实上的统治权，其功能则只限于下列两项：

1. 通过和诸政党磋商，他挑选事实的元首，并且通过他的任命，使元首的职位在形式上得以正当化。

2. 他就像一个代理人，对掌权的党魁所施行的政策予以法律化。

部长们的"内阁"、多数党的委员会，可能以一元式或合议式的方式加以组织。后一种形式在联合内阁中是不可避免的；前一种形式在运作上则更为严密。内阁以一般的方式，如垄断官方机密及维持内部成员之间的团结一致对外，来保护自己免于敌人以及寻求内阁职位的同党成员之攻击。除非存在着有效的分权原则，否则此种制度必然是由执政党组织掌握所有的权力。不只是最高的职位，经常连许多较低的职位，都成为政党跟随者的俸禄。这可称为**议会制的内阁统治**（parlamentarische Kabinettsregierung）。

　　哈斯巴赫在其《议会内阁政府》（*Die parlamentarische Kabinettsregierung*, 1919）一书中[1]，对这项制度所做出色的、引起甚多争议的攻击，最清楚地陈述了这些**事实**。他的这项攻击曾经被称为一项"政治性的描述"，这位作者在他自己所写的一篇论文《荷兰的国会和政府》（Parlament und Regierung im neugeordneten Deutschland）中，曾经小心地强调，该书乃是当时的特殊情况中，所产生出来的一部具争议性的作品。

　　如果政党政府不完全地占有权力，而国王或民选的总统享有独立的权力，特别是在职位（包括军职）的任命上，那么它就是一个**立宪制的统治**（konstitutionelle Regierung）。这在有正式的**分权原则**存在的情况下，较可能出现。一个特殊的例子是，普选的总统制与代议制的国会并存的状况——此即，**诉诸民意与代表制的统治**（plebiszitär–repräsentative Regierung）。[2]

　　议会制的组织中，其行政当局或最高的行政首长可能由议会本身选出。这是**纯粹代表制的统治**。

1　Wilhelm Hasbach（1845—1920），研究英国经济史及自由经济制度的德国学者。反对议会制，支持立宪君主与强力官僚制。
2　1919 年 8 月 11 日的魏玛宪法追求的就是这一类型的政府。Hugo Preuss 在 1919 年 3 月他的纪念文集刊出时，替未来德国设计了宪法。韦伯对普选总统与（同样是普选出的）议会选出的部长领袖（首相）两种制度结合而成的国家形式，认为根本上没有可非议之处。他认为：不管是全国选出的国家元首权力应该较大，还是民选代议员托付而产生的部长领袖（首相）权力应该较大，这样的问题依实际情况，可以有不同的答案。但是韦伯又说：要是在全民普选的元首之旁，有一个受各省控制的强而有力的联邦会议，那么，议会式

如果一个团体容许以全民表决的方式，将意见直接诉之于广大的被支配者，那么代议机构的统治权力一方面可能受到大幅的限制，同时也可能获得正当化。此即，**公民投票的规定**（Referendums–Satzung）。

1. 现代西方世界最独特的，并不是代表制**本身**，而是**自由型**代表制与代议机构的结合。在古代世界及其他地区，此种制度仅仅以诸如城邦国家的代表大会等雏形出现。可是原则上，这些代表都受制于其所来自的城邦的指令。

2. 代表有遵从指令的义务，这项制度之所以被废除，乃深受国王地位之影响。法国的国王经常要求：在选举参加"等级会议"的代表时，必须让代表能**自由地**赞同国王所提出的议案。如果这些代表为选区的指令所拘束，那么国王的政策极可能会受到严重的干扰。在英国国会中，正如下文将指出的，国会的组成和过程都导致相同的结果。这与下列事实极有关联：一直到 1867 年的改革法案之前 [1]，国会中的代表自认为他们是一个特权的身份团体。国会的严格保密措施清楚地显示

（接上页注）的首相的地位就会变得"根本没有用"。这样的结构不足以称为议会政治。反对这样的政治体制的人，可以找到足够的理由；魏玛的宪政说明的团体就刚好是这样的体制。普选国家元首与对民选议会负责的政府，这两制并行，在历史上，如法国 1848 年 11 月 12 日的宪法。在 1850 年法国的阶级斗争当中——据当时的法国报纸及马克思的观察——把这种两种支配并行制的"内在矛盾"做了彻底的批判；并且接下来而有"路易拿破仑雾月"的新政权。韦伯在他的政治论文中屡次举出，美国宪法中规定的国体，普选出的总统的权力有一定而明确的限制，但却没有议会式的制度。

1　英国在 1832 年第一次改革法案通过后，虽然参政公民数扩大不少，然而由于仍有财产限制，劳工阶级仍未能享有投票权，于是乃有 1867 年的第二次改革方案，将选举权开放给几乎全部的工人。在这以前，议会基本上仍由贵族及资产阶级所控制。

了这点（一直到十八世纪中叶，报导国会中会议过程的报纸，都可能被处以非常严厉的惩罚）。他们所依据的理论是，国会议员乃是"全体人民的代表"，因此，他们不应受任何特殊指令的约束。他们不是人民的"代理人"（Diener），而是握有支配权威的"支配者"（Herr）。这种理论后来在法国大革命中，获得了其经典的、修辞华丽的外形。不过在此之前，它早已成熟地发展于文献之中。

3. 在目前我们仍无法详细地分析，英国国王及其后继者的权力，如何为内阁这样一个非正式、仅代表政党的机构所逐渐剥夺的过程。初看起来，它虽然具有无比广泛的重要后果，却是一个非常奇特的发展。可是如果我们考虑到，英国官僚制度在当时仍未发展，我们就不会像一般人那样将它完全视之为"偶然的"了。目前我们也不可能仔细地分析如美国结合诉诸民意制和代表制的功能分权制度，以及全民投票在其中的地位（它基本上是对腐败的立法机构的不信任）。瑞士民主制，以及最近出现于德国几个邦的代议民主制，目前也暂不讨论。以上讨论的目的，仅在勾勒出几个主要类型的轮廓。

4. 所谓的"立宪"君主制可能非常类似于英国纯粹的议会政府。其最重要的特征乃是国王掌握了任命的权力，这包括部长及军队指挥官的任命权。反之而言，英国式的代议政府也不必然能排斥具有政治**天分**的国王有效的参与政治活动，如爱德华七世[1]。这种制度下的国王并不必然是个虚君。这将在下文详细讨论。

5. 由代议机构统治的团体并不必然是"民主的"，如果民主意味所有的成员皆有同等的权利。相反的，历史经验显示，发展出代议政府的典型地区反而比较是贵族或财阀的社会。英国即为如此。

与经济秩序的关系：这些关系非常复杂，必须个别分析。就我们现阶段的主要目标而言，我们将只做如下的一般性讨论：

1. "自由"代议制发展的因素之一，是旧有的身份团体的经济基础逐渐崩溃。这使得具有煽动天分的人，不论其社会地位为何，得以发展其前途。引起这项崩溃的原因，即是现代的资本主义。

2. 法律秩序和行政体系的**可估算性**及可信赖性对理性资本主义具有不可或缺的重要性。这项需要使得资产阶级企图以合议式的机构来牵制家产制的国王及封建贵族。这个**资产阶级**的意见具有决定性作用的合议式机构，控制了行政及财政，同时对法律秩序的变迁也有着重要的影响。

3. 当这个转变过程正在进行的时候，无产阶级尚未形成一股**政治**力量，同时也未能对资产阶级造成威胁。何况，资产阶级在当时也毫不犹豫地以投票权的财产资格限制，来消除任何可能的威胁。

4. 经济秩序和国家的**形式**理性化对资本主义的发展十分有利。

1　Edward VII (1841—1910)，1901 年即位，在位期间促成英法协约 (1904)，英俄协约 (1907) 以及最后的三国协约，对德国威廉二世的扩张政策是一大打击。

国会也可能大大地促进了这项理性化的过程。并且，它似乎很容易对政党组织产生影响。

5. 煽动者在现存政党活动中的发展，乃是代理权扩张的结果。下面的两项因素使得国王和他的部长对**普遍**投票权采取赞同的态度。第一是在对外战争时，必须取得无产阶级的支持。第二是希望和资产阶级比起来，无产阶级可能会是一个"保守的"势力，但事实证明这项希望是落空了。

6. 如果议会的成员大部分来自"教养与财富"的阶级，即"名门望族"，它将较能平顺地运作。在这种情形下，政党结构的基础将是社会地位而非阶级利益。冲突将只存在于不同**性质**的财富之间。可是随着阶级政党之兴起，尤其是无产阶级政党，议会情况有了急剧的改变。另外一个引起变化的重要因素是，伴随着政党**直接诉诸民意**的特质，党的组织在内部出现了官僚化。议会中的成员因此不再是选民的"主人"，而成为**党机器领导者**的"仆人"。这必须在其他地方做更详细的讨论。

二十二、利益团体代理人的代表制

第五类的代表制是**由利益团体的代理人所形成的代表制**。这个名词将应用在那些成员身份非依自由选择，而依职业、社会或阶级背景的议会机构，每一个此类团体都由具有相同职业或社会背景的人所代表。目前的趋势是，此类代表制以职业为基础。此即，"职业身份的代表会议"（berufsständischen Vertretung）。

此类代表制，随着其中可能有的歧义性，也许会有完全不相同的重要性。

1. 在职业、身份、阶级背景方面，它们可能有很大的不同。

2. 在解决冲突方面，它们也许通过投票表决，也许经由妥协方式。

3. 在背景方面，由于不同类别在人数比例上的差异，其重要性也会有很大的差异。

而在解决冲突方面，此类制度可能有激进的革命性，也可能极端的保守。无论如何，它都是代表**阶级利益**的强而有力的政党发展之后的产物。

一般而言，此类代表制的发展是以剥夺某些阶层的公民权为其目标：

（a）它或者通过在各个职业团体间分配席次，因此在**事实上**剥夺了为数更广的群众的公民权。

（b）它或者**公开地、正式地**只将公民权给予没有产业的人。因此，剥夺了那些因经济地位而拥有势力的阶级之公民权（苏维埃国家就是一例）。

此类代表制，至少在理论上削弱了政党在利益上的独占排他性；虽然到目前为止，事实显示出并没有能完全消除它。在理论上，金钱在选举中所占的角色当然也可能淡化。但是这能做到何种程度，仍然值得怀疑。此类代表机构显露出**缺乏有效的个人领导**（Führerlosigkeit）之倾向。因为在利益团体中似乎只有专业性代表才能全力贯注于其工作。在无产的阶层中，这个工作因此必须交给已经组织起来的利益团体里支薪的秘书来处理。

1. 所有历史上较古老的"等级会议"的特性是：用代表

制妥协的方式来解决纷争。今天，在劳资委员会中[1]，此种方式在处理冲突上据有主要地位，此外，任何分立的权力机构之间的协议亦如此。以数字来说明一个职业团体的"重要性"是不可能的。数目众多的劳工以及人数愈来愈少的企业家，不论双方的数目为何，两者的利益都必须加以考虑。双方的情报都似乎特别的灵通，并且都有强烈的私人利益。这些利益通常是高度敌对的。因此，在身份与阶级都高度异质性的情况下，"多数决定"的原则实在过于机械、勉强。以投票作为最终决定的基础，这是解决并表现**政党**之间的妥协所特有的，然而它却不是以职业为基础的利益团体之间所可能有的特质。

2. 当代表制的组成元素是几个约略**平等的社会阶层**时，则投票是适当的。所谓苏维埃只由工人组成。另外一个近似的类型是行会在争夺权力时代中的"商人团体"。它由许多个别的行会的代表组成，以多数票决的原则决定事务。然而在事实上，如果某些特别有力量的行会在表决时失利，它就会有分崩离析的危险。甚至"白领劳工"（职员）参与苏维埃都会造成问题。以前通常是对其应有选票数目，做机械性的限制。如果农民和手工业者被容许加入，那么情况就更复杂了。而如果所谓的"更高"职业和商业的利益都加入的话，那么以

1　劳资委员会（Arbeitsgemeinschaft）——这是被雇者团体与资方团体共同组成的一个机构。1918 年 11 月 5 日，在工人及雇主两者的最高层代表机构之间协议之下，建立起的委员会；它后来又逐渐没落下去（中央劳资委员会，帝国劳资委员会，以及区域性及专业性的下级机构）。这方面可参阅 Adolf Weber, *Der Kampf zwischen Kapital und Arbeit* (1910), p.425 f., 这本书讨论的是：包括一切德国工业、商业界的劳方、资方的中央劳资委员会实际可行的方式，以及它们根本的问题；讨论的目的是为解决社会对立。

投票来决定问题根本就不可行。如果劳资协调机构以平等的代表原则来组织的话，则趋势将是：某些"黄色"的工会会支持雇主，而某类雇主会支持劳工。结果是，最缺乏阶级忠诚（Klassenwürde）的分子拥有最决定性的影响力。

甚至在无产阶级的"苏维埃"内部，不同劳工团体之间的尖锐对立，在某些时刻都可能发生。此项对立的后果可能使苏维埃陷于瘫痪。无论如何，这将为在不同利益间玩弄政治的现象大开方便之门。这就是为什么官僚化的元素容易存在于这些地方。在农民及工业劳工的代表间也容易发生这类现象。我们可以确定，除非根据严格的革命基础，否则任何组织代表机构的此类尝试，最终只不过提供了以不同形式操纵选举的机会而已。

3. 以"职业身份"为基础的代表制，发展的可能性并不低。在技术和经济发展较为稳定的时期中，它发展的可能性尤其高。可是在这种情况下，政党的重要性将大为降低。除非这种情况发生，否则职业代表制显然无法消灭政党。相反的，正如我们目前可以看到的，由"经营协议会"（Betriebsräten）[1]到"德国经济会议联盟"[2]，创造了一大堆的分赃职位分配给忠心的党员。经济利益进入政治的同时，政治也渗透入经济秩序。我们对这个现象自然可以采取多种不同的价值评判，然而事

1　"经营协议会"为俄国苏维埃的德国版，"一战"后，成为激进革命派的目标之一。魏玛（Weimar）宪法颁布后，正式完成立法程序。不过，其精神已有大幅修正，成为劳资协调的会议。纳粹政权成立后，"经营协议会"于1934年被废止，到"二战"后才再恢复。

2　"德国经济会议联盟"，由各职业团体及消费者代表组成，政府在向议会提出重要经济政策或社会政策之立法前，必须先向此一会议咨询。此一会议亦有提出此种立法案之权利。设于魏玛宪法制定后，1934年废除，"二战"后再恢复。

实并不会因此而有所改变。

　　真正的议会代表制，可说是自愿性的政治利益团体对政治的一种经营，他们所造成的直接诉诸民意的政党组织及其结果，以及由利益团体所形成的**理性的**代表制的现代观念，等等，都是西方所特有的。如果不先了解身份团体和阶级在西方世界的独特发展，以上这些都将无法理解。甚至在中世纪时，以上这些现象的种子都已存在于西方世界，并且**只**存在于西方世界。正如**只有**在西方世界，才存在着"城市"和"身份"（**王**与**王国**，rex et regnum）[1]，"布尔乔亚"和"普罗"。

1　早期日耳曼民族的政治理论认为：国家的权力是基于"国王"（rex）及"身份"（regnum）
　　的二元式结构，regnum 即指包含各"等级"在内的人民，故此处译为"王国"。

"正当性"理论的一个说明

韦伯对**正当性**的讨论，参见 Johannes Winckelmann, *Legitimität u. Legalität, Max Webers Herrschaftssoziologie*（1952）。

韦伯经验科学里的三种基本的正当性政权都是以纯粹方式建构的类型——根据每一个政权系统中可能的正当性原则：在实际上有效，而且在社会上可以重组起来的正当性原则——这三个类型所具有的不同的正当性原则，应该不但为追求正当性的统治者所接受，同时也为肯定某政权之正当性的被统治者所接受，而且二者在这一点上有相互的义务。无论如何，所谓正当化意指，在法律效力的基础上，能够自圆一己的立场（Rechtfertigung）。经验层面的正当化工作是在事实层面上不断地自圆其说；这种正当化的工作乃是在一涉及规范，并不断证实、肯定规范的形式下所展开的社会行为。

一般批评韦伯在这方面的看法的人，通常忽视了下列现象：韦伯乃是以社会学的观点展开其对正当性问题的了解，他同时针对统治者与被统治者双方之规范导向的行为及价值态度。一般批评所忽视的是如下的事实：以社会学观点掌握住的正当性问题，其中包含有该以怎样的程序去自圆其说的观念；有了这个观念，以及针对这样的程序，然后某个正当性的原则及某个自圆其说的原则才具有它的规范性及实际的效力。准此，韦伯这三个纯粹构思建立的类型，对他而言，乃是三个不同价值导向的必要范畴；亦即，借着辨明支配行为者的价值态度是传统式的、感情式的或理性式的，来说明支配系统的结构。要是没有社会政治行为中的规范内涵——规范是自圆其说的原则，也没有价值态度及价值行为的不同方式，那么在经验层面上的正当化——实际层面上的自圆其说——就无其可能性。

　　根据以上种种，我们可以掌握到的结果是：自社会学的观点看来，正当化的过程在实际的执行上即是规范导向的价值开展；或者说，以经验科学所勾勒出的正当性类型实际上就是规范导向的范畴。有正当化某支配系统力量的，并非基本的事实；能够从自圆其说的原则中产生出来的对正当性的了解，并能在实际社会行为中运行的，才是具有正当化力量的因素。赤裸裸地将事实展现出来并不即具有法律效力。

　　三个由纯粹构思所建立起的支配正当性类型都显示出相互一致的内在结构。三个类型中的每一个都蕴含两项重叠的正当性标准：1. 支配的正当性；2. 由支配关系引出的秩序的正当性。这两个标准都属于正当性的条件：支配关系的权力，以及干预或特许的权力（指秩序内涵方面），都必须正当并保有正当性。

　　在一般简单的政治结社中，支配关系表现于用以维持秩序、下达命令的力量。在较复杂的结社里，亦即，在上述简单的维持秩序的方式不敷使用的结社团体中，会形成一个专门制定规范的权力机构。此一机构所维持的秩序整体若要享有正当性的话，则它不仅必须是以正当方式建立的，并且，由它所创立的规范，在实际的内容上也必须证明具有正当性。想要肯定（在内容上）对秩序的一种不正当的解说（规章），并赋予这不正当的解说以正当性，这是不可能的。若果真如此，则将是一个矛盾的联结(contradicto in adjecto)。

如上所述，则正当支配关系秩序的三种类型之间相互的一致性，至少在结构上必须如下：

I. **支配机构**因自圆其说的原则得到正当性

（a）因为毫不间断地保存了神圣且留传下来的东西

（b）卡理斯玛的禀赋

（c）合理的（合乎理性的）规章

II. **规范制定**的正当性

1. 经由正当的权力机构，并且在权力范围内，行使既定职权：

（a）传统性的君主或传统性的委员会（譬如长老会议）

（b）卡理斯玛的英雄或圣人（煽动家）

（c）合理—合法的立法机构（立法院）

与这三点重叠的是：

2. 经由**秩序解说内容**上的正当性，受到如下原因的一致肯定：

（a）自古相传持续不断的这种正当性原则

（b）禀赋的正当原则

（c）合乎共同建构的理性（形式上的或实质上的合理性）的正当性原则（参见《法律社会学》）。

关于三个正当性类型在概念的辩证关系，它们之间内在的互变，以及在现实世界中它们之间的混杂、俗化以及变形的过程，参见 Johannes Winckelmann, "Max Webers Versta ndnis von Mensch und Gesellschaft",收于 *Mu. Gedächtnisschrift zur Zentenarfeier*(1964)，p.238ff。

可能发生的是：一般大众忽然意识到"纯粹"的正当性要求以及他们自己对原则的忠实，与活生生的现实及自己的日常举止之间，有很大的差距；此时，就会有人开始着手重整应该要有的正当性。因为，若不如此，人们就不会再不断地赋予对某支配系统之正当性的肯定。

另一方面，一个具有威胁性的危险是：正当性的机械化惯性越是变得不具任何意义、越是肤浅化，或者越是深入广大群众心中的时候，就越容易有另外一种正当性的类型出现；它的出现的结果是：借着重整一个有重整力量的、"真的"正当性，来扫除残破的局面。

这样的两极性及内在的紧张性是每一个正当性的说词在一开始时就蕴涵的特性，并且，也是韦伯——其他人也一样——在观念层面上一直在处理的问题。亚里士多德也以如此的方式来处理问题：他区分出三种正确的（orthai）宪政形式，同时又提出三种堕落后的变型。

批评家（大多是没有受过法学训练的）所犯的基本错误是：认为在上述三类型正当支配关系之外，还有第四种，纯粹技术性，而没有规范导向的合法性的类型。这项错误的看法来自对"合法性"（Legalität）的双重意义内涵有误解。一方面，合法性是由那些立法院的议案行为（因为它的合法化工作）而建立。另外一方面，合法性意指——韦伯个人的合法性理论意指——合理的（相对于传统的及卡理斯玛的）正当性形式。而这种合理的正当性形式的产生，是来自于具有赋予正当性的、形式的或实质的合理性原则。

形式的合理性方面，它的最后依据是一个形式的（法律的）原则，是在抽象、逻辑方式下解释意义问题，并以逻辑归纳的方式抽取理论，这样的合理性能获得形式上的自由。相反的，实质的合理性，它的最后依据是社会秩序中的实质原则，不是经由抽象逻辑概念分析得来的，而是不断地回归到具体的问题和现实秩序中的冲突上，查看它的适用性：实质的合理性应该被视为是可以付诸实现、并合乎实际社会设计的相关理论系统。

最晚从二十世纪初期起，我们可以观察到某种理论与实际间的争执，这种争执是在合理合法的政治秩序之正当性问题的范围中展开的。争执的两端是，一边主张形式合理性的正当性原则，一边主张实质合理性的正当性原则。在这争执中——至少是在走向社会主义的某些国家中——我们见到实质的合理性及实质的合理化有贯彻下去的趋势。

这三个至少在结构上相当纯粹的正当性形式，都有在日常生活中受到侵蚀的可能，而且实际上也如此；因此失去它们的纯粹性。韦伯对其社会学有实际了解经验科学的要求，是以将正当化的纯粹类型（作为有关价值问题之界线的理论），和实际生活中显现出的类型，二者极端化。现实生活中价值问题的消失、平淡化、形式化、机械化都可能在这些纯粹类型中发生：

1. 具有神圣色彩的传统褪色，变成习惯性动作及墨守成规的无意识行为。

2. 由非凡使命感所引出的强制性淡化，变成日常生活及实际行为中的技术性操纵。

3. 能赋予正当性力量的理性，以及调整行为的理智，僵化成空泛、功能的模式及机会主义式的合法主义。

　　对于宪政国家的正当性，通常有一种错误的看法：认为立法机构所制定的"任意的"决议法规（Satzungsrecht）都是正当的。决议的法规只是相对于传统式的法规继承，"以任意方式产生的"（不是"任意的"）法规。立法机构（作为代议机构）有它自己的职权范围，它按照宪法的旨意建构，并且在宪法范围里被授予职权，以及在宪法规定下接受管制：这个决议产生的法规之所以具有正当性，是基于立法机构在职权范围方面有它被肯定了的能力；也基于这法规在内容实质方面与宪法本身的正当性原则相符合，而这两个相符合的事实要受宪法法院（正当性管制）——甚至也还可能要受抽象方式的规范管制——的督查。

　　近两个世纪以来所争执的，便是欲以此实质方面的"法院的督察权"为追求目标，来增进法治国家在民主上的成就。在一个基于正当性所建立起来的团体中，国家的每一项作为都必须合于这项成就——包括最尖顶的人物以至于执行法律、掌握行政权的最低层机构的所有行事。在正当性理论中，不可能有一个不合乎正当原则的合法性类型。正当性不外乎是据最高（法律的）原则，在内容上所作的认可性的说明。

译名对照表

Abkömmlichkeit　经济余暇

Abstimmungs-Kollegialität　票决合议制

Aeltesten　长老

Ahnenprobe　祖谱测试

aisymnetai　（希腊）仲裁者

alleu　自由领地

Amtscharisma　职位性卡理斯玛

Amtshierarchie　官职层级制

Angevins, Plantagenet　（英国）金雀花王朝

Anhängern　皈依者

Anstalt　强制性社团

Anteil　分享一份

Anziani　长老

Appenzell　阿奔杰尔

Appropriation　占有，处分

Appropriations-Partei　占有型政党

Appropriierte Repräsentation　占有型代
　表制

Arbeitsgemeinschaft　劳资委员会

Archon　（雅典）执政官

Aufgabe　任务

Augsburg　奥古斯堡

Au β eralltägliche　超凡的，非日常性

Autokephalie　自治

Autonomie　自律

Autorität　权威

Baden　巴登

Bakufu　（日本）幕府

Bann　禁制权

Baptists　洗礼派

Beamte　官员

Becker, C. H.　贝克

Behörde　机关

Beherrschten　被支配者

Believers' Church　信徒的教会

Berne　伯恩

Berserker　暴虎之勇

Beruf　召唤，志业，职业

berufsständischen Vertretung　职业身份的代表会议

Berufung　召命

Betrieb　经营

Betriebsräten　（德国）经营协议会

Bill of Rights　权利法案

Blutbann　流血禁制权

Blutgerichtsbarkeit　流血司法权

Bodenregal　土地的完全占有

Bojaren　（罗马尼亚）波亚阶级

Book of Mormon　摩门经

Boyars　（俄国）包亚贵族

Brun, Rudolph　布伦

Buke　（日本）侍

bull of Apis　阿庇斯圣牛

Burgundian　勃艮第

Burke, Edmund　伯克

Büro　办公室

Bürokratie　官僚制

Caesarism　恺撒制

cahiers de doléance　陈情书

Caliphs, Khalifa　哈里发

canton　（瑞士）州

capitano del popolo　（意大利）人民首长

Capitulare de villis　庄园管理条例

Carlyle, T.　卡莱尔

Carolingin　卡洛林王朝

caste system　种姓制度

caucus　政党机器

character indelebilis　不可磨灭的印记

Charisma　卡理斯玛

charismatische Herrschaft　卡理斯玛支配

charismatische Partei　卡理斯玛型政党

Charles I　（英王）查理一世

Cicero　西塞罗

Cleon　克里昂

Code Napoléon　拿破仑法典

Colbert　科尔伯特

Comité de salut public　公安委员会

Common Law　习惯法

condottiere　佣兵领袖

consilium et auxilium contra omnes　以进言与助力支持（领主）对抗万人

Consuls　（罗马）执政官

Convocations　教士会议

Crédit Mobilier　动产信托银行

Cromwell, Oliver　克伦威尔

curia　（罗马）部族议会

Curia Regis　（法国）御前会议

Daimyo　（日本）大名

de Coulanges, N. D .Fustel　古朗士

de Loyola, Ignatius　罗耀拉

decuriones　（罗马）市镇议员

Demagoge　群众煽动者，群众领导者

dictator　（罗马）狄克推多

Die parlamentarische Kabinettsregierung　议会内阁政府

Diener　仆人，代理人

Dienstland　服务领地

Geschlechterstaat　氏族国家

geweckt　唤起

Ghibellinen　皇帝党

gilt　妥当的

Glarus　格拉鲁斯

Glaubenspartei　信念政党

Gnadengabe　天赐恩宠

Gracchus　（罗马）格拉古兄弟

Grand Remonstrance　大谏章

Gregory VII（教宗）格列高利七世

Groβveziere　（奥斯曼土耳其）大相

Grundherr　庄园领主，土地领主

Grundherrschaft　庄园制度

Guelfen　教皇党

Günstlinge　宠幸

Guru　（印度）导师

Haller　哈勒

Haushalt　家计

Hausmacht　家门势力

heliaia　人民法庭，赫里亚

Herr　支配者

Herrenbank　（德国）高级贵族会议

Herrenstellung　支配地位

Herrschaft　支配

herrschaftlichen Konsumhaushalts-
　Kommunismus　统治阶层的消费性家
　计共产制

Herrschaftsverband　支配团体

Herrschaftsverhältnis　支配关系

Herrscher　支配者

Herrschild　授封权制度

Heterokephalie　他治

Heteronomie　他律

Hintersassen　隶属民

hireling　（教友派）仆人，牧师

Hofrat　（日耳曼）顾问会议

Holl, K.　贺尔

homage, Mannschaft　受封

homo vassali mei non est homo meus　我
　的封臣的封臣不是我的封臣

Honoratioren　名门望族

House of Commons　下院

House of Lords　上院

imperium　统帅权

in statu nascendi　初始阶段

Infallibilität　教皇无误论

intensive　密集的

interrex　（罗马）摄政王

Inthronisation　加冕

ius vocandi　移管请求权

Jacobin　（法国）雅各宾党

Jagirdar　查吉达

James II　（英王）詹姆士二世

Jünger-Prinzips　使徒信条

Jungliberalen　（德国）青年自由党

Junker　（德国）大地主

Justice of Peace　（英国）治安长官

Kabinettsjustiz　王室裁判

Kalkulierbarkeit　可估量性

Kämmerer　侍从长

Kaplanokratie　助理司祭

Kartell　卡特尔

Kasi　（日本）下士

Kassationskollegialität, veto collegiality
　　否决式合议制

Kerensky, A. F.　克伦斯基

Klassenwürde　阶级忠诚

Kleros　克利娄

Klerus　圣职者

Klienten　客

kokudaka　年贡米额

Kollegialität　合议制

Kolonen　部曲

Kompromiβ-Kollegialität　妥协的合议制

Konstitutionelle Gewaltenteilung　立宪制
　　的权力划分

konstitutionelle Regierung　立宪制的统治

Konvent　习律

Kriegerkaste　武士阶级

Laien　普通信徒

Landesvater　君父

Landfriede　境内和平运动

Landsgemeinde　（瑞士）州民大会

Laud　劳德

Lebensführung　生活样式

legale Herrschaft　法制型支配

Lehen　采邑

Lehensfeudalismus　采邑封建制

Lehenshof　御前会议

Leibherr　人身领主

Leihezwang　强制授封

Leistungs-Kollegialität mit präeminentem
　　Leiter　有最高元首的功能合议制

Leistungskollegialität, functional
　　collegiality　功能性合议制

Leiturgie　赋役制

Leiturgiestaat　赋役国家

lit de justice　君主亲临

literati　士

litterateur　文人

locutio ex cathedra　教皇谕令

Lord Protector　护国主

Lübeck　卢比克

Macht　权力

Magdeburg　马德堡

magistracy　（罗马）政务官

Magna Carta　大宪章

major domo, Hausmeier　宫宰

Mameluken　马木路克

Männerbund　男子联盟

Männerhaus　男子集会所

Marschall　司马

materialen Gerechtigkeitsgründen　实质
　　的公道的考量

Maximilian I　（皇帝）马克西米连

mäzenatisch　赞助型

meliores　律法望族

Memphis　孟菲斯

权团体

präbendale Struktur 俸禄的基础

Präbendalismus 俸禄制

praetor 总督，主审官

préfet （法国）地方首长

Prestige 威望

primärer Patriarchalismus 原始的家父长制

primogeniture 长子继承

primus inter pares 同侪中第一人

Prinzipat 元首制

Privilegium de non evocando 不移管的特权

Privy Council （英国）枢密院

Ptolemaic （埃及）托勒密王朝

Punic Wars 布匿克战争

Quakers 教友派

Rat der Elf 十一人委员会

Räte von Haus aus 宫廷外顾问

Rechenhaftigkeit 计算

Rechtsbelehrung 法的教示

Rechtsfindung 律例的发现

Rechtsweisen 律例的宣示，判决提案

Referendums-Satzung 公民投票的规定

Regierung （普鲁士）地方政府

Regierungspräsident 地区首长

Reichsfürsten （日耳曼）帝国诸侯

Rektor （德国）大学校长

Rentner 坐食者

rex 国王

rex et regnum 王与王国

Robespierre 罗伯斯庇尔

Sachlichkeit 就事论事，客观公正，客观性

Sachsenspiegel 萨克森律鉴

Salon 俱乐部

salva fidelitate debita domino regi 保留对国王陛下应有之效忠

Samurai （日本）武士

Saul 扫罗

Scheich （阿拉伯）薛客

Schöffe 审判人

Schöffen barfreie 参审自由人

Schurtz, Heinrich 舒兹

Schwyz 席威兹

Sect 教派

Senate （罗马）元老院

Sendung 使命

Seneschall 司库

seniority 长者继承

Shaman 萨满

Shofetim 士师

Shogun （日本）将军

si eis placeret 如果您不介意

sib 亲族，氏族

Sicherheitseid 保障宣誓

signoria （意大利）市政门阀

Sine ira et studio 无恨亦无爱

Singer, Paul 辛格

Sipahi　（土耳其）希帕士

Smith, Joseph　史密斯

Sohm, Rudolf　索姆

Solon　梭伦

spezifizierte Gewaltenteilung　特殊化的
　权力划分

Staatsnutzen, reasons of state　国家理由

Staatsräten　国务院

städtischer Gemeindeverbände　城市自
　治体

Stadtrechtsbewidmung　城市法的授与

Stadtrechtsfamilie　城市法家族

Stände　身份制

Stände Korporationen　身份制的特权团体

Ständesehre　身份荣誉感

Ständestaat　身份制国家

Ständeversammlungen, assemblies of
　estates 身份制会议

ständische Gewaltenteilung 身份制权力
　分划

ständische Herrschaft, estate type
　domination 身份制支配

ständische Repräsentation 身份型代表制

ständischen politischen Verbände 阶级结
　构及政治组织

standisches Heer 身份制军队

Status-kontrakt 身份契约

Steuerpacht, tax farming 包税制

stirps regia（日耳曼）皇族家系

Stutz, U. 史图兹

Sühnegerichtsbarkeit 赎罪司法权

Sulla　苏拉

Sultanismus　苏丹制

Syndikus　大学评审委员

Synoikismus　（希腊）聚居

Table of Ranks　（俄国）官阶表

Tacitus　塔西图斯

tiers état　平民，第三阶级

Todsünden　宗教性原罪

traditionale Herrschaft　传统型支配

Traditionalismus　传统主义

traditionalistische Partei　传统主义的政党

Träger　担纲者

Trent　特伦特

Tribunus Plebis　（罗马）护民官

Truchseβ　司厨

Tudor　（英国）都铎王朝

Tulukdars　吐鲁达

tyrant　僭主

Universalepiskopat　普世教区，教皇

unmittelbare Demokratie　直接民主制

Unpersönlichkeit　不受私人因素影响

Unterhof　子法城市，子法法庭

Untertanen　子民

Unterworfene　依附者

valid of yore　古已有之

Veralltäglichung　例行化

Verbandshandeln　有组织行动，团体行动

Verein　自愿性社团

索　引